易學典籍選刊

周易集注

下

〔明〕來知德 撰
王豐先 點校

中華書局

周易集注卷之七

梁山來知德集注

周易下經

䷞艮下兑上

咸者，感也。不曰感者，咸有皆義，男女皆相感也。艮爲少男，兑爲少女，男女相感之深，莫如少者。蓋艮止則感之專〔一〕，兑悦則應之至，此咸之義也。序卦：「有天地至，然後禮義有所錯。」天地，萬物之本；男女，人倫之始。上經首乾坤者，「天地定位」也。下經首咸恒者，「山澤通氣」也。位欲其對待而分，繫辭「天地定位」一條是也，故天地分爲二卦。氣欲其流行而合，繫辭「剛柔相摩」一條是也，故山澤合爲一卦。

〔一〕「專」，朝爽堂本作「至」。

咸，亨，利貞，取女吉。取，七具〔一〕反。

彖辭明。蓋八卦正位艮在三，兑在六，艮屬陽，三則以陽居陽；兑屬陰，六則以陰居陰，三爲艮之主，六爲兑之主，男女皆得其正，所以亨貞吉〔二〕。

彖曰：「咸，感也。柔上而剛下，二氣感應以相與，止而説，男下女，是以亨利貞，取女吉也。天地感而萬物化生，聖人感人心而天下和平。觀其所感，而天地萬物之情可見矣。」

釋卦名義，又以卦綜、卦德、卦象釋卦辭而極言之。感者，感而應也，無應不爲感矣。本卦二體，初陰四陽，二陰五陽，三陽六陰，皆陽感而陰應，陰感而陽應，故曰感也，取其交相感之義也。凡天下之事，無心以感之者，寂也，不能感也〔三〕；有心以感之者，私也，非〔四〕所感也。惟心雖感之，而〔五〕感之至公，無所容心于其間，則無所不感矣，故卦去其心而彖加其心。柔上而剛下者，本卦綜恒，二卦同體，

〔一〕「具」，原作「貝」，今據朝爽堂本、寶廉堂本改。
〔二〕「亨貞吉」，朝爽堂本作「利亨貞」。
〔三〕「不能感也」四字，朝爽堂本無。
〔四〕「非」下，朝爽堂本有「皆」字。
〔五〕上五字，朝爽堂本無。

文王綜爲一卦，故雜卦曰「咸[一]，速也；恒，久也」。柔上者，恒下卦之巽上而爲咸之兑也。剛下者，恒上卦之震下而爲咸之艮也。二氣者，山澤之氣也。因二氣剛柔，一上一下，剛感而柔應之，柔感而剛應之，即山澤[二]通氣也。故恒卦亦曰「上下相與」也。此感之所以亨也。止而説者，人心之説[三]易失其正，惟止而説，則無狥情縱欲之私，此所以利貞也。男下女者，以艮之少男下于兑之少女也。凡婚姻之道，無女先男者，必女守貞静，男先下之，則爲得男女之正，此所以取女吉也。化者氣化，生者形生。萬物化生者，天地以氣感萬物，而萬物無不通也。和者無乖戾，平者無反側。聖人以德感天下，而天下無不通也。觀其所感者，由感通之道引而伸之也。寂然不動者性，感而遂通者情，天地萬物之情可見者。見天地萬物之情，不過此感通也。

象曰：「山上有澤，咸，君子以虚受人。」

澤性潤下，土性受潤，澤之潤有以感乎山，山之虚有以受乎澤，咸之象也。虚者，未有私以實之也。受者，受人之善也。人之一心，寂然不動，感而遂通者，虚故也。中無私主，則無感不通，聞一善言，見一善行，沛然若決江河矣。苟有私意以實之，如有所好樂，是喜之私實于中矣；有所忿懥，是怒之私實

[一]「咸」，原作「感」，今據史本、朝爽堂本、寶廉堂本及周易雜卦傳改。
[二]「澤」下，朝爽堂本有「之」字。
[三]「之説」，朝爽堂本作「悦」。

于中矣。既有私意[一]，則先入者爲主，而感通之機窒。雖有至者，將拒而不受矣。故山以虚則能受澤，心以虚則能受人[二]。

初六，咸其拇。拇，茂后反。

拇，足大指也。艮綜震，足之象也，故以拇言之。以理論，初在下，亦拇之象。咸其拇，猶言咸以其拇也。拇豈能感人？特以人身形體上下之位，象所感之淺深耳。六爻皆然。○初六陰柔，又居在下，當感人之時，志雖在外，然九四説之，初六止之，特有感人之心，而無感人之事，故有感其拇之象，所以占無吉凶。

象曰：「咸其拇，志在外也。」

外者，外卦也。初與四爲正應，所感雖淺，然觀其拇之動，則知其心志已在外卦之九四矣。

六二，咸其腓，凶，居吉。

腓，足肚也。拇乃枝體之末，離拇升腓，漸進于上，則較之咸其拇者，其感不甚淺矣。凶者，以上應九五而凶也。感皆主于動，但九五君位，豈可妄動以感之？故凶。居者，非寂然不動也，但不妄動耳。

[一]自「如有」至此，朝爽堂本無。
[二]「人」，朝爽堂本作「善」。

蓋此爻變巽爲進退，且性入上體兑悦，情悦性入，必不待其求而感。若居則不感矣，不感則不變，尚爲艮體之止，故設此居吉之戒。○六二陰柔，當感人之時，咸之漸進，故有咸其腓之象，然上應九五，不待其求而感之，故占者不免于凶。若安其居，以待上之求，則得進退之道而吉矣，故又教占者以此。

象曰：「雖凶居吉，順不害也。」

順者，中正柔順之德也。不害者，不害其感也。言居者，非戒之以不得相感也。蓋柔順之中德，本静而不動，能居而守是德，則不至有私感之害也。

九三，咸其股，執其隨，往吝。

股者，髀也，居足之上，腰〔一〕之下，不能自由隨身而動者也。中爻爲巽，股之象也。執者，固執也，專主也。執其隨者，股乃硬執之物，固執而惟主于隨也，以陽而從陰。以人事論，乃以君子而悦小人之富貴〔二〕，故可〔三〕羞吝。○〔四〕然九三以陽剛之才而居下之上，是宜自得其正道，以感于物矣，然所居之位應于上六，陽好上而悦陰，上居悦體之極，三往而從之，故有咸股執隨之象。占者以是而往，羞

〔一〕「腰」，朝爽堂本作「股」，疑誤。

〔二〕「富貴」，朝爽堂本作「象」。

〔三〕「可」，朝爽堂本作「不無」。

〔四〕「○」，原脱，今據史本、朝爽堂補。

吝不必言矣。

象曰："咸其股，亦不處也。志在隨人，所執下也。"

處者，居也，即六二"居吉"之"居"，因艮止，故言"居"言"處"，處則不隨，隨則不處。曰"亦"者，承二爻而言，言六二陰柔，以不處而凶，處而吉。陰柔隨人，不足恠矣。今九三剛明，宜乎卓然自立，則所執主者，乃高明自重之事，有何可羡[一]？今乃亦不處，而志在隨人，則所執者卑下之甚，不其可羞乎？"亦不處"，惜之之辭。"所執下"，鄙之之辭。

九四，貞吉，悔亡。憧憧往來，朋從爾思。

貞者，正而固也。此心不思乎正應之陰柔，則廓然大公，物來順應，正而固矣。吉者，誠無不動也。悔亡者，内省不疚也。憧憧，往來貌。往來者，初感乎四、二感乎五、三感乎六者，往也；六感乎三、五感乎二、四感乎初者，來也。四變，上下成坎，中爻成離，"來之坎坎"。"突如來如"者，往來之象也。朋者，中爻三陽牽連也，故曰朋。泰三陽牽連亦曰朋，損六五三陰也，益六二三陰也，復[二]九四三陰也，故皆以朋稱之也。思者，四應乎初之陰，初乃四之所思也；五應乎二之陰，二乃五之所思也；三應乎

[一]"羡"，史本、朝爽堂本作"羞"，疑是。
[二]"復"，史本、朝爽堂本作"豫"。

六之陰，六乃三之所思也。爾者，呼其心而名之也。朋從爾思者，言四與三、五共從乎〔一〕心之所思也。四居股之上、脢之下，乃心也。心之官則思，思之象也。心統乎百體，則三與五皆四之所屬矣，故可以兼三五而稱朋也。○九四乃心，爲咸之主，以陽居陰而失正，又應乎初之陰柔，不免悔矣，故戒占者此。心能正而固，則吉而悔亡，形于其感〔二〕，無所不感矣。若此心憧憧往來，惟相從乎爾心之所思，則溺于陰柔，不能正大光明，而感應之機窒矣，又豈能吉而悔亡？故戒占者以此。

象曰：「貞吉悔亡，未感害也。憧憧往來，未光大也。」

不正而感則有害，貞則未爲感之害也。往來於心者皆陰私，又豈能正大光明？

九五，咸其脢，无悔。脢音梅〔三〕。

脢，背脊肉，不動者也。脢雖在背，然居口之下，心之上，蓋由拇而腓、而股、而心、而脢、而口，六爻以漸而上也。初與四應，故拇與心皆在人身之前；二與五應，故腓與脢皆在人身之後；三與上應，故股與輔頰皆在兩旁，而舌則居中焉。雖由拇以漸而上，然對待之精至此。諸爻動而無靜，非所感者也；此爻靜而不動，不能感者也。○九五以陽居悅體之中，比于上六，上六悅體之極，陰陽相悅，則九五之

〔一〕「乎」，原作「手」，今據史本、寶廉堂本改。

〔二〕此四字，朝爽堂本無。

〔三〕此下，朝爽堂本有「禮記作脄」四字。

心志惟在此末而已，所以不能感物。不能感物，則亦猶脢之不動也，故有咸其脢之象。悔生于動，既不能動，而感則亦无悔矣，故占者无悔。

象曰：「咸其脢，志末也。」

末者，上六也。大過上體亦兑卦，彖辭「本末弱」，末指上六可見矣。九五應二而比六，小象獨言「志末」，何也？二乃艮體，止而不動，六乃悦體，又悦之極，則九五之心志惟在此末，而不在二矣，所以言「志末」。亦如謙卦九三比二，六二「鳴謙」則「中心得」，上六正應，「鳴謙」則「志未得」是也。人君感人心而天下和平者，以其廓然大公，物來順應也。今志在末，豈能感人？所以僅得无悔。

上六，咸其輔頰舌。

輔者，口輔也，近牙之皮膚，與牙相依，所以輔相頰舌〔一〕之物，故曰輔。頰，面旁也。輔在内，頰在外，舌動則輔應，而頰從之，三者相須用事，皆所用以言者，故周公兼舉之。兑爲口舌，輔頰舌之象也。咸卦有人身象，上陰爻爲口，中三陽爲腹背，下有腿脚象，故周公六爻自拇而舌。○上六以陰居悦之終，處咸之極，感人以言而無其實，故其象如此。蓋小人、女子之態，蘇秦、張儀之流也。

象曰：「咸其輔頰舌，滕口説也。」

〔一〕「輔相頰舌」，史本作「輔相齒舌」，朝爽堂本作「輔齒牙」。

縢，張口騁辭貌，見説文。口説豈能感人？

䷟巽下震上

恒，久也。男在女上，男動乎外，女順乎内，人理之常，故曰恒。又見彖辭，皆恒之義也。序卦：「夫婦之道，不可以不久也，故受之以恒。」言夫婦偕老，終身不變者也。蓋咸少男在少女之下，以男下女，乃男女交感之義。恒長男在長女之上，男尊女卑，乃夫婦居室之常。論交感之情，則少爲親切；論尊卑之序，則長當謹嚴，所以次咸。

恒，亨，无咎。利貞，利有攸往。

恒之道，可以亨通。恒而能亨，乃无咎也。恒而不可以亨，非可恒之道也，爲有咎矣。如君子恒于善，故无咎；小人恒于惡，焉得无咎？然恒亨而後无咎，何也？蓋恒必利于正，若不正，豈能恒？如孝，置之而塞乎天地，溥之而横乎四海，如此正方得恒，故利貞。恒必利有攸往，達之家邦，萬古不窮，如孝施之後世而無朝夕，方謂之恒。如不可攸往，不謂之恒矣。利貞，不易之恒也，恒之利者也。利有攸往，不已之恒也，亦恒之利者也。故恒必兩利。〔一〕恒字，廣韻、玉篇皆有下一畫，獨易經無下一

〔一〕此下注，朝爽堂本無。

畫，與「无」字同，不同各經「無」字。

〈彖〉曰：「恒，久也。剛上而柔下，雷風相與，巽而動，剛柔皆應，恒。『恒亨，无咎，利貞』，久於其道也。天地之道，恒久而不已也。利有攸往，終則有始也。日月得天而能久照，四時變化而能久成，聖人久於其道而天下化成。觀其所恒，而天地萬物之情可見矣。」

釋卦字義，又以卦綜、卦象、卦德釋卦名、卦辭而極言之。恒者，長久也。若以恒字論，左旁從立心，右旁從一日，言立心如一日久而不變也。剛上而柔下者，本卦綜咸，剛上者，咸下卦之艮上而爲恒之震也；柔下者，咸上卦之兑下而爲恒之巽也。陰陽之理，剛上柔下，分之常；迅雷烈風，交助其勢，氣之常。男動作于外，女巽順于內，人理之常。剛以應柔，柔以應剛，交感之常。此四者皆理之常，故曰恒〔一〕。「恒亨，无咎，利貞」者，以久于其道也。蓋道者，天下古今共由之路，天地之正道也，惟久于其道，故亨，故无咎，故利貞。若久〔二〕非其道，亦不能恒矣。且恒久莫過于天地，天地之道恒久而不已者也，惟其恒久不已，所以攸往不窮。蓋凡人事之攸往，至于終〔三〕而不能恒久者，以其終而不能又始

〔一〕自「陰陽之理」至此，朝爽堂本無。
〔二〕「久」，朝爽堂本無。
〔三〕「至於終」，朝爽堂本無。

也。終而不能始，則自終而止〔一〕，有止息間斷，非恒久不已者矣，安能攸往？惟天地之道，晝之〔二〕終矣而又〔三〕有〔四〕夜之始，夜之終矣而又有晝之始，寒之終矣而又有暑之始，暑之終矣而又有寒之始，終則有始，循環無端，此天地所以恒久也。此恒所以必利有攸往，而後謂之恒也。若有所往，不能終始，循環不窮，則與天地不相似，安得謂之恒哉？得天者，附麗于天也。變化者，寒而暑，暑而寒，迭相竭，還相本，陰變于陽，陽化爲陰也〔五〕。久成者，成其歲功也。久于其道者，仁漸義摩也。化成者，化之而成其美俗也。此極言恒久之道。言觀其所恒，可見萬古此天地，萬古此恒也；萬古此萬物，萬古此恒也。若當春時爲夏，當秋時爲冬，當生物時〔六〕不生，當成物時不成，此之謂變恠，安得謂之恒？

象曰：「雷風恒，君子以立不易方。」

〔一〕「自終而止」，朝爽堂本作「終止矣」。
〔二〕此及下七「之」字，朝爽堂本無。
〔三〕此及下四「又」字，朝爽堂本與下「夜」、「晝」、「暑」、「寒」四字倒。
〔四〕此及下四「有」字，朝爽堂本無。
〔五〕自「寒而暑」至此，朝爽堂本作「寒暑迭更，陰陽互換也」。
〔六〕此及下兩「物時」，朝爽堂本無。

立者，止于此而不遷也。方者，大中至正之理，理之不可易者也，如爲人君止于仁〔一〕，爲人臣止于敬是也。不易方者，非膠于一定也。理在于此，則止而不遷，如冬之寒，理在于衣裘則衣裘而不易其葛；夏之暑，理在于衣葛則衣葛而不易其裘〔二〕是也。巽性入，入而在内；震性動，出而在外，二物各居其位，不易方之象也，故曰「不易方」。

初六，浚恒，貞凶，无攸利。

浚，深也，浚井之浚。浚字生于「巽性入」之「入」字來〔三〕。初六爲長女之主，九四爲長男之主，乃夫婦也。巽性入，始與夫交之時，即深求以夫婦之常道。四動而決躁，安能始交之時，即能從其所求。貞者，初與四爲正應，所求非不正也。凶者，驟而求之深，彼此不相契合也。无攸利者有所往，則夫婦反目矣。蓋初陰居陽位，四陽居陰位，夫婦皆不正，皆有氣質之性，所以此爻不善。下三爻皆以妻言，初爻凶者，妻求夫之深而凶也；三貞吝者，妻改節而見黜也。上三爻皆以夫言，四無禽者，夫失其剛而無中饋之具也；五凶者，夫順從其妻而凶也。○初與四爲正應，婦責備夫以夫婦之常〔四〕道，亦人情

〔一〕此及下兩「爲人」、兩「于」字，朝爽堂本無。
〔二〕自「冬之寒」至此，朝爽堂本作「冬寒衣裘，夏暑衣葛」。
〔三〕「來」字，疑爲衍文。
〔四〕「常」，原作「當」，今據諸本改。

之所有者。然必夫婦居室之久，情事孚契，而後可以深求其常道也。但巽性務入，方交四之始，即深以夫婦之常道求之，則彼此之情未免乖矣，故有浚恒之象。占者如此，則雖貞亦凶，而無攸利也〔一〕。

象曰：「浚恒之凶，始求深也。」

求者〔二〕，中饋之酒漿、器皿、衣服、首飾之類也。

九二，悔亡。

以陽居陰，本有悔矣，以其久中，故其悔亡。亡者，失之于初而改之于終也。

象曰：「九二悔亡，能久中也。」

可久之道，中焉止矣。人能恒久于中，豈止悔亡？孔子之言，蓋就周公之爻辭而美之也。

九三，不恒其德，或承之羞，貞吝。

陽德居正，故得稱德。不恒其德者，改節也。居巽之極，爲進退，爲不果，改節之象也。以〔三〕變坎爲狐疑，此心不定，亦改節之象也。長女爲長男之婦，不恒其德而改節，則失其婦之職矣。既失其職，則夫不能容，而婦被黜矣。或者，外人也。承者，進也。羞者，致滋味也。變坎有飲食之象，羞之象也。

〔一〕此下，朝爽堂本有「○賈誼初見漢文，輒欲改制度」。

〔二〕「求者」上，朝爽堂本有「賈誼少年，痛哭流涕，望漢文改制度，卒傅長沙，浚恒之深也。○」。

〔三〕「以」，史本、朝爽堂本作「又」。

因婦見黜，外人與夫進其羞也。貞者，九三位正也。若依舊注羞作羞耻，則下「吝」字重言「羞」矣。○九三位雖得正，然過剛不中，當雷風交接之際，雷動而風從，不能自守，故有「不恒其德，或承之羞」之象，雖正亦可羞矣，故戒占者如此。

象曰：「不恒其德，无所容也。」

无所容者，夫不能容其婦而見黜也，所以使外人進其羞也。

九四，田无禽。

應爻爲地道，又震爲大塗，故曰田，與師卦「田有禽」之「田」同。本卦大象與師卦大象皆與小過〔一〕同，故皆曰「禽」。應爻巽爲鸛，亦禽之象也。應爻深入，與井下卦同巽，故皆曰「無禽」也。師卦所應剛實，故有禽。本卦所應陰虛，故无禽。○九四以陽居陰，久非其位，且應爻深入，故有田无禽之象。既無禽，則不能與妻備〔二〕中饋之具，夫非其夫矣，故其象占如此。

象曰：「久非其位，安得禽也？」

久非其位，則非所久而久矣，故不得禽。

〔一〕「過」下，朝爽堂本有「卦」字。

〔二〕「備」下，朝爽堂本有「其」字。

六五，恒其德，貞，婦人吉，夫子凶。

丈夫用剛用柔，各適其宜，以柔順爲常，是因人成事矣，所以凶。此爻變兑，兑爲少女，又爲妾，婦人之象也。婦人以順爲正，故吉。○六五恒其中德，正矣，故有恒其德貞之象。但剛而中，可恒也；柔而中，婦人之常，非夫子之所當常也，故占者有吉有凶又如此。

象曰：「婦人貞吉，從一而終也。夫子制義，從婦凶也。」

從一者，從夫也。婦人無專制之義，惟在從夫，順從乃其宜也。制者，裁制也。從婦者，從婦人順從之道也。夫子剛果獨斷，以義制事。若如婦人之順從，委靡甚矣，豈其所宜？故凶。

上六，振恒，凶。振，去聲。

振者，奮也，舉也，整也。振恒者，振動其恒也。如宋時，祖宗本有恒久法度〔一〕，王安石以祖宗不足法〔二〕，乃紛更舊制，正〔三〕所謂「振恒」也。凶者，不惟不能成事，而反僨事也。在下入乃巽之性，浚恒也；在上動乃震之性，振恒也。方恒之始，不可浚而乃浚；既恒之終，不可振而乃振，故兩爻皆凶。○上六陰柔，本不能固守其恒者也，且居恒之極，處震之終，恒極則反常，震終則過動，故有振恒之象，

〔一〕「本有恒久法度」，朝爽堂本作「法度已遠」。

〔二〕「以祖宗不足法」，朝爽堂本無。

〔三〕「正」，朝爽堂本無。

占者之凶可知矣。

象曰：「振恒在上，大无功也。」

大无功者，不惟无功，而大无功也。曰大者，上而无益于國家，下而不利于生民，安石靖康之禍是也。

䷠艮下乾上

遯者，退避也。六月之卦也。不言退而曰遯者，退止有退後之義，無避禍之義，所以不言退也。爲卦天下有山，山雖高，其性本止；天之陽，性上進，違〔一〕避而去，故有遯去之義。且二陰生于下，陰漸長，小人漸盛，君子退而避之，故爲遯也。序卦：「恒者，久也。物不可以久居其所。」久則變，變則去，此理之常，所以次恒〔二〕。

遯，亨，小利貞。

亨爲君子言也。君子能遯，則身雖遯而道亨。小者，陰柔之小人也，指下二陰也。利貞者，小者利于正而不害君子也。若害君子，小人亦不利也。

〔一〕「違」，朝爽堂本作「遠」。

〔二〕「所以次恒」，朝爽堂本作「故次于恒」。

彖曰：「遯亨，遯而亨也。剛當位而應，與時行也。小利貞，浸而長也。遯之時義大矣哉。」浸，字〔一〕鴆切〔二〕。

以九五一爻釋亨，以下二陰爻釋利貞而贊之。遯而亨者，惟遯乃亨，見其不可不遯也。剛指五。當位者，當中正之位。而應者，下與六二相應也。時行，言順時而行也。身雖在位而心則遯，此所以謂之時行也。九五有中正之德，六二能承順之，似亦可以不必于遯，然二陰浸而長時，不可以不遯。知時之當遯，與時偕行，此其所以亨也。浸者，漸也。浸而長，其勢必至于害君子，故戒以利貞。時義大者，陰雖浸長，尚未盛大，且九五與二相應，其陽漸消之意，皆人之所未見而忽略者，是以苟且留連而不能決去也。當此之時，使不審時度勢，則不知遯。若眷戀禄位，又不能遯，惟有明哲保身之智，又有介石見幾〔三〕之勇，方能鴻冥鳳舉，所以嘆其時義之大。漢元、成之時，弘恭、石顯得志于內，而蕭望之、劉向、朱雲皆得巨禍；桓、靈之際，曹節、王甫得志于內，而李膺、陳蕃、竇武皆被誅戮者〔四〕，均不知遯之時義者也。易中「大矣哉」有二：有讚美其所係之大者，豫、革之類是也；有稱嘆其所處之難

〔一〕「字」，寶廉堂本作「居」。
〔二〕朝爽堂本無此音。
〔三〕「幾」，朝爽堂本作「機」。
〔四〕「者」字，朝爽堂本無。

者，大過、遯之類是也。

象曰：「天下有山，遯，君子以遠小人，不惡而嚴。」遠，袁萬反〔一〕。惡者，惡聲厲色，疾之已甚也。嚴者，以禮律身，無可議之隙，而凜然不可犯也。不惡者，待彼之禮。嚴者，守己之節。天下有山，天雖無意于絶山，而山自不能以及乎天，遯之象也。故君子以遠小人，不惡而嚴。曰「不惡而嚴〔二〕」，則君子無心于遠小人，而小人自遠，與天之無心于遠山，而山自絶于天者同矣。遠小人，艮止象；不惡而嚴，乾剛象。

初六，遯尾厲，勿用，有攸往。

遯者〔三〕，居當遯之時也。尾者，初也。因在下，故曰尾。厲者，天下賢人君子皆以遯去，是〔四〕何時也，豈不危厲？往者，往而遯去也。本卦遯乃陽剛，與陰不相干涉，故不可往。且初在下，無位，又陰柔所居不正，無德無位，無德則無聲〔五〕聞，不過凡民耳，與遯去之賢人君子不同，遯之何益？○初六居下，當

〔一〕「袁萬反」，朝爽堂本作「去聲」。
〔二〕「曰不惡而嚴」，朝爽堂本無。
〔三〕「遯者」上，朝爽堂本有「陰初在下，乃遯之尾，然一陰初萌，已危慮矣，勿用，有攸往。易爲君子謀，非爲陰謀也，教初不往，似不通。○」。
〔四〕「是」，史本、朝爽堂本作「時」。
〔五〕「聲」字，朝爽堂本無。

遯之時，亦危厲矣，但時雖危厲，而當遯者，非初之人，故教占者勿用遯去，但晦處以俟時可也〔一〕。

象曰：「遯尾之厲，不往，何災也？」

不遯〔二〕，有何災咎？所以勿用有攸往。

六二，執之用黄牛之革，莫之勝説。勝音升，説音脱。

執者，執縛也。艮性止，執之象也。黄，中色，指二。應爻錯坤，牛之象也。勝者，任也。脱者，解脱也。能勝其脱，欲脱即脱矣。莫之勝脱者，不能脱也。言執縛之以黄牛之皮，與九五相交之志堅固，不可脱也。本卦遯者乃陽，初與二陰爻皆未遯，故此爻不言「遯」字。〇二陰浸長，近于上體之四陽，已淩迫于陽矣，然二與五爲正應，二以中正順應乎五，五以中正親合乎二，正所謂「剛當位而應」，不淩迫乎陽可知矣，故有執之用黄牛之革，莫之勝説之象。占者當是時，亦當如是也。

象曰：「執用黄牛，固志也。」

堅固〔三〕其二、五中正相合之志也。

〔一〕此下，朝爽堂本有「〇陰柔小人，如何晦處俟時」。

〔二〕「不遯」上，朝爽堂本有「厲即災也。君子不往，何厲之有？〇」。

〔三〕「堅固」上，朝爽堂本有「固志者，語固執五之遯志也。蓋小利貞，小人亦如君子之遯，非小人之利也。惟固執之極而能動遯，所以不惡也。所以遯之時義大也。若不合則去，亦人之得者。〇」。

九三，繫遯，有疾，厲，畜臣妾，吉。

繫者，心維係而眷戀也。高祖有疾，手勅惠帝，曰：「吾得疾隨困，以如意母子相累，其餘諸兒皆足自立，哀此〔一〕兒猶小也。」曹瞞臨死，持姬女而指季豹，以示四子，曰：「以累汝。」因泣下。此皆所謂繫也〔二〕。中爻爲巽，巽爲繩，繫之象也。繫遯者，懷祿狥私，隱忍而不去〔三〕也。疾者，利欲爲纏魔，困苦之疾也。厲者，禍伏于此而危厲也。臣者，僕也；妾者，女子也，指下二陰也，乃三所繫戀之類也。蓋臣妾也，宫室也，利禄也，凡不出于天理之公而出于人欲之私者，皆陰之類也，皆人之所係戀者也。本卦止言臣妾者，因二陰居下位故也。畜者，止也，與剥卦「順而止之」同，止之使制于陽而不陵上也。艮畜止象，又爲閽寺，臣之象；又錯兑，妾之象。○九三當陰長陵陽之界，與初、二二爻同體，下比于陰，故有當遯而係戀之象。既有所繫，則不能遯矣，蓋疾而厲之道也。然艮性能止，惟剛正自守，畜止同體在下之二陰，馭之以臣妾之正道，使制于陽而不陵上，斯吉矣，故又教占者必如此。

象曰：「繫遯之厲，有疾憊也。畜臣妾吉，不可大事也。」

〔一〕「哀此」，原爲墨丁，今據史本、朝爽堂本、寶廉堂本及史記高祖本紀補。

〔二〕自「高祖有疾」至此，朝爽堂本無。

〔三〕「隱忍而不去」，朝爽堂本作「而不忍」。

疾憊者，疲憊于私欲，困而危矣。不可大事者，出處去就乃丈夫之大事。知此大〔一〕事，方知其遯。若畜止臣妾，不過以在我艮止之性禁令之爾，乃小事也。九三「繫遯」，能此小事，亦即吉矣，豈能決斷其出處去就之大事哉？

九四，好遯，君子吉，小人否。好，呼報反。否，方有反。

三比二，故曰繫。四應初，故曰好。好者，愛也。繫者，縛也。愛者必眷戀而縛，縛者因喜悦而愛，其實一也。好遯者，又好而又遯也。好者，爵位利禄，愛慕之事也。遯者，審時度勢，見幾之事也。好者，四也。遯者，九也。陽居陰位，陽可爲君子，陰可爲小人，故可好、可遯也。所以聖人設小人之戒。否者，不也。○九四以剛居柔，下應初六，故有好而不遯之象。然乾體剛健，又有遯而不好之象，占者顧其人何如耳。若剛果之君子，則有以勝其人欲之私，止知其遯，不知其好，得以遂其潔身之美，故吉矣。若小人，則狥欲忘反，止知其好，不知其遯，遯豈所能哉？故在小人則否也。

象曰：「君子好遯，小人否也。」

君子剛果，故好而知遯，必于其遯。小人陰柔，故好而不知其遯，惟知其好矣。

九五，嘉遯，貞吉。

〔一〕「此大」，朝爽堂本作「其所」。

嘉遯者，嘉美乎六二也。當二陰浸長之時，二以艮體，執之以黄牛之革，不淩犯乎陽，其志可謂堅固矣。爲君者不嘉美以正其志，安能治遯？故貞吉。人君無逃遯之理，玄宗幸蜀，安得爲嘉？○九五陽剛中正，有治遯之才者也。當天下賢人君子遯去之時，下應六二之中正，見六二之志固，乃褒嘉之，表正其志，以成其不害賢人君子之美，正而且吉之道也，故其象占如此。

象曰：「嘉遯貞吉，以正志也。」

二之固志者，堅固其事上之志，臣道中正之心也。五之正志者，表正其臣下之志，君道中正之心也。二、五小象皆同言「志」字，所以知五褒嘉乎二。

上九，肥遯，无不利。

肥者，疾憊之反。遯字從豚，故初六言尾，上九言肥，皆象豚也。以陽剛之賢而居霄漢之上，睟面盎背，莫非道德之豐腴；手舞足蹈，一皆仁義之膏澤，心廣體胖，何肥如之？無不利者，天子不得〔一〕臣，諸侯不得友。堯雖則天，不屈飲犢之高；武既應人，終全孤竹之節。理亂不聞，寵辱不驚，何利如之？○諸爻皆疑二陰之浸長，心既有所疑而戚戚，則身亦隨之而疾瘠矣，安能肥乎？惟上九以陽剛而居卦外，去柔最遠，無所係應，獨無所疑。蓋此心超然于物外者也，故有肥遯之象。占〔二〕者无不

〔一〕此及下句「不得」下，朝爽堂本皆有「而」字。

〔二〕「占」，原作「古」，今據重修虎林本、寶廉堂本改。

利，可知矣。

象曰：「肥遯，无不利，无所疑也。」

无所疑者，不疑二陰之浸長而消陽也。无所疑，所以逍遥物外，不至于愁苦而瘠〔一〕。

䷡乾下震上

大壯者，大者壯也，大謂陽也。四陽盛長，故爲大壯。二月之卦也。爲卦震上乾下，乾剛而震動，大壯之義也。又雷之威震于天上，聲勢壯大，亦大壯之義也。序卦：「遯者，退也。物不可以終遯，故受之以大壯。」遯者，陽衰而遯也。壯者，陽盛而壯也。衰則必盛，消長循環之理，所以次遯。

大壯，利貞。

陽壯〔二〕，則占者吉亨不必言矣。然君子之所謂壯者，非徒以其勢之盛，乃其理之正也，故利于正。陰之進不正，則小人得以陵君子，故遯言小者利于貞；陽之進不正，則君子不能勝小人，故大壯言大者利于貞。大壯綜遯，二卦本是一卦，故卦下之辭如此。

〔一〕「瘠」上，朝爽堂本有「疾」字，下有「也」。○郭林宗似之」。

〔二〕「陽壯」上，朝爽堂本有「大壯不言吉亨而言利貞者，聖人憂盛危明也，儆戒無虞。○」。

彖曰：「大壯，大者壯也。剛以動，故壯。大壯利貞，大者正也。正大而天地之情可見矣。」

以卦體、卦德釋卦名，又釋利貞之義而極言之。陽長過中，大者壯也，蓋正月泰陽雖長而未盛，三月夬陽已盛而將衰，皆不可以言壯，惟四陽則壯矣。且乾剛震動，剛則能勝其人欲之私，動則能奮其必爲之志，何事不可行哉？此其所以壯也。卦體則勢壯，卦德則理壯，所以名壯。大者正也，言大者自無不正也。凡陽明則正，陰濁則邪，自然之理，故利于貞。若不貞，則非大矣。正大者，正則無不大也。天地之情者，覆載生成，所發之情也。一通一復，皆一誠之貫徹，豈不正？既正，豈不〔一〕大？故曰正大。蓋大者壯以氣言，乃壯之本體也。大者正以理言，所以運壯之道也。正大而天地之情可見，又推極上天下地，莫非此正大之理，非特人爲然也。一陽來復，見天地之心；四陽，見其情。仁者，天地之心，情則其所發也。

象曰：「雷在天上，大壯，君子以非禮弗履。」

非禮者，人欲之私也。履者，踐履也。非禮弗履，則有以克勝其人欲之私矣。此惟剛健以動者可能。

〔一〕「豈不」，朝爽堂本作「即」。

矯哉其强，何壯如之？雷在天上，大壯者以聲勢而見其壯也。君子非禮〔一〕弗履，大壯者以克勝其私而見其壯也。

初九，壯于趾，征凶，有孚。

震爲足，又初在下，趾之象也。征凶者，往則必裁抑擯斥也。孚者，自信其陽剛之正德也。初以陽居陽，乾之剛未盛也，故有孚。至三，則乾剛極矣，故貞厲〔二〕。○初九陽剛處下，當壯之時，壯于進者也，故有壯趾之象。以是而往，凶之道也。然陽剛居正，本有其德，故教占者惟自信其德，以甘窮困，不可有所往，往則凶矣。

象曰：「壯于趾，其孚窮也。」

既無應援，又卑下無位，故曰窮。當壯進之時，有其德而不能進，進則必凶，乃處窮之時矣。故惟自信其德，以自守可也。是其孚者，不得已也，因窮也，故曰「其孚〔三〕窮」。賢人君子不偶于時，棲止山林者多是如此。

九二，貞吉。

〔一〕「禮」，原作「理」，據史本、朝爽堂本及上象辭改。

〔二〕此三字，朝爽堂本無。

〔三〕「孚」，原作「事」，今據史本、朝爽堂本、寶廉堂本及象辭改。

中〔一〕則無太過，不恃其强而猛于必進，所以此爻貞吉。○九二以陽剛當大壯之時，居中而不過于壯，蓋正而吉者也，故其占如此。

象曰：「九二貞吉，以中也。」

以中者，居中位也，與解卦「得中道」、未濟「中以行正」同。「中立而不倚，强哉矯」，九二有焉。

九三，小人用壯，君子用罔，貞厲。羝羊觸藩，羸其角。羸，力爲切。

罔者，無也，言不用也。君子以義理爲勇，以非禮弗履爲大壯，故不用壯也。羝羊，壯羊也。羸者，瘦也，病也。羝羊恃其强壯，乃觸其藩，其角出于藩之外，易去而難反，不能用其力，是角之壯者，反爲藩所困制而弱病矣，故曰「羸其角」也。本卦大象兑，中爻爲兑，皆羊之象，故諸爻皆以羊言之。震爲竹爲葦，藩之象也。觸藩者，用壯之象也。陽居陽位，故曰貞。羸角者，又貞厲之象也。○九三過剛不中，又當乾體之終，交震動之際，乃純用血氣之强，過于壯者也，然用壯爲小人之事，君子以義理爲主，豈其所用哉？故聖人戒占者曰：惟小人則用壯，君子則不用也。苟用其壯，雖正亦厲，亦如羊之觸藩羸〔二〕角也，壯其可恃哉！戒之之嚴，故占中之象又如此。

〔一〕「中」上，朝爽堂本有「爻詞無中字。九陽正也，二陽居陰位，柔正也。壯不過壯，以柔濟剛也。象之利貞者，此貞也，戒過剛也。小象補出中字，中則剛柔相得矣。○」。

〔二〕「羸」下，朝爽堂本有「其」字。

象曰：「小人用壯，君子罔也。」

言用壯者，小人之事，君子則無此也。

九四，貞吉，悔亡。藩決不羸，壯于大輿之輹。

貞吉悔亡者，惟正則吉而悔亡也。決，破也。「藩決不羸」，承上文而言也。三前有四之阻隔，猶有藩焉；四前二陰，則藩決而可前進矣。震爲大塗，兑爲附決，藩決之象也。輹與輻同，車輪之中幹也，車之敗常在折輹，輹壯則車强矣。四變坤，大輿之象也。壯于大輿之輹，言尚往而可進也。此二句，又貞吉悔亡之象也。〇九四當大壯之時，以陽居陰，不極其剛，前無困阻，而可以尚往矣，故其占中之象如此。

象曰：「藩決不羸，尚往也。」

尚往者，前無困阻而可以上進也。

六五，喪羊于易，无悔。易音亦。

易即埸，田畔地也。震爲大塗，埸之象也。〇本卦四陽在下，故名大壯。至六五無陽，則喪失其所謂大壯矣，故有喪羊于易之象。既失其壯，則不能前進，僅得无悔而已，故其象占如此。

象曰：「喪羊于易，位不當也。」

位不當者，以柔居五位也。

上六，羝羊觸藩，不能退，不能遂，无攸利，艱則吉。

震錯巽爲進退，退、遂之象也。艱者，處之艱難而不忽慢也。吉者，无攸利者終得攸利也。六五已〔一〕喪羊矣，而上六又羝羊觸藩者，蓋六五以一爻言也，上六則合一卦而言也。三則剛之極，上則動之極〔二〕，所以爻、象皆同。〇上六壯終動極，所以觸藩而不能退，然其質本柔，又不能遂其進也，故有觸藩不能退遂之象，占者之无攸利可知矣。然猶幸其不剛，而不妄進也。若占者能艱以處之，則得以遂其進而吉矣。

象曰：「不能退，不能遂，不詳也。艱則吉，咎不長也。」

詳者，慎密也。不詳者，當壯終動極之時，不能度勢而行、審幾而進也。既詳，則能艱矣。咎者，不能退、不能遂之咎也。惟艱則能詳，而咎不長矣。心〔三〕思之艱難，所以能詳；識見之詳明，所以方〔四〕艱。

〔一〕「已」，朝爽堂本作「有」。
〔二〕「極」，原作「吉」，今據史本、朝爽堂本、寶廉堂本及原校改。
〔三〕「心」上，朝爽堂本有「〇」。
〔四〕「方」，朝爽堂本作「能」。

䷢坤下離上

晉者，進也。以日出地上，前進而明也。不言進而言晉者，進止有前進之義，無明之義，晉則有進而光明之義，所以不言進也。序卦：「物不可以終壯，故受之以晉。」蓋物既盛壯，則必前晉〔一〕，所以次大壯。

晉，康侯用錫馬蕃庶，晝日三接。

康侯，安國之侯也。錫者，賜與也。蕃庶，見其恩之者隆；三接，見其禮之者頻。坤錯乾，馬之象。中爻艮綜震，震爲蕃，蕃之象。庶者，衆也。坤爲衆，庶之象。蕃庶者，言所錫之馬衆多也。晝日，離之象。離居三，三之象。艮爲手，相接之象。日者，君也。坤者，臣也。坤爲邑國，日在地上，照臨其邑國之侯，有寵而錫馬、三接之象。易止有是象無是事，如棟橈、金車、玉鉉之類皆是也。諸儒不知象，乃以周官校人、大行人實之，失象旨矣。

彖曰：「晉，進也。明出地上，順而麗乎大明；柔進而上行，是以康侯用錫馬蕃庶，晝日三接也。」

〔一〕「晉」，史本、朝爽堂本作「進」。

釋卦名，又以卦象、卦德、卦綜釋卦辭。明出地上者，離日出于地之上也。順而麗乎大明者，坤順而附麗乎大明也。柔進而上行者，晉綜明夷，因二卦同體，文王綜爲一卦，故雜卦曰「晉，晝也；明夷，誅也」，言明夷下卦之離進而爲晉上卦之離也。若以人事論，明出地上，乃世道維新、治教休明之時也。順以臣言，大明以君言。順者，小心承順也。麗者，猶言攀龍鱗、附鳳翼也。柔進而上行，則成虛中矣，是虛中下賢之君而居于五之位也。上句以時言，中句以臣之德言，下句以君言。言爲康侯者，必際是時，備是德，遇是君，方得是寵也。

象曰：「明出地上，晉，君子以自昭明德。」

地乃陰土，譬之人欲之私。自者，我所本有也。日本明，入于地則暗矣，猶人之德本明，但溺于人欲之私則暗矣。故自昭其明德，亦猶日之出地也。自昭者，格物致知以去其蔽明之私，誠意正心修身以踐其自昭之實也。明德者，即行道而有得于我者也。天下無道外之德，即五倫體之于身也。此德塞乎天地，横乎四海，如杲日當空，人人得而見之，故曰明，非大學舊注虛靈不昧之謂也〔一〕。至健莫如天，故君子以之自彊；至明莫如日，故君子以之自昭，所以二象皆以「自」字言之。

初六，晉如，摧如，貞吉，罔孚，裕无咎。摧音崔。

〔一〕以上十二字，朝爽堂本無。

晉如者，升進也。崔者，「崔嵬」之「崔」，高也。中爻艮山，在坤土之上，崔之象也。四近君，又陽爻，故有崔如之象。若以爲摧如，則與小象「獨行正」不相合矣。依鄭爲「南山崔崔」之「崔」，是也。貞者，盡其在我，不畔援苟且，汲汲以〔一〕求進也。吉者，終得遂其進也。罔孚者，二、三不信之也。中爻坎爲狐疑，不信之象也。當升進之時，衆人通欲進，初卑下，故二、三不見信。觀小象曰「獨行正」，六三曰「衆允」，可知矣。裕者，不以進退爲欣戚，從容以處之，而我之自修者，猶夫初也。无咎者，不失其身也。貞即下文「罔孚，裕无咎」。○初六以陰居下，當升進之時，而應近君之四，故有晉如崔如之象，占者守正則吉矣。設或不我見信，不可急于求信，惟寬裕以處之，則可以无咎矣。若求信之心切，則不免枉道失身，安得无咎〔二〕？此所以利貞則吉也。

象曰：「晉如摧如，獨行正也。裕无咎，未受命也。」

獨行者，獨進也。中爻艮綜震足，行之象也。正者，應與之正道也。言升進之時，四陽在上，近乎其君，赫赫崔嵬；初又卑下，衆人不進，而初獨進之，似不可進矣，然四與初爲正應，進之亦正道也，未害其爲進也。未受命者，離日在上，未受君王之命〔三〕也。未受命，則無官守，所以得綽綽有餘裕。應四

〔一〕「以」，朝爽堂本作「然」。

〔二〕「咎」下，朝爽堂本有「哉」字。

〔三〕「受君王之命」，朝爽堂本作「受命於君王」。

未應五，故曰「未受命」。六二曰「受茲介福于王母」，二「受」字相同。中爻艮爲手，有授受之象，故文王卦辭曰「接」，初、二爻皆言「受」，皆有手象。

六二，晉如愁如，貞吉。受茲介福於其王母。

中爻〔一〕坎爲加憂，爲心病，愁之象也。其所以愁者，四乃大臣中鼫鼠之小人也，近君而據下三爻升進之路，二欲升進無應援，五陰柔，二愁五之不斷四邪僻，二愁四之見〔二〕害，此其所以愁也。貞者，中正之德也。初六之貞，未有貞而勉之也。六二之貞，因其本有而教以守之〔三〕也。吉者，中正之德久而必彰，上之人自當求之，下文所言「受介福于王母」是也。介者，大也。受介福者，應六五大明之君，因其同德而任用之，加之以寵禄也。王母者，六五也。離爲日，王之象也。離爲中女，母之象也。〇六二中正，上無應援，故有欲進而愁之象。占者如是而能守正，則吉而受福矣〔四〕。

象曰：「受茲介福，以中正也。」

以中正者，以六二有此中正之德也。八卦正位坤在二，所以受介福。詳見雜説。

〔一〕「中爻」上，朝爽堂本有「愁當專指四二，與五同德，乃受福之人，原不必愁也。〇」。
〔二〕「見」，朝爽堂本作「陷」。
〔三〕「教以守之」，朝爽堂本作「教之以守」。
〔四〕此下，朝爽堂本有「〇于其王母，則不于四可知」。

六三，衆允，悔亡。

坤爲衆，衆之象也。允者，信也。初罔孚，未允也。二愁如，猶恐未允也。三則允矣。悔亡者，亡其不中正之悔也。○六三不中正，當欲進之時，宜衆所不信而有悔矣，然所居之地近乎離明，又順體之極，有順上向明之志，則所謂不中正者，皆因親近其大明而中正矣，是以衆皆信之，同下二陰上進，故有衆允之象，而占者則悔亡也。

象曰：「衆允之志，上行也。」

上者，大明也。上行者，上順麗于大明也。上從大明之君，衆志之所同也。

九四，晉如，鼫鼠，貞厲。鼫音石，市亦切。

鼫鼠，廣韻以爲螻蛄，則非鼠矣；玉篇以爲形大如鼠，頭似兔，尾有毛，青黄色，則又鼠之異者也；蔡邕以爲五技[一]鼠，能飛不能過屋，能緣不能窮木，能遊不能度谷，能穴不能掩身，能走不能先人，則飛鼠也；郭景純以爲形大如鼠，好在田中食粟豆，則田鼠也。廣韻[二]「鼫」字與「碩」字同一[三]類，二字

〔一〕「技」，原作「枝」，今據史本、重修虎林本、寶廉堂本改。
〔二〕自「廣韻以爲」至此，朝爽堂本無。
〔三〕「一」，朝爽堂本無。

從[一]石，皆音石。詩碩鼠刺貪。碩，大也。陽大陰小，此爻陽，故爲大鼠，即詩之「碩鼠」無疑矣。中爻艮，變爻亦艮，鼠之象也。鼠竊人之物，然[二]晝則伏藏，夜則走動，蓋不敢見日而畏人者也。離爲日，晉者晝也，鼠豈能見之哉？但當進之時，見衆人俱進，彼亦同進，不復畏其晝矣。貞者，當進之時，九四晉如，非不正也。○九四不中不正，當晉之時，竊近君之位，居三陰之上，上而畏六五大明之知，下而畏三陰羣小之忌，故有鼫鼠日下，惟恐人見之象。占者如是，雖正亦危矣。

象曰：「鼫鼠貞厲，位不當也。」

位不當者，不中不正也。

六五，悔亡，失得勿恤，往吉，无不利。

恤者，憂也。中爻坎爲加憂，恤之象也。五變，則中爻不成坎，故不憂而勿恤矣。火無定體，倏然而活，倏然而没，失得其常事也[三]。凡易中遇離，或錯離，或中爻離，皆言「失」、「得」二字。如比卦九五錯離曰「失前禽」；隨卦六三變離曰「失小子，隨有求，得」；噬嗑九四曰「得金矢」，六五曰「得黄金」；坎卦錯離六二曰「求小得」；明夷九三曰「得其大首」；解卦九二錯離曰「得黄矢」；鼎卦初六曰「得妾」；

[一]「從」上，朝爽堂本有「同」字。
[二]以上五字，朝爽堂本無。
[三]「其常事也」，朝爽堂本作「不常」。

震卦六二變，中爻爲離，曰「七日得」；漸卦中爻離，六四曰「得其桷」；豐卦六二曰「得疑疾」；旅九四曰「得資斧」；巽上九變坎錯離曰「喪其資斧」，得失、得喪，皆一意也。既濟六二曰「七日得」，未濟上九曰「失是」，則或失或得，不以爲事者，乃離之本有也，非戒辭也。本卦以象論，日出地上，乃朝日也，非日中之昃。以德論，居大明之中而下順從之。以卦變論，爲飛龍在天之君，六爻獨此爻善，所以小象曰「往有慶也」。悔亡者，中以行正也。失得勿恤者，虛中則廓然大公，不以失得累其心也，故吉无不利。○六五柔中，爲自昭明德之主，天下臣民莫不順而麗之，是以事皆悔亡而心則不累于得失。持此以往，蓋吉而无不利者也。占者有是德，斯應是占矣。

象曰：「失得勿恤，往有慶也。」

往有慶，即「吉无不利」。

上九，晉其角，維用伐邑，厲，吉无咎，貞吝。

「晉其角」與「姤其角」同。晉極明終，日已晚矣。角在首之上，晉其角，言欲進而前無其地矣，甚言其前無所進也。維者，維繫也，繫戀其三之陰私也。陽繫戀乎陰私，皆不光明之事，所以孔子小象但陽比于陰者皆曰「未光」。離爲戈兵，坤爲衆，此爻變震，衆人戈兵〔一〕震動，伐邑之象也。故離卦上九變

〔一〕「戈兵」，朝爽堂本倒。

震，亦曰「王用出征」。邑即内卦坤之陰土也，詳見謙卦。伐邑即同人「伏戎于莽」之意。凡易經爻辭無此[一]事而有此象，如此類者甚多。厲吉无咎者，言其理也，言邑若理可以伐，雖危厲，亦吉而无咎也。吉无咎，即下文之「貞」也。貞吝者，言雖當伐，亦可羞也。○上九明已極矣，又當晉之終，前無所進，此心維繫戀乎三爻所應之陰私而已，故有晉其角，維用伐邑之象。夫繫戀其私以伐邑，其道本不光明，然理若可伐而伐之，事雖危厲，亦吉而无咎，但前無所進，既不能成康侯光明之業，反繫戀其私以伐邑，雖邑所當伐，其事故貞，亦可羞矣，安得吉而无咎哉？故戒占者以此。

象曰：「維用伐邑，道未光也。」

此爻變震，下乃順體，陰陽相應，性順情動，豈有光明之事？

䷣離下坤上

夷者，傷也。爲卦坤上離下，日入地中，明見其傷，與晉相綜，故曰明夷。序卦：「晉者，進也。」進而不已，必有所傷，理之常也，所以次晉。

明夷，利艱貞。

[一] 此及下「此」，朝爽堂本作「其」。

艱貞者，艱難委曲以守其貞也。蓋暗主在上，去之則忘國，又有宗國同姓不可去者；比之則失身，又當守正。然明白直遂，守正又不免取禍，所以占者利艱貞，以守正而自晦其明也。

象曰：「明入地中，明夷，內文明而外柔順，以蒙大難，文王以之。利艱貞，晦其明也，內難而能正其志，箕子以之。」難〔一〕，乃旦反。

以卦象釋卦名，又以文王釋卦德，以箕子釋卦辭。內文明者，離也。外柔順者，坤也。此本卦之德也。蒙者，遭也。以蒙大難者，言以此德而遭此明傷之時也。文王以之者，言文王遭紂之囚，用此卦之德，所以內不失己，外得免禍也。晦其明者，晦其明而不露也。大難，關天下之難。內難，一家之難。正其志者，不失其正也。不失其正，又不顯其正，是謂晦其明而利艱貞之義也。箕子爲紂近親，外而佯狂，內而明哲，是即「晦其明」也，故曰「箕子以之」。大抵箕子之難，雖與文王同其艱貞，然文王爲西伯，散宜生之徒以珍物美女獻于紂，而西伯即出羑里矣。若箕子佯狂，則必要君知其真狂，左右國人亦知其真狂，再不識其佯狂，至牧野之師誅君弔民，方釋箕子之囚，箕子逃之朝鮮，武王以朝鮮封之，因以洪範授于武王，人方知其不狂，則箕子艱貞難于文王多矣，故以艱貞係箕子之下。要之，天命興周，故文王之明夷處之易；天命廢殷，故箕子之明夷處之難，雖人爲，實天意也。文王、箕子，一而

〔一〕「難」，原作「艱」，今據朝爽堂本改。

已矣。

象曰：「明入地中，明夷，君子以莅衆，用晦而明。」

坤爲衆，故言莅衆。用晦而明者，不用明爲明，用晦爲明也。言我本聰明睿知，乃不顯其明，若似不明者以晦爲明〔一〕，此之謂用晦而明也。若以晉、明夷相綜並論之，地在下，日在上，明在外也，君子以之，則絶去其人欲之私，以自昭明德，亦如日之極其高明，常升于萬物之上，此修己之道當如是也；地在上，日在下，明在内也，君子以之，則存其寬厚渾含之德，去其刻薄殘忍之私，以之莅衆，如小過必赦，使人不求備，罪疑惟輕，脅從罔治〔二〕之類皆是也。古之帝王，冕而前旒以蔽其明，黈纊塞耳以蔽其聰〔三〕，亦此意〔四〕。此則居上之寬，治人者當如是也，故明夷之大象曰「莅衆，用晦而明」。修己、治人，二卦之象盡之矣。

初九，明夷于飛，垂其翼，君子于行，三日不食，有攸往，主人有言。

明夷于飛者，傷其飛之翼也。垂其翼者，其翼見傷而垂嚲也。離爲雉，鳥之象也。此爻變艮，獨一陽

〔一〕「以晦爲明」，朝爽堂本無。

〔二〕以上八字，朝爽堂本無。

〔三〕上兩句，朝爽堂本作「冕旒以蔽明，黈纊以蔽聰」。

〔四〕「此意」，史本作「如是」。

在中，卦之中爲鳥身，初與六上下爲翼，故小過初六曰飛，上六亦曰飛，皆以翼言也。此爻居初，故曰垂翼也。垂其翼而猶能飛，則傷亦未太重矣。三日不食者，離居三，三之象也；離爲日，三日之象也；離中虚，又爲大腹，空腹不食之象也。于行者，方見幾而欲行也。不食者，自悲其見傷而不食也。此爻舊指伯夷耻食周粟之事[一]。有攸往者，于行而長往也，中爻震足，行而長往之象也。主人者，所適之主人，對君子之言也。有言者，主人不相合，言語譏傷其君子也。外卦錯乾，乾爲言，有言之象也。象爲飛，占爲行、爲往；象爲垂翼，占爲不食、有言，象占俱分明。〇初九陽明在下，當傷之時，故有飛而垂翼之象。占者不惟方行而有不食之戹，及長往而猶有言語之譏，此其時之所遭，不可得而避者，安其義命可也。

象曰：「君子于行，義不食也。」

義之所在，見幾而作，不食可也。

六二，明夷，夷于左股，用拯馬壯，吉。

夷于左股[二]，言傷之猶未在上體也。以去暗君，雖不如初之遠，然亦不得言近，故以足之上股象之。

[一] 此十二字，朝爽堂本無。

[二] 「夷于左股」上，朝爽堂本有「六二中正，爲離明之主，文明君子傷于暗，君死于暗，亦無謂，豈其拯溺猶待規行乎？〇」。

中爻爲震，震錯巽，股之象也。此爻變，中爻爲兑，兑綜巽，亦股之象也。明夷象人身，故初、二爲股，三、四爲腹，五、上爲首。股居下體，蓋以人身上下爲前後也。凡易中言左者，皆「後」字，詳見師卦並本卦六四。拯者，救也。此爻變乾爲健，爲良馬，馬健，壯之象也。言用健壯之馬以救之，則吉矣。文王囚于羑里，「夷于左股」也。散宜生之徒獻珍物美女，「用拯馬壯」也。脱羑里之囚，得專征伐，吉也。○六二去暗主稍遠，故有傷下體左股之象。然二有中正之德，能速以救之，則吉矣，故其象占如此。

象曰：「六二之吉，順以則也。」

順者〔一〕，外柔順也。則者，法則也。言外雖柔順，而内實文明，有法則也，所以用拯馬壯也。因六二中正，故言「順以則」。

九三，明夷于南狩，得其大首，不可疾，貞。

南狩者，去南方狩也。離爲火，居南方，南之象也。離爲戈兵，中爻震動，戈兵震動，出征遠討之象也。大首者，元惡也。坤錯乾，乾爲首，首之象也。居天位，大首之象也。不可疾者，不可亟也。九三雖剛明，臣也；上六雖昏暗，君也。必遲遲以俟之，出于萬一不得已，如天命未絶，人心尚在，則一日之間猶爲君臣也。征者，伐暴救民，其事正也，故不可疾，惟在于貞。若亟亟以富天下爲心，是疾而不貞

〔一〕「順者」上，朝爽堂本有「六二，臣也。臣受傷于君，豈宜鬻獄賂免？六二之吉者，内文明而外柔順，其順于外者，有中正之則也，不可止見其順而不知其則也。○」。

矣。○九三以陽剛居明體之上，而居〔一〕于至暗〔二〕之下，正與上六暗主爲應〔三〕，故有向明除害，得其大首之象。然不可亟也，故有不可疾，惟主于貞之戒。占者有成湯文武之德，斯應是占矣。

《象》曰：「南狩之志，乃大得也。」

志，與「有伊尹之志則可」之「志」同。得天下有道，得其民也。得其民者，得其心也。故除殘去暴，必大得民心。不然，以暴易暴，安能行南狩之志？

六四，入于左腹，獲明夷之心，于出門庭。

此爻指微子言。蓋初爻指伯夷，二爻指文王，三爻指武王，五爻指箕子，上六指紂，則此爻乃指微子無疑矣。左腹者，微子乃紂同姓，左右腹心之臣也。坤爲腹，腹之象也。此爻變，中爻爲巽，巽爲入，入之象也。因六四與上六同體，故以腹心〔四〕言之。然必曰左腹者，右爲前，左爲後，今人言「左遷」，師卦六四「左次」是也。六四雖與上六同體，然六五近上六在前，六四又隔六五在後，是六五當入其右，而六四當入其左矣，故以左言之。坤爲黑，腹中乃黑暗幽隱之地也。心者，心意也。明夷者，紂也。

〔一〕「居」，原爲墨丁，今據重修虎林本、寶廉堂本補。史本、朝爽堂本作「屈」。

〔二〕「暗」，原作「時」，今據諸本改。

〔三〕「應」，原作「廢」，今據諸本改。

〔四〕「腹心」，朝爽堂本倒。

明夷之心者，紂之心意也。出門庭者，遯去也。中爻震綜艮，艮爲門，門之象也。震足動，出門庭之象也。言微子終日在腹裏左邊，黑暗幽隱之中，已得明夷之心意，知其暴虐无道，必亡天下，不可輔矣，于是出門庭而歸周。書云：「吾家耄遯〔一〕于荒。」又曰：「我不顧行遯。」正此爻之意也。〇六四陰柔得正，與上六同體，已于幽暗之中得其暴虐之心意，故有入腹獲心之象，于是出門庭而遯去矣。占者得此，亦當遠去也。

象曰：「入于左腹，獲心意也。」

凡人腹中心事難以知之，今入于左腹，已得其心意，知其不可輔矣，微子所以去也。

六五，箕子之明夷，利貞。

六五居至闇之地，近至闇之君，然有柔中之德，晦其明而正其志，所以佯狂受辱也。居明夷如箕子，乃貞之至矣，故占者利于貞。諸爻以五爲君位，故周公以箕子二字〔二〕明之，上六以「登天」二字明之。又九〔三〕三與上六爲正應，曰「得其大首」，皆欲人知上六之爲君也。易不可爲典要者以此〔四〕。然周

〔一〕「遯」，朝爽堂本作「遜」。
〔二〕此及下句「二字」，朝爽堂本無。
〔三〕「九」，原作「凡」，今據史本、朝爽堂本改。
〔四〕以上九字，朝爽堂本無。

公爻辭必以上六爲君者，何也？蓋九三明之極，惟武王可以當之。上六闇之極，惟紂〔一〕可以當之。若六五有柔中之德，又非紂之所能當也。

象曰：「箕子之貞，明不可息也。」

不可息者，耿耿不昧，常存而不息也。明不可息者，言明可晦不可息，以其在内不露，所以爲貞也。

上六，不明晦，初登于天，後入于地。

不明晦者，日落不明而晦也。初登于天者，日在地上也。後入于地者，日在地下也。本卦原是日在地下傷其明，名〔二〕爲明夷。上六爲明夷之主，至此則明夷成矣，故復以明夷之本象言之。○上六以陰居坤土之極，昏闇之至者也。惟其昏闇之至，不明而晦，是以初則尊爲天子，居可傷人之勢，專以傷人之明爲事；終則自傷而墜厥命，欲爲匹夫而不可得矣，故有日落不明而晦，初雖登天而後入地之象。其象如此，而占者可知矣。

象曰：「初登于天，照四國也。後入于地，失則也。」

照四國以位言，言日居天上，能照四國，亦如人君高位，得傷人之勢也。失則以德言，言爲人君止于

〔一〕「紂」下，朝爽堂本有「王」字。

〔二〕「名」，朝爽堂本無。

仁，視民如傷者也，豈可以傷人爲事哉？君以傷人爲事，失其君之則矣，是以始而登天以〔一〕傷人，而終于自傷也。文王之「順以則」者，外柔順而内實文明，凡事通〔二〕有法則，文王之〔三〕所以興。紂之「失則」者，居坤順之極，而内實昏暗，凡事通失法則，紂之所以亡。故二、六皆言「則」字。

〔一〕「登天以」，朝爽堂本無。
〔二〕此「通」及下「凡事通」之「通」，朝爽堂本無。
〔三〕此「文王之」及下「紂之」，朝爽堂本無。

周易集注卷之八

梁山來知德集注

䷤離下巽上

家人者，一家之人也。八卦正位巽在四，離在二，此卦巽以長女而位四，離以中女而位二，二、四皆得八卦正位，又九五、六二，内外各得其正，皆家人之義也。序卦：「夷者，傷也。傷于外者必反于家，故受之以家人。」所以次明夷。

家人，利女貞。

言占者利于先正其内也。以占者之身而言也，非女之自貞也。蓋女貞乃家人之本，治家者之先務。正雖在女，而所以正之者則在丈夫，故曰「利女貞」。

彖曰：「家人，女正位乎内，男正位乎外，男女正，天地之大義也。家人有嚴君焉，父母之謂也。父父、子子、兄兄、弟弟、夫夫、婦婦，而家道正，正家而天下定矣。」

釋卦名、卦辭而推言之。男、女二字，一家之人盡之矣，父母亦男女也。曰男女，即卦名也。「女正位乎内，男正位乎外」，「正」即卦辭之「貞」也。本義上父、初子之説非也。吴幼清以五爲巽女之夫，三爲離女之夫，亦非也。惟依彖辭「女正」、「男正」二句，則卦名、卦辭皆在其中矣。言女正位乎内，男正位乎外，男女正，乃天地間大道理，原是如此，所以「利女貞」。嚴乃「尊嚴」，非「嚴厲」之「嚴」也，尊無二上之意。言一家父母爲尊，必父母尊嚴，内外整肅，如臣民之聽命于君，然後父尊子卑，兄友弟恭，夫制婦順，各盡其道，而後家道正，正家而天下定矣。定天下係于一家，豈可不利女貞？此推原所以當女貞之故。

象曰：「風自火出，家人，君子以言有物而行有恒。」

風自火出者，火熾則炎上，而風生也，自内而及外之意。知風自火出之象，則知風化之本自家而出，而家之本又自身出也。有物者，有實物也〔一〕，言之不虚也，言孝則實能孝，言弟則實能弟也。有恒者，能恒久也，行之不變也，孝則終身孝，弟則終身弟也。言有物，則言顧行；行有恒，則行顧言。如此則身修家齊，風化自此出矣。

初九，閑有家，悔亡。

閑者，防也，闌也。其字从門从木，木設于門，所以防閑也。又變艮，艮爲門，又爲止，亦門闌止防之意

〔一〕此四字，朝爽堂本無。

也。閑有家者，閑一家之衆，使其父父、子子、兄兄、弟弟、夫夫、婦婦也。○初九以離明陽剛處有家之始，離明則有豫防先見之明，陽剛則有整肅威如之吉，故有閑其家之象。以是而處家，則有以潛消其一家之瀆亂，而悔亡矣，故其象占如此。

象曰：「閑有家，志未變也。」

九五爲男，剛健得正；六二爲女，柔順得正。在初之時，正志未變，故易防閑也。

六二，无攸遂，在中饋，貞吉。

攸者，所也。遂者，專成也。无攸遂者，言凡閫外之事，皆聽命于夫，無所專成也。饋者，餉也，以所治之飲食而與人飲食也。饋食内事，故曰中饋。中爻坎，飲食之象也。言六二無所專成，惟中饋之事而已。自中饋之外，一無所專成也。○六二柔順中正，女之正位乎内者也，故有此象。占者如是，貞則吉矣。

象曰：「六二之吉，順以巽也。」

順以巽者，順從而卑，巽乎九五之正應也。易小象言「順以巽」者三：蒙六五中爻爲順，變爻爲巽；漸六四變乾錯坤爲順，未變爲巽；本卦亦變乾錯坤爲順，應爻爲巽，三「順以巽」皆同。

九三，家人嗃嗃，悔厲，吉。婦子嘻嘻，終吝。嗃，呼落反。

家人者，主乎一家之人也。惟此爻獨稱家人者，三當一卦之中，又介乎二陰之間，有夫道焉。蓋一家之主，方敢嗃嗃也。嗃嗃，嚴大之聲。嘻嘻，歎聲。婦者，兒婦也。子者，兒子也。○九三過剛不中，爲家〔一〕人之主，故有嗃嗃之象。占者如是，不免近于傷恩，一時至於悔厲。然家道嚴肅，倫敘〔二〕整齊，故漸趨于吉。夫曰嗃嗃者，以齊家之嚴而言也。若專以嗃嗃爲主，而無惻怛聯屬之情，使婦子不能堪，而至有嘻歎悲怨之聲，則一家乖離，反失處家之節，不惟悔厲，而終至於吝矣。因九三過剛，故又戒占者以此。

象曰：「家人嗃嗃，未失也。婦子嘻嘻，失家節也。」

節者，竹節也〔三〕，不過之意，不過于威、不過于愛也。處家之道，當威愛並行。家人嗃嗃者，威也，未失處家之節也。若主于威而無愛，使婦子不能容，則反失處家之節矣。

六四，富家，大吉。

巽爲近市利三倍，富之象也。又變乾，爲金、爲玉，亦富之象也。承、乘、應皆陽，則上下内外皆富矣。記曰：「父子篤，兄弟睦，夫婦和，家之肥也。」「肥」字即「富」字。因本卦六爻皆中正而吉，所以説此

〔一〕「家」，原作「衆」，今據史本、朝爽堂本改。

〔二〕「敘」，朝爽堂本作「序」。

〔三〕此三字，朝爽堂本無。

「富」字，亦因本爻有此象也。若〔一〕家庭之間，不孝不弟，無仁無義，縱金玉滿堂，將何爲哉？然則周公之所謂富者，必有所指歸。觀孔子小象之「順在位」，可知矣。○六以柔順之體而居四得正，下三爻乃一家之人，皆所管攝者也。初能閑家，二位乎内而主中饋，三位乎外而治家之〔二〕嚴，家豈不富？而四又以巽順保其所有，惟亨其富而已，豈不大吉？是以有富家之象，而占者大吉也。

象曰：「富家大吉，順在位也。」

以柔順居八卦之正位，故曰「順在位」，見前八卦正位圖。

九五，王假有家，勿恤，吉。假音格。

假，至也。自古聖王，未有不以修身正家爲本者，所謂「刑于寡妻，至于兄弟，以御于家邦」是也。有家，即初之「有家」也。然初之「有家」，家道之始。五之「有家」，家道之成。大意謂初「閑有家」，二主中饋，三治家嚴，四巽順以保其家，故皆吉，然不免有憂恤而後吉也。若王者，至于有家不恤，而知其吉矣。蓋中爻坎，憂恤之象。此爻出于坎之外，故勿恤。○九五剛健中正，臨于有家之上，蓋身修、家齊、家正而天下治者也，不憂而吉可知矣，故其占如此。

〔一〕「若」，原作「皆」，今據史本、朝爽堂本、寶廉堂本改。
〔二〕「之」，朝爽堂本作「以」。

象曰：「王假有家，交相愛也。」

交相愛者，彼此交愛其德也。五愛二之柔順中正，足以助乎五；二愛五之剛健中正，足以刑乎二，非如常人情欲之愛而已。以周家論之，以文王爲君，以太姒爲妃；以王季爲父，以大任爲母；以武王爲子，以邑姜爲婦；以周公爲武王之弟，正所謂父父、子子、兄兄、弟弟、夫夫、婦婦也，彼此皆有德，故交愛其德，非止二五之愛而已。孔子曰：「無憂者，其惟文王乎？」惟其交相愛，所以無憂恤。

上九，有孚威如，終吉。

一家之中，禮勝則離，寡恩者也；樂勝則流，寡威者也；有孚則至誠惻怛，聯屬一家之心，而不至乖離；威如則整齊嚴肅，振作一家之事，而不至瀆亂。終吉者，長久得吉也。○上九以剛居上，當家人之終，故言正家。長久之道，不過此二者而已。占者能誠信〔一〕、威嚴，則終吉矣。

象曰：「威如之吉，反身之謂也〔二〕。」

反身，修身也。如「言有物，行有恒」，正倫理，篤恩義，正衣冠，尊瞻視，凡反身整肅之類皆是也。如是，則不惡而嚴，一家之人有不威之畏矣。

〔一〕「誠信」，朝爽堂本作「整齊」。

〔二〕此五字，朝爽堂本作「反諸身也」。

䷥兑下離上

睽字從目，目少睛也。目主見，故周公爻辭初曰「見惡人」，三曰「見輿曳」，上曰「見豕負塗」，皆見字之意。若從耳，亦曰聧，蓋耳聾之甚也。睽，乖異也。爲卦上離下兑，火炎上，澤潤下，二體相違，睽之義也。又中、少二女同居，志不同，亦睽之義也。序卦：「家道窮必乖，故受之以睽。」家道窮者，教家之道理窮絶也。無教家之道理，則乖異矣。所以次家人。睽綜家人，家人離之陰在二，巽之陰在四，皆得其正；睽則兑之陰居三，離之陰居五，皆居陽位，不得其正，不正則家道窮，故曰「家道窮必乖，故受之以睽」。

睽，小事吉。

彖辭明。

彖曰：「睽火動而上，澤動而下，二女同居，其志不同行。説而麗乎明，柔進而上行，得中而應乎剛，是以『小事吉』。天地睽而其事同也，男女睽而其志通也，萬物睽而其事類也，睽之時用大矣哉！」

以卦象、卦德、卦綜、卦體釋卦名、卦辭，極言其理而贊之。火燥炎上，澤濕就下，物性本然之睽；中女配坎，少女配艮，人情必然之睽，故名睽。兑説離明，説麗乎明也。柔進而上行者，睽綜家人，二卦同體，文王綜爲一卦，故雜〔一〕卦曰「睽外也，家人内也」，言家人下卦之離，進而爲睽之上卦，六得乎五之中，而下應乎九二〔二〕之剛也，三者皆柔之所爲，柔本不能濟事，又當睽乖之時，何由得小事吉？然説麗明則有德，進乎五則有位，應乎剛則有輔，因有此三者，是以小事吉也。事同者，知始作成化育之事同也。志通者，夫唱婦隨，交感之情通也。事類者，聲應氣求，感應之機類也。天地不睽不能成造化，男女不睽不能成人道，萬物不睽不能成物類，此其時用所以大也。與坎、蹇同。

象曰：「上火下澤，睽，君子以同而異。」

同者理，異者事，天下無不同之理，而有不同之事，異其事而同其理，所以同而異，如禹、稷、顔回同道而出處異，微子、比干、箕子同仁而去就死生異是也。彖辭言「異而同」，象辭言「同而異」，此所以爲聖人之言也。

初九，悔亡，喪馬勿逐自復。見惡人，无咎。喪，息浪反。

喪者，喪去也。中爻坎，爲亟心之馬。馬亟心，倏然喪去，喪馬之象也。勿逐自復者，不追逐而自還也。兑爲悦體。凡易中言兑者，皆「勿逐自復」，如震之六二變兑，亦「勿逐，七日得」；既濟六二變兑，

〔一〕「雜」，原作「離」，今據史本、朝爽堂本改。

〔二〕「二」，原作「三」，今據史本、朝爽堂本改。下「二者」之「二」同，不再出校。

亦「勿逐，七日得」是也。坎爲盜，惡人之象也。中爻應爻離，持戈兵，亦惡人之象也。故大有初爻曰「無交害」，二爻曰「小人害」也。曰小人，則指離矣。見惡人者，惡人來而我即見之，不以惡人而拒絶也。離爲目，見之象也。○初九當睽乖之時，上無應與相援，若有悔矣，然陽剛得正，故占者悔亡，但時正當睽，不可强求人之必合，故必去者不追，惟聽其自還；來者不拒，雖惡人亦見之。此善于處睽者也。能如是，則悔亡而无咎矣。故又教占者，占中之象如此。

象曰：「見惡人，以辟咎也。」辟音避。

當睽之時，行動即有咎病，故惡人亦不拒絶而見之者，所以避咎也。咎，即睽乖之咎。

九二，遇主于巷，无咎。

遇者，相逢也。詳見噬嗑六三「遇毒」。巷有二：街巷也，里巷也。兑錯艮，艮爲徑路，里巷之象也。應爻離中虚，街巷之象也。離爲日，主之象也。當睽之時，君臣相求，必欲拘堂陛之常分，則賢者無自而進矣。遇主于巷者，言不在廊廟之上，而在于巷道之中，如鄧禹諸臣之遇光武是也。○九二以剛中而居悦體，上應六五，六五正當人心睽乖之時，柔弱已甚，欲思賢明之人以輔之，二以悦體，兩情相合，正所謂「得中而應乎剛」也，故有遇主于巷之象。占者得此，睽而得合矣，故无咎[一]。

[一] 此三字，朝爽堂本無。

象曰：「遇主于巷，未失道也。」

本卦離爲戈兵，中爻離亦爲戈兵，兑爲毁折，中爻又爲坎陷，言君臣相遇于巷，豈不失道哉？然當天下睽乖之時，外而前有戈兵，後有戈兵，中原坎陷；内而主又柔弱，國勢毁折，分崩離析，正危迫之秋，非但君擇臣，臣亦擇君之時也。得一豪傑之士，即足以濟睽矣，況又正應乎？聖人見得有此象，所以周公許其「无咎」，孔子許其「未失道也」。所以易經要玩象。

六三，見輿曳，其牛掣，其人天且劓，无初有終。掣音徹。劓，魚器反。

上卦離爲目，見之象也。見者，六三與上九並見之也。又爲牛，牛之象也。中爻坎，輿之象也，曳之象也。曳者，拖也，引也。掣者，挽也。兑錯艮爲手，挽之象也。其人天者，指六三與上九也。六三，陰也，居人位，故曰人。上九，陽也，居天位，故曰天。周公爻辭之玄至此。錯艮，又爲鼻，鼻之象也。刑割去〔一〕鼻曰劓。鼻之上有戈兵，劓之象也。艮又爲閽寺，刑人不曰閽寺而曰劓者，戈兵之刑在卦之上體也，若閽寺則在下體矣。然非貞割鼻也，鼻者通氣出入之物，六三、上九本乃正應，見其曳掣，怒氣之發，如割鼻然，故取此象。且者，未定之辭，言非真割鼻也。大意言車前必有牛，六三在車中，後二曳其車，前四掣其牛，所以上九〔二〕見之而發怒也。此正所謂「无初」也。此皆本爻自有之象。易惟

〔一〕「去」，朝爽堂本無。

〔二〕「上九」上，原有「六三」二字，今據重修虎林本、寶廉堂本删。

有此象，無此事，如「入于左腹」之類是也。後儒不悟象，所以將此等險辭通鶻突放過去了。○六三不中不正，上應上九，欲與之合，然當睽乖之時，承乘皆不正之陽，亦欲與之相合，曳掣不能行，上下正應，見其曳掣，不勝其怒，故有此象。然陰陽正應，初雖睽乖，而終得合也，故其象占如此。

象曰：「見輿曳，位不當也。无初有終，遇剛也。」

陰居陽位，故不當。遇剛者，遇上九也。

九四，睽孤，遇元夫，交孚，厲，无咎。

元者，大也。夫者，人也。陽爲大人，陰爲小人，指初爲大人也。交孚者，同德相信也。厲者，兢兢然危心以處之，惟恐交孚之不至也。○九四以陽剛當睽之時，左右之鄰皆陰柔之小人，孤立而無助者也，故有睽孤之象。然性本離明，知初九爲大人君子，與之同德相信，故又有遇元夫，交孚之象。然必危心以處之，方可无咎，故又教占者如此。

象曰：「交孚無咎，志行也。」

志行者，二陽同德而相與，濟睽之志行也。蓋睽者乖之極，孤者睽之極，二德交孚，則睽者可合，孤者有朋，志可行而難可濟，不特无咎而已也。

六五，悔亡，厥宗噬膚，往何咎？

宗字，詳見同人六二。噬膚，詳見噬嗑六二。言相合甚易，如噬膚之柔脆也。九二「遇主于巷」，曰主者，尊之也。六五「厥宗噬膚」，曰宗者，親之也。臣尊其君，君親其臣，豈不足以濟天下之睽？〇六五當睽之時，以柔居尊，宜有悔矣，然質本文明，柔進上行，有柔中之德，下應剛中之賢，而虛己下賢之心甚篤，故悔可亡，有厥宗噬膚之象。惟其合之甚易，所以悔亡也。占者以是而往，睽可濟矣，故无咎也。

象曰：「厥宗噬膚，往有慶也。」

往則可以濟睽，故有慶。

上九，睽孤，見豕負塗，載鬼一車。先張之弧，後説之弧。匪寇婚媾，往遇雨，則吉。

説，吐活反。

九四之孤，以人而孤也，因左右皆陰爻也。上九之孤，自孤也，因猜疑而孤也。見者，上九自見之而疑也。負者，背也。塗者，泥也。離錯坎，坎爲豕，又爲水，豕負塗之象也。坎爲隱伏，載鬼之象也。又爲弓，又爲狐疑，張弓説弓，心狐疑不定之象也。變震爲歸妹，男悦女，女悦男，婚媾之象也。寇止九二、九四。又坎爲雨，雨之象也。遇雨者，遇六三也。雨則三之象也。三居澤之上，乃雨也。〇上九以陽剛處明終睽極之地，猜疑難合，故爲睽孤[一]，與六三本爲正應，始見六三輿[二]曳牛掣，乃疑其

[一]「孤」，原作「狐」，今據史本、朝爽堂本、寶廉堂本改。
[二]「輿」，原作「與」，今據史本、朝爽堂本、寶廉堂本改。

爲豕，又疑其非豕而乃鬼，方欲張弓射之，又疑其非鬼，乃脱弓，而近于前乃六三也。使非二四之寇難，則早與六三成其婚媾矣，始雖睽孤，終而羣疑亡，又復相合，故有此象。往遇雨，又婚媾之象也。占者凡事必如是則吉。

象曰：「遇雨之吉，羣疑亡也。」

惟羣疑亡，所以遇雨吉。

䷦艮下坎上

蹇，難也。爲卦艮下坎上，坎險艮止，險在前，見險而止，不能前進，蹇之義也。序卦：「睽者，乖也。乖必有難，故受之以蹇。」所以次睽。

蹇，利西南，不利東北。利見大人，貞吉。

蹇難在東北，文王圓圖艮、坎皆在東北也。若西南，則無難矣，所以「利西南」。大人者，九五也。舊注「坤方體，順而易；艮方體，止而險」，又云「西南平易，東北險阻」，皆始于王弼。弼曰：「西南爲地，東北爲山。」後儒從之，遂生此説，而不知文王卦辭乃與解卦相綜也。

象曰：「蹇，難也，險在前也。見險而能止，知矣哉！蹇利西南，往得中也。不利東北，其道窮也。利見大人，往有功也。當位貞吉，以正邦也。蹇之時用大矣哉！」〔一〕難，乃旦反。知音智。

以卦德、卦綜、卦體釋卦名、卦辭而贊之。難者，行不進之義也。坎之德爲險，居卦之前，不可前進，此所以名爲蹇也。然艮止在後，止之而不冒其險，明哲保身者也，不其智哉？往得中者，蹇綜解，二卦同體，文王綜爲一卦，故雜卦曰「解，緩也；蹇，難也」，言解下卦之坎往而爲蹇上卦之坎，所以九五得其中也。訟卦剛來而得中者，坎自需上卦來，故曰來；此卦解自下卦往，故曰往。其道窮者，解上卦之震下而爲蹇下卦之艮也，蹇難在東北，今下于東北，又艮止不行，所以「其道窮」。文王圓圖東北居圓圖之下，西南居圓圖之上，故往而上者，則入西南之境矣，故「往得中」；來而下者，則入東北之境矣，故「其道窮」。「往有功」之「往」，即「往得中」之「往」。故利見九五之大人，則「往有功」。當位者，陽剛皆當其位也。八卦正位坎在五，艮在三，今二卦陽剛皆得正位，有貞之義，故貞吉。漸卦巽艮，男女皆得正位，故彖辭同。若以人事論，往得中者，是所往得其地，據形勝而得所安也。若非其地，其道窮矣。往有功者，所依得其人也。蓋陽剛中正，以居尊位，則其德足以聯屬天下之心，其勢足以汲引天下之士，故往有功。正邦者，所處得其正，正則行一不義、殺一不辜而不爲，所以能明信義于天下，

〔一〕此下，朝爽堂本有「睽、蹇皆曰『時用』，解止曰『時』，可見『用』字有別義，此略過了」。

而邦其底定矣。有此二[一]者，方可濟蹇。故歎其時用之大，與坎、睽同。

象曰：「山上有水，蹇，君子以反身修德。」

山上有水，爲山所阻，不得施[二]行，蹇之象也。君子以行有不得者，乃此身之蹇也。若怨天尤人，安能濟其蹇？惟反身修德，則誠能動物，家邦必達矣。此善于濟此身之蹇者也。

初六，往蹇，來譽。

往來[三]者，進退二字也。本卦蹇字從足，艮綜震，震爲足，故諸爻皆以往來言之。譽者，「有智矣哉」之譽也。往以坎言，上進則爲往，入于坎矣；來以艮言，不進則爲來，艮而止矣。○六非濟蹇之才，初非濟蹇之位，故有進而往則冒其蹇、退而來則來其譽之象。占者遇此，亦當有待也。

象曰：「往蹇，來譽，宜待也。」

待者，待其時之可進也。

六二，王臣蹇蹇，匪躬之故。

〔一〕「二」，原作「三」，今據朝爽堂本改。

〔二〕「施」，史本、朝爽堂本作「流」。

〔三〕「往來」上，朝爽堂本有「四皓。○」。

王者〔一〕，五也。臣者，二也。外卦之坎，王之蹇也。中爻之坎，臣之蹇也。因二、五在兩坎之中，故以兩「蹇」字言之。六二艮體，有不獲其身之象，故言「匪躬」。匪躬者，不有其身也。言王、臣皆在坎陷之中，蹇而又蹇，不能濟其蹇。六二不有其身者，因此蹇蹇之故也。張巡、許遠，此爻近之。○六二當國家蹇難之時，主憂臣辱，故有王臣蹇蹇之象。然六二柔順中正，蓋事君能致其身者也，故又有匪躬之象。占者得此，成敗利鈍非所論矣。

象曰：「王臣蹇蹇，終无尤也。」

力雖不濟，心已捐生，有何所尤？初六以不往爲有譽，六二以匪躬爲无尤，有位無位之間耳。

九三，往蹇，來反。

來反〔二〕者，來反而比于二也。此爻變坤爲水地，比來反者，親比于人之象也。六二忠貞之臣，但其才柔，不能濟蹇，蹇而又蹇，思剛明之人以協助之，乃其本心，所以喜其反也。○九三陽剛得正，當蹇之時，與上六爲正應，但爲五所隔，故來反而比于同體之二，三則資其二之巽順，二則資其三之剛明，可以成濟蹇之功矣，故有往則蹇而來反之象。占者得此，亦宜反也。

〔一〕「王者」上，朝爽堂本有「蕭何。○」。
〔二〕「來反」上，朝爽堂本有「韓信。○」。

象曰：「往蹇來反，内喜之也。」

内者，内卦之二也。二之陰樂于從陽，故喜之。

六四，往蹇，來連。

連者〔一〕，相連也。許遠當禄山之亂，乃對張巡曰：「君才十倍于遠。」由是帷帳之謀，一斷于巡。此六四之「來連」者也。六二「喜之」者，内之兄弟，喜其己之有助也。六四連之者，外之朋友，喜其人之有才也。○六四近君，當濟蹇矣，但六四以陰柔之才，無撥亂興衰之略，于是來連于九三，合力以濟，故其象如此，占者凡事親賢而後可。

象曰：「往蹇來連，當位實也。」

陽實陰虚。實指九三，與「獨遠實」之「實」同。當位實者，言九三得八卦之正位，實當其位也。陽剛得其正位，則才足以有爲，可以濟蹇矣。

九五，大蹇，朋來。

陽大〔二〕陰小，大者陽也，即九五也。言九五之君蹇也。朋指三，即九五同德之陽，三與五同功異位者

〔一〕「連者」上，朝爽堂本有「張耳。○」。

〔二〕「陽大」上，朝爽堂本有「漢高。○」。

也。上六「來碩」，應乎三者也。六四「來連」，比乎三者也。三有剛實之才，惟三可以濟蹇，然三與五非比非應，不能從乎其五，惟二與五應，乃君臣同其患難者，餘四爻則不當其責者也。朋來合乎二以濟蹇，則諸爻皆共濟其蹇矣。自下而上曰往，自上而下曰來。今曰「朋來」，則知六、四、三皆來合乎二也。「朋來」之「來」，即「來反」之「來」。此爻變坤，坤爲衆，朋之象也。自本爻言之，所謂「當位貞吉，以正邦也」；自上下諸爻言之，所謂「利見大人，往有功也」，所以大蹇朋來。○九五居尊，有陽剛中正之德，當蹇難之時，下應六二，六二固匪躬矣，而爲三者又來反乎二而濟蹇，三之朋既來，則凡應乎朋而來碩，比乎朋而來連〔一〕，皆翕然並至，以共濟其蹇矣，故有大蹇朋來之象。占者有是德，方應是占也。

象曰：「大蹇朋來，以中節也。」

中者，中德也，即剛健中正之德也。節者，節制也。言爲五者，有剛健之中德，足以聯屬之；有九五之尊位，足以節制之，所以大蹇朋來也。

上六，往蹇來碩，吉，利見大人。

碩者〔二〕，大也。陽大陰小，故言大。不言「大」而言「碩」者，九五已有「大」字矣。來碩者，來就三也。

〔一〕「連」下，朝爽堂本有「者」字，無「皆」字。

〔二〕「碩者」上，朝爽堂本有「彭越。○」。

吉者，諸爻皆未能濟蹇，此獨能濟也。見大人者，見九五也。〇上六才柔未能濟蹇，且居卦極，往無所之，益以蹇耳。九三乃陽剛當位，衆志之所樂從者，反而就之，則可以共濟其蹇矣，何吉如之？若此者，非因人成事也。以九五大人之君，方在蹇中，上與三利見之，共濟其蹇，則往有功矣，此其所以吉也。故占者來碩則吉，而見大人則利也。若舊注來就九五，則見大人爲重複矣。且小象曰「志在內也」，若就九五，則志在外卦，不在內卦矣〔一〕。

象曰：「往蹇來碩，志在內也。利見大人，以從貴也。」

內指九三，對外卦而言，則曰內。貴指九五，對下賤而言，則曰貴。志內所以尚賢，從貴所以嚴分〔二〕。

䷧坎下震上

解者，難之散也。居險能動，則出于險之外矣，解之象也。又雷雨交作，陰陽和暢，百物解散，亦解之象也。序卦：「蹇者，難也。物不可以終難，故受之以解。」所以次蹇。

〔一〕此下，朝爽堂本有「〇上六與九三正應，而三則陽剛得位，衆之所歸，故得三即得衆矣。然以利在見五者，五君也，三臣也」。

〔二〕此下，朝爽堂本有「〇非獨嚴分，亦以尊貴，可以號召也」。

解，利西南，无所往。其來復，吉，有攸往，夙吉。解，佳買反。

夙，早也。此教占者之辭。言「解利西南」，當往西南，若不往，來復于東北之地，亦吉。但往西南，則早得吉。不然來復于東北之地，雖吉，不若西南之早矣。解與蹇相綜，解即解蹇難，故文王有此辭。无所往者，蹇下卦乃艮止，止則不往，所以无所往也。前儒不知文王序卦所以注蹇、解二卦，不成其説。

彖曰：「解險以動，動而免乎險，解。解利西南，往得衆也。其來復，吉，乃得中也。有攸往，夙吉，往有功也。天地解而雷雨作，雷雨作而百果草木皆甲拆〔一〕，解之時大矣哉？」

以卦德、卦綜釋卦名、卦辭，又極言而贊之。險之爲物，見天則訟，見澤則困，見山則蹇，在外卦則屯，惟坎險在內，震動在外，是動而出乎險之外，得以免于險難，所以名解也。自下而上曰往，自上而下曰來。往得衆者，解綜蹇，蹇下卦之艮往而爲解上卦之震也，震二爻皆坤土，坤爲衆，故得衆也。得中者，蹇上卦之坎來而爲解下卦之坎也。九二得中，與訟卦「剛來而得中」同，故蹇、坎往上曰「得中」，解、坎來下曰「得中」也。往有功，即上文「得衆」也。得衆故有功。來復東北，止得中而已。往西南，

〔一〕「拆」，朝爽堂本作「坼」。下同，不再出校。

則得衆有功，所以早吉也。天地解者，雨出于天，雷出于地也。窮冬之時，陰陽固結不通，所以雷不隨雨。及至陰陽交泰，則氣解而雷雨交作，由是形隨氣解，而百果草木皆甲拆矣。甲者，萌甲。拆者，拆開。解之時既至，天地不能閉之，而使不解，則天地之所以成化功者，此解也。皆此解之時也，所以爲大。

象曰：「雷雨作，解，君子以赦過宥罪。」

赦過宥罪，君子之用刑原當如此，非因大難方解之後當如此也。無心失理之謂過，恕其不及而赦之不問。有心爲惡之謂罪，矜其無知而宥之從輕。雷雨交作，天地以之解萬物之屯；赦過宥罪，君子以之解萬民之難，此正雜卦「解，緩」之意。

初六，无咎。

難既解矣，六以柔在下，而上有剛明者爲正應，以濟其不及，无咎之道也，故其占如此。

象曰：「剛柔之際，義无咎也。」

剛柔際者，剛柔相交際也。方解之初，宜安静以休息。六之柔、四之剛，交相爲用，則不過剛、不過柔，而所事皆得宜矣，故于義无咎。

九二，田獲三狐，得黄矢，貞吉。

坎爲狐，狐之象也。坎爲弓，矢之象也。中爻離，離居三，三之象也。又爲戈兵，戈兵震動，田之象也。

變坤，坤爲黄，黄之象也。狐，媚物，小人之象。黄，中色；矢，直物，中直者，君子之象，即六五爻所言君子、小人。○九二陽剛得中，上應六五，爲之信任，于國家大難方解之後，蓋有舉直錯枉之權，退小人而進君子者也，故能去邪媚，得中直，有田獲三狐，得黄矢之象，正而且吉之道也，故其占如此。

象曰：「九二貞吉，得中道也。」

居中而得中道也。

六三，負且乘，致寇至，貞吝。

坎爲輿，三居上，乘之象也；又爲盜，寇之象也。負者，小人之事。輿者，君子之器。此二句雖孔子據理之言，然亦本卦象之所有者。蓋三負四乘二，四不中不正，乃小人也；二得中，乃君子也。貞者，位乃君所與，故正也。負且乘，固無以正得之之理，如漢文帝寵鄧通，擢爲太中大夫，此負且乘也。天子所擢，豈不爲正？後景帝時下吏，是寇之至也。此之謂貞而吝。○六三陰柔，不中不正，而乃居下之上，是小人竊高位，而終必失之者也，故有負乘致寇之象。占者得此，雖正亦可羞也。

象曰：「負且乘，亦可醜也。自我致戎，又誰咎也？」

誰咎者，言我之咎也，非人之咎也。同人「又誰咎也」，言人誰有咎我者也。節「又誰咎也」，言無所歸咎于人也。與〔一〕節小異。

九四，解而拇，朋至，斯孚。

而者，汝〔二〕也。震爲足，拇居足下，三居震之下，拇之象也。二與四同功，皆有陽剛之德，故曰朋。解而拇，占中之象也。若舊注以初爲拇，則「剛柔之際，義无咎」，不當解者也。惟負乘之小人，則當解之矣。○二與四爲同德之朋，當國家解難之時，四居近君之位，當大臣之任，而二爲五之正應，則四與二皆同朝君子之朋也。但四比于三，間于負乘之小人，則君子之朋安得而至？惟解去其小人，則君子之朋自至而孚信矣，故戒占者必如此。

象曰：「解而拇，未當位也。」

以陽居陰，故未當位。惟未當位，故有解拇之戒。

六五，君子維有解，吉，有孚于小人。

維者，繫也。文王坎卦「有孚維心」，此卦上坎下坎，故亦用此「維」字、「孚」字。君子者，四與二也。吉者，君子用事，小人〔三〕遠退，何吉如之？孚者，信也，言信于小人而小人自退也。○本卦四陰，六五

〔一〕「與」上，史本、朝爽堂本有「此」字。

〔二〕「汝」，原作「涉」，今據史本、朝爽堂本改。寶廉堂本旁校亦作「汝」。

〔三〕「人」，原脱，今據諸本補。

以陰居尊而三陰從之，乃宦官、宮妾、外戚之類也。然六五近比于四，又與九二爲正應，皆陽剛之君子也。六五若虛中下賢，此心能維繫之，則凡同類之陰皆其所解矣，所以吉也。何也？蓋君子用事，自能孚信于小人，而小人自退矣。此其所以有解而吉也，故教占者必如此。

象曰：「君子有解，小人退也。」

君子維而有解，則小人不必逐之而自退矣。

上六，公用射隼于高墉之上，獲之，无不利。隼，思尹切。

上高而無位，公也。隼，祝鳩也〔一〕，鷙屬，鷙鳥之害物者也。震爲鵠，變爻爲雉，鳥之象也。坎爲弓，居下卦，自下射上之象也。震錯巽，高之象也。墉者，牆也。高墉者，王宮之牆也。變離，外闈中空，近于六五之君，高墉之象也，故泰卦上六亦曰「城」。九二地位，故曰田。狐，則地之走者也。上六天位，故曰高隼，則天之飛者也。獲之者，獲其隼也。隼棲于山林，人皆得而射之，惟棲于王宮高墉之上，則如城狐、社鼠，有所憑依，人不敢射矣。蓋六五之小人乃宦官、宮妾，上六之隼則外戚之小人，王莽之類是也。○上六柔順得正而居尊位，當動極解終之時，蓋能去有所憑依之小人者也，故有公用射隼于高墉而獲之象。占者得此，則小人悖逆之大患解之已盡矣，故无不利。

〔一〕此三字，朝爽堂本無。

象曰：「公用射隼，以解悖也。」

以下叛上謂之悖，王莽是也。繫辭别是孔子發未盡之意，與此不同。

䷨兑下艮上

損者，減損也。其卦損下剛卦，益上柔卦，此損之義也。又澤深山高，損其深以增其高，此損之象也。序卦：「解者，緩也。緩必有所失，故受之以損。」所以次解。

損，有孚，元吉，无咎，可貞，利有攸往。曷之用？二簋可用享。

有孚者，言損不可聲音笑貌爲之，必當至誠也。凡曰損，本拂人情之事，或過或不及，或不當其時，皆非合正理而有孚也。非有孚則不吉，有咎非可貞之道，不能攸往矣。惟有孚，則元吉也，无咎也，可貞也，利有攸往也。有是四善矣，曷之用者？言何以用損也？若問辭也。二簋至薄，亦可享于鬼神。若答辭也。享鬼神當豐不當損，曰「可用享」，言當損時，至薄亦無害也。

象曰：「損損下益上，其道上行。損而有孚，元吉，无咎，可貞，利有攸往。曷之用，二簋可用享。二簋應有時，損剛益柔有時。損益盈虚，與時偕行。」

以卦綜釋卦名、卦辭。本卦綜益卦，二卦同體，文王綜爲一卦，故雜卦曰「損、益，盛衰之始也」，益卦柔卦居上，剛卦居下，損下益上者，損益下卦之震，上行居損卦之上，而爲艮也，故其道上行，如言「柔進而上行」也。若以人事論，乃剥民奉上，民既貧矣，君不能以獨富，是上下俱損矣，故名損〔一〕。時者，理之當然，勢之不得不然者也。言文王之所謂「二簋可用享」者，非常道也，以其時當于損，所以二簋也。本卦損下卦之剛益上卦之柔，亦非常道也。以時當損下益上，所以損剛益柔也。蓋天下之理，不過損益盈虚而已。物之盈者，盈而不已，其勢必至于消，消則損矣。物之虚者，虚而不已，其勢必至于息，息則益矣。是以時當盈而損也，不能逆時而使之益；時當虚而益也，不能逆時而使之損。此皆物理之常，亦因時而有損益耳。文王之「二簋可用享」者，亦時而已。不然，致孝鬼神當豐〔二〕，豈可損乎？

象曰：「山下有澤，損，君子以懲忿窒欲。」

澤深山高，損下以增高，損之象也。懲者，戒也。窒者，塞也。忿多生于怒心，剛惡也，突兀而出，其高如山，況多忿如少男乎？故當戒。欲多生于喜心，柔惡也，浸淫而流，其深如水，況多欲如少女乎？故當塞。忿不懲必遷怒，欲不窒必貳過，君子修身，所當損者，莫切于此。

初九，已事遄往，无咎，酌損之。

〔一〕「若以」至此，朝爽堂本無。
〔二〕「豐」，朝爽堂本作「盈」。

己者，我也。本卦損剛益柔，損下益上，乃我之事也，即韓子「莫憂世事兼身事〔一〕」之意〔二〕。遄者，速也。酌即「損剛益柔有時」「時」字之意。○本卦初剛四柔，當損初以益四，故有「己事遄往」之象。占者得此，固無咎矣。然「損剛益柔有時」，不可以驟損，必斟酌而後損也，故許其无咎，而又戒之以此。

象曰：「己事遄往，尚合志也。」

尚與上通，指四也。陰陽正應，故合志。四之志欲損其疾，而初遄往，合其志也。

九二，利貞，征凶，弗損，益之。

貞者，即九二之剛中也，中則正矣。利者，安中德以自守，未有不利者也。征者，不守其剛中之德，而有所往也。凶者，六五君位，本卦性悅，此爻變震以悅而動，必容悅以媚上，則流于不中不正矣，所以凶也。弗損者，弗損其剛中之德，即貞也。益者，即利也。蓋〔三〕五雖柔而居剛，非不足；二雖剛而居柔，非有餘，所以損剛，不能益柔也。初以剛居剛，且欲酌損，況二居柔乎？何以弗損而能益？二乃五之正應，爲臣者能爲正人君子，豈不有益于君？所以損則不益，弗損則能益也。○九二剛中，當損

〔一〕「身事」，原重，今據史本、寶廉堂本及宋蜀刻本昌黎先生文集删。

〔二〕以上十二字，朝爽堂本無。

〔三〕「蓋」，朝爽堂本作「○」。

剛之時，志在自守弗損，貞之道也，故占者利于此貞。若失此貞，而有所往，則凶矣。蓋不變其所守正以益上，故貞則利而征則凶也。

象曰：「九二利貞，中以爲志也。」

德以中爲美，志定則守斯定矣。二中以爲志，所以「弗損，益之」。

六三，三人行，則損一人；一人行，則得其友。

本卦綜益，二卦原是陰陽相配之卦，因損下益上，正在此爻，所以發此爻辭也。益卦下震，三爲人位，人之象也。震爲足，行之象也。又爲大塗，行人之象也。中爻坤爲衆，友之象也。三人行者，益下卦三爻居于損之上三爻也，即彖辭「其道上行」也。損一人者，損六三也。一人行，即六三也，六三行上而居四也。三行上而居四，即損下之三而益上之四也。益卦下三爻乃一陽二陰，今損一陰以居四，則陰陽兩相配矣。居四以初爲正應，則得其友也。兩相得則專，三則雜亂，三損其一者，損有餘也，兩也。一人得友者，益不足也，兩也。天地間陰陽剛柔，不過此兩而已，故孔子繫辭復以天地男女發之。○本卦綜益，損下益上，此爻正損益上下交接之爻，故有此象。占者得此，凡事當致一，不可參以三而雜亂也。

象曰：「一人行，三則疑也。」

一人〔一〕行，得友而成兩，則陰陽配合而專一。若三則雜亂而疑矣，所以損其一也。

六四，損其疾，使遄有喜，无咎。

四變中爻爲坎，坎爲心病，疾之象也。遄，即初「遄往」之「遄」。初與四陰陽相合，當損下之時，初即以爲己之事而遄往矣。使其初果得遄往，則有喜矣，所以加一「使〔二〕」字。兑悦在下，喜之象也。○六四陰柔得正，與初九爲正應，賴其陽剛，益己而損其疾，故有損其疾之象。使初能遄往，則四得損其疾而有喜矣，无咎之道也，故其象占如此。

《象》曰：「損其疾，亦可喜也。」

賴初損疾，亦可喜矣，而況初之遄往哉？

六五，或〔三〕益之十朋之龜，弗克違，元吉。

兩龜爲一朋。十朋之龜，大寶也。大象離，龜之象也。十者，土之成數。中爻坤，十之象也。坤土兩兩相比，朋之象也。本卦錯咸，故咸九四亦曰「朋從」；綜益，益之六二即損之六五，特顛倒耳，故亦曰

〔一〕「一人」上，朝爽堂本有「疑雜亂，故損一陰于上，不論六爻，俱分上下也。○」。
〔二〕「使」，朝爽堂本作「喜」。
〔三〕「或」，原作「咸」，今據諸本改。

「十朋」，兩象相同。或〔一〕者，不期而至，不知所從來也。弗克違者，雖欲違之而不可得也。○六五當損之時，柔順虚中，以應九二，蓋有下賢之心，實〔二〕受天下之益者也，故有此象。占者得此，元吉可知，然必有是德，方有是應也。

象曰：「六五元吉，自上祐也。」

與大有「天祐」、旅「上逮」同，蓋皆五之虚中也。

上九，弗損，益之，无咎，貞〔三〕吉，利有攸往，得臣无家。

居損之時，若用剛以損下，非爲上之道矣，安得无咎？安得正而吉？又安能行之而得人心也？今不損下而自益，是即益其下也。九二「弗損，益之」，益其上；上九「弗損，益之」，益其下，所以大得志如此。得臣者，陽爲君，陰爲臣，三爲正應，得臣之象也。无家者，此爻變坤，有國無家之象也。故師卦上六坤變艮，則曰「承家」；此爻艮變坤，則曰「無家」，可見矣。若以理論，乃國爾忘家，無自私家之心也。若用剛以損下，是自私而有家矣。○上九居損之終〔四〕，則必變之以不損；居艮之極，則必止

〔一〕「或」，原闕，今據諸本補。
〔二〕此「實」字，原在上句「心」字上，今據朝爽堂本乙正。
〔三〕「貞」，原作墨丁，今據諸本補。
〔四〕「終」，朝爽堂本作「時」。

之以不損。當損下益上之時，而能弗損以益下，所以无咎也，正而吉也，利有攸往也，得臣无家也。占者有是德，方應是占矣。

象曰：「弗損益之，大得志也。」

无咎，貞吉，利有攸往，得臣无家，豈不大得志？

䷩震下巽上

益與損相綜，益之震上而爲艮，則損下以益上，所以名損。損之艮下而爲震，則損上以益下，所以名益。序卦：「損而不已，必益，故受之以益。」所以次損〔一〕。

益，利有攸往，利涉大川。

利有攸往者，凡事無不利也。利涉大川者，言不惟利所往，可以處常，亦可以濟變。

彖曰：「益損上益下，民説無疆。自上下下，其道大光。利有攸往，中正有慶。利涉大川，木道乃行。益動而巽，日進无疆。天施地生，其益无方。凡益之道，與時偕

〔一〕此下，朝爽堂本有「〇益正位在四，初應四，三五比四」。

行。」「下下」二字，上遐嫁反，下如字。

以卦綜釋卦名，以卦體、卦象、卦德釋卦辭而贊之。損，損上卦之艮；益，益下卦而爲震也。民説无疆，就損益所及之澤而言也，益在民也。其道大光，就損益所行之事而言也，益在君也。人君居九重之上，而能膏澤及于閭閻之民，則其道與乾坤同其廣大，與日月同其光明，何大光如之？卦本損上，然能損上以益下，則並上亦益矣。民益君益，所以名益。九五以中正位乎上，而六二以中正應之，是聖主得賢臣，而慶澤自流于天下矣，所以利有攸往也。木道乃行者，亦如中孚之舟虚，乃風中之木，故木道乃行。中孚、渙皆風水〔一〕，且本卦象離錯坎，亦有水象。動而巽者，動則有奮發之勇而不柔弱，巽則有順入〔二〕之漸而不鹵莽，所以德崇業廣，日進無疆。此以卦德言也。震乃剛卦爲天，天施者，初之陽也。巽乃柔卦爲地，地生者，四之陰也。天以一陽施于下，則天道下濟而資其始；地以一陰升于上，則地道上行而資其生，所以品物咸亨，而其益無方。此以卦體言也。時者，理〔三〕之當其可也。言凡益之道，非理之本無，而勉强增益之也，乃理之當其可而後增益也。如曰「日進無疆」者，以人事當然之理而益也。曰「其益无方」者，以造化自然之理而益也。理之所在，當益而益，是以自我益之，改

〔一〕「水」，原作「木」，今據朝爽堂本改。
〔二〕「入」，朝爽堂本作「人」，疑誤。
〔三〕「理」，朝爽堂本作「時」。

過遷善，不嫌其多；自人益之，十朋之龜，愈見其吉矣。

象曰：「風雷，益，君子以見善則遷，有過則改。」

風雷之勢，交相助益，益之道也。善者，天理也，吾性之本有也。過者，人欲也，吾性之本無也。理欲相爲乘除，去得一分人欲，則存得一分天理。人有善而遷〔一〕從，則過益寡；己有過而速改，則善益增，即風雷之交相助益矣。

初九，利用爲大作，元吉，无咎。

大作者，厚事也，如遷國大事之類是也，故曰「益以興利」。陽大陰小，此爻陽，故以大言之。元吉，以功言，非諸爻以效言也。〇初剛在下，爲動之主，當益之時，受上之益者也。六四近君，與初爲正應，而爲六四所信任，以其有剛明之才，故占者利用爲大作，然位卑任重，則有所不堪者，必其所作之事周悉萬全，爲經久之良圖，至于元善，方可无咎。苟輕用敗事，必負六四之信任矣，故戒占者以此。

象曰：「元吉无咎，下不厚事也。」

下者，下位也。厚事者，大作也。初位卑，本不可以任厚事，豈能无咎？故必大善而後无咎也。

〔一〕「遷」，朝爽堂本作「速」。

六二，或益之十朋之龜，弗克違，永貞吉。王用亨〔一〕于帝，吉。

損之六五即益之六二，以其相綜，特倒轉耳，故其象同。損受下之益，此則受上之益。十朋之龜者，寵錫優渥之象也。永貞吉者，必長永貞固，守其虚中之德，而後可以常保其優渥之寵錫也。王用享于帝者，言永貞虚中之心，必如人君之對越在天，小心翼翼也。此一句，又永貞之象，乃占中之象也。帝出震齊巽，本卦下震上巽，帝之象也。○六二當益之時，虚中處下，蓋精白一心以事君，本無求益之心，而自得君之寵益者也，故有或益十朋之龜，弗克違之象。然爻位皆陰，又戒以永貞，必事君如事天，而後可以受此益也，故又有王用享于帝之象。占者必如是，方吉也。

象曰：「或益之，自外來也。」

言不知所從來也。與上九「自外來」同。二則吉來，上則凶來。

六三，益之，用凶事，无咎。有孚，中行，告公，句。用圭。

凶者，險阻盤錯也，如使大將出師及使至海外之國，豈不是凶？三之爻位本凶，説文云：「凶，象地穿，交陷其中。」中爻坤地震極，未有不陷者，凶之象也。无咎者，凶事乃上之所益，三不得與焉，所以無咎也。有孚者，誠信也。中行者，中道可行之事也。凶事乃太過之事，故以中言之。告公者，告于

〔一〕「亨」，史本、朝爽堂本作「享」。

四也。故六四曰「中行，告公從」。圭乃通信之物，祭祀、朝聘用之，所以達誠信也。六爻中虛，有孚之象也。巽綜兑，兑爲口，告之象也。故夬外卦兑，亦曰「告自邑」；泰卦中爻兑，亦曰「自邑告命」。震爲玉，圭之象也。用圭乃有孚之象，又占中之象也。「有孚」以下，乃聖人教占者開凶事之路也。〇六三陰柔，不中不正，又居益下之極，然當益下之時，故有受上之益，而用行凶事之象。占者得此，可以无咎。若以陰柔不堪此凶事，必當有孚誠信，以中道可行之事告于公，如用圭通誠信焉，庶乎凶事或可免也。故又有中行，告公用圭之象，教占者必如此。

象曰：「益用凶事，固有之也。」

固有之者，本有之也。言三之爻位多凶，則凶事乃三之本有也。孔子「三多凶」之句，本原于周公之爻辭。六十四卦惟謙卦三爻有「吉」字，餘皆無，故「三多凶」。

六四，中行，告公從，利用爲依遷國。爲字去聲。

中行告公者，即三爻以中道可行之事而告于四也。從者，巽性順，從之象也。爲字去聲。凡遷國安民，必爲其依而後遷。依者，依其形勝也。依形勝，即所以依民也。如漢高祖之徙長安，以其地阻，三面可守，獨以一面東制諸侯，依其險而遷者也。國有所依，則不費其兵，不費其財，而民有所依矣。宋太祖亦欲徙長安，因晉王固諫，乃嘆曰：「不出百年，天下民力殫矣。」以四面受敵，無所依也。故周公不曰「利用遷國」而曰「爲依遷國」。中爻坤，國之象也。損、益相綜，損卦艮之一陽下而遷爲益之初，兑三之陰上而遷爲益之四，遷之象也。九五坐于上，而三陰兩列，中空如天府，前後一陽爲之藩屏，有所憑依，一統之象也，故利用爲依遷國。蓋遷國安民，乃益下中行之大事，則非凶事矣，故三告而四從也。○四陰得正，有益下之志，而又有益下之權者也。三乃受四之益者，若以中道可行之事告于四，而四從之，上下協謀，則利用爲依遷國，而凡事之可遷移者〔一〕亦無不利也。故其象如此，占可知矣。

象曰：「告公從，以益志也。」

八卦正位巽在四，四以益下爲志，故告公從。

九五，有孚惠心，勿問，元吉。有孚，惠我德。

惠者，即益下之惠也。心者，益下之心也。德者，益下之政也。二三皆受上之益者也，則益之權在四矣。三比四，有孚于四，以中行告四，四從之。五比四，有孚于四，四不必告五，五亦不必問四矣。下于上曰告，上于下曰問。蓋正位在四，知其必能惠下也，所以勿問也，故小象曰「勿問之矣」。巽爲命，綜兑爲口，中爻坤錯乾爲言，皆告問之象也。故三爻、四爻、五爻曰「告」曰「問」，五爻變成艮矣，艮止，勿問之象也。我者，五自謂也。元吉，即有孚惠德也，言四之惠者，皆五之德

〔一〕「者」，朝爽堂本無。

也。○九五陽德中正，爲益下之主，當益之時，以益下之惠心，有孚于四，不必問而知其元吉矣。何也？蓋五孚于四，五之心知四必能惠我之德也，故有勿問之象，而占者元吉。

象曰：「有孚惠心，勿問之矣。惠我德，大得志也。」

四之小象曰「告公從」，五曰「勿問之矣」，見告、問二字爲重，上下相聯屬也。四曰「以益志也」，五曰「大得志也」，見四以益下爲志，而此則大得益下之志也。看六爻要留心小象。

上九，莫益之，或擊之，立心勿恒，凶。

莫益者，莫能益也。此爻與恒卦九三同，亦「不恒其德」者也，所以下句言「勿恒」。蓋巽爲進退不果，勿恒之象也，所以莫益也。又變坎爲盜，中爻艮爲手，大象離爲戈兵，坎錯離亦爲戈兵，盜賊手持戈兵，擊之象也。此與蒙卦上九「擊」字相同，通是有此象。前儒不識象，止〔一〕以理度之，就説求益不已，放于利而行多怨，不奪不饜，往往似此，失易之旨，殊不知益卦不比損卦，「損剛益柔有時」，非恒常之道也。若益而不已，則「日進無疆，其益無方」，所以立心當恒。若不恒，不能益而不已，則凶矣。○上九以陽剛居益之極，極則變而不益矣，故有莫益或擊之象。所以然者，以其立心不恒也。若益民之心恒久不變，則民説無疆矣，安有擊之之凶哉？惟其立心不恒，所以占者凶。

〔一〕「止」，朝爽堂本作「只」。

〔象曰：「莫益之，偏辭也。或擊之，自外來也。」

辭者，爻辭也。偏對正言，言非爻辭之正意也。正意在下句，言且莫言莫能益也，此非到底之辭。猶有擊之之者，此是正辭也。自外來，與六二同，但分吉凶耳。

周易集注卷之九

梁山來知德集注

䷪乾下兑上

夬者，決也，陽決陰也。三月之卦也。其卦乾下兑上，以二體論，水在天上，勢必及下，決之象也。以爻論，五陽長盛，一陰將消，亦決之象也。序卦：「益而不已，必決，故受之以夬。」所以次益。

夬，揚于王庭，孚號有厲，告自邑，不利即戎，利有攸往。

「揚于王庭，孚號有厲」，皆指上六小人。揚者，得志放肆之意。于王庭，在君側也，五爲君王之象也。兑錯艮，爲門闕，庭之象也。故節卦中爻艮，亦曰「庭」。六與三爲正應，故曰孚。兑爲口舌，號之象也，故上六陰消曰无號。六號呼其三，與之孚契，三在衆君子之中，不敢與之相交，則三亦危矣，故有厲也。此見小人難決也。蓋容悦小人，在君之側，君聽信不疑，孚者且〔一〕危厲，則不孚

〔一〕「且」，史本作「即」，朝爽堂本作「既」。

者可知矣，此所以難決也。告自邑者，告同類之陽也，如言告于本家之人也。乾錯坤，邑之象也。坤爲衆，又衆人之象也。乾爲言，告之象也。不即戎，不尚武勇也。言雖告于衆人，亦不合力，以尚武勇也，方利有攸往，而小人可決矣。此正所謂「決而和」也。非舊注正名其罪，相與合力也。若如此，乃是即戎矣。

彖曰：「夬，決也，剛決柔也。健而説，決而和。揚于王庭，柔乘五剛也。孚號有厲，其危乃光也。告自邑〔一〕，不利即戎，所尚乃窮也。利有攸往，剛長乃終也。」説音悦。長，丁丈反。

釋卦名、卦辭。惟健則不怯，以容其惡；惟説則不猛，以激其變。健而説者，德也。決而和者，事也。一陰加于五陽之上，則君亦在下矣，又與君同體，又容悦，豈不肆于王庭？三雖危，能舍正應，而從君子，所以危而有光。君側之小人〔二〕，豈可尚武勇？尚武勇，世道亂矣，故尚則必窮，剛長〔三〕，陰自消矣〔四〕。

〔一〕「邑」，原作「益」，今據諸本及周易經文改。

〔二〕此句，朝爽堂本「君」上有「決」字，「側」下無「之」字。

〔三〕「長」，原作「展」，今據諸本改。

〔四〕此下，朝爽堂本有「○光正于危見得，故曰乃光。若不危，則不光矣，勿以危自阻也」。

象曰：「澤上于天，夬，君子以施禄及下，居德則忌。」

此象諸家泥滯程朱「潰決」二字，所以皆説不通，殊不知孔子此二句乃生于「澤」字，非生于「夬」字也。蓋夬乃[一]三月之卦，正天子春來[二]布德行惠之時，乃惠澤之澤，非水澤之澤也。天者，君也。禄者，澤之物也。德者，澤之善也。居者，施之反也。紂鹿臺之財，居德也。周有大賚，施禄也。下句乃足[三]上句之意，言澤在于君，當施其澤，不可居其澤也，居澤乃人君之所深忌者[四]。

初九，壯于前趾，往不勝爲咎。

震爲足，本卦大象震，又變巽錯震，又居下，故以足趾言之。壯者，大壯也。四陽爲壯，五陽爲夬。前者，初居下而欲急進于四陽大壯之位，近九五以決上六，故不曰「趾」而曰「前趾」也。往者，往決上六也。既曰前，又曰往，則初九急進而決之之情見矣。凡所謂咎者，皆以其背[五]于理而爲咎病也。若君子之決小人，非背于理也，但不量力，不能勝小人，反爲小人所傷，則爲咎也，故曰「不勝爲咎」。○

〔一〕「乃」字，朝爽堂本無。

〔二〕「春來」二字，朝爽堂本無。

〔三〕「足」，原作「是」，今據史本、寶廉堂本改。

〔四〕此下，朝爽堂本有「○趙汝愚不遷韓侂胄官秩，此居德則忌也。國家有大故，必用殊恩，故夬必居德。王充不赦西涼軍士亦然」。

〔五〕「背」，朝爽堂本作「悖」。下「背」字同，不再出校。

初九當夬之時，是以君子欲決小人者也，但在下位卑，又無應與，恃剛而往，故有此象，其不勝小人可必矣，故占者以不勝爲咎〔一〕。

象曰：「不勝而往，咎也。」

言往之前，已知其不勝小人矣，不慮勝而決，所以咎也。

九二，惕號，莫夜有戎，勿恤。莫音暮。

惕〔二〕、恤，皆憂懼也。剛居柔地，內而憂懼之象也。又變離錯坎爲加憂，亦憂懼之象也。號，呼衆人也。乾爲言，外而呼，號之象也。二爲地位，離日在地下，莫夜之象也。又離爲戈兵，坎爲盜，又爲夜，又本卦大象震，莫夜盜賊，戈兵震動，莫夜有戎之象也。本卦五陽一連，重剛有戎象，所以卦爻爻辭皆言戎，非真有戎也。決小人之時，喻言小人不測之禍也。狄仁傑拳拳以復盧陵王爲憂者，惕也；密結五王者，號也；卒能反周爲唐，是亦有戎勿恤矣。○九二當夬之時，以剛居柔，又得中道，故能憂惕號呼，以自戒備，思慮周而黨與衆，是以莫夜有戎，變出于不測，亦可以無患矣，故教占者以此。

象曰：「有戎勿恤，得中道也。」

〔一〕此下，朝爽堂本有「○范滂似之」。

〔二〕「惕」上，朝爽堂本有「曰勿恤，教之以果決也，即其危乃光也。○」。

得中道者，居二之中也。得中則不恃其剛，而能惕號，不忘備戒，所以有戎勿恤。

九三，壯于頄，有凶，君子夬夬，獨行遇雨。若濡有慍，无咎。

頄音逵，面顴也。乾爲首，頄之象也。夬夬者，以心言也，言去小人之心，決而又決也。獨行者，陽性上行，五陽獨此爻與上六爲正應，獨行之象也。上六陰爻，又兑爲雨澤，雨之象也。濡者，濕濡也，言九三合上六之小人，而若爲所污也。慍者，見恨于同類之君子，而嗔其與小人合也。前儒不知此爻乃聖人爲占者設戒，又不知夬夬乃君子之心，故以爻辭爲差錯。王允之于董卓，温嶠之于王敦，此爻近之。○九三當夬之時，以剛居剛，又與上六爲正應，聖人恐其不能決而和也，故爲占者設其戒，曰決去小人，若壯見于面目，則事未成而幾先露，反噬之凶不免矣。惟其決小人之心，夬而又夬，而面目則不夬夬，而與之相合，如獨行遇雨，有所濕濡，雖迹有可疑，不免爲君子所慍，然從容以觀其變，委曲以成其謀，終必能決小人也。占者能如是，可以免凶而無咎矣。

象曰：「君子夬夬，終無咎也。」

心〔一〕夬夬而面目相合，是決而和矣，所以終無咎。

〔一〕「心」上，朝爽堂本有「君子只要有夬夬之心，雖面目與之相合，是決而和也，故終无咎，但論其終，不咎其始也，始不必咎。此聖人之權也。○」。

九四，臀无膚，其行次且，牽羊悔亡，聞言不信。臀，徒敦反。次，七私反。且，七餘反。

人身〔一〕出腹中之物，皆在于臀。臀字從殿，殿者，後也。凡易中言「臀」者，皆坎也，坎爲溝瀆，臀之象也。故姤九三變坎，曰「臀」；困下卦坎，初六曰「臀」，此爻變坎亦曰「臀」。乾一兑二爲膚，詳見噬嗑。此爻變坎，則不成一二矣，故无膚也。兑爲毁折，亦无膚之象也。次且，即「趦趄」二字，行不進也。惟其臀無膚，所以行不進也。兑爲羊，羊之象也。牽羊者，牽連三陽而同進也。兑綜巽爲繩，牽連之象也。觀大壯六五，乾陽在下曰「喪羊」，則此牽羊可知其牽三陽矣。乾爲言。下三陽之言也，乃前「告自邑」之言也。變坎爲耳痛，聞言不信之象也，所以困卦亦有「有言不信」之句。蓋變坎則情險性健，乃傲物也，故聞言不信。〇九四以陽居陰，不中不正，有臀无膚，行不進而不能決小人之象。然當決之時，不容不決也，故教占者能牽連下三陽以同進，用人成事，則可以亡其不進之悔。但不中不正之人，不樂聞君子之言，度其雖言之，亦不信也。占者如是，其有悔也必矣。

象曰：「其行次且，位不當也。聞言不信，聰不明也。」

位不當者，不中正也。聰者，聽也。聽之不能明其理也。此原不信之由，位不當以位言，聽不明以變坎言。

〔一〕「身」，原作「心」，今據史本、朝爽堂本及原校改。

九五，莧陸夬夬，句〔一〕。中行无咎。

莧者，莧菜也。諸菜秋冬皆可種，獨莧三月種之。夬三月之卦，故取象于莧，亦如瓜五月生，故姤取瓜象。陸者，地也，地之高平曰陸。莧乃柔物，上六之象也。陸地所以生莧者，六乃陰土，陸之象也。莧陸夬夬者，即俗言斬草除根之意〔二〕。言欲決去其莧，並其所種之地亦決之。上夬〔三〕者，夬莧也。下夬者，夬陸也。亦如「王臣蹇蹇」，上蹇，王之蹇也；下蹇，臣之蹇也。決而又決，則根本枝葉皆以決去，無復潛滋暗長矣。中行者，五本居中得正，爲近上六，陰陽相比，則心事不光明，能夬夬，則復其中行之舊矣。九三夬夬以心言，以應爻而言也；九五夬夬以事言，以親比而言也。蓋三居下位，五則擅夬決生殺之權，故與三不同。○九五當夬之時，爲夬之主，本居中得正，可以決小人者也，但與六相近，不免溺于其私，外雖欲決，而一時溺愛之心復萌，則決之不勇矣，故必如決莧，並其地而決之，則可以去其邪心，不爲中德之累而无咎矣。故其象占如此。

象曰：「中行無咎，中未光也。」

中未光者，恐中德近陰，未光明也，故當夬而又夬。

〔一〕「句」，原作大字，今據史本、朝爽堂本、寶廉堂本及全書通例改作小字。

〔二〕「意」，原作「患」，今據史本、朝爽堂本、寶廉堂本改。

〔三〕「夬」，原作「決」，據文意改。

上六，无號，終有凶。

上六當權之時，號呼其正應之三，今三正應夬夬，則正應不可號矣。當權之時，揚于王庭，亦可以號呼而哀求于五，今五相親比，亦夬夬，則五不可號矣，故曰「无號」。「終有凶」即小象「終不可長」，占者之凶可知矣。

象曰：「无號之凶，終不可長也。」

言一陰在上，不可長久，終爲五陽所決去也。

䷫巽下乾上

姤，遇也。五月之卦也。一陰生于下，陰與陽遇，以其本非所望，而卒然值之，如不期而遇者，故爲姤也。序卦：「夬，決也，決必有所遇，故受之以姤。」所以次夬。

姤，女壯，勿用取女。取，七慮〔一〕反。

一陰而遇五陽，有女壯之象，故戒占者「勿用取女」，以其女德不貞，決不能長久，從一而終也。幽王之得褒姒，高宗之立武昭儀，養鷙棄鶴，皆出于一時一念之差，而豈知後有莫大之禍哉？故一陰生于五

〔一〕「慮」，原作「前」，今據寶廉堂本、四庫本改。史本、朝爽堂本作「喻」。

陽之下，陰至微矣，而聖人即曰「女壯，勿用取」者，防其漸也。

彖曰：「姤，遇也，柔遇剛也。勿用取女，不可與長也。天地相遇，品物咸章也。剛遇中正，天下大行也。姤之時義大矣哉。」

釋卦名、卦辭而極贊之。取妻非一朝一夕之事，故曰「夫婦之道不可以不久也」。不可與長者，言女壯則女德不貞，不能從一而長久也。上五陽，天也；下一陰，地也。品物咸亨者，萬物相見乎離，亨嘉之會也。天地相遇，止可言「資始」、「資生」，而曰「咸章」者，品物在五月皆章美也。剛指九二。剛遇中正者，九二之陽德遇乎九五之中正也。遇乎中正，則明良會而庶事康，其道可大行于天下矣。姤本不善，聖人義理無窮，故又以其中之善者言之。言一陰而遇五陽，勿用取女，固[一]不善矣，然天之遇地，臣之遇君，又有極善者存乎其中焉。以一遇之間而有善不善，可見世之或治或亂，事之或成或敗，人之或窮或通。百凡天下國家之事，皆不可以智力求之，惟其遇而已矣。時當相遇，莫之爲而爲，莫之致而至，遇之時義，不其大矣哉！

象曰：「天下有風，姤，后[二]以施命誥四方。」

〔一〕「固」，原作「因」，今據史本、朝爽堂本、寶廉堂本改。

〔二〕「后」，原作「後」，今據史本、朝爽堂本、寶廉堂本、四庫本及周易象傳改。

風行天下，物無不遇，姤之象也。施命者，施命令于天下也。興利除害，皆其命令之事也。誥者，告也，曉諭警戒之意。君門深于九重，堂陛遠于萬里，豈能與民相遇？惟施命誥四方，則與民相遇，亦猶天之風與物相遇也。乾爲君，后之象。又爲言，誥之象。又錯坤，方之象。巽乃命之象。

初六，繫于金柅，貞吉，有攸往，見凶，羸豕孚蹢躅。柅，女履反。蹢音的。躅，直録反〔一〕。

柅者，收絲之具也。金者，籰上之孔用金也，今人多以銅錢爲之。巽爲木，柅之象也；又爲繩，繫之象也。變乾，金之象也。貞吉者，言繫于金柅，前無所往，則得其正而吉也。若無所繫，有所攸往，往而相遇，相比之二，正應之四，則立見其凶也。羸〔二〕豕者，小豕也。孚者，誠也。蹢躅者，跳躑纏綿也。言小豕相遇乎〔三〕豕，即孚契蹢躅不肯前進〔四〕。此立見其凶，可醜之象也。凡陰爻居下卦者，不可皆以爲小人害君子。如姤有相遇之義，觀有觀示之義。此卦因以爲小人害君子，所以將九五極好之爻通説壞了。○初六一陰始生，當遇之時，陰不當往遇乎陽，故教占者有繫于金柅之象。能如此，則正而吉矣。若有所往，立見其凶，故又有羸豕蹢躅之象，其戒深矣。

〔一〕此下，朝爽堂本有「柅，又同杘」。
〔二〕「羸」，原作「嬴」，據文意改。
〔三〕「乎」，朝爽堂本作「羣」。
〔四〕上六字，朝爽堂本作「纏綿跳躑不寧」。

象曰：「繫于金柅，柔道牽也。」

牽者，牽連也。陰柔牽乎陽[一]，所以戒其往。

九二，包有魚，无咎，不利賓。

包者，包裹也。詳見蒙卦九二。魚陰物，又美，初之象也。剥變巽曰貫魚，井曰射鮒，姤曰包魚，皆以巽爲少女，取象于陰物之美也。言二包裹纏綿乎初，猶包魚也。无咎者，本卦主于相遇，故无咎也。不利賓者，理不當奉及于賓也。蓋五月包裹之魚必餒而臭矣，所以不利于賓也。巽爲臭魚，臭不及賓之象也。五陽纏綿一陰，故于四爻、五爻皆取包裹之象。无咎以卦名取義，不及賓以魚取義。若以正意[二]論，初與四爲正應，二既先包乎初，則二爲主而四爲賓矣，所以不利賓。而四包無魚，但易以象爲主，故只就魚上説。〇九二與初本非正應，彼此皆欲相遇，乃不正之遇也，故有五月包魚之象。占者得此，僅得无咎，然不正之遇已不可達及于賓矣，故不利賓。

象曰：「包有魚，義不及賓也。」

五月[三]包魚，豈可及賓？以義揆之，不可及賓也。

〔一〕「陽」下，朝爽堂本有「者也」。

〔二〕「意」，朝爽堂本作「義」。

〔三〕「五月」上，朝爽堂本有「一陰無二陽之理，況五陽乎？二既包之，其不及賓宜也。〇」。

九三，臀無膚，其行次且，厲，无大咎。

夬〔一〕之九四與姤相綜，倒轉即姤之九三，所以爻辭同。○九三當遇之時，過剛不中，隔二，未牽連乎初，相遇之難，故有此象，然不相遇，則亦无咎矣。故占者雖危厲，而无大咎也。

象曰：「其行次且，行未牽也。」

本卦〔二〕主于相遇，三其行未得與初牽連，所以次且。

九四，包无魚，起凶。

初六不中不正，卦辭以女壯勿取戒之矣。若屯卦六二與初相比，不從乎初，「十年乃字」，蓋六二柔順中正故也。今不中正，所以舍正應而從二。既從乎二，則民心已離矣。九四才雖剛而位則柔，據正應之理，起而與二相爭，亦猶三國之爭荆州，干戈無寧日也，豈不凶？故不曰凶而曰「起凶」，如言起釁也。○九四不中不正，當遇之時，與初爲正應，初爲二所包，故有包無魚之象。九四不平，與二争之，豈不起其凶哉？故其象占如此。

象曰：「无魚之凶，遠民也。」

〔一〕「夬」上，朝爽堂本有「初爲二所包，回視後背，已無物亦。○」。

〔二〕「本卦」上，朝爽堂本有「行雖未牽，而且辭之心尚存，未免有咎，特無大咎耳。○」。

陰爲民，民之象也，故觀卦下陰爻曰「觀民」。遠民者，二近民而四遠民也。

九五，以杞包瓜，含章，有隕自天。

杞，枸杞也。杞與瓜皆五月所有之物。乾爲果，瓜之象也。因前爻有包魚之包，故此爻亦以包言之。含章者，含藏其章美也。此爻變離，有文明章美之意，又居中有包含之意，故曰含章。含即杞之包，章即瓜之美，以杞包瓜，即含章之象也。隕者，從高而下也。有隕自天者，言人君之命令自天而降下也。巽爲命，乾爲天，故命令自天而降。孔子「后以施命誥四方」一句本自周公「有隕自天」來，故小象曰「志不違命」。且此爻變成鼎，又正位凝命之君，三箇「命」字可證。〇九五當遇〔一〕之時，有中正之德，深居九重，本不與民相遇，故有以杞包瓜，含藏章美之象。然雖含藏中正之章美，不求〔二〕與民相遇。及施命誥四方，如自天而降，亦猶天下之風無物不相遇也。其相遇之大，爲何如哉？占者有是德，方應是占也〔三〕。

象曰：「九五含章，中正也。有隕自天，志不舍〔四〕命也。」舍音捨。

〔一〕「遇」，原作「變」，今據史本、朝爽堂本改。

〔二〕「求」，原作「永」，今據史本、朝爽堂本、寶廉堂本改。

〔三〕此下，朝爽堂本有「有是占者，有是德也。〇五變爲離，正中天之火也」。

〔四〕「舍」，原作「捨」，今據史本、朝爽堂本、寶廉堂本及下注音改。

有中正之德，所以含其中正之章美，不發露也。志者，心志也。舍，違也。命者，命令也。雖不發露章美，然心志不違，施命誥四方，所以有隕自天。

上九，姤其角，吝，无咎。

與「晉其角」同。當遇之時，高亢過〔一〕剛，不遇〔二〕于初，故有姤其角之象，吝之道也。然不近陰私，亦無咎矣，故其占如此。

象曰：「姤其角，上窮吝也。」

居上卦之極，故窮，惟窮所以吝。

䷬坤下兑上

萃者，聚也。水潤澤其地，萬物羣聚而生，萃之象也。又上悦而下順，九五剛中，而二以柔中應之，萃之由也。序卦：「姤者，遇也。物相遇而後聚，故受之以萃。」所以次姤。

萃，亨，王假有廟，利見大人，亨，利貞。用大牲，吉，利有攸往。

〔一〕「過」，原作「遇」，今據史本、朝爽堂本改。

〔二〕「遇」，原作「過」，今據史本、朝爽堂本、寶廉堂本改。

卦〔一〕大象坎，坎爲宫；中爻巽、艮，巽木在艮闕之上，皆廟之象也。坎爲隱伏，鬼神之象也。九五中正，大人之象也。上「亨」字，占得此卦者亨也。下「亨」字，見大人之亨也。大象坎爲豕，外卦兑爲羊，内卦坤爲牛，大牲之象也。言當此萃時，可以格鬼神，可以見大人，必亨，但利于〔二〕正耳。凡物當豐厚，不宜儉嗇；凡事宜攸往，不宜退止。此教占者處萃之時當如此也。

彖曰："「萃，聚也。順以說，剛中而應，故聚也。王假有廟，致孝享也。利見大人，亨，聚以正也。用大牲，吉，利有攸往，順天命也。觀其所聚，而天地萬物之情可見矣。」

以卦德、卦體釋卦名，又釋卦辭而極贊之。内順乎外，外悦乎内，五以剛中而下交，二以柔中而上應，内外君臣皆相聚會，所以名萃。盡志以致其孝，盡物以致其享。聚以正者，如蕭何、張良諸臣，時聚會，以從高祖，聚也；除暴秦，正也；能成一統之功，亨也。天命者，天理之自然也。以人事言，即當其可之時也。言時當豐而豐、時當往而往者，乃所以順其天理之自然也。情者，所以發出之情也。陽倡陰和，乾始坤生，天地此聚也；形交氣感，聲應氣求，萬物亦此聚也。天地萬物之情，聚而

〔一〕「卦」字，朝爽堂本無。
〔二〕「于」，原作「宇」，今據史本、朝爽堂本、寶廉堂本及原校改。

已矣。

象曰：「澤上于地，萃，君子以除戎器，戒不虞。」

澤字義多，有水澤，有雨澤，有恩澤，有潤澤。澤在天上，有恩澤之意，所以施禄及下，居德則忌。此則有水澤、潤澤之意，所以生萬物而萃也。除者，去舊取新之意，謂整理其敝壞也。戒者，備也；虞者，度也，言變出不測而不可虞度也。衆萃必有争奪之事，故君子除戎器者，非耀武也，所以戒不虞也。聖人之心，義理無窮。姤卦文王卦辭本不善，聖人則發出「姤之時義大」一段；本卦文王卦辭極善，聖人又發出此一段。蓋本卦錯大畜，有離、震二象，戈兵震動，故言「戎器」、「不虞」。又大象坎錯離，中爻艮綜震，亦有此象。

初六，有孚不終，乃亂乃萃。若號，一握爲笑，勿恤，往无咎。

孚者，與四正應，相孚信也。有孚不終者，陰柔之人不能固守，所以孚不長久也。欲萃之急，不擇正應，而與同類羣小相萃也。號者，呼也。握者，持也。言呼九四近前，而以手握持之也。若者，如也，言當如此象也。言有孚之心，能若孚于前，而以手握之不釋，則有孚之心至矣。雖爲衆人所笑，勿恤此笑，方得无咎也。中爻巽爲進退，有孚不終之象也。坤爲迷，亂之象也。坤爲衆，萃之象也。兑爲口舌，號之象也。坤錯乾，乾居一，一之象也。中爻艮手，握持之象也。兑爲悦，笑之象也。大象坎爲加憂，恤之象也。今此爻變不成坎，不憂矣，勿恤之象也。○初六陰柔，與九四爲正應，當萃之時，比于同類之陰，有有孚不終，乃亂乃萃之象。故教占者有孚堅固，如將九四呼于前，而以手握之，以陰握陽，雖不免爲人所笑，然必勿恤此笑，方得往而與九四爲聚也，故无咎。

象曰：「乃亂乃萃，其志亂也。」

質〔一〕本陰柔，急于欲萃，方寸已亂矣，所以不暇擇其正應而萃也。

六二，引吉，无咎。孚，乃利用禴。

引，開弓也，與「君子引而不發」之「引」同。本卦大象坎，又此爻變坎，坎爲弓，引之象也。凡人開弓射物，必專心于物，當物之中，不偏于左，不偏于右，方得中箭，蓋中德不變之象也。二雖中正，居羣小之中，少偏私則非中矣，故言引則吉无咎也。中爻艮手，故初曰一握，握者，手持之也；二曰引，引者，手開之也，皆手之象也。吉者，得萃于九五也。无咎者，二與九五皆同德，又正應也。孚者，孚于五也。利用禴者，言薄祭亦可以交神，又與五相聚，吉而无咎之象也。坎爲隱伏，有人鬼之象。此爻變坎成困，故困之二爻亦「利享祀」，既〔二〕濟坎亦言「禴」，渙亦言「有廟」也。此爻變中爻成離，禴夏祭，故與既濟皆言「禴」。○六二中正，上應九五之中正〔三〕，蓋同德相應者也。二中德不變，故有引之象。

〔一〕「質」上，朝爽堂本有「知此三陰爲亂，萃所以必有孚于王庭而後克。○」。
〔二〕「既」，原作「未」，據所引經文爲既濟卦辭，故改。
〔三〕「正」，原作「五」，今據諸本改。

占者得此，不惟吉，而且无咎矣。然能引，則能孚信于五，而與五相聚矣，故有利用禴之象。其占中之象又如此。

象曰：「引吉无咎，中未變也。」

二本有中德，惟能如引，誠信而中，則中德未變矣，所以吉而无咎。

六三，萃如嗟如，无攸利，往无咎，小吝。

此爻變艮成咸，咸三爻亦「往吝」，但咸以君子而隨小人，可羞之事。此則以小人而聚小人，所以僅小吝也。大象坎爲加憂，兑爲口，嗟歎之象也。○六三陰柔，不中不正，當萃之時，欲萃者其本志也，故〔一〕有萃如之象，但上無應與，不得相聚，故有「嗟如，無攸利」之象。然三之于上，雖彼此陰爻，無相偶之情，能往而從之，我性順而彼性悦，必能相聚，可以无咎。但不能萃剛明之人，而萃陰柔羣小，亦有小吝矣。故其占如此。

象曰：「往无咎，上巽也。」

巽者，三之中爻本巽也。兑綜巽，亦巽也。上往，以巽而從之，我順而彼悦，可以相聚者也，故无咎。

九四，大吉，无咎。

〔一〕「故」，史本、朝爽堂本作「欲」。

大吉无咎，與隨卦九四「隨有獲」同。就時位上説，不就理上説。正所謂處不以其道，得之富貴者也。近悦體之君，臨歸順之民，豈不大吉，人誰咎病？六爻初亂萃，二引萃，三嗟如，五有悔，六涕洟，惟四不中不正，而自然相聚，聚之不勞心力，故大吉。時位自然，非四勉强求之，故无咎。○九四不中不正，居多懼之地，本不吉，有咎者也，然近九五之君，有相聚之權，率三陰順而聚于五，上悦下順，則不勞心力，而自能相聚矣。若不論其九四之德，惟以其萃論之，蓋大吉无咎者也。故有此象，占者得此，亦當如是也。

象曰：「大吉无咎，位不當也。」

位不當者，不中不正也。既不中正，則大吉者亦不吉，无咎者亦有咎矣。周公就時位能萃之象上説，孔子就理上説。

九五，萃有位，无咎。匪孚，元永貞，悔亡。

匪者，不也。匪孚者，不信于人也。九四比羣陰在下以分其萃，大吉无咎，所以匪孚也。元者，元善也，即陽剛中正之德也。永貞者，長永貞固也。悔者，五與上六相近，同居悦體，陰陽比暱，恐其雖萃天下之位，而其德未甚光明，所以悔也。○九五當天下之尊，爲萃之主，臣民皆萃，可以无咎矣。然四分其萃，未免匪孚；上溺陰私，未免有悔，故必反己自修，俾元善中正之德，長永貞固，斯悔亡而人孚矣。戒占者必如此[一]。

象曰：「萃有位，志未光也。」

此爻與夬「中未光」相同。蓋陰陽相悦，此未光也。又變震爲情動性順，此未光也。變震成豫，又和樂矣，此未光也。陽與陰相聚會之時，又悦又動，又順又和樂，安能保其志之光明哉？故曰「志未光」。若依本爻，陽剛中正，有何疚病？

上六，齎咨涕洟，无咎。

齎者，持也，遺也，有所持而遺之之義。中爻艮爲手，持遺之象也。咨者，咨嗟也。自鼻出曰涕，自目出曰洟。兑爲口，咨之象也。又爲澤，涕洟之象也。○上六處萃之終，求萃而不可得，惟持遺咨嗟涕洟，哀求于五而已，故有此象。然憂思之過，危者必平，所以无咎。六爻皆无咎者，水潤澤其地，萬物羣聚而生，乃「天地爲物不二，生物不測」之理也，所以六爻皆无咎[二]。

象曰：「齎咨涕洟，未安上也。」

未安于上，所以哀求其五。

〔一〕此下，朝爽堂本有「○漢高戚夫人、唐太宗巢剌王妃」。

〔二〕此下，朝爽堂本有「○長信宮怨」。

䷭巽下坤上

升者，進而上也。爲卦巽下坤上，木生地中，長而益高，升之象也。又綜萃，萃下卦之坤上升而爲升之上卦，亦升之象也。序卦：「萃者，聚也。聚而上者謂之升，故受之以升。」所以次萃。

升，元亨，用見大人，勿恤，南征吉。

言占得此卦者大亨，用見大人，不可憂懼，從南方行，則吉所以元亨也。不曰「利見」，而曰「用見」者，九二雖大人，乃臣位，六五之君欲用九二，則見之也。六四「王用亨〔一〕于岐山」，即此「用」字也。勿恤者，本卦大象坎，有憂恤之象，故教之以勿恤。南征吉者，文王圓圖巽東南之卦，過離而至坤，是巽升于坤，故南征吉。若東行則至震，非升矣。

彖曰：「柔以時升，巽而順，剛中而應，是以大亨，用見大人，勿恤，有慶也。南征吉，志行也。」

以卦綜釋卦名，以卦德、卦體釋卦辭。柔者，坤土也。本卦綜萃，二卦同體，文王綜爲一卦，故雜卦曰：「萃聚而升不來也。」柔以時升者，萃下卦之坤升而爲升之上卦也。柔本不能升，故以時升，所以

〔一〕「亨」，原作「通」，今據諸本改。

名升。内巽外順，則心不躁妄，行不悖理。又我有剛中之德，而六五以順應之，豈不能升？所以元亨。有慶者，慶幸其道之得行，勿恤者此也。志行者，心期其道之必行，吉者此也。有慶、志行者，即元亨也。

象曰：「地中生木，升，君子以順德，積小以高大。」

本卦以坤土生木而得名，故曰「君子以順德」。坤順之德，即「敬以直内，義以方外」也。積者，日積月累，如地中生木，不覺其高大也。巽爲高，高之象也。

初六，允升，大吉。

允者，信也。本卦原是坤土上升，初與四皆坤土，故允升。○初六柔順居初，當升之時，與四相信而合志，占者如是，必能升矣，故大吉。

象曰：「允升，大吉，上合志也。」

與四合志，故允升。大畜九三與上九皆陽爻，然本卦皆欲畜極而通，故小象曰「上合志也」。此卦初居内卦之初，四居外卦之下，因柔以時升，皆欲升者也，故小象亦曰「上合志也」。

九二，孚，乃利用禴，无咎。

九二以陽剛居中，六五以柔順應之，蓋孚信之至者矣，故有利用薄祭，亦可交神之象。占者如是，得遂其升而有喜矣，故无咎。升綜萃，萃六二「引」者，陰柔也；此剛中，故止言「孚，乃利用禴」。

象曰：「九二之孚，有喜也。」

有喜者，喜其得升也。蓋誠信之至，則君必信任之專，得以升矣。周公許之曰「无咎」。孔子曰：君臣相孚，豈止无咎，且有喜也。中爻兑，喜悦之象也。

九三，升虚邑。

陽實陰虚，上體坤，有國邑之象，詳見謙卦。以三升四，以實升虚，故曰「升虚邑」。或曰四邑爲丘，四丘爲虚，非空虚也，乃丘虚也，亦通。○九三以陽剛之才，當升之時，而進臨于坤，故有升虚邑之象。占者得此，其升而無疑也〔一〕可知矣。

象曰：「升虚邑，无所疑也。」

本卦六五之君陰柔，九二之臣陽剛，似君弱臣强，正人之所疑也，況當升之時，自臣位漸升于君位，使四乃陽剛，則逼其五矣，安得而不疑？今升虚邑，陰土與五同體，故無所疑。

六四，王用亨于岐山，吉，无咎。

坤錯乾，乾爲君，王之象也。王指六五也。物兩爲岐，故曰岐路，兩路也〔二〕。坤土兩拆，岐之象也。

〔一〕「也」，朝爽堂本作「者」。

〔二〕「物兩」至「兩路也」，朝爽堂本作「山兩爲岐，故曰岐山」。

隨卦兑爲西，故曰西山。此兩拆，故曰岐山。中爻震綜艮，山之象也，則三四五皆山矣，皆因有此象，故以岐、西二字别之。前儒不知象，乃曰岐山在西，失象之旨矣。此言岐山，指四也。亨者，通也，與「公用亨于天子」、「王用亨于西山」「亨」字同。「王用亨于岐山」者，即「用見大人」也。言六五欲用乎九二，乃通于四而求之也。四爻皆言升，獨二與五爲正應，故曰「用禴」。四與五相比，故曰「用亨」。蓋君位不可升也。二「用禴」而五「用亨」，上下相用，正所謂「剛中而應」也，何吉如之？故吉而無咎。○六四以柔居柔，與五同體，蓋順事乎五之至者也，故六五欲用乎九二，乃通乎四以求之，故有王用亨于岐山之象，吉而無咎之道也。故其占象如此。

象曰：「王用亨于岐山，順事也。」

四本順體，又以柔居柔，得正，順事乎五，故五欲用乎九二，乃通乎四以求之也。四若非正，則成容悦之小人，安能通乎其二？

六五，貞吉，升階。

「王用亨于岐山」，上孚乎下，賢君之事也。九二即覲君而升階，下孚于上，良臣之事也。故先言「貞吉」之占，而後言「升階」之象。階者，階梯也，如梯之等差也。○六五以柔居尊，下任剛中之賢，乃通于四以求之，貞而且吉者也。九二當升之時，因六五用六四之求，即覲君而升階矣，上下相孚，故其占象如此。

象曰：「貞吉，升階，大得志也。」

大得志，即象辭「有慶」、「志行」也。

上六，冥升，利〔一〕不息之貞。

冥與「冥豫」之「冥」同，昏于升而不知止者也。坤爲迷，冥之象也。不息之貞，天理也，惟天理可以常升而不已。若富貴利達，涉于人欲之私，而非天理者，則有消長矣。冥豫動體，故教之以豫〔二〕。冥〔三〕升順體，故教之以貞。○上六居升之極，乃昏于升而不知止者也，有冥升之象，故聖人教占者曰：升而不已，惟利不息之貞，他非所利也。爲占者開遷善之門如此。

象曰：「冥升在上，消不富也。」

消者，消其所升之業也。富者，富有也。凡升〔四〕者，乃天理不息之貞，則成富有之業矣。若升其人欲之私，往而不返，溺而不止，則盈者必虛，泰者必否，見其日消而不見其長，消而不富矣，故曰「消不富也」。本卦下體巽，巽爲富。此爻外卦，故曰「不富」。亦如无妄二爻未入巽之位，曰「未富」。

〔一〕「利」下，史本、朝爽堂本有「于」字。

〔二〕「豫」，史本、朝爽堂本作「渝」。

〔三〕「冥」上，朝爽堂本有「今」字。

〔四〕「升」，朝爽堂本作「貞」。

䷮坎下兑上

困者，窮困也。爲卦水居澤中，枯涸無水，困之義也。又六爻皆爲陰所掩〔一〕，小人之揜君子，窮困之象也。序卦：「升而不已必困，故受之以困。」所以次升。

困，亨貞，大人吉，无咎，有言不信。

此卦辭乃聖人教人處困之道也。言當困之時，占者處此，必能自亨其道，則得其正矣。他卦「亨貞」，言不貞則不亨，是亨由于貞也；此卦「亨貞」，言處困能亨，則得其貞，是貞由于亨也。然豈小人所能哉？必平素有學有守之大人，操持已定，而所遇不足以戕之，方得吉而无咎也。若不能實踐躬行，自亨其道，惟欲以言求免其困，人必不信而益困矣。言處坎之險，不可尚兑之口也。二五剛中，大人之象。兑爲口，有言之象。坎爲耳痛，耳不能聽，有言不信之象〔二〕。

彖曰：「困剛揜也。險以説，困而不失其所亨，其唯君子乎？貞大人吉，以剛中也。有言不信，尚口乃窮也。」説音悦。

〔一〕「掩」，朝爽堂本作「揜」，古通。

〔二〕此下，朝爽堂本有「○東坡處困尚多辯舍，文足欺人耳，豈是君子」。

以卦體釋卦名，又以卦德、卦體釋卦辭。坎剛爲兑柔所揜，九二爲二陰所揜，四五爲上六所揜，此困之所由名也。兑之揜坎[一]，上六之揜四五者，小人在上位也，如絳、灌之揜賈誼，公孫弘之揜董仲舒是也。二陰之揜九二者，前後左右皆小人也，如曹節、侯覽輩之揜黨錮諸賢，王安石、惠卿之揜元祐諸賢是也。險以説，卦德也。困而不失其所亨者，人事也。處險而能悦，則是在困窮艱險之中，而能樂天知命矣。所者，指此心也，此道也。言身雖困，此心不愧不怍，心則亨也。時雖困，此道不加不損，道則亨也。不于其身于其心，不于其時于其道，如羑里演易，陳蔡弦歌，顔子在陋巷不改其樂是也。君子即大人也。「貞大人吉」者，「貞」字在文王卦辭連「亨」字讀，象辭連「大人」者，孔子恐人認「貞」字爲戒辭也。剛中者，二五也。剛中則知明守固，居易俟命，所以貞大人吉也。貞大人者，貞正大人也。尚口乃窮者，言不得志之人，雖言亦不信也。蓋以口爲尚，則必不能求其心之無愧，居易以俟命矣，是不能亨而貞者也。故聖人設此[二]戒，以尚口則自取困窮矣。尚口，如三上相書，凡受人之謗，不反[三]己自修，而與人辨謗之類。

象曰：「澤无水，困，君子以致命遂志。」

〔一〕「坎」，原作「次」，今據諸本改。

〔二〕「此」，朝爽堂本作「教」。

〔三〕「反」，原作「及」，今據史本、朝爽堂本、寶廉堂本改。

澤所以瀦水，澤无水，是水下漏而上枯矣，困之象也。致者，送〔一〕詣也。命存乎天，志存乎我，致命遂志者，不有其命，送〔二〕命于天，惟遂我之志，成就一箇是也。患難之來，論是非不論利害，論輕重不論死生，殺身成仁，舍生取義，幸而此身存，則名固在；不幸而此身死，則名亦不朽，豈不身困而志亨乎？身存者，張良之椎、蘇武之節是也。身死者，比干、文天祥、陸秀夫、張世傑是也。

初六，臀困于株木，入于幽谷，三歲不覿。

凡言「困」者，皆柔揜剛，小人困君子也。臀，坎象，詳見夬卦。人之體，行則趾在下，坐則臀在下，故初言「臀」。株者，根株也，乃木根也。詩「朝食於株」〔三〕，諸葛亮表「成都有桑八百株」，王荆公詩「日月無根株」，皆言根也。中爻巽木在坎之上，初又居坎之下，木根之象也。坎爲隱伏，幽谷之象也。水在上，幽谷在下，則谷之中皆木根矣。言入于幽谷之中，而臀坐于木根之上也。此倒言也。因有臀字，文勢必將「困于株木」之句居于「臀」下，故倒言也。若曰「臀入于幽谷」，則不通矣。覿，見也。坎錯離爲目〔四〕，又居三，三歲不覿之象也。不覿者，不覿二與四也。○初六以陰柔之才居坎陷之下，當困之

〔一〕「送」，朝爽堂本作「造」。
〔二〕「送」，朝爽堂本作「逆」。
〔三〕此五字，朝爽堂本無。
〔四〕「目」，原作「卦」，今據史本、朝爽堂本改。

時，遠而與四爲應，近而與二爲比，亦欲揜剛而困君子矣，然才柔居下，故有坐木根、入幽谷，終不得見二四之象。欲困君子而反自困，即象而占可知矣。

象曰：「入于幽谷，幽不明也。」

此言不覿之故。幽對明言，二與四合成離，有明象。初居離明之下，則在離明之外而幽矣，所以二與四得見乎幽谷，而入幽不明者，不得見乎二四也。

九二，困于酒食，朱紱方來，利用亨祀，征凶，无咎。紱音弗。

困于酒食者，言酒食之艱難窮困也。如孔子之蔬食水飲，顏子之簞食瓢飲，儒行之「並日而食」是也。酒食且困，大于酒食者可知矣。程傳是。凡易言「酒」者皆坎也，言「食」者皆兑也，故需中爻兑言「酒食」，未濟與坎皆言「酒」也。朱紱者，組綬用朱也。方來者，其德升聞而爲君舉用之也。利用亨祀者，亨者，通也。誠應之意乃象也，亦如「利用禴」之意。言當通之以祭祀之至誠也。坎隱伏，有人鬼象，故言祀。征凶者，當困之時，往必凶也。凶字即大象「致命」之意，正所謂「困而亨」也，所以无咎。中爻離，朱之象；又巽繩，紱之象。坎乃北方之卦，朱乃南方之物，離在二之前，故曰「方來」。此即孔明之事。困酒食者，卧南陽也。朱紱方來者，劉備三顧也。利用亨祀者，應劉備之〔一〕聘也。征凶者，死

〔一〕「劉備之」三字，朝爽堂本無。

而後已也。无咎者，君臣之義无咎也。○九二以剛中之德，當困之時，甘貧以守中德，而爲人君之所舉用，故有困于酒食，朱紱方來之象。故教占者至誠以應之，雖凶而无咎也。

象曰：「困于酒食，中有慶也。」

言有此剛中之德，則自亨其道矣，所以有此朱紱方來之福慶。

六三，困于石，據于蒺藜，入于其宫，不見其妻，凶。

兑錯艮，艮爲石，石之爲物，堅而不納，其質無情。石在前，困于石之象也。據者，依也。坎爲蒺藜，蒺藜乃有刺之物，不可依據。蒺藜在後，據于蒺藜之象也。坎爲宫，宫之象也。中爻巽爲入，入其宫之象也。此爻一變，中爻成乾不成離，目不見之象也。坎爲中男，兑爲少女，則兑乃坎之妻也。兑之中宫，坎之中宫，皆陽爻，非陰爻，入其宫不見其妻之象也。此爻一箇「入」字、「見」字不輕下，周公之爻辭極其精矣。舊注不知象，所以以石指四，蒺藜指二，宫指三，妻指六也。○六三陰柔，不中不正，當困之時，亦欲揜二之剛，而困君子矣，但居坎陷之極，所承所乘者皆陽剛，孤陰在于其中，前困者無情，後據者有刺，則一己之室家且不能保，將喪亡矣，況能困君子乎？故有此象，所以占者凶。

象曰：「據于蒺藜，乘剛也。入于其宫，不見其妻，不祥也。」

乘剛者，乘二之剛也。不祥者，死期將至也。此爻變爲大過，有棺槨象，所以死期將至，人豈有不見其妻之理？乃不祥之兆也。殷仲文從桓玄，照鏡不見其面，數日禍至，此亦不祥之兆也。

九四，來徐徐，困于金車，吝，有終。

金車指九二。坎車象，乾金當中，金車之象也。自下而上曰往，自上而下曰來。來徐徐者，四來于初也。初覬乎四，四來乎初，陰陽正應故也。○九四與初爲正應，不中不正，志在于初，故有徐徐而來于初之象。然爲九二所隔，故又有困于金車之象。夫以陰困陽之時，不能自亨其道，猶志在于初，固爲可羞，然陽有所與，終不能爲陰所困也，故其占如此。

象曰：「來徐徐，志在下也。雖不當位，有與也。」

志在下者，志在初也。有與者，四陽初陰，有應與也。且四近君，故陰不能困。井卦二、五皆陽爻，故曰「无與」。

九五，劓刖，困于赤紱，乃徐有説，利用祭祀。說音悦。

兑錯艮，鼻象。變震，足象。截鼻曰劓，去足曰刖。上體兑爲毁折，錯艮爲閽〔一〕寺刑人。下體中爻離，爲戈兵，又坎錯離，亦爲戈兵，上下體俱有刑傷，劓刖之象也。若以六爻卦畫論之，九五爲困之主，三陽居中，上下俱陰坼，亦劓刖之象也。赤紱者，臣之紱也。中爻離巽，與九二同。紱乃柔物，故亦以此象之。三柔，困赤紱之象也。赤紱者，四與二也。四乃五之近臣，二乃五之遠臣，三揜之，

〔一〕「閽」，原作「闗」，今據史本、朝爽堂本、寶廉堂本改。

故曰「困于赤紱」。劓刖者，君受其困也。赤紱者，臣受其困也。兑爲悦，悦之象也。乃徐有悦者，言遲久必有悦，不終于困也。利用祭祀者，乃徐有悦之象也。蓋祭盡其誠，則受其福矣。教九五中正之德，不可以聲音笑貌爲之也。〇九五當柔揜剛之時，上下俱刑傷，故有劓刖之象。三柔比四而揜二，故不惟劓刖，又有困及于赤紱之象，則君臣皆受其困矣。然九五中正而悦體，既有能爲之才，又有善爲之術，豈終于其困哉？必徐有悦而不終于困也。蓋能守此中正之德，如祭祀之誠信，斯有悦而受其福矣。故教占者占中之象又如此。

象曰：「劓刖，志未得也。乃徐有説，以中直也。利用祭祀，受福也。」

爲陰所掩，故志未得。「以中直」，與同人九五同，直即正也。受福者，中正之德，如祭祀之誠信，則受福而不受其困矣。

上六，困于葛藟、于臲卼，曰動悔，有悔，征吉。

艮爲山，爲徑路，爲果蓏。周禮蔓生曰蓏，葛藟之類。高山蹊徑，臲卼不安。兑錯艮，有此象。又正應坎爲陷，爲叢棘，爲蒺藜，亦皆葛藟之類之象。蓋葛藟者，纏束之物。臲卼者，危動之狀。曰者，自訟之辭也。兑爲口，變乾爲言，曰之象也。曰動悔者，自訟其動則有悔，亦將爲之何哉？動悔之悔，事之悔也，上六之悔也。有悔之悔，心之悔悟也，聖人教占者之悔也。征者，去而不困其君子也，與蒙卦「幾不如舍」「舍」字同。〇上六陰柔，亦欲揜剛而困君子矣，然處困之極，反不能困，故欲動而揜乎剛，則纏束而不能行；欲静而不揜乎剛，則又居人君之上，危懼而不自安，是以自訟，其動則有悔，故有此象。然處此之時，顧在人之悔悟何如耳？誠能發其悔悟之心，去其陰邪之疾，知剛之不可〔一〕揜，棄而去之可也，故占者惟征則吉。

象曰：「困于葛藟，未當也。動悔有悔，吉行也。」

欲揜剛，故未當。有悔不揜剛，故從吉而行。

䷯巽下坎上

井者，地中之泉也。爲卦坎上巽下。巽者入也，水入于下而取于上，井之義也。巽爲木〔二〕，汲水者以木承水而上，亦井之義也。序卦：「困于上者必反于下，故受之以井。」所以次困。

井，改邑不改井，无喪无得，往來井井，汔至，亦未繘，井羸其瓶，凶〔三〕。

井綜困，二卦同體，文王綜爲一卦，故雜卦曰：「井通而困相遇也。」改邑不改井者，巽爲市邑，在困卦

〔一〕「不可」，朝爽堂本作「難于」。

〔二〕「巽爲木」，朝爽堂本作「坎爲水」。「木」，原作「水」，今據史本及説卦傳改。

〔三〕此下，朝爽堂本有音注「繘音聿」。

爲兑，在井爲巽，則改爲邑矣，若井則无喪无得。在井卦坎往于上，在困卦坎來于下，剛居于中，往來不改，故曰「往來井井」。易經與各經不同〔一〕，玄妙處正在于此。汔，涸也。巽下有陰坼〔二〕，涸之象也。繘者，井索也。巽爲繩，繘之象也。羸者，弱也，與〔三〕「羸其角」同。汲水之人，弱不勝其瓶，將瓶墜落于井也。中爻離，瓶之象也。在離曰缶，在井曰瓶、曰甕，皆取中空之意。○言井乃泉脉，不可改變，其德本無得喪，而往來用之者不窮，濟人利物之功大矣。若或井中原涸無水，以至或有水而人不汲，又或不惟不得水，或汲之而羸其瓶，則無以成濟人利物之功，故占者凶。

彖曰：「巽乎水而上水，井，井養而不窮也。改邑不改井，乃以剛中也。汔至，亦未繘井，未有功也。羸其瓶，是以凶也。」

以卦德、卦綜釋卦名、卦辭。凡井中汲水，井上用一轆轤，以井索加于其上，用桶下汲，方能取上。是以桶入乎其水，方能上也〔四〕，故曰「巽乎水而上水」。巽字有木字、入字二意。文選「殫極之綆斷幹」，綆即轆轤之索也。養而不窮者，民非水火不生活也。改邑不改井者，以剛居中，在困卦居二之中，在

〔一〕上五字，朝爽堂本無。

〔二〕「坼」，原作「沂」，今據史本、朝爽堂本、寶廉堂本改。

〔三〕「與」下，朝爽堂本有「大壯」。

〔四〕上十一字，朝爽堂本無。

井卦居五之中，往來皆井，不可改變也。未有功者，井以得水爲功，井中水涸，以至汲水之索未入于井，皆無功也。若羸其瓶，是不惟不得其水，並汲水之具亦喪亡矣，豈不凶？青苗之法，安石之意將以濟人利物，而不知不宜于民，反以致禍，正羸其瓶之凶也。

象曰：「木上有水，井，君子以勞民勸相。」

木上有水者，水承木而上也。勞者，即勞之也。勸者，即來之也。相者，即匡直輔翼也。勞民勸相者，言勞之不已，從而勸之，勸之不已，又從而相之也。人有五性之德，即地脉井泉流行不息者也。逸居而無教，則近于禽獸，不能成井養不窮之功矣。君子勞民勸相，則民德可新，父子有親，君臣有義，夫婦有别，長幼有序，朋友有信，往來用之，井井不窮矣。是勞民勸相者，君子之井也。

初六，井泥不食，舊井无禽。

陰濁在下，泥之象也。凡言食者，皆兑口也。今巽口在下，不食之象也。又巽爲臭，不可食之象也。坎有小過象。凡易言禽者，皆坎也。故師六五曰「田有禽」，以本卦坎又變坎也；比卦九五「失前禽」，以坎變坤也。恒大象坎，此卦坎居上卦，但二卦下卦皆巽，巽深入，禽高飛之物，安得深入于井中？故恒、井二卦皆曰「無禽」。井以得水，齊井之口，易汲爲善，故初則「不食」，二則「漏」，三則「求王明」，四則「修井」，惟五、六則水齊井口，易于汲取，故五、六獨善。○初六陰濁在下，乃井之深而不可浚渫者也，則泥而不食，成舊廢之井，無井滂〔一〕汲水之餘瀝，而禽亦莫之顧而飲矣，故有此象，占者不利于用可知矣。

象曰：「井泥不食，下也。舊井無禽，時舍也。」舍音捨。

陰濁在下，爲時所弃捨〔二〕。

九二，井谷，射鮒，甕敝漏。

上〔三〕陽爻，下陰爻，兩開，谷之象也。又變艮，山下有井，必因谷所生，亦谷之象也。坎爲弓在上，射之象也。巽爲魚，鮒之象也。鮒，小魚。莊子：「周視轍中有鮒魚焉，曰：我東海之波臣也。」又爾雅：「鱖，小魚也。」注云：「似鮒子而黑，俗呼爲魚婢，江東呼爲妾魚。」曰臣、曰婢、曰妾，皆小之意。前儒以爲蝦蟆，又以爲蝸牛，皆非也。巽綜兑爲毁折，敝之象也。下陰爻有〔四〕坼，漏之象也。坎水在上，巽主入，水入于下，亦漏之象也。〇九二陽剛居中，才德足以濟世〔五〕，但上無應與，不能汲引，而乃牽

〔一〕「滂」，史本、朝爽堂本作「傍」，寶廉堂本作「旁」，皆可。

〔二〕此下，朝爽堂本有「〇無仁民愛物之功，陰亦有養德，而下無養功」。

〔三〕「上」上，朝爽堂本有「射，注射也，水及小魚也。〇」。

〔四〕「有」，原漫漶不清，今據重修虎林本、朝爽堂本、寶廉堂本補。史本作「兩」，義優。

〔五〕「世」，原作「利」，今據史本改。

溺于初，與卑賤之人相與，則不能成井養不窮之功矣，故以井言，有旁水下注，僅射其鮒之象；以汲水言，有破甕漏水之象。占者不能成功可知矣。

〈象〉曰：「井谷射鮒，无與也。」

无與者，无應與也，所以比初射鮒〔一〕。

九三，井渫不食，爲我心惻，可用汲王明，句〔二〕。並受其福。

渫者，治井而清潔也。中爻三變成震，不成兑口，不食之象也。爲我心惻者，我者三自謂也，言可汲而不汲，人爲我惻之也。坎爲加憂，惻之象也。王明者，指五也。中爻三與五成離，王明之象也。可用汲王明者，可求用汲〔三〕于王明也。汲字雖汲水，其實汲引之汲。並者，三之井可食，福也；食三之井者，亦福也。九三比于初之陰爻，不能成功，故教九三求九五之陽明。○九三以陽居陽，與上六爲正應，上六陰柔，不能汲引，則不爲時用而成濟人利物之功矣，故有井渫不食，人惻之象。所以然者，以正應陰柔，又無位故也。可用汲者，其惟舍正應而求五之王明乎？若得陽明之君以汲引之，則能成

〔一〕此下，朝爽堂本有「○此爻無比初之意」。
〔二〕「句」，原爲大字，今據史本、朝爽堂本、寶廉堂本改爲小字。
〔三〕「用汲」，朝爽堂本倒。

井養之功，而並受其福矣。故教占者必如此[一]。

象曰：「井渫不食，行惻[二]也。求王明，受福也。」

行惻者，行道之人亦惻也。三變中爻成震足，行之象也。求王明者，五非正應，故以「求」字[三]言之。孔子以周公爻辭忽然説起「王明」，恐人不知指五，所以加一「求」字也。不求正應而求王明，此易之所以時也。比卦六四舍正應而比五，皆此意。管仲舍子糾而事桓公，韓信舍項羽而事高祖，馬援舍隗囂而事光武，皆舍正應而求王明者也。

六四，井甃，无咎。

甃者，砌其井也。陰列兩旁，甃之象也。初爲泥，三之渫，渫其泥也。二射鮒，四之甃，甃其谷也。既渫且甃，井日新矣。寒泉之來，井養[四]豈有窮乎？○六四陰柔得正，近九五之君，蓋修治其井，以瀦畜九五之寒泉者也，故有井甃之象。占者能修治臣下之職，則可以因君而成井養之功，斯无咎矣。

象曰：「井甃，无咎，修井也。」

〔一〕此下，朝爽堂本有「○並受者，九三得王明而成養人之福；九五得賢人，代其養人，而並受養人之福矣」。

〔二〕「惻」，原作「測」，今據諸本及象傳改。下注同，不再出校。

〔三〕「字」，原作「孚」，今據諸本改。

〔四〕「養」，朝爽堂本作「食」。

修井畜泉，能盡職矣，安得有咎？

九五，井洌寒泉，食。

洌，甘潔也。五變坤爲〔一〕甘，以陽居陽爲潔。寒泉，泉之美者也。坎居北方，一陽生于水中，得水之正體，故甘潔而寒美也。食者，人食之也，即井養而不窮也。中爻兑口之上，食之象也。井以寒洌爲貴，泉以得食爲功。以人事論，洌者天德之純也，食者王道之溥也。黄帝、堯、舜、禹、稷、周、孔立養立教，萬世利賴，井洌寒泉，食之者也。○九五以陽剛之德居中正之位，則井養之德已具，而井養之功已行矣，故有此象。占者有是德，方應是占也。

象曰：「寒泉之食，中正也。」

寒泉之食，王道也。中正者，天德也。

上六，井收，句〔二〕。勿幕，有孚，句。元吉。

收者，成也。物成于秋，故曰秋收。井收者，井已成矣，即小象「大成」之「成」也。周公曰「收」，孔子曰「成」，一意也。幕者，蓋井之具也。坎口在上，勿幕之象也，言不蓋其井也。有孚者，信也。齊口之

〔一〕「爲」，朝爽堂本作「土」。

〔二〕「句」，原作大字，今據史本、朝爽堂本及全書通例改爲小字。下「句」字同。此字，重修虎林本、寶廉堂本無。

水，无喪无得，用之不竭，如人之誠信也。元吉者，勿幕有孚，則澤及于人矣。○上六居井之極，井已成矣。九五寒泉爲人所食，上六乃不掩其口，其水又孚信不竭，則澤及于人，成井養不窮之功矣，故有勿幕有孚之象。占者之元吉可知矣。

象曰：「元吉在上，大成也。」

大成者，井養之功大成也。蓋有寒泉之可食，使掩其口，人不得而食之，或不孚信，有時而竭，則澤不及人，安得爲大成？今勿幕有孚，則澤及人而井養之功成矣。元吉以澤之所及言，大成以功之所就言〔一〕。

〔一〕此下，朝爽堂本有「○養一家者，匹夫之事。養天下者，帝王之務。夫德以位而益溥，功以高而益著，初且無禽，二已射鮒，可見養之功有權也，安得不求王明乎」。

周易集注卷之十

梁山來知德集注

䷰離下兑上

革者，變革也。澤在上，火在下，火燃則水涸，水決則火滅，又中、少二女不相得，故其卦爲變革也。序卦：「井道不可不革，故受之以革。」所以次井。

革，己日乃孚，元亨利貞，悔亡。己音紀，十干之名。

己者，信也。五性仁義禮智信，惟信屬土，故以己言之。不言戊而言己者，離、兑皆陰卦，故以陰土言。且文王圓圖離、兑中間乃坤土，故言己也。凡離火燒兑金，斷裂者惟土可接續，故月令于金、火之間置一中央土，十干丙、丁、戊、己，而後庚、辛，言離火燒金，必有土，方可孚契之意。日者，離爲日也。己日乃孚者，信我後革也。言當人心信我之時，相孚契矣，然後可革也，不輕于革之意。「元亨利貞，悔亡」者，言除弊去害，掃而更之，大亨之道也。然必利于正，亨以正，則革之，當其可而悔亡矣。蓋不信而革，必生其悔，惟亨而正，則人心信我矣，所以己日乃孚而後革也。

彖曰：「革水火相息，二女同居，其志不相得，曰革。已日乃孚，革而信之，文明以説，大亨以正，革而當，其悔乃亡。天地革而四時成，湯武革命，順乎天而應乎人。革之時大矣哉！」

以卦象釋卦名，以卦德釋卦辭而極贊之。火燃則水乾，水決則火滅，有相滅息之勢。少女志在艮，中女志在坎，有不相得之情，水火以滅息爲革，二女以不能同居各出嫁爲革，故曰革。革而信之者，言革而人相信也。東征西怨，南征北怨，革而信之之事也。離之德明，兑之德悦，明則識事理而所革不苟，悦則順時勢而所革不驟。大亨者，除弊興利，一事之大亨也；伐暴救民，舉世之大亨也。以正者，揆之天理而順，即[一]之人心而安也。又亨又正，則革之攸當，所以悔亡，正所謂革而信之也。陽極則陰生而革乎陽，陰極則陽生而革乎陰，故陰往陽來而爲春夏，陽往陰來而爲秋冬，四時成矣。命者，王者易姓受命也。王者之興，受命于天，故曰革命。天命當誅，順天也；人心共忿，應人也。天道改變，世道遷移，此革之大者。然要之，同一時也，時不可革，天地、聖人不能先時；時所當革，天地、聖人不能後時，革之時不其大哉？故曰：「禮，時爲大，順次之，體次之，宜次之，稱次之。堯授舜，舜授禹，湯放桀，武王伐紂，時也。」

〔一〕「即」，朝爽堂本作「質」。

〈象曰：「澤中有火，革，君子以治歷明時。」

水中有火，水若盛則息火，火或盛則息水，此相革之象也。歷者，經歷也，次也，數也，行也，過也，蓋日月五緯之纏次也。又作曆。時者，四時也。治歷以明其時。晝夜者，一日之革也。晦朔者，一月之革也。分至者，一年之革也。元會運世者，萬古之革也。

初九，鞏用黄牛之革。

離爲牛，牛之象也。中爻乾錯坤，黄之象也。鞏者，固也，以皮束物也。束之以黄牛之革，則固之至矣。此爻變，即遯之艮止矣，艮止故不革，所以爻辭同。本卦以離火〔一〕革兑金，下三爻主革者也，故二、三言「革」；上三爻受革者也，故四言「改」，五、六言「變」。○初九當革之時，以陽剛之才可以革矣，然居初位卑，無可革之權，上無應與，無共革之人，其不可有爲也必矣，但陽性上行，火性上炎，恐其不能固守其不革之志，故聖人教占者曰：革道匪輕，不可妄動，必固之以黄牛之革而後可。所以其象如此。

〈象曰：「鞏用黄牛，不可以有爲也。」

〔一〕「火」，原作「大」，今據史本、朝爽堂本、寶廉堂本改。

無位無應之故[一]。

六二，己日乃革之，征吉，无咎。

離爲日，日之象也。陰土，己之象也。此爻變夬，情悦性健，故易于革。○六二以文明之才而柔順中正，又上應九五之君，故人[二]皆尊而信之，正所謂「己日乃孚，革而信之」者也，故有此象。占者以此而往，則人皆樂于耳目之新，有更化善治之吉，而無輕變妄動之咎矣，故占者吉而无咎。

象曰：「己日革之，行有嘉也。」

應九五，故有嘉，即「征吉」二字也。

九三，征凶，貞厲，革言三就，有孚。

革言者，革之議論也。正應兑爲口，言之象也。中爻乾爲言，亦言之象也。就者，成也。三就者，商度其革之利害可否，至再至三而革之議論定也。離居三，三就之象也。故同人曰「三歲不興」，未濟曰「三年有賞于大國」，既濟曰「三年克之」，明夷曰「三日不食」，皆以離居其三也。若坎之「三歲不得」，困之「三歲不覿」，解之「田獲三品」，皆離之錯也。漸之「三歲不孕」，巽之「田獲三品」，皆以中爻合離

[一] 此下，朝爽堂本有「桓玄篡位」。

[二] 「人」，原作「以」，今據史本、朝爽堂本、寶廉堂本改。

也；豐之「三歲不覿」，以上六變而爲離也。周公爻辭其精至此。○九三以剛居剛，又居離之極，蓋革之躁動而不能詳審者也，占者以是而往，凶可知矣。故雖事在所當革，亦有危厲，然當革之時，不容不革，故必詳審其利害可否，至于三就，則人信而相孚，可以革矣，故教占者必如此。

象曰：「革言三就，又何之矣。」

言議革之言，至于三就，則利害詳悉，可否分明，又復何之？

九四，悔亡，有孚，改命，吉。

改命者，到此已革矣。離交于兑，改夏之命令于秋矣，所以不言革而言改命。如湯改夏之命而爲商，武改商之命而爲周是也。九四之位，則改命之大臣，如伊尹、大公是也。有孚者，上而孚于五，下而孚于民也。○九四卦已過中，已改其命矣，改命所係匪輕，恐有所悔，然時當改命，不容不改者也，有何悔焉？是以悔亡。惟于未改之先，所改之志孚于上下，則自獲其吉矣。故教占者如此。

象曰：「改命之吉，信志也。」

志者，九四之志也。信志者，信九四所改之志也。上而信于君，下而信于民，必如是信，我方可〔一〕改命也。信乃誠信，即爻辭「孚」字。

〔一〕「可」，原作「弓」，今據諸本改。

九五，大人虎變，未占有孚。

陽剛之才，中正之德，居尊位而爲革之主，得稱大人。兑錯艮，艮爲虎，虎之象也。兑爲正西，乃仲秋。鳥獸毛毨，變之象也。乾之五則曰龍，革之五則曰虎。若以理論，揖遜者見其德，故稱龍；征誅者見其威，故稱虎。三四之有孚者，乃水火相交之際，教占者之有孚也。五之有孚，即湯武未革命之先，四海徯後之思，未占而知其有孚矣。○九五以陽剛中正之才德，當兑金肅殺之秋，而爲順天應人之舉，九四爲改命之佐，已〔一〕改其命矣，是以爲大人者〔二〕登九五之位，而宇宙爲之一新，故有大人虎變之象。此則不待占決而自孚信者也。占者有是德，方應是占矣。

象曰：「大人虎變，其文炳也。」

文炳以人事論，「改正朔，易服色，殊徽號，變犧牲，制禮作樂，炳乎其有文章」是也。

上六，君子豹變，小人革面，征凶，居貞，吉。

楊子曰：「狸變則豹，豹變則虎。」故上六即以豹言之。革命之時，如〔三〕鼓刀之叟佐周受命，此豹變者

〔一〕「已」，朝爽堂本作「共」。
〔二〕「者」，朝爽堂本作「吉」，疑誤。
〔三〕「如」，原作「始」，今據諸本改。

也。又如蕭何諸臣，或爲吏胥，或販繒屠狗〔一〕，後皆開國承家，列爵分土，亦豹變者也，即班孟堅所謂「雲起龍驤，化爲侯王」是矣。蓋九五既虎變而爲天子，則上六即豹變而爲公侯。若下句「小人」，則百姓矣。革面者，言舊日面〔二〕從于君者亦革也。如民之從桀者，不過面從而心實不從也，及湯師之興，則東征西怨，南征北怨，面從之僞皆革，而心真實以向湯矣。如民之從紂者，不過面從而心實不從也，及化行南國，泰誓、牧誓則面從之僞皆革，而心真實以向文武矣〔三〕。蓋以力服人者，面從者也；以德服人者，中心悦而誠服也，心從者也。征凶者，「聖人作而萬物覩」，別有所往，則爲梗化之民而凶矣。居者，征之反也。君子豹變者，變其舊日之冠裳也。小人革面者，革其舊日之詐僞也。○上六當世道革成之後，而天命維新矣，公侯則開國承家，百姓則心悦誠服，有君子豹變、小人革面之象，故戒占者不守其改革之命而別有所往則凶，能守其改革之命則正而吉也。

象曰：「君子豹變，其文蔚也。小人革面，順以從君也。」

其文蔚者，冠裳一變，人物一新也。順以從君者，兑爲悦，悦則順，即中心悦而誠服也。蔚本益母草，

〔一〕「繒」「狗」二字，朝爽堂本無。

〔二〕「面」，原作「而」，今據史本、朝爽堂本、寶廉堂本改。

〔三〕「如民之從桀者」至此，朝爽堂本作「如民之從桀紂者，不過面從而心實不從也。故湯師征而徯後，牧野會而倒戈，則面從之僞皆革而心真實以向湯武矣」。

其花對節相開，亦如公侯相對而並列，故以蔚言之。豹次于虎，獸不同也。炳從虎，蔚從草，文之大小顯著不同也。

䷱巽下離上

鼎者，烹飪之器，其卦巽下離上，下陰爲足，二、三、四陽爲腹，五陰爲耳，上陽爲鉉，鼎之象也。又以巽木入離火而至烹飪，鼎之用也。序卦：「革物者莫若鼎，故受之以鼎。」所以次革。

鼎，元吉，亨。

彖辭明。觀孔子彖辭「是以元亨」，則「吉」字當從本義作衍文。

彖曰：「鼎，象也。以木巽火，亨飪也。聖人亨以享上帝，而大亨以養聖賢。巽而耳目聰明，柔進而上行，得中而應乎剛，是以元亨。」亨，並〔一〕庚反。

以卦體釋卦名，又以卦德、卦綜、卦體釋卦辭。象者，六爻有鼎之象也。巽者，入也，以木入于火也。亨，煮也。飪，熟食也。亨飪有調和之意，故論語曰「失飪不食」。象者，鼎之體；亨飪者，鼎之用，所以名鼎。聖人者，君也。聖賢者，臣也。古人有聖德者，皆可稱聖，如湯誥稱伊尹爲「元聖」是也。亨

〔一〕「並」，朝爽堂本作「普」。

飪之事不過祭祀、賓客而已。祭祀之大者無出于上帝，賓客之重者無過于聖賢，享上帝貴質，故止曰亨；享聖賢貴豐，故曰大亨，所以享帝用特牲，而享聖賢有〔一〕饔牲牢禮也。巽而耳目聰明者，內而此心巽順，外而耳目聰明也。離爲目，五爲鼎耳，故曰耳目。皆有離明之德，故曰聰明〔二〕。柔進而上行者，鼎綜革，二卦同體，文王綜爲一卦，故雜卦曰「革去故也，鼎〔三〕取新也」，言革下卦之離進而爲鼎之上卦也，進而上行，居五之中，應乎二之剛也。若以人事論，內巽外聰，有其德；進而上行，有其位；應乎剛，有其輔，是以元亨。

象曰：「木上有火，鼎，君子以正位凝命。」

正對偏倚言，凝對散漫言。正位者，端莊安正之謂，即齋明盛服，非禮不動也。凝者，成也，堅也。命者，天之命也。凝命者，天命凝成堅固，國家安于盤石，所謂「協乎上下，以承天休」也。鼎譬之位，命譬之實，鼎之器正，然後可凝其所受之實；君之位正，然後可凝其所受之命。鼎綜革，故革亦言命。孔子因大禹鑄九鼎象物，成王定鼎于郟鄏〔四〕，卜世三十，卜年七百，所以說到「正位凝命」上去。周烈

〔一〕「有」，朝爽堂本作「以」。
〔二〕「聰」，原作「聽」，今據經文改。
〔三〕「鼎」，原作「無」，今據諸本改。
〔四〕「郟鄏」，原作「郊鄏」，今據諸本改。

王二十三年，九鼎震，此不能正位凝命之兆也。其後秦遂滅周，取九鼎，則鼎所係匪輕矣，故以鼎爲宗廟之寶器。及天寶五年，宰臣李適之常列鼎俎，具膳羞，中〔一〕夜鼎躍，相鬭不解，鼎耳及足皆折，豈以明皇不能正位凝命而有幸蜀之禍與？

初六，鼎顛趾，利出否，得妾以其子，无咎。

巽錯震，震爲足，趾之象也。巽爲長女，位卑居下，妾之象也。震爲長子，子之象也。鼎爲寶器，主器者莫若長子，則子之意亦由鼎而來也。顛趾者，顛倒其趾也。凡洗鼎而出水，必顛倒其鼎，以鼎足反加于上，故曰顛趾。否者，鼎中之汙穢也。利出否者，順利其〔二〕出否也。故孔子曰：「鼎取新也。」得者，獲〔三〕也。得妾者，買妾而獲之也。以者，因也，因其子而買妾也。言洗鼎之時，趾乃在下之物，不當加于其上〔四〕，今顛于上，若悖上下之序矣。然顛趾者，不〔五〕得已也，以其順〔六〕利于出否也。亦

〔一〕「中」，朝爽堂本作「方」。
〔二〕「其」，朝爽堂本作「而」。
〔三〕「獲」，原作「護」，今據下文改。
〔四〕「上」，原作「下」，今據諸本改。
〔五〕「不」，朝爽堂本作「非」。
〔六〕「順」，朝爽堂本作「顛」，疑是。

猶一夫一婦，人道之常，既有妻，豈可得妾？今得其妾，若失尊卑之分矣，然得妾者不得已也〔一〕，以其欲生子，而不得不買妾也。得妾以其子，又顛趾出否之象也。○初六居下，尚未烹飪，正洗鼎之時，顛趾以出否，故有得妾以其子之象。占者得此，凡事跡雖若悖其上下尊卑之序，于義則无咎也。

象曰：「鼎顛趾，未悖也。利出否，以從貴也。」

未悖者，未悖于理也。言以顛趾〔二〕于鼎之上，雖若顛倒其上下之序，然洗鼎當如此，未爲悖理也。貴對賤言。鼎中之否，則賤物也。以從貴者，欲將珍羞貴重之物相從以實于鼎中，不得不出其否賤以濯潔也〔三〕。

九二，鼎有實，我仇有疾，不我能即，吉。

鼎有實者，既洗鼎矣，乃實物于其中也。陽實陰虛，故言實。仇者，匹也，對也，指初也。疾者，陰柔之疾也。即者，就也。言初雖有疾，九二則剛中自守，不能使我與之即就也。此九二之能事，非戒辭也。○九二以剛居中，能守其剛中之實德，雖比于初，而不輕于所與，有鼎有美實，「我仇有疾，不我能即」，

〔一〕自「一夫一婦」至此，朝爽堂本作「有妻得妾，非得已也」。
〔二〕「顛趾」，史本、朝爽堂本倒。
〔三〕此下，朝爽堂本有「正位君子當洗心」。

而浼我實德之象。占者如此，則剛中之德不虧，吉〔一〕可知矣。

愼所之者，愼所往也。此一句亦言九二之能事，非戒辭也。言九二有陽剛之實德，自能愼于所往，擇善而交，不失身于陰黨也。終无尤者，言我仇雖有疾，然愼于所往，不我能即，而不失身于彼，有何過尤哉？

象曰：「鼎有實，愼所之也。我仇有疾，終无尤也。」

九三，鼎耳革，其行塞，雉膏不食，方雨，虧悔，終吉。

三變爲離爲坎〔二〕，坎爲耳，耳之象也。革者，變也。坎爲耳痛，耳革之象也。三未變，錯震足爲行，三變則成坎陷，不能行矣，行塞之象也。其行塞者，不能行也。離爲雉，雉之象也。坎爲膏，膏之象也。中爻兑，三變則不成兑口，不食之象也。三變則內坎水，外亦坎水，方雨之象也。鼎之所賴以舉行者，耳也。三居木之極，上應火之極，木火既極，則鼎中騰沸，並耳亦熾熱革變，而不可舉移矣，故其行塞也。雨者，水也。虧者，損也。悔者，鼎不可舉移，而雉膏之美味不得其食，不免至于悔也。方雨虧悔者，言耳革不食，惟救之以水耳。方雨則能虧損其騰沸熾熱之勢，而悔者不至于悔矣。終吉者，鼎可移，美味可食也。○九三以陽剛居鼎腹之中，本有美實之德，但應與木火之極，烹飪太過，故有耳革、行塞、雉膏不食之象。然陽剛得正，故又有方雨虧悔之象。占者如是，始雖若不利，終則吉也。

〔一〕「吉」上，朝爽堂本有「其」字。

〔二〕此句，朝爽堂本作「三變坎，中爻離」。

象曰：「鼎耳革，失其義也。」

義者，宜也。鼎烹飪之木火不可過，不可不及，方得烹飪之宜。今木火太過，則失烹飪之宜矣，所以耳革也。

九四，鼎折足，覆公餗，其形渥，凶。

四變，中爻爲震，足之象也。中爻兑爲毁折，折之象也。鼎實近鼎耳，實已滿矣，今震動，覆之象也。餗者，美糝也。八珍之膳，鼎之實也。鼎以享帝養賢，非自私也，故曰「公餗」。渥者，霑濡也，言覆其鼎而鼎之上皆霑濡其美〔一〕糝也。以人事論，項羽之入咸陽，安禄山之陷長安，宗廟燒焚，寶器披離，不復見昔日彼都人士之盛，其形渥之象也。不可依晁氏「其刑剭，凶」者，敗國殺身也。若不以象論，以二體論，離、巽二卦成鼎，下體巽有足而無耳，故曰「耳革」；上體離有耳而無足，故曰「折足」。〇九四居大臣之位，任天下之重者也，但我本不中不正，而又下應初六之陰柔，則委任亦非其人，不能勝大臣之任矣，卒至傾覆國家，故有此象。占者得此，敗國殺身，凶可知矣。

象曰：「覆公餗，信如何也。」

信者〔二〕，信任也。言以餗委託信任于人，今將餗覆之，則所信任之人爲如何也〔三〕。

〔一〕「美」，史本、朝爽堂本作「羹」。

〔二〕「信者」上，朝爽堂本有「二不我即，且慎所之，故善。〇」。

〔三〕此下，朝爽堂本有「房琯之劉秩，宗元之叔文，安石之惠卿」。

六五，鼎黄耳金鉉，利貞。

五爲鼎耳。黄，中色。五居中，黄耳之象也。此爻變乾金，金鉉之象也。以此爻未變而言，則曰黄；以此爻既變而言，則曰金。在鼎之上，受鉉以舉鼎者，耳也。在鼎之外，貫耳以舉鼎者，鉉也。蓋鉉爲鼎之繫，繫于其耳，二物不相離，故並言之。〇六五有虚中之德，上比上九，下應九二，皆其〔一〕剛明，故有黄耳、金鉉之象。鼎既黄耳、金鉉，則中之爲實者必美味矣，而占者則利于貞固也。因陰柔，故戒以此。

象曰：「鼎黄耳，中以爲實也。」

黄，中色。言中，乃其實德也，故云「黄耳」。

上九，鼎玉鉉，大吉，无不利。

上九居鼎之極，鉉在鼎上，鉉之象也。此爻變震，震爲玉，玉鉉之象也。玉豈可爲鉉？有此象也，亦如金車之意。鼎之爲器，承鼎在足，實鼎在腹，行鼎在耳，舉鼎在鉉，鼎至于鉉，厥功成〔二〕矣，功成可以養人，亦猶井之「元吉，大成」也，故「大吉，无不利」。〇上九以陽居陰，剛而能柔，故有温潤玉鉉之

〔一〕「其」，朝爽堂本作「具」。

〔二〕「功成」，原倒，今據史本、朝爽堂本乙正。

象。占者得此，凡事大吉，而又行无不利也。占者有玉鉉之德，斯應是占矣。

象曰：「玉鉉在上，剛柔節也。」

剛柔節者，言以陽居陰，剛而能節之以柔，亦如玉之温潤矣，所以爲玉〔一〕鉉也。

䷲震下震上

震者，動也。一陽始生于二陰之下，震而動也。其象爲雷，其屬爲長子。序卦：「主器者莫若長子，故受之以震。」所以次鼎。

震，亨，震來虩虩，笑言啞啞，震驚百里，不喪匕鬯。虩音隙，啞音厄，匕音妣。

虩虩，恐懼也。虩本壁虎之名，以其善于捕蠅，故曰蠅虎。因捕蠅常周環于壁間，不自安寧而驚顧，此用「虩」字之意。震、艮二卦同體，文王綜爲一卦，所以雜卦曰「震，起也；艮，止也」。因綜艮，艮爲虎，故取虎象，非無因而言虎也。啞啞，笑聲。震大象兑，又中爻錯兑，皆有喜悦言語之象，故曰「笑言」。匕，匙也，以棘爲之，長三尺，未祭祀之先，烹牢于鑊，實諸鼎而加幕焉。將薦，乃舉幕，以匕出之，升于俎上，鬯以秬黍酒，和鬱金以灌地，降神者也。人君于祭之禮，親匕牲薦鬯而已，其餘不親爲也。震來

〔一〕「玉」，朝爽堂本無。

虩虩者，震也。笑言啞啞者，震而亨也。此一句言常理也。震驚百里，不喪匕鬯，處大變而不失其常，此專以雷與長子言之，所以實上二句意也。一陽在坤土之中，君主百里之象。中爻艮手執之，不喪之象。中爻坎，酒之象。○言震自有亨道，何也？蓋易之爲理，「危者使平，易者使傾」，人能于平時安不忘危，此心常如禍患之來，虩虩然恐懼，而無慢易之心，則日用之間舉動自有法則，而一笑一言皆啞啞而自如矣，雖或有非常之變，出于倏忽之頃，猶雷之震驚百里，然此心有主，意氣安閑，雷之威震雖大而遠，而主祭者自不喪匕鬯也。此可見震自有亨道也。不喪匕鬯，乃象也，非真[一]有是事也。言能恐懼則致福，而不失其所主之重矣。

彖曰：「震，亨，震來虩虩，恐致福也。笑言啞啞，後有則也。震驚百里，驚遠而懼邇也。出可以守宗廟社稷，以爲祭主也。」

易舉正「出可以守」句上有「不喪匕鬯」四字。程子亦云：「今從之。」恐者，恐懼也。致福者，生全出于憂患，自足以[二]致福也。後者，恐懼之後也，非震驚之後也。則者，法則也，不違禮，不越分，即此身日用之常度也。人能恐懼，則操心危而慮患深，自不違禮越分，失日用之常度矣，即俗言「懼法」。朝朝樂也，所以安樂自如，笑言啞啞也。驚者，卒然遇之而動乎外。懼者，惕然畏之而變其中。驚者不

[一]「真」，原作「貞」，今據諸本改。
[二]「以」，原作「矣」，今據史本、朝爽堂本、寶廉堂本改。

至于懼，懼者不止于驚。遠者外卦，邇者内卦，内外皆震，遠邇驚懼之象也。出者，長子已繼世而出也。可以者，許之之辭也。言禍患之來，出于倉卒之間，如雷之震，遠邇驚懼，當此之時，乃能處之從容，應之暇豫，不喪匕鬯，則是不懼由于能懼，雖甚有可驚懼者，亦不能動吾之念也，豈不可以負荷天下之重器乎？故以守宗廟，能爲宗廟之祭主；以守社稷，能爲社稷之祭主矣。

象曰：「洊雷，震，君子以恐懼修省。」

洊者，再也。上震下震故曰洊。修理其身，使事事合天理；省察其過，使事事遏人欲。惟此心恐懼，所以修省也。恐懼者作于其心，修省者見于行事。

初九，震來虩虩，後笑言啞啞，吉。

將卦〔一〕辭加一「後」字，辭益〔二〕明白矣。初九、九四，陽也，乃震之所以爲震者，震動之震也。二、三、五、上，陰也，乃爲陽所震者，震懼之震也。初乃成卦之主，處震之初，故其占如此。

象曰：「震來虩虩，恐致福也。笑言啞啞，後有則也。」

〔一〕「將卦」上，朝爽堂本有「其笑言啞啞者，非一概笑言也。有震言虩虩存于先，而笑言啞啞在其後也。○」。

〔二〕「益」，朝爽堂本作「亦」，疑誤。

解見前〔一〕。

六二，震來厲，億喪貝，躋于九陵，勿逐，七日得。

震來厲者，乘初九之剛，當震動之時，故震之來者猛厲也。億者，大也。億喪貝，大喪其貝也。十萬曰億，豈不爲大？六五小象曰「大无喪」，可知矣。貝者，海中之介蟲也。二變則中爻離，爲蟹爲蚌，貝之象也。震爲足，躋之象也。中爻艮爲山，陵之象也。陵乘九剛，九陵之象也。又艮居七，七之象也。離爲日，日之象也。若以理數論，陰陽各極于六，七則變而反其初矣，故易中皆言「七日得」。躋者，升也。言震來猛厲，大喪此貨貝，六〔二〕二乃不顧其貝，飄然而去，避于九陵，無心以逐之，不期七日，自獲此〔三〕貝也。其始也墮甑弗顧，其終也去珠復還，太王之避狄〔四〕，亦此意也。○六二當震動之時，乘初九之剛，故有此喪貝之象。然居中得正，此无妄之災耳，故又有得貝之象。占者得此，凡事若以柔順中正自守，始雖不免喪失，終則不求而自獲也。

〔一〕此下，朝爽堂本有「恐以致福，而後有則，理必不可易，則言亦必不可易。分觀其象而玩其辭，則知爻辭之量啞啞于後者，仍是恐致福後有則之理，亦是恐致福後有則之言，無容更易一辭矣」。

〔二〕「六」，原作「九」，今據朝爽堂本改。

〔三〕「此」，朝爽堂本作「其」。

〔四〕「避狄」，寶廉堂本、四庫本作「遷岐」。

象曰：「震來厲，乘剛也。」

當震動之時，乘九之剛，所以猛厲不可禦。

六三，震蘇蘇，震行，无眚。

蘇，即穌死而復生也，書曰「后來其蘇」是也，言后來我復生也。陰爲陽所震動，三去初雖遠，而比四則近，故下初之震動將盡，而上四之震動復生，上蘇下蘇，故曰「蘇蘇」。中爻坎，坎多眚。三變陰爲陽，陽得其正矣，位當矣，且不成坎體，故无眚。行者，改徙之意，即陰變陽也。震性奮發有爲，故教之以遷善改過也。唐肅宗遭禄山之變，猶私與張良娣局戲不已，可謂不知震行无眚者矣〔一〕。○六三不中不正，居二震之間，下震將盡而上震繼之，故有蘇蘇之象。所以然者，以震本能行而不行耳。若能奮發有爲，恐懼修省，去其不中不正以就其中正，則自笑言啞啞而无眚矣。故教占者如此。

象曰：「震蘇蘇，位不當也。」

不中不正，故不當。

九四，震遂泥。

遂者，無反之意。泥者，沉溺于險陷而不能奮發也。上下坤土得坎水，泥之象也。坎有泥象，故需卦、

〔一〕自「唐肅宗」至此，朝爽堂本無。

井卦皆言「泥」；睽卦錯坎，則曰「負塗」。晉元帝困于五胡[一]而大業未復，宋高宗不能恢復中原[二]，皆其泥者也。○九四以剛居柔，不中不正，陷于二陰之間，處震懼則莫能守，欲震動則莫能奮，是既無能爲之才，而又溺于宴安之私者也，故遂泥焉而不復反，即象而占可知矣。

象曰：「震遂泥，未光也。」

未光者，陷于二陰之間，所爲者皆邪僻[三]之私，無復正大光明之事矣，所以遂泥也。與夬卦、萃卦「未光」皆同。

六五，震往來厲，億无喪，有事。

初始震爲往，四洊震爲來，五乃君位，爲震之主，故往來皆厲也。億无喪者，大无喪也。天命未去，人心未離，國勢未至瓦解也。有事者，猶可補偏救弊，以有爲也。六五處震，亦猶二之乘剛，所以爻辭同「億」字、「喪」字。○六五以柔弱之才居人君之位，當國家震動之時，故有往來危厲之象。然以其得[四]中，才雖不足以濟變，而中德猶可以自守，故大无喪而猶能有事也。占者不失其中，則雖危无喪矣。

[一]「胡」，寶廉堂本、四庫本作「季」。
[二]「中原」，寶廉堂本、四庫本作「舊基」。
[三]「僻」，原作「避」，今據史本、朝爽堂本、寶廉堂本、四庫本改。
[四]「得」，朝爽堂本作「德」。

象曰：「震往來厲，危行也。其事在中，大无喪也。」

危行者，往行危，來行危，一往一來皆危也。其事在中者，言所行雖危厲，而猶能以有事者，以其有中德也。有是中德而能有事，故大无喪。

上六，震索索，視矍矍，征凶。震不于其躬[一]，于其鄰，无咎。婚媾有言。矍，俱縛反。

此爻變離，離爲目，視之象也。又離火遇震動，言之象也。故明夷之「主人有言」，中孚之「泣」「歌」，皆離火震動也。凡震遇坎水者，皆言「婚媾」，屯震、坎也，賁中爻震、坎也；睽上九變震[二]，中爻坎也；此卦中爻坎也。索者，求取也。言如有所求取，不自安寧也。矍者，瞻視徬徨也。六三「蘇蘇」，上六「索索」、「矍矍」，三内震之極，上外震之極，故皆重一字也。「震不于其躬，于其鄰」者，謀之之辭也。言禍患之來，尚未及于其身，方及其鄰之時，即早見預待，天未陰雨而綢繆牖户也。孔斌曰：「燕雀處堂，子母相哺。竈突炎上，棟宇相[三]焚。」言魏不知鄰，禍之將及也。此鄰之義也。婚媾者，親近也，猶言夫妻也。親近者不免于有言，則疏遠者可知矣。○上六以陰柔居震極，中心危懼，不能自安，故有索索、矍矍之象，以是而往，方寸亂矣，豈能濟變？故占者征則凶也。然所以致此者，以其不能圖

[一]「躬」，原作「窮」，今據諸本改。
[二]「震」，原作「正」，今據史本、朝爽堂本改。
[三]「相」，史本、朝爽堂本作「將」。

之于早耳。苟能于震未及其身之時恐懼修省，則可以免索索、矍矍之咎。然以陰柔處震極，亦不免婚媾之有言，終不能笑言啞啞，安于無事之天矣。防之早者且有言，況不能防者乎？婚媾有言，又占中之象也[一]。

象曰：「震索索，中未得也。雖凶无咎，畏鄰戒也。」

中者，中心也。未得者，方寸亂而不能笑言啞啞也。畏鄰戒者，畏禍已及于鄰，而先自備戒也。畏鄰戒，方得无咎。若不能備戒，豈得无咎哉？

䷳艮下艮上

艮者，止也。一陽止于二陰之上，陽自下升，極上而止，此止之義也。又其象爲山，下坤土，乃山之質。一陽覆冒于其上，重濁者在下，輕清者在上，亦止之象也。序卦：「震者，動也。物不可以終動，止之，故受之以艮。艮者，止[二]也。」所以次震。

艮其背，不獲其身；行其庭，不見其人，无咎。

[一] 此下，朝爽堂本有「○築薛之恐震也，居邠侵之疾也，一未然，一已然」。

[二] 「止」，原作「土」，今據諸本改。

此卦辭以卦綜言，如井卦「改邑不改井」、蹇卦「利西南」之類。本卦綜震，四爲人之身，故周公爻辭以四爲身。三畫之卦，二爲人位，故曰人。庭則前庭，五也。艮爲門闕，故門之内，中間爲庭。震，行也。向上而行，面向上，其背在下，故以陽之畫初與四爲背。艮，止也。向下而立，面向下，其背在上，故以陽之畫三與上爲背。上二句以下卦言，下二句以上卦言。言止其背，則身在背後，不見其四之身；行其庭，則背在人前，不見其二之人，所以一止之間，既不見其己，又不見其人也。辭本玄妙，令人難曉。孔子知文王以卦綜成卦辭，所以彖辭説一「行」字，説一「動」字，重一「時」字。

彖〔一〕曰：「艮，止也。時止則止，時行則行，動静不失其時，其道光明。艮其止，止其所也。上下敵應，不相與也。是以『不獲其身，行其庭，不見其人，无咎也』。」

以卦德、卦綜、卦體釋卦名、卦辭。言所謂艮者，以其止也。然天下之理無窮，而夫人之事萬變，如惟其止而已，豈足以盡其事理哉？亦觀其時何如耳。蓋理當其可之謂時，時當乎艮之止則止，時當乎震之行則行，行止之動静皆不失其時，則無失而非天理之公，其道如日月之光明矣，豈止无咎而已哉？然艮之所以名止者，亦非固執而不變遷也，乃止其所也。惟止其所當然之理，所以時止則止也。卦辭又曰「不獲其身，不見其人」者，蓋人相與乎我，則我即得見其人；我相與乎人〔二〕，則人即能獲其

〔一〕「彖」，原作「象」，今據諸本改。
〔二〕「乎人」，原倒，今據諸本乙正。

我。今初之于四，二之于五，三之于上，陰自爲陰，陽自爲陽，不相與應，是以人不獲乎我之身，而我亦不見其人，僅得无咎而已。若時止時行，豈止无咎哉？八純卦皆不相應與，獨于艮言者，艮性止，止則固執不遷，所以不光明，而僅得无咎。文王卦辭專以象言，孔子彖辭專以理言。

象曰：「兼山，艮，君子以思不出其位。」

兼山者，內一山，外一山，兩重山也。天下之理即位而存，父有父之位，子有子之位，君臣、夫婦亦然。富貴有富貴之位，貧賤有貧賤之位，患難、夷狄[一]亦然。有本然之位，即有當然之理。思不出其位者，正所以止乎其理也。出其位，則越其理矣。

初六，艮其趾，无咎，利永貞。

艮綜震，震爲足，趾之象也。初在下，亦趾之象也。咸卦亦以人身以漸而上。○初六陰柔，無可爲之才，能止者也；又居初卑下，不得不止者也。以是而止，故有艮趾之象。占者如是，則不輕舉冒進，可以无咎而正矣。然又恐其正者不能永也，故又教占者以此。

象曰：「艮其趾，未失正也。」

理之所當止者曰正，即爻辭之貞也。爻辭曰「利永貞」，象辭曰「未失正」，見初之止，理所當止也。

[一]「夷狄」，寶廉堂本作「□□」。

六二，艮其腓，不拯其隨，其心不快。

腓者，足肚也，亦初震足之象。拯者，救也。隨者，從也。二比三，從三者也。不拯其隨者，不求拯于所隨之三也。凡陰柔資于陽剛者皆曰拯，涣卦初六「用拯馬〔一〕壯」是也。二中正，八卦正位艮在三，兩爻俱善，但當艮止之時，二艮止，不求救于三，三艮止，不退聽于二，所以二心不快。中爻坎爲加憂，爲心病，不快之象也。〇六二居中得正，比于其三，止于其腓矣，以陰柔之質求三陽剛以助之，可也；但艮性止，不求拯于隨，則其中正之德無所施用矣，所以此心常不快也。故其占中之象如此。

象曰：「不拯其隨，未退聽也。」

二下而三上，故曰「退」。周公「不快」，主坎之心病而言；孔子未聽，主坎之耳痛而言。

九三，艮其限，列其夤，厲薰心。

限者，界限也。上身與下身相界限，即腰也。夤者，連也，腰之連屬不絶者也。腰之在身，正屈伸之際，當動不當止。若艮其限，則上自上，下自下，不相連屬矣。列者，列絶而上下不相連屬，判然其兩段也。薰與熏同，火烟上也。薰心者，心不安也。中爻坎爲心病，所以六二「不快」，九三「薰心」。坎錯離，火煙之象也。〇止之爲道，惟其理之所在而已。九三位在腓之上，當限之處，正變動屈伸之際，

〔一〕「馬」，原作「焉」，今據諸本改。

不當艮者也。不當艮而艮，則不得屈伸，而上下判隔，列絶其相連矣，故危厲而心常不安。占者之象如此。

象曰：「艮其限，危薰心也。」

不當止而止，則執一不能變通，外既齟齬，心必不安，所以危厲而薰〔一〕心也。

六四，艮其身，无咎。

艮其身者，安静韜晦，鄉鄰有鬬而閉户，「括囊，无咎」之類是也。○六四以陰居陰，純乎陰者也，故有艮其身之象。既艮其身，則無所作爲矣。占者如是，故无咎。

象曰：「艮其身，止諸躬也。」

躬即身也。不能治人，不能成物，惟止諸躬而已，故爻曰「艮其身」，象曰「止諸躬」。

六五，艮其輔，言有序，悔亡。

序者，倫序也。輔，見咸卦注。艮錯兑，兑爲口舌，輔之象也，言之象也。艮其輔者，言不妄發也。言有序者，發必當理也。悔者，易則誕，煩則支，肆則忤，悖則違，皆悔也。咸卦多象人面，艮卦多象人背者，以文王卦辭「艮其背」故也。○六五當輔，出言之處，以陰居陽，未免有失言之悔，然以其得中，故

〔一〕「薰」，原作「董」，今據經文改。

又有「艮其輔，言有序」之象，而其占則悔亡也。

象曰：「艮其輔，以中正也。」

「正」當作「止」，與「止諸躬」「止」字同。以中而止，所以悔亡。

上九，敦艮，吉。

敦與「篤行」之「篤」字同意。時止則止，貞固不變也。山有敦厚之象，故「敦臨」、「敦復」皆以土取象。○上九以陽剛居艮極，自始至終，一止于理〔一〕而不變，敦厚于止者也，故有此象。占者如是，則其道光明，何吉如之？

象曰：「敦厚之吉，以厚終也。」

厚終者，敦篤于終而不變也。賁、大畜〔二〕、蠱、頤、損、蒙六卦上九皆吉者，皆有厚終之意。

〔一〕「理」，朝爽堂本作「貞」。

〔二〕「大畜」，原作「犬畜」，今據諸本改。

周易集注卷之十一

梁山來知德集注

䷴艮下巽上

漸者，漸進也。爲卦艮下巽上，有不遽進之義，漸之義也。木在山上，以漸而高，漸之象也。序卦：「艮者，止也。物不可以終止，故受之以漸。」所以次艮。

漸，女歸吉，利貞。

婦人謂嫁曰歸。天下之事，惟女歸爲有漸，納采、問名、納吉、納徵、請期、親迎，六禮備而後成婚，是以漸者莫如女歸也。本卦不遽進，有女歸之象，因主于進，故又戒以利貞。

彖曰：「漸之進也，女歸吉也。進得位，往有功也。進以正，可以正邦也。其位，剛得中也。止而巽，動不窮也。」

釋卦名，又以卦綜、卦德釋卦辭。「之」字作「漸」字。女歸吉者，言必如女歸而後漸方善也。能如女歸，則進必以禮，不苟于相從，得以遂其進之之志而吉矣。進得位者，本卦綜歸妹，二卦同體，文王綜爲一卦，故雜卦曰：「漸，女歸待男行也。歸妹，女之終也。」言歸妹下卦之兑進而爲漸上卦之巽，得九五之位也。然不惟得位，又正之中也。正邦者，成刑于之化也，即「往有功」也。此以卦綜言也。進不窮者，蓋進之之心愈急，則進之之機益阻。今卦德内而艮止，則未進之先，廉静無求；外而巽順，則將進之間，相時而動，此所以進不窮也。有此卦綜、卦德，吉而利貞者以此。

象曰：「山上有木，漸，君子以居賢德善俗。」

習俗移人，賢者不免，故性相近而習相遠也。君子法漸進之象，擇居處于賢德善俗之地，則耳濡目染，以漸而自成其有道之士矣，即孟子「引而置之莊嶽之間」之意。

初六，鴻漸于干，小子厲，有言，无咎。

鴻，雁之大者。鴻本水鳥，中爻離坎，離爲飛鳥，居水之上，鴻之象也。且其爲物，木落南翔，冰泮北歸，其至有時，其羣有序，不失其時與序，于漸之義爲切。昏禮用鴻，取不再偶，于女歸之義爲切，所以六爻皆取鴻象也。小子者，艮爲少男，小子之象也。内卦錯兑，外卦綜兑，兑爲口舌，有言之象也。干，水旁也，江干也。中爻小〔一〕水流于山，故有干象。厲者，危厲也，以在我而言也。言者，謗言也，以在人而言也。无咎者，在漸之時，非躐〔二〕等以强進，于義則无咎。○初六陰柔，當漸之時，漸進于

〔一〕「小」，朝爽堂本作「坎」。

〔二〕「躐」，原作「獵」，今據朝爽堂本改。

下，有鴻漸于干之象。然少年新進，上無應與，在我不免有小子之厲，在人不免有言語之傷，故其占如此，而其義則无咎也。

象曰：「小子之厲，義无咎也。」

小子之厲似有咎矣，然時當進之時，以漸而進，亦理之所宜，以義揆之，終无咎也。

六二，鴻漸于磐，飲食衎衎，吉〔一〕。衎，苦旦反。

磐，大石也。艮爲石，磐之象也。自干而磐，則遠于水而漸進矣。中爻爲坎，飲食之象也。故困卦九二言「酒食」，需卦九五言「酒食」，未濟上九言「酒食」，坎卦六四言「樽酒」。衎，和樂也。巽綜兑，悦樂之象。言鴻漸于磐而飲食自適也。吉，即小象「不素飽」之意。○六二柔順中正，而進以其漸，又上有九五中正之應，故其象如此，而其占則吉也。

象曰：「飲食衎衎，不素飽也。」

素飽，即素飡也。言爲人之臣，食人之食，事人之事，義所當得，非徒飲食而已也。蓋其德中正，其進漸次，又應九五中正之君，非素飽也宜矣。

九三，鴻漸于陸，夫征不復，婦孕不育，凶，利禦寇。

〔一〕「吉」，原補作小字，今據史本、朝爽堂本改作大字。

地之高平曰陸。此爻坤〔一〕，陸之象也。夫指三□〔二〕，艮爲少男，又陽爻，故謂之夫。婦指四，巽爲長女，又陰爻，故謂之婦。本卦女歸，故以夫婦言之。征者，往也。不復者，不反也。本卦以漸進爲義，三比六〔三〕四，漸進于上，溺而不知其反也。婦孕者，此爻合坎，坎中滿，孕之象也。孕不育者，孕而不敢使人知其育，如孕而不育也。蓋四性主入，無應而奔于三，三陽性上行，又當進時，故有此醜也。若以變爻論，三變則陽死成坤，離絶夫位，故有夫征不復之象。既成坤，則並坎中之滿通不見矣，故有婦孕不育之象。坎爲盜，離爲戈兵，故有寇象。變坤，故小象曰「順相保」。○九三過剛，當漸之時，故有自磐而進于陸之象。然上無應與，乃比于親近之四，附麗其醜而失其道矣，非漸之貞者也，故在占者則有「夫征不復，婦孕不育」之象，凶可知矣。惟禦寇之道在于人和，今變坎成坤，則同心協力，順以相保，故利也。若以之漸進，是枉道從人，夫豈可〔四〕？

象曰：「夫征不復，離羣醜也。婦孕不育，失其道也。利用禦寇，順相保也。」離，力智切。

離，附著也。揚〔五〕子雲解嘲云「丁傅、董賢用事，諸附離之者起家至二千石」，莊子「附離不以膠漆」，

〔一〕「坤」上，史本、朝爽堂本有「變」字。
〔二〕「□」，朝爽堂本作「爻」。
〔三〕「六」，原作「上」，今據朝爽堂本改。
〔四〕「可」下，朝爽堂本有「哉」字。
〔五〕「揚」，原作「陽」，今據史本、寶廉堂本改。

皆此離也。羣醜者，上下二陰也。夫征不復者，以附離羣陰，溺而不反也。失其道者，淫奔之事，失其夫婦之正道也[一]。順相保者，禦寇之道在于行險而順，今變坎成坤，則行險而順矣，所以能相保禦也。鴈羣不亂，飛則列陣相保。三爻變坤，有鴈陣象，故曰「順相保」。

六四，鴻漸于木，或得其桷，无咎[二]。

巽爲木，木之象也。下三爻，一畫横于上，桷之象也。桷者，椽也，所以乘瓦。巽爲繩直，故有此象。又坎爲宮，四居坎上，亦有桷象。凡木之枝柯未必横而寬平如桷。鴻趾連而且長，不能握枝，故不棲木。若木之枝如桷則横平，而棲之可以安矣。或得者，偶然之辭，未必可得，偶得之也[三]。巽爲不果，或得之象。无咎者，得漸進也。〇六四以柔弱之資似不可以漸進矣，然巽順得正，有「鴻漸于木，或得其桷」之象。占者如是，則无咎也。

象曰：「或得其桷，順以巽也。」

變乾錯坤爲順，未變爲巽，巽正位在四，故曰順巽。

九五，鴻漸于陵，婦三歲不孕，終莫之勝，吉。

[一]「淫奔之事，失其夫婦之正道也」，朝爽堂本作「淫奔失婦之正道也」。

[二] 此下，朝爽堂本有音注「桷，吉岳切，音覺」。

[三]「偶得之也」，朝爽堂本作「者也」。

高皋曰陵。此爻變艮爲山，陵之象也。婦指二，中爻爲離中虚，空腹不孕之象也。離居三，三歲之象也。三歲不孕者，言婦不遇乎夫，而三歲不孕也。二四爲坎，坎中滿，故曰孕。三五中虚，故曰不孕。爻辭取象，精之極矣。凡正應爲君子，相比爲小人。二比三，三比四，四比五，皆陰陽相比，故此爻以「三歲不孕，終莫之勝，吉」言〔一〕。終莫之勝者，相比之小人，終不得以間之，而五與二合也。○九五陽剛當尊，正應乎二，可以漸進相合，得遂所願矣，但爲中爻相比所隔，然終不能奪其正也，故其象如此，占者必有所遲阻而後吉也。

象曰：「終莫之勝，吉，得所願也。」

願者，正應相合之願也。

上九，鴻漸于陸，其羽可用爲儀，吉。

陸〔二〕即三爻之陸。中爻水在山上，故自干而陸。此爻變坎，又水在山上，故又有鴻漸于陸之象。巽性入，又伏，本卦主于漸進，今進于上，則進之極，無地可進矣。巽性伏入〔三〕，進退不果，故又退漸于陸也。蓋三乃上之正應，雖非陰陽相合，然皆剛明君子，故知進而又知退焉。儀者，儀則也。知進知

〔一〕「吉言」，史本、朝爽堂本作「言之」。
〔二〕「陸」上，朝爽堂本有「陸爲巔平潔處」。
〔三〕「入」，朝爽堂本作「又」。

退，惟聖人能之。今上能退于三，即蠱之「志可則」，蓋百世之師也，故其羽可以爲儀。曰「羽」者，就其鴻而言之。曰「羽可儀」，猶言人之言行可法則也。升卦與漸卦同是上進之卦，觀升卦上六曰「利不息之貞」，則此爻可知矣。胡安定公以「陸」作「逵」者，非也。蓋易到六爻極處即反，「亢龍有悔」之類是也。〇上九木在山上，漸長至高，可謂漸進之極矣，但巽性不果，進而復退于陸焉，此則知進知退，可以起頑立懦者也，故有「鴻漸于陸，其羽可用爲儀」之象。占者有是德，即有是吉矣〔一〕。

象曰：「其羽可用爲儀，吉，不可亂也。」

不可亂者，鴻飛于雲漢之間，列陣有序，與凡鳥不同，所以可用爲儀。若以人事論，不可亂者，富貴利達不足以亂其心也。若富貴利達亂其心，惟知其進，不知其退；惟知其高，不知其下，安得可用爲儀？今知進又知退，知高又知下，所以可以爲人之儀則。

䷵兑下震上

婦人謂嫁曰歸。女之長者曰姊，少者曰妹，因兑爲少女，故曰妹。爲卦兑下震上，以少女從長男，其情

〔一〕此下，朝爽堂本有「〇作逵亦有是理」。

又以悦而動，皆非正也，故曰歸妹。序卦：「漸者，進也。進必有所歸，故受之以歸妹。」漸有歸義〔一〕，所以次漸。

歸妹，征凶，无攸利。

彖辭明。漸曰女歸，自彼歸我也，娶婦之家也。此曰歸妹，自我歸彼也，嫁女之家也。

彖曰：「歸妹，天地之大義也。天地不交而萬物不興，歸妹，人之終始也。説以動，所歸妹也。征凶，位不當也。无攸利，柔乘剛也。」

釋卦名，復以卦德釋之，又以卦體釋卦辭。言所謂歸妹者，本天地之大義也。蓋物無獨生、獨成之理，故男有室、女有家，本天地之常經，是乃其大義也。何也？蓋男女不交，則萬物不生，而人道滅息矣。是歸妹者，雖女道之終，而生育之事，于此造端，實人道之始，所以爲天地之大義也。然歸妹雖天地之正理，但説而動，則女先乎男，所歸在妹，乃妹之自爲，非正理而實私情矣，所以名歸妹。位不當者，二、四陰位而居陽，三、五陽位而居陰，自二至五皆不當也。柔乘剛者，三乘二之剛，五乘四之剛也，有夫屈乎婦，婦制其夫之象。位不當，則紊男女内外之正；柔乘剛，則悖夫婦倡隨之理，所以征凶，无攸利。

〔一〕「義」，原作「儀」，今據諸本改。

象曰：「澤上有雷，歸妹，君子以永終知敝。」

永對暫言，終對始言。永終者，久後之意。兑爲毀折，有敝象。中爻坎爲通，離爲明，有知象，故知其敝。天下之事凡以仁義道德相交洽〔一〕者，則久久愈善，如劉孝標所謂「風雨急而不輟其音，霜雪零而不渝其色」，此永終無敝者也。故以勢合者，勢盡則情疏；以色合者，色衰則愛弛。垝垣復關之輩〔二〕，雖言笑于其初；而桑落黄隕之嗟，終痛悼于其後。至于〔三〕立身一敗，萬事瓦裂，其敝至此。○雷震澤上，水氣隨之而升，女子從人之象也。故君子觀其合之不正，而動于一時情欲之私，即知其終之有敝，而必至失身敗德，相爲睽乖矣。此所以欲善其終，必慎其始。

初九，歸妹以娣，跛能履，征吉〔四〕。

爾雅：「長婦謂稚婦爲娣，娣婦謂長婦爲姒。」即今妯娌相呼也〔五〕。又曲禮「世婦」、「姪娣」，蓋〔六〕以妻之妹從妻來者爲娣也。古者諸侯一娶九女，嫡夫人之左右媵皆以姪娣從。送女從嫁曰媵。以爾

〔一〕「洽」，史本、朝爽堂本作「合」。

〔二〕「輩」，史本、朝爽堂本作「望」。

〔三〕「至于」，史本、朝爽堂本作「君子」。

〔四〕此下，朝爽堂本有音注「娣，戴禮切，婦之妹相從者」。

〔五〕自「爾雅」至此，朝爽堂本無。

〔六〕「蓋」，朝爽堂本作「謂」。

雅、曲禮媵送考之，幼婦曰娣，蓋從嫁以適人者也。兑爲妾，娣之象。初在下，亦娣之象。兑爲毁折，有跛之象。震爲足，足居初，中爻離爲目，目與足皆毁折，所以初爻言足之跛，而二爻言目之眇也。若以變坎論，坎爲曳，亦跛之象也。跛者，行之不以正，側行者也。以嫡娣論，側行正所尊正室也。若正行，則是專正室之事矣，故以跛象之。○初九居下，當歸妹之時而無正應，不過娣妾之賤而已，故爲娣象。然陽剛在女子爲賢正之德，但爲娣之賤，則閨閫之事不得以專成。今處悦居下，有順從之義，故亦能維持調護承助其正室，但不能專成，亦猶跛者側行而不能正行也。占者以是而往，雖其勢分之賤，不能大成其内助之功，而爲媵妾職分之當然則已盡之矣，吉之道也，故征吉。

象曰：「歸妹以娣，以恒也。跛能履，吉，相承也。」

恒，常也，天地之常道也。有嫡有妾者，人道之常。初在下位，無正應，分當宜于娣矣，是乃常道也，故曰「以恒也」。「恒」字義，又見九二小象。相承者，能承助乎正室也。以其有賢正之德，所以能相承，故曰「相承也」。「以恒」以分言，「相承」以德言。

九二，眇能視，利幽人之貞。

眇者，偏盲也，一目明，一目不明也。或目邪皆謂之眇〔一〕。解見初九。兑綜巽，巽爲白眼，亦有眇象。

〔一〕以上十五字，朝爽堂本無。

中爻離，目視之象。幽人之貞者，幽人遭時不偶，抱道自守者也。幽人無賢君，正猶九二無賢夫[一]。又占衆爻言歸妹，而此爻不言者，居兑之中，乃妹之身，是正嫡而非娣也。「幽人」一句，詳見前履卦。又占中之象也。○九二陽剛得中，優于初之居下矣；又有正應，優于初之無應矣，但所應者陰柔不正，是乃賢女而所配不良，不能大成内助之功，故有眇者能視而不能遠視之象。然所配不良，豈可因其不良而改其剛中之德哉？故占者利如幽人之貞可也。

象曰：「利幽人之貞，未變常也。」

一與之齊，終身不改，此婦道之常也。今能守幽人之貞，則未變其常矣，故教占者如幽人之貞，則利也。初爻、二爻小象，孔子皆以「恒」、「常」二字釋之，何也？蓋兑爲常，則「恒」、「常」二字乃兑之情性，故釋之以此。

六三，歸妹以須，反歸以娣。

須[二]，賤妾[三]之稱。天文志須女四星，賤妾之稱，故古人以婢僕爲餘須。反者，顛倒之意。震爲反

[一]「夫」，原闕，史本、重修虎林本、寶廉堂本均作「婦」，誤，今據朝爽堂本補。
[二]「須」字上，朝爽堂本有「須字新奇。○」。
[三]「賤妾」，朝爽堂本倒。

生，故曰反。○六三〔一〕居下卦之上，本非賤者也，但不中不正，又爲悦之主，善于容悦以事人，則成無德之須賤，而人莫之取矣，故爲未得所適，反歸乎娣〔二〕之象。初位卑，歸以娣宜矣。三居下卦之上，何自賤至此哉？德不稱位而成須故也。不言吉凶者，容悦之人，前之吉凶未可知也。

象曰：「歸妹以須，未當也。」

未當者，爻位不中不正也。

九四，歸妹愆期，遲歸有時。

愆，過也，言過期也。女子過期不嫁人，故曰「愆期」，即詩摽〔三〕梅之意〔四〕。因無正應，以陽應陽，則純陽矣，故愆期。有時者，男女之婚姻自有其時也。蓋天下無不嫁之女，愆期者數，有時者理。若以象論，中爻坎月離日，期之之象也。四一變則純坤，而日月不見矣，故愆期。震春兑秋，坎冬離夏，四時之象。震東兑西，相隔甚遠，所以愆期。四時循環，則有時矣。○九四以陽應陽，而無正應，蓋女之愆期而未歸者也。然天下豈有不歸之女，特待時而歸，歸之遲耳，故有「愆期，遲歸有時」之象。占者

〔一〕「三」，原脱，今據朝爽堂本補。

〔二〕「乎娣」，史本作「于娣」，朝爽堂本作「乎娣媵」。

〔三〕「摽」，原作「標」，今據史本、寶廉堂本及詩經摽有梅改。

〔四〕以上六字，朝爽堂本無。

得此，凡事待時可也。

〈象〉曰：「愆期之志，有待而行也。」

行者，嫁也。天下之事自有其時，愆期之心亦〔一〕有待其時而後嫁耳。爻辭曰「有時」，〈象〉辭曰「有待」，皆待〔二〕時之意。

六五，帝乙歸妹〔三〕，其君之袂不如其娣之袂良。月幾望，吉。

帝乙，如箕子明夷、高宗伐鬼方之類。君者，妹也。此爻變兑，兑爲少女，故以妹言之。諸侯之妻曰小君，其女稱縣君。宋之臣，其妻皆稱縣君是也。故不曰「妹」而曰「君」焉。袂，衣袖也，所以爲禮容者也。人之著衣，其禮容全在于袂，故以「袂」言之。良者，美好也。三爻爲娣，乾爲衣，三爻變乾，故其衣之袂良。五爻變兑成缺，故不如三之良。若以理論，三不中正，尚容飾，五柔中，不尚容飾，所以不若其袂之良〔四〕也。月幾望者，坎月離日，震東兑西，日月東西相望也。五陰二陽，言月與日對，而應

〔一〕「亦」，史本、朝爽堂本作「志」。
〔二〕「待」，史本、朝爽堂本作「俟」。
〔三〕「妹」，原作「袂」，今據朝爽堂本、寶廉堂本改。
〔四〕「其袂之良」，朝爽堂本作「其娣之袂良」。

乎二之陽也。曰[一]幾者，言光未盈滿，柔德居中而謙也。月幾望而應乎陽，又下嫁，占中之象也。○六五柔中居尊，蓋有德而貴者也。下應九二，以帝有德之女下嫁于人，故有尚德而不尚飾，其服不盛之象，女德之盛無以加此。因下嫁，故又有月幾望而應乎陽之象。占者有是德，則有是吉矣。

象曰：「帝乙歸妹，不如其娣之袂良也。其位在中，以貴行也。」

在中者，德也。以貴者，帝女之貴也。行者，嫁也。有是中德，有是尊貴，以之下嫁，又何必尚其飾哉？此所以君之袂不如娣之袂良也[二]。

上六，女承筐无實，士刲羊无血，无攸利[三]。

兑爲女，震爲士，筐乃竹所成；震爲竹，又仰盂，空虚無實之象也。又變離，亦中虚無實之象也。中爻坎爲血卦，血之象也。兑爲羊，羊之象也。震綜艮，艮爲手，承之象也。離爲戈兵，刲之象也。羊在下，血在上，無血之象也。凡夫婦祭祀，承筐而採蘋蘩者，女之事也；刲羊而實鼎俎者，男之事也。今上與三皆陰爻，不成夫婦，則不能供祭祀矣。无攸利者，人倫以廢，後嗣以絶，有何攸利？刲者，屠也。○上六以陰柔居卦終而无應，居終則過時，无應則无配，蓋歸妹之不成者也，故有承筐无實、刲羊

[一]「曰」，朝爽堂本作「月」。

[二]此下，朝爽堂本有「○小象原一氣，下言以貴行，何難於飾？而良猶不如，可見中德不在貴也」。

[三]此下，朝爽堂本有音，注「刲音葵」。

無血之象。占者得此，无攸利可知矣。

象曰：「上六无實，承虛筐也。」

上爻有底而中虛，故曰「承虛筐」〔一〕。

䷶離下震上

豐，盛大也。其卦離下震上，以明而動，盛大之由也。又雷電交作，有盛大之勢，乃豐之象也，故曰豐。

序卦：「得其所歸者必大，故受之以豐。」所以次歸妹。

豐，亨，王假之。勿憂宜日中。

亨者，豐自有亨道也，非豐後方亨也。假，至也。必以王言者，蓋王者車書一統，而後可以至此也。此卦離日在下，日已昃矣，所以周公爻辭言「見斗」、「見沬」者，皆此意。「勿憂宜日中」一句讀，言王者至此，勿憂宜日中，不宜如是之昃，昃則不能照天下也。孔子乃足之曰：日至中，不免于昃，徒憂而已。文王已有此意，但未發出，孔子乃足之。離，日象，又王象。錯坎，憂象。

彖曰：「豐，大也。明以動，故豐。王假之，尚大也。勿憂宜日中，宜照天下也。日中

〔一〕此下，朝爽堂本有「○陽實陰虛，上六无陽，將何所承？徒虛筐也」。

則昃，月盈則食，天地盈虛，與時消息，而況於人乎？況於鬼神乎？」

以卦德釋卦名，又以卦象釋卦辭而足其意。非明則動無所之，冥行者也。非動則明無所用，空明者也。惟明動相資，則王道由此恢廓，故名豐。尚大者，所尚盛大也，非王者有心欲盛大也，其勢自盛大也，撫盈盛〔一〕之運，不期侈而自侈矣。宜照天下者，遍照天下也，日昃則不能遍照矣。日中固照天下，然豈長日中〔二〕哉？蓋日以中爲盛，日中則必昃；月以盈爲盛，月盈則必食，何也？天地造化之理，其盈虛每因時以消息〔三〕。時乎息矣，必至于盈；時乎消矣，必至于虛。虛而息，息而盈，盈而消，消而虛，此必然之理數也。「天地盈虛，與時消息」〔四〕，天地且不常盈不虛，而〔五〕況于人與鬼神乎？可見國家無常豐之理，不可憂其宜日中，不宜本卦之〔六〕日昃也。鬼神，是天地之變化運動者，如風雲雷雨，凡陽嘘〔七〕陰吸之類皆是。

〔一〕「盛」，原作「成」，今據朝爽堂本、寶廉堂本改。史本作「虛」。
〔二〕「豈長日中」，朝爽堂本作「日豈長中」。
〔三〕「每因時以消息」，朝爽堂本作「消息每因乎時」。
〔四〕以上四十三字，朝爽堂本無。
〔五〕「而」，朝爽堂本在上句「不虛」上。
〔六〕「本卦之」三字，朝爽堂本無。
〔七〕「嘘」，原作「虛」，今據諸本改。

象曰：「雷電皆至，豐，君子以折獄致刑。」

始而問獄之時，法電之明，以折其獄，是非曲直，必得其情；終而定刑之時，法雷之威，以定其刑，輕重大小，必當其罪。

初九，遇其配主，雖旬无咎，往有尚。

遇字，詳見噬嗑六三。配主者，初爲明之初，四爲動之初，故在初曰「配主」，在四曰「夷主」也。因「宜日中」一句，故爻辭皆以「日」言。文王象豐以一日象之，故曰「勿憂宜日中」。周公象豐以十日象之，故曰「雖旬无咎」。十日爲旬，言初之豐，以一月論已一旬也，言正豐之時也。○當豐之初，明動相資，故有遇其配主之象。既遇其配，則足以濟其豐矣。故雖豐已[一]一旬，亦無災咎，可嘉之道也，故占者往則有尚。

象曰：「雖旬无咎，過旬災也。」

「雖旬无咎」，周公許之之辭。「過旬災[二]也」，孔子戒之之辭。過旬災者，言盛極必衰也。

六二，豐其蔀，日中見斗，往得疑疾，有孚，發若吉。

[一]「豐已」，朝爽堂本作「至于」。

[二]「災」，原作「咎」，今據史本、朝爽堂本改。

蒚〔一〕蔀，草名。中爻巽，草之象也。故大過下巽〔二〕曰白茅，泰卦〔三〕下〔四〕變巽曰拔茅，屯卦震錯巽曰草昧〔五〕，皆以巽爲陰柔之木也。因王弼以蔀字爲覆曖，後人編玉篇即改「蔀，覆也」〔六〕。斗，量名。應爻震，有量之象，故取諸斗〔七〕。南斗、北斗皆如量，所以名斗。易止有此象，無此事，亦無此理，如金車、玉鉉之類是也。又如刲羊無血，天下豈有殺羊無血之理？所以易止有此象〔八〕。本卦離日在下，雷在上，震爲蕃草，蕃盛之象也。言草在上蕃盛，日在下，不見其日，而惟見其斗也。疑者，援其所不及，煩〔九〕其所不知，必致猜疑也。疾者，持方枘〔一〇〕以内圓鑿，反見疾惡也。有孚者，誠信也。離中虚，有孚之象也。發者，感發開導之也。若，助語辭。吉者，至誠足以動人，彼之昏暗可開，而豐

〔一〕「蒚」字，朝爽堂本無。
〔二〕「巽」，朝爽堂本作「柔」。
〔三〕「卦」字，朝爽堂本無。
〔四〕「下」，史本作「初」。
〔五〕以上八字，朝爽堂本無。
〔六〕以上十九字，朝爽堂本無。
〔七〕以上四字，朝爽堂本無。
〔八〕以上四十四字，朝爽堂本無。
〔九〕「煩」，朝爽堂本作「指」。
〔一〇〕「枘」，原作「柄」，今據四庫本改。

亨可保也。貞字、誠字，乃六十四卦之樞紐，聖人于事難行處，不教人以貞，則教人以有孚。○六二居豐之時，爲離之主，至明者也，而上應六五之柔暗，故有「豐其蔀，不見其日，惟見其斗」之象。以是昏暗之主，往而從之，彼必見疑疾，有何益哉？惟在積誠信以感發之，則吉。占者當如是也。

象曰：「有孚，發若，信以發志也。」

志者，君之心志也。信以發志者，盡一己之誠信，以感發其君之心志也。能發其君之志，則己之心與君之心相爲流通矣。伊尹之于太甲，孔明之于後主，郭子儀之于肅宗、代宗，用此道也。

九三，豐其沛，日中見沬，折其右肱，无咎。沬音末。

沛，澤也，沛然下雨是也，乃雨貌。沬者，水源也，故曰涎沬、濡沬、跳沬、流沬，乃霡霂細雨不成水之意。此爻未變，中爻兑爲澤，沛之象也。既變，中爻成坎水矣，沬之象也。二爻巽木，故以草象之。三爻澤水，故以沬象之。周公爻辭精極至此。王弼不知象，以蔀爲覆曖，後儒從之，即以爲障蔽。王弼以沛爲旆，後儒亦以爲旆，殊不知雷在上，中爻有澤有風，方取此沛、沬之象，何曾有旆之象哉？相傳之謬有自來矣。肱者，手臂也。震綜艮，中爻兑錯艮，艮爲手，肱之象也。又兑爲毁折，折其肱之象也。曰右者，陽爻爲右，陰爻爲左，故師之「左次」，明夷之「左股」、「左腹」，皆陰爻也。此陽爻，故以右言之。右肱至便于用，而人不可少者，折右肱，則三無所用矣。无咎者，德在我，其用與不用在人，以義揆之，无咎也。○九三處明之極，而應上六之柔暗，則明有所蔽，故有豐其沛，不見日而見沬之象。

夫明既有所蔽，則以有用之才置之無用之地，故又有折其右肱之象。雖不見用，乃上六之咎也，于三何尤〔一〕哉？故无咎。

象曰：「豐其沛，不可大事也。折其右肱，終不可用也。」

不可大事，與遯卦九三同，皆言艮止也。蓋建立大事，以保豐亨之人，必明與動相資。今三爻變，中爻成艮止〔二〕，雖動而不明矣。動而又止，安能大事哉？其不可濟豐也必矣。周公爻辭以本爻未變言，孔子象辭以本爻既變言。人之所賴以作事者在右肱也。今三爲時所廢，是有用之才而置無用之地，如人折右肱矣，所以終不可用。

九四，豐其蔀，日中見斗，遇其夷主，吉。

夷者，等夷也，指初也，與四同德者也。二之豐蔀見斗者，應乎其昏暗也。四之豐蔀見斗者，比乎其昏暗也。若以象論，二居中爻巽木之下，四居中爻巽木之上，巽陰木，蔀之類也，所以爻辭同。吉者，明動相資，共濟其豐之事也。○當豐之時，比乎昏暗，故亦有豐蔀見斗之象。然四與初同德相應，共濟其豐，又有遇其夷主之象，吉之道也，故其象占如此〔三〕。

〔一〕「尤」上，朝爽堂本有「亦」字。
〔二〕「止」，原作「上」，今據史本、朝爽堂本改。
〔三〕此下，朝爽堂本有「○隋煬帝豐極而暗，高熲退與蘇威、賀若弼私謀，此爻似之」。

象曰：「豐其蔀，位不當也。日中見斗，幽不明也。遇其夷主，吉行也。」

幽不明者，初二「日中見斗」，是明在下而幽在上，二之身猶明也。若四之身原是蔀位，則純是幽而不明矣。行者，動也。震性動，動而應乎初也。

六五，來章，有慶譽，吉。

凡卦自下而上者謂之往，自上而下者謂之來。此來字非各卦之來，乃「召來」之「來」也。謂屈己下賢，以召來之也。章者，六二，離本章明，而又居中得正。本卦「明以動，故豐」，非明則動無所之，非動則明無所用，二五居兩卦之中，明動相資，又非豐蔀見斗之説矣。此易不可爲典要也〔一〕。慶者，福慶集于己也。譽者，聲譽聞于人也。此爻變兑，兑爲口，有譽象。吉者，可以保豐亨之治也。〇六五爲豐之主，六二爲之正應，有章明之才者，若能求而致之，則明動相資，有慶譽而吉矣。占者能如是，斯應是占也。

象曰：「六五之吉，有慶也。」

有慶方有譽，未有無福慶而有譽者，舉慶則譽在其中矣〔二〕。

上六，豐其屋，蔀其家，闚其户，闃其无人，三歲不覿，凶〔三〕。

〔一〕以上八字，朝爽堂本無。

〔二〕此下，朝爽堂本有「〇明良相得，朝廷之慶。主聖臣賢，海宇之慶也。六五之吉，以其有召賢之慶也」。

〔三〕此下，朝爽堂本有音「闃音乞」。

此爻與明夷「初登于天，後入于地」相同。以屋言者，凡豐亨富貴，未有不潤其屋者。豐其屋者，「初登于天」也。「蔀其家」以下，「後入于地」也。蔀其家者，草生于屋，非復前日之炫耀而豐矣。「豐其蔀」，本周公爻辭，今將豐、蔀二字分開，則知上「豐」字乃豐之極，下「蔀」字乃豐之反矣。故小象上句以爲「天際翔也」。闚者，窺視也。離爲目，窺之象也。闃者，寂静也。闃其无人者，户庭寂静而无人也。三歲不覿者，變離，離居三也。言窺其户，寂静無人，至于三年之久，猶未見其人也。凶者，殺身亡家也。泰之後而「城復于隍」，豐之後而闃寂其户，處承平，豈易哉？〇上六以柔暗之質居明動豐亨之極，承平既久，奢侈日盛，故有豐其屋之象。然勢極則反者，理數也。故離之明極，必反其暗，有〔一〕草塞其家而暗之象。震之動極，必反其静，有闃寂無人，三年不覿之象。占者得此，凶可知矣。

象曰：「豐其屋，天際翔也。闚其户，闃其无人，自藏也。」

言〔二〕豐極之時，其勢位炙手可熱，如翱翔〔三〕于天際雲霄之上，人可仰而不可即。上六天位，故曰天。及爾敗壞之後，昔之光彩氣焰不期掩藏而自掩藏矣。權臣得罪披離之後，多有此氣象。

〔一〕「有」字，朝爽堂本在下「暗」字之上。
〔二〕「言」上，朝爽堂本有「闃，張目大視貌。〇」。
〔三〕「翱翔」，朝爽堂本倒。

䷷艮下離上

旅，羈旅也。爲卦山内而〔一〕火外，内爲主，外爲客，山止而不動，猶舍館也；火動而不止，猶行人也，故曰旅。序卦：「豐，大也。窮大者必失其居，故受之以旅。」所以次豐。唐玄宗開元初，海内富安，行者雖萬里不持寸兵。及其天寶以後，自恃承平，以爲天下無復可憂，遂深居禁中，以聲色自娱，悉以政事委之李林甫。及禄山陷京師，乃幸蜀，遂有馬嵬之慘。此窮極于大者必失其居之驗也。旅非專指商賈，凡客于外者皆是。〔二〕

旅，小亨，旅，貞吉。

小亨者，亨之小也。旅途親寡，勢涣情疏，縱有亨通之事，亦必微小，故其占爲小亨。然其亨者，以其正也。道無往而不在，理無微而可忽，旅途之間，能守此正，則吉而亨矣。小亨者，占之亨也。旅貞吉者，聖人教占者處旅之道也。

彖曰：「旅小亨，柔得中乎外而順乎剛，止而麗乎明，是以『小亨，旅貞吉』也。旅之時

〔一〕「内而」，原倒，今據朝爽堂本乙正。史本、寶廉堂本無「而」字。

〔二〕自「唐玄宗」至此，朝爽堂本無。

義大矣哉。」

以卦綜、卦德釋卦辭，而嘆[一]其大。本卦綜豐，二卦同體，文王綜爲一卦，故雜卦曰：「豐多故，親寡旅也。」豐下卦之離進而爲旅之上卦，所以柔得中乎外卦，而又親比上下之剛也。明者，己之明也，非麗人之明也。止而麗乎明，與睽「説而麗乎明」同，只是内止外明也。羈旅之間，柔得中不取辱，順乎剛不招禍，止而不妄動，明而識時宜[二]，此四者，處旅之正道也。有此正道，是以占者小亨。若占者能守此旅之正道，則吉而亨矣。「大」本贊辭，然乃嘆辭也。言旅本小事，必柔中順剛，止而麗明，方得小亨，則難處者旅之時，難盡者旅之義，人不可以其小事而忽之也，與豫、隨、姤同。

象曰：「山上有火，旅，君子以明慎用刑而不留獄。」

明其刑，以罪之輕重言。慎其刑，以罪之出入言。不留者，既決斷于明慎之後，當罪者即罪之，當宥者即宥之[三]，不留滯淹禁也，非留于獄中也[四]。因綜豐雷火，故亦言用刑。明者火之象，慎者止之象，不留者旅之象。

〔一〕「嘆」，原作「噗」，今據史本、朝爽堂本、寶廉堂本改。

〔二〕「宜」上，朝爽堂本有「得」字。

〔三〕此二句中「者」、「之」字，朝爽堂本無。

〔四〕以上六字，朝爽堂本無。

初六，旅瑣瑣，斯其所取灾。

瑣者，細屑猥鄙貌。初變則兩離矣，故瑣而又瑣。瑣者〔一〕，羈旅之間，計財利得失之毫末也。斯者，此也。取災者，自取其災咎也。斯其所以取災者，因此瑣瑣自取災咎，非由外來也。旅最下則瑣瑣取災，旅最上則焚巢致凶，必如象之柔中順剛，止而麗明，方得盡善。〇初六陰柔在下，蓋處旅而猥鄙細屑者也。占者如是，則召人之輕侮，而自取災咎矣，故其象占如此。

象曰：「旅瑣瑣，志窮災也。」

志窮者，心志窮促淺狹也。惟其志窮，所以瑣瑣取災。

六二，旅即次，懷其資，得童僕貞。

即者，就也。次者，旅之舍也。艮爲門，二居艮止之中，即次得安之象也。資者，財也，旅之用也。中爻巽，巽〔二〕爲近市利三倍，懷資之象也，故家人六四「富家，大吉」。少曰童，長曰僕，旅之奔走服役者也。艮爲少男，綜震爲長男，童僕之象也。貞者，良善不欺也〔三〕。陰爻中虛，有孚貞信之象也。〇六二當旅之時，有柔順中正之德，故有即次懷資，童僕貞之象，蓋旅之最吉者也。占者有是德，斯應是

〔一〕以上十三字，朝爽堂本無。

〔二〕「巽」字，朝爽堂本無。

〔三〕以上七字，朝爽堂本無。

占矣。

象曰：「得童僕貞，終无尤也。」

羈旅之中，得即次懷資，可謂吉矣。若使童僕狡猾，則所居終不能安，而資亦難保其不盜矣，此心安得不至怨尤？所以童僕貞，終无尤。

九三，旅焚其次，喪其童僕貞，厲。

三近離火，焚次之象也。三變爲坤，則非艮之男矣，喪童僕之象也。貞者，童僕之貞信者喪之也。「貞」字連「童僕」讀。蓋九三過剛不中，與六二柔順中正全相反，「焚次」與「即次」反，「喪童僕貞」與「得童僕貞」反，「得」字對「喪」字看，故知「貞」字連「童僕」。○九三居下之上，過剛不中，居下之上，則自高不能下人；過剛，則衆莫之與；不中，則所處失當，故有「焚次，喪童僕貞」之象，危厲之道也，故其象占如此。

象曰：「旅焚其次，亦以傷矣。以旅與下，其義喪也。」

焚次已傷困矣，況又喪童僕貞乎？但以義揆之，以旅之時，而與下過剛，如此，宜乎喪童僕也，何足爲三惜哉？「下」字即「童僕」〔一〕。

〔一〕此下，朝爽堂本有「○合二三爻觀之，可見旅貴柔而賤剛」。

九四，旅于處，得其資斧，我心不快。

處者，居也，息也。旅處，與「即次」不同。即次者，就其旅舍，已得安者也。旅處者，行而方處，暫棲息者也。艮土性止，離火性動，故次與處不同。資者，助也，即六二「懷資」之「資」，財貨金銀之類。斧則所以防身者也。得資足以自利，得斧足以自防，皆旅之不可無者。離爲戈兵，斧之象也。中爻上兑金，下巽木，木貫乎金，亦斧之象也。旅于處，則有棲身之地，非三之焚次矣。得資斧則有禦備之具，非三之喪童僕矣。離錯坎爲加憂，不快之象。此爻變，中爻成坎，亦不快之象。○九四以陽居陰，處上之下，乃巽順以從人者也，故有「旅于處，得其資斧」之象。但下應陰柔，所托非人，故又有我心不快之象。占者亦如是也。

象曰：「旅于處，未得位也。得其資斧，心未快也。」〔一〕

旅以得位而安，二之「即次」，艮土之止也；四之「于處」，離火之燥也。資斧雖得，然處位不寧，應與非人，心焉得快？亦得暫息耳，未得位也〔二〕。

六五，射雉，一矢亡，終以譽命。

〔一〕此象辭及下注文，原脱，今據朝爽堂本補。

〔二〕此注，史本作「以陰居陽，不得其位，故旅于暫處之地，況陰柔相應，難與共事，資斧外必有不得者矣，心安得快乎」。

離爲雉，雉之象也。錯坎，矢之象也。變乾，乾居一，一之象也。始而離，則有雉、矢二象。及變乾，則不見雉與矢矣，故有雉飛矢亡之象。譽者，兑也。兑悦體，又爲口，以口悦人，譽之象也。凡易中言「譽」者皆兑，如蠱卦「用譽」，中爻兑也；蹇卦「來譽」，下體錯兑也；豐卦「慶譽」，中爻兑也。命，命令也。以者，用也。言五用乎四與二也。本卦中爻乃兑與巽，兑爲譽，巽爲命，六五比四而順剛，又應乎二之中正，四乃兑，二乃巽，所以終得聲譽命令也。如玄宗幸蜀，及肅宗即位于外，德宗幸奉天，皆天子爲旅也，可謂雉飛矢亡矣。後得郭子儀諸臣恢復故物，終得其譽，又得命令于天下，如建中之詔是也。〇六五當羈旅之時，以其陰柔，故有射雉，雉飛矢亡之象。然文明得中，能順乎四而應乎二，故終以譽命也。占者凡事始凶終吉可知矣。

象曰：「終以譽命，上逮也。」

上者，五也。五居上體之中，故曰上，以四與二在下也。逮，及也，言順四應二，賴及于四、二，所以得譽命也。

上九，鳥焚其巢，旅人先笑，後號咷，喪牛于易，凶。易音亦。

離，其爲木也科上槁〔一〕，巢之象也。離爲鳥，爲火，中爻巽爲木，爲風，鳥居風木之上而遇火，火燃風

〔一〕「槁」，原作「稿」，據朝爽堂本及説卦傳改。

烈，焚巢之象也。旅人者，九三也，乃上九之正應也。三爲人位，得稱旅人。先笑者，上九未變，中爻兑悦，笑之象也。故與同行正應之旅人爲之相笑。及焚其巢，上九一變，則悦體變爲震動，成小過災眚之凶矣，豈不號咷？故「先笑，後號咷」也。離爲牛，牛之象也。與大壯「喪羊于易」同。易，即埸田畔地也。震爲大塗，有此象。○上九當羈旅窮極之時，居卦之上則自高，當離之極則躁妄，與柔中順剛、止而麗明者相反，故以之即次，則無棲身之地，有鳥焚其巢，一時變笑爲號咷之象；以之懷資，則無守衛之人，有喪牛于易之象。欲止無地，欲行無資，何凶如之？故占者凶。

象曰：「以旅在上，其義焚也。喪牛于易，終莫之聞也。」

在上過于高亢，宜乎見惡于人。而焚巢既見惡于人，則人莫有指而聞之者，而牛不可獲矣。錯坎爲耳痛，故莫之聞〔一〕。

☴巽下巽上

巽，入也。二陰伏于四陽之下，能巽順乎陽，故名爲巽。其象爲風，風亦取入義，亦巽之義也。序卦：「旅而無所容，故受之以巽。」旅途親寡，非巽順何以取容？所以次旅。

〔一〕此下，朝爽堂本有「○重耳出亡，而從者皆卿材。唁公于野井，有子家羈莫能用也」。

巽，小亨，利有攸往，利見大人。

小亨者，以卦本屬陰，又卑巽也。惟其如是，則才智不足以識遠任重，僅可小亨。雖小亨，然利有所往。蓋巽以從人，人無不悦，所以利有攸往。然使失其所從，未必利往。縱使利往，失其正矣，故利見大德之人。此則因其從陽，而教之以所從之人也。

彖曰：「重巽以申命，剛巽乎中正而志行，柔皆順乎剛，是以小亨，利有攸往，利見大人。」

釋卦義，又以卦體釋卦辭。重巽者，上下皆巽也。申命者，丁寧重複也，非兩番降命也〔一〕。風之吹物，無處不入，無物不鼓動。詔令之入人，亦如風之動物也。陸贄從狩奉天，所下制書日以百計，雖勇夫悍卒無不感動流涕，則申命之係于人君亦大矣〔二〕。剛巽乎中正，指九五。巽乎中正者，居巽卦之中正也。志行者，能行其志也。蓋剛居中正，則所行當其理，而無過中失正之弊。凡出身加民，皆建中表正，而志以行矣。此大人之象也。柔指初與四，剛指二、三、五、六，惟柔能順乎剛，是以小亨，利有攸往；惟剛巽乎中正，故利見大人。

〔一〕此六字，朝爽堂本無。
〔二〕自「陸贄」至此，朝爽堂本無。

象曰：「隨風，巽，君子以申命行事。」

前風去而後風隨之，故曰隨風。申命者，隨風之象也。申命者所以曉諭于行事之先，行事者所以踐言于申命之後，其實一事也。商之盤庚、周之洛誥，諄諄于言語之間者，欲民曉知君上之心事，所以申命行事也。故建中之詔雖不及商周，而隨時救弊亦未必無小補云〔一〕。

初六，進退，利武人之貞。

巽爲進退，進退之象也。變乾純剛，故曰武人。故履六三變乾亦曰「武人」，皆陰居陽位，變陽得〔二〕稱「武人」也。蓋陰居陽位則不正，變乾則貞矣，故曰「利武人之貞」。曰「利武人之貞」，如云「利陽剛之正」也。○初六陰柔居下，又爲巽之主〔三〕，乃卑巽之過者也。是以持狐疑之心，凡事是非可否莫之適從，故有進退之象。若此者〔四〕，以剛果之不足也。苟能如武人之貞，則有以矯其柔懦之偏，不至于過巽矣。故教占者如此。

象曰：「進退，志疑也。利武人之貞，志治也。」

〔一〕自「商之盤庚」至此，朝爽堂本無。
〔二〕「得」字，朝爽堂本無。
〔三〕「主」，原作「立」，今據史本、朝爽堂本、寶廉堂本改。
〔四〕「若此者」，朝爽堂本作「蓋」。

進退者，以陰柔居巽下，是非可否，莫之適從，志疑故也。惟疑則方寸已亂，不能決進退矣。若柔而濟之以剛，則心之所之者有定見，事之所行者有定守〔一〕，可進則決于進，可退則決于退，不持〔二〕疑于兩可，不亂矣〔三〕。

九二，巽在牀下，用史巫紛若，吉，无咎。

一陰在下，二陽在上，牀之象，故剥以牀言。巽性伏，二無應于上，退而比初，心在于下，故曰「牀下」。中爻爲兑，又巽綜兑，兑爲巫，史巫之象也。又爲口舌，爲毁，爲附，紛若之象也。史掌卜筮，曰「史巫」者，善于卜吉凶之巫也，故曰「史巫」，非兩人也。周禮女巫有府一人，史四人，胥四人。離騷云：「巫咸將夕降兮，懷椒糈而要之。」注：「巫咸，古之神巫，善于筮吉凶者。」〔四〕紛者，繽紛雜亂貌。若，助語辭。巫者擊鼓擊缶，婆娑其舞，手舞足蹈，不安寧之事也。必曰巫者，男曰覡，女曰巫，巽爲長〔五〕女，故以巫言之〔六〕。初乃陰爻，居于陽位；二乃陽爻，居于陰位，均之過于卑巽者也。初教之以武人之貞，

〔一〕「定守」，朝爽堂本作「是非」。
〔二〕「持」，原作「特」，今據史本、朝爽堂本、寶廉堂本改。
〔三〕此下，朝爽堂本有「○治不疑也」。
〔四〕自「周禮」至此，朝爽堂本無。
〔五〕「長」，原作「少」，今據原校改。
〔六〕「巫者擊鼓擊缶」至此，朝爽堂本無。

教之以直前勇敢也；二教之以巫之紛若，教之以抖擻奮發也。初陰〔一〕據陽位，故教以男子之武；二陽據陰位，故教以女人之紛。爻辭之精至此。○二以陽處陰，而居下無應，乃比乎初，故有巽在牀下之象。然居下體，亦過于卑巽者，必不自安寧，如史巫之紛若。鼓舞動作，則有以矯其柔懦之偏，不惟得其吉，而在我亦無過咎矣。教占者當如是也。

象曰：「紛若之吉，得中也。」

得中者，得中而不過于卑巽也。凡小象二、五言「中」字，皆因中位，又兼人事。

九三，頻巽，吝。

頻者，數也。三居兩巽之間，一巽既盡，一巽復來，頻巽之象。曰「頻巽」，則頻失可知矣。「頻巽」與「頻復」不同，頻復者終于能復也，頻巽者終于不巽也。○九三過剛不中，又居下體之上，本不能巽，但當巽之時，不容不巽矣，然屢巽屢失，吝之道也，故其象占如此。

象曰：「頻巽之吝，志窮也。」

三本剛而位又剛，已不能巽矣，又乘剛，安能巽？曰「志窮」者，言心雖欲巽而不得巽也。

六四，悔亡，田獲三品。

〔一〕「陰」，原作「陽」，今據寶廉堂本及原校改。

中爻離爲戈兵，巽錯震，戈兵震動，田之象也。離居三，三品之象也。三品者，初巽爲雞，二兑爲羊，三離爲雉也。〇六四當巽之時，陰柔無應，承乘皆剛，宜有悔矣，然以陰居陰，得巽之正，又居上體之下，蓋居上而能下者也，故不惟悔亡，而且有田獲三品之象。占者能如是，則所求必得而有功矣。

象曰：「田獲三品，有功也。」

八卦正位巽在四，所以獲三品而有功。

九五，貞吉，悔亡，无不利。无初有終，先庚三日，後庚三日，吉。

先庚、後庚，詳見蠱卦。五變則外卦爲艮，成蠱矣。先庚丁，後庚癸，其説始于鄭玄，不成其説。〇九五居尊，爲巽之主，命令之所由出者也，以其剛健中正，故正而又吉。然巽順之體，初時不免有悔，至此則悔亡而无不利矣。惟其悔亡而无不利，故无初有終也。然命令之出所係匪輕，必原其所以始，慮其所以終，先庚三日，後庚三日，庶乎命令之出如風之吹物，無處不入，無物不鼓動矣。占者必如是而吉也〔一〕。

象曰：「九五之吉，位中正也。」

〔一〕此下，朝爽堂本有「〇伏羲圓圖艮巽夾坎于西方之中，故曰先庚、後庚，言巽先乎庚，而艮後乎庚也。先三，下三爻也。後三，上三爻也」。

剛健中正，未有不吉者。曰「悔亡」者，巽累之也。故孔子止言九五之吉。

上九，巽在牀下，喪其資斧，貞凶。

本卦巽木，綜兑金，又中爻兑金，斧之象也。又中爻離爲戈兵，亦斧之象也。陰乃巽之主，陰在下四爻，上亦欲比乎四，故與二之「巽在牀下」同。九三、九五不言「牀下」者，三過剛，五居中得正也。巽近市利三倍，本有其資，此爻變坎爲盜，則喪其資矣。且中爻離兑，斧象，皆在下爻，不相管攝，是喪其斧矣。貞者，巽本美德也。〇上九居巽之終，而陰居于下，當巽之時，故亦有巽在牀下之象，但不中不正，窮之極矣，故又有喪其資斧之象。占者得此，雖正亦凶也。

象曰：「巽在牀下，上窮也。喪其資斧，正乎凶也。」

上窮者，言上九之時勢也，非釋「巽在牀下」也。巽在牀下，乃本卦之事，當巽之時，不容不巽者也。「正乎凶」，即爻辭「貞凶」〔一〕。

☱兑下兑上

兑，悦也。一陰進于二陽之上，喜悦之見于外也，故爲兑。序卦：「巽者，入也。入而後悦之，故受之

〔一〕此下，朝爽堂本有「〇乎，疑辭也。決辭，言爻辭以爲貞，果正乎乃凶也」。

以兑。」所以次巽。

兑，亨，利貞。

亨者，因卦之所有而與之也。貞者，因卦之不足而戒之也。説則亨矣，但陰陽相説，易流于不正，故戒以利貞。

彖曰：「兑，説也。剛中而柔外，説以利貞，是以順乎天而應乎人。説以先民，民忘其勞；説以犯難，民忘其死。説之大，民勸矣哉！」先，西薦反。難，乃旦反。

釋卦名，又以卦體釋卦辭而極言之。「兑，説也」，與「咸，感也」同。咸〔一〕去其心，説去其言，故咸則無心之感，兑則無言之説也。剛中指二、五，柔外指三、上。陽剛居中，中心誠實之象。柔爻在外，接物和柔之象。外雖柔説，中實剛介，是之謂説而貞，故利貞。易有天道焉，順天者上兑也；有人道焉，應人者下兑也。揆之天理而順，故順天；即〔二〕之人心而安，故應人。天理、人心，正而已矣。若説之不以正，則不能順應矣。民忘其勞，如禹之隨山濬川，周宣之城朔方是也；民忘其死，如湯之東征西怨，

〔一〕「咸」，朝爽堂本作「感」。
〔二〕「即」，朝爽堂本作「質」。

岳飛蔡州朱仙鎮之戰是也〔一〕。○説本有亨而又利〔二〕貞者，蓋卦體剛中，則所存〔三〕者誠，固無不亨；柔外恐説之不正，故必正而後利也。説得其正，是以順天應人。以之先民，民忘其勞；以之犯難，民忘其死。夫好逸惡死，人情之常。今忘勞忘死，非人情也，而忘之者以説，而不自知其勞且死也，曷爲而説也？知聖人勞我以逸我，死我以生我也，是以説而自勸也。夫勸民與民自勸相去遠矣，是以聖人大之曰「説之大，民勸矣哉」，此正之所以利也。

象曰：「麗澤，兑，君子以朋友講習。」

麗者，附麗也。兩〔四〕澤相麗，交相浸潤，互有滋益。水就濕，各以類而相從，朋友之道不出乎此。習者，鳥數飛也。其字从羽。月令「鷹乃學習」，借鳥以明學。蓋習行所傳之業，爲之習熟不已也。講者，資友講之，以究其理〔五〕。習者，我自習之，以踐其事。朋友之間從容論説以講之于先，我又切實體驗以習之于後，則心與理相涵而所知者益精，身與事相安而所能者益固，欲罷不能而真説在我矣。

〔一〕自「民忘其勞」至此，朝爽堂本無。
〔二〕「利」字，朝爽堂本重。
〔三〕「存」，朝爽堂本作「在」。
〔四〕「兩」，原作「雨」，今據諸本改。
〔五〕自「習者」至此，朝爽堂本無。

初九，和兑，吉。

和與中庸「發而皆中節謂之和」「和」字同，謂其所悦者無乖戾之私，皆情性之正、道義之公也。吉者，無惡無射，家邦必達之意。蓋悦能和，即順天應人，豈不吉？○初九以陽爻居説體而處最下，又無應與之係，説得其正者也，故其象占如此。

象曰：「和兑之吉，行未疑也。」

本卦説體，不當陰陽相比，二比三，三比四，五比六，陰陽相比，則不能無疑，故夬卦上説體〔一〕，小象曰「中未光也」，萃卦曰「志未光也」。「未〔二〕光」者，因可疑而未光也，故上六「引兑」亦曰「未光」。本卦獨初爻無比，無比則無所疑矣，故曰「行未疑也」。行者與人和悦也。變坎爲狐疑，疑之象也。

九二，孚兑，吉，悔亡。

本卦無應與，專以陰陽相比言。剛中爲孚，居陰爲悔。蓋來兑在前，私係相近，因居陰不正，所以不免悔也。○九二當兑之時，承比陰柔，説之當有悔矣，然剛中之德，孚信内充，雖比小人，自守不失正，所謂「和而不同」也。占者能如是，以孚而説，則吉而悔亡矣。

〔一〕「上説體」，朝爽堂本作「九五」。

〔二〕「未」，原作「求」，今據諸本改。

象曰：「孚兑之吉，信志也。」

心之所存爲志，信志即「誠心」二字。二剛實居中，誠信出于剛中之志，豈又悦小人而自失？革九四辭同義異，革則人信，孚則己信。

六三，來兑，凶。

自内至外爲往，自外至内爲來。凶者，非惟不足以得人之與，且有以取人之惡，所以凶也。何也？蓋初剛正，二剛中，乃君子也。説之不以道，豈能説哉？求親而反疏矣。如弘霸嘗玄忠之糞，彭孫濯李憲之足，丁謂拂萊公之鬚，皆爲人所賤，而至今猶有遺羞焉，豈不凶？〇三陰柔不中正，上無應與，近比于初與二之陽，乃來求而悦之，是自卑以求悦于人，不知有禮義者矣，故其占凶。

象曰：「來兑之凶，位不當也。」

陰柔不中正。

九四，商兑，未寧，介疾有喜。

商者，商度也。中爻巽，巽爲不果，商之象也。寧者，安寧也。兩間謂之介，分限也。故人守節，亦謂之介。四與三上下異體，猶疆介然，故以介言之。比乎五者，公也，理也，故不敢舍公而從私。比乎三者，私也，情也，故不能割情而就理。此其所以商度未寧也。商者四，介者九。〇四承九五之中正，而下比六三之柔邪，故有商度未寧之象。然質本陽剛，若能介然守正，疾惡柔邪，而相悦乎同體之五，如此則有喜矣，故戒占者如此。

象曰：「九四之喜，有慶也。」

與君〔一〕相悦，則得行其陽剛之正道而有福慶矣。

九五，孚于剥，有厲。

剥謂陰能剥陽，指上六也。剥即剥卦，消陽之名。兑之九五正當剥之六五，故言剥。以人事論，如明皇之李林甫、德宗之盧杞，皆以陰柔容悦剥乎陽者也。孚者，憑國家之承平，恃一己之聰明，以小人不足畏而孚信之，則内而蠱惑其心志，外而壅蔽其政令，國事日爲之紊亂矣，所以有厲。因悦體人易孚之，所以設此有厲之戒。不然，九五中正，安得有厲？○九五陽剛中正，當悦之時，而居尊位，密近上六，上六陰柔，爲悦之主，處悦之極，乃妄悦以剥陽者也，故戒占者若信上六，則有危矣。

象曰：「孚于剥，位正當也。」

與履九五同。

上六，引兑。

引者，開弓也，心志專一之意，與萃「引吉」之「引」同。中爻離錯坎，坎爲弓，故用「引」字。萃六二變

〔一〕「與君」上，朝爽堂本有「君臣相悦，國家之大慶也，何待商哉？介疾可矣。○」。

坎，故亦用「引」字。本卦二陰，三曰「來兑」，止來于下，其字猶緩，其爲害淺。至上六則悦之極矣，故「引兑」，開弓發矢，其情甚急，其爲害深，故九五有厲。○上六陰柔，居悦之極，爲悦之主，專于悦五之陽者也，故有引兑之象。不言吉凶者，五已有危厲之戒矣。

象曰：「上六引兑，未光也。」

未光者，私而不公也。蓋悦至于極，則所悦者必暗昧之事，不光明矣，故萃卦上體乃悦，亦曰「未光」。

周易集注卷之十二

梁山來知德集注

䷺坎下巽上

渙者，離散也。其卦坎下巽上，風行水上，有披離解散之意，故爲渙。序卦：「兑者，説也，説而後散之，故受之以渙。」所以次兑。

渙，亨，王假有廟，利涉大川，利貞。

坎錯離，離爲日，王之象也。中爻艮，艮爲門闕，又坎爲宫，廟之象也。又坎爲隱伏，人鬼之象也。木在水上，利涉大川之象也。王假有廟者，王至于廟以聚之也。此二句皆以象言，非真假廟、涉川也。假有廟者，至誠以感之，聚天下之心之象也。涉大川者，冒險以圖之，濟天下之艱之象也。如沛公約法三章，以聚天下之心，即假有廟之象也。沛公當天下土崩瓦解，正渙之時，使不約法三章，雖立千萬廟以聚祖〔一〕之精神，亦何益哉？且當時大公留于項羽，況祖考乎？易蓋有此象而無此事、無此理也〔二〕。利貞者，戒之也。

彖曰：「涣，亨，剛來而不窮，柔得位乎外而上同。王假有廟，王乃在中也。利涉大川，乘木有功也。」

以卦綜釋卦辭。本卦綜節，二卦同體，文王綜爲一卦，故雜卦曰：「涣，離也。節，止也。」剛來不窮者，言節上卦坎中之陽來居于涣之二也。言剛來，亦在下之中，不至于窮極也。柔得位乎外而上同者，節下卦兑三之柔，上行而爲巽之四，與五同德，以輔佐乎五也。八卦正位，乾在五，巽在四，故曰「得位」，故曰「上同」。王乃在中者，中爻艮爲門闕，門闕之内即廟矣。今九五居上卦之中，是在門闕之内矣，故曰「王乃在中也」。乘木者，上卦巽木乘下坎水也。有功者，即「利涉」也。因有此卦綜之德，故能王乃在中，至誠以感之，以聚天下之心；乘木有功，冒險以圖之，以濟天下之難。此涣之所以亨也。

象曰：「風行水上，涣，先王以享于帝立廟。」

享帝立廟，在國家盛時説，非土崩瓦解之時也，與「王假有廟」不同。孔子在涣字上生出此意來，言王

〔一〕「祖」下，四庫本有「考」字。
〔二〕自「如沛公」至此，朝爽堂本無。

者享帝而與天神接，立廟而與祖考接，皆聚己之精神，以合天人之涣也。風在天上，天神之象。水在地下，人鬼之象。享帝則天人感通，立廟則幽明感通。

初六，用拯馬壯，吉。

坎爲亟心之馬，馬壯之象也。陳平交歡太尉而易吕爲劉，仁傑潛授〔一〕五龍而反周爲唐，皆拯急難而得馬壯者也。○初六當涣之初，未至披離之甚，猶易于拯者也，但初六陰柔，才不足以濟之，幸九二剛中，有能濟之具者，初能順之，託之以濟難，是猶拯急難而得馬壯也，故有此象，占者如是則吉也。

象曰：「初六之吉，順也。」

順二也。

九二，涣，奔其机〔二〕，悔亡。

奔〔三〕者，疾走也。中爻震足，坎本亟心，奔之象也。又當世道涣散，中爻震動不已，皆有出奔之象。机，木也，出蜀中，似榆，可燒以糞稻田，山海經云「大堯之上多松柏多机」是也〔四〕。中爻震木，應爻巽

〔一〕「授」，朝爽堂本作「援」。

〔二〕「机」，原作「机」，今據朝爽堂本、寶廉堂本改。案據來注作「机」是，據朝爽堂本「木無枝曰机」，則作「机」是。

〔三〕「奔」上，朝爽堂本有「木無枝曰机。○」。

〔四〕自「机，木也」至此，朝爽堂本無。

木，机之象也，指五也。○當涣之時，二居坎陷之中，本不可以濟涣，而有悔也。然應九五中正之君，君臣同德，故出險以就五，有奔于其机之象。當天下涣散之時，汲汲出奔以就君，得遂其濟涣之願矣，有何悔焉？故占者悔亡。

《象》曰：「涣，奔其机，得願也。」

得遂其濟涣之願〔一〕。

六三，涣其躬，无悔。

六三居坎體之上，險將出矣，且諸爻獨六三有應援，故无悔。涣其躬者，奮不顧身，求援于上也。○六三陰柔，本不可以濟涣，然與上九爲正應，乃親自求援于上九，雖以陰求陽，宜若有悔，然志在濟時，故无悔也。教占者必如此。

《象》曰：「涣其躬，志在外也。」

在外者，志在外，卦之上九也〔二〕。

六四，涣其羣，元吉。涣有丘，匪夷所思。

〔一〕此下，朝爽堂本有「○二之奔五，非圖出險，其願惟在於濟涣，子儀赴朔方，劉幽求隆基也」。

〔二〕此下，朝爽堂本有「以上九足爲濟涣之外援，所以不有其身」。

渙其羣者，渙其人也。當渙之時，土崩瓦解，人各植黨，如六國之爭衡，田橫之海島，隗囂之天水，公孫述之于蜀，唐之藩鎮，尾大不掉，皆所謂羣也。政無多門，勢無兩大，脛大于股則難步，指大于臂則難把。故當渙其羣也，六四能渙小人之私羣，成天下之公道，所以元吉。柔得位乎外而上同，豈不元吉？渙丘者，渙其土也。艮爲土，丘之象也。頤上卦艮，故曰「丘頤」。此卦中爻艮，故亦以丘言之。渙其丘，如漢高祖封韓信爲齊王，又爲楚王，及陳豨反，以四千户封趙將是也〔一〕。夷者，平常也，言非平常之人思慮所能及也。如高祖以四千户封趙將，左右諫曰：「封此何功？」高祖曰：「非汝所知？陳豨反，趙地皆豨有，吾羽檄天下，兵未有至者，今計獨邯鄲兵耳。吾何愛四千户？」蓋左右諫者，乃平常之人，匪夷所思于此見矣〔二〕。○六四上承九五，當濟渙之任者也。所居得正，而下無應與，則外無私交，故有渙其羣之象。占者如是，則正大光明，無比黨攜貳之私，固大善而元吉矣。然所渙者，特其人耳，若並其土而渙之，則其元吉猶不殊于渙羣，但渙其羣者，人皆可能，而渙其丘者，必才智出衆之人方可能之，殆非平常思慮之所能及也。故又教占者以此〔三〕。

象曰：「渙其羣，元吉，光大也。」

〔一〕自「渙其丘」至此，朝爽堂本無。
〔二〕自「如高祖」至此，朝爽堂本無。
〔三〕此下，朝爽堂本有「竇融獻隴西地，錢俶獻錢塘地，渙丘也」。

凡樹私黨者，皆心之暗昧狹小者也，惟無一毫之私，則光明正大，自能涣其羣矣，故曰「光大」也。

九五，涣汗其大號，涣王居，无咎。

上卦風以散之，下卦坎水，汗之象也。巽綜兑，兑爲口，號之象也。五爲君，又陽爻，大號之象也。散人之疾而使之愈者，汗也。解天下之難而使之安者，號令也。大號，如武王克商〔一〕武成諸篇及唐德宗罪己之詔皆是也。王居者，帝都也，如赤眉入長安，正涣之時矣，光武乃封更始爲淮陽王，而定都洛陽是也。又如徽、欽如金，正涣之時矣，建炎元年，皇后降書中外，乃曰：「歷年二百，人不知兵；傳世九君，世無失德。雖舉族有北轅之釁，而敷天同左袒之心，乃眷賢王，越居舊服。」高宗乃即位于南京應天府〔二〕，皆所謂涣王居也。益卦中爻爲坤，「利用爲依遷國」，此爻一變，亦中爻成坤，故「涣王居」。坎錯離，離爲日，王之象。五乃君位，亦有王之象。孔子恐人不知「王居」二字，故小象曰「正位也」。曰「正位」，義自顯明。○九五陽剛中正，以居尊位，當涣之時，爲臣民者涣其躬、涣其羣，濟涣之功成矣，乃誕告多方，遷居正位，故有「涣汗其大號，涣王居」之象。雖其始也，不免有土崩瓦解之虞，至此則恢復舊物，大一統宇矣。以義揆之，則无咎也，故其占爲无咎。

〔一〕「克商」二字，朝爽堂本無。

〔二〕自「如赤眉」至此，朝爽堂本作「如赤眉入長安，徽、欽如金，皆正涣之時矣，光武乃封更始爲淮陽王，而定都洛陽；高宗乃即位於南京」。

象曰：「王居无咎，正位也。」

光武諸將于中山上尊號，不聽，耿純進曰：「天下士大夫捐親戚，弃土壤，從大王于矢石之間者，其計固望攀龍鱗、附鳳翼，以成其志耳。今太王留時逆衆，不正號位，恐士夫絶望計窮，有去歸之思，無爲久自苦也。」此即正位之意。蓋京師，天下根本，當涣之時，王者必定其所居之地，以正其位。位既正，則人心無携貳，昔之涣者今統于一矣。故「涣王居」者，乃所以正位也。

上九，涣其血，句。去逖，出无咎。去，去聲。

依小象「涣其血」作句。血者，傷害也。涣其血者，涣散其傷害也。逖者，遠也。當涣之之時〔一〕，干戈擾攘，生民塗炭，民之逃移而去鄉土者多矣。去逖出者，言去遠方者得出離其遠方而還也。此爻變坎，下應坎，坎爲血，血之象也。又爲隱伏，遠方竄伏之象也。○上九以陽剛當涣之極，方其始而涣散之時，其傷害、其遠遯二者所不免也。今九五誕告多方，遷居正位，歸于一統，非復前日之離散，則傷害者得涣散矣，遠遯者得出離矣，故有涣血去逖出之象，而其占則无咎也。

象曰：「涣其血，遠害也。」

涣其血，去逖出，則危者已安，否者已泰，其涣之害遠矣，故曰「遠害」也。

〔一〕「時」，原作「辭」，今據諸本改。

䷻兑下坎上

節者，有限而止也。爲卦下兑上坎，澤上有水，其容有限，若增之則溢矣，故爲節。序卦：「涣者，離也。物不可以終離，故受之以節。」所以次涣。

節，亨，苦節，不可貞。

五行以甘爲正味。稼穡作甘者，以中央土也。若火炎上則焦枯，所〔一〕以作苦。不可貞者，不可固守以爲常也。凡人用財〔二〕脩己，皆有中道，如天地之牛角繭栗，賓客之牛角尺，損則「用二簋」，萃則「用大牲」，此中道也。若晏子之豚肩不掩豆，梁武帝以麵爲犧牲，則非經常而不可久矣〔三〕。仕止久速，各有攸當，或遠或近，或去或不去，歸潔其身，如屈原、申屠狄之投河，陳仲子之三日不食，許行之並耕，泄柳之閉門，皆非經常而不可久者也。

象曰：「節，亨，剛柔分而剛得中。苦節不可貞，其道窮也。説以行險，當位以節，中

〔一〕「焦枯所」三字，朝爽堂本無。
〔二〕「用財」二字，朝爽堂本無。
〔三〕自「如天地」至此，朝爽堂本無。

正以通，天地節而四時成。節以制度，不傷財，不害民。」

以卦綜釋卦辭，又以卦德、卦體釋亨之義而極言之。坎剛卦，兑柔卦，節渙相綜，在渙則柔外而剛內，在節則剛外而柔內，則剛柔分也。剛得中者，二五也，二五皆剛居中也。言剛柔雖分內分外，而剛皆得中，此其所以亨也。惟其中所以亨，若苦節，則不中矣。不中則天理不順，人情不堪，難于其行，所以窮也。蓋窮者亨之反，亨則不窮，窮則不亨。當位指九五。八卦正位坎在五，故以當位言之。中正者，五中正也。通者，推行不滯而通之天下也。坎爲通，故以通言之。蓋所謂節者，以其説而行險也。蓋説則易流，遇險則止；説而不流，所以爲節。且陽剛當九五之位，有行節之勢，以是位而節之；九五具中正之全，有體節之德，以是德而通之，此所以爲節之善，故占者亨。若以其極言之，陽極陰生，陰極陽生，柔節之以剛，剛節之以柔，皆有所制而不過，天地之節也。天地有節，則分至啓閉，晦朔弦望，四時不差，而歲功成矣。制者，法禁也，故天子之言曰制書。度者，則也，分寸尺丈引爲五度，十分爲寸，十寸爲尺，十尺爲丈，十丈爲引〔一〕，皆有所限制而不過。節以制度，是量入爲出，如周禮九賦、九式有常數、常規是也。不傷者，財不至于匱乏。不害者，民不苦于誅求。桀過乎節，貊不及乎節，不傷不害，惟聖人能之。

〔一〕自「分寸」至此，朝爽堂本無。

象曰：「澤上有水，節，君子以制數度，議德行。」行，下孟〔一〕反。

古者之制器用、宮室、衣服，莫不有多寡之數、隆殺之度，使賤不踰貴，下不侵上，是之謂制數度，如繁纓一就、三就之類是也。得于中爲德，發于外爲行。議之者，商度其無過不及而求歸于中，如直溫寬栗之類是也。坎爲矯輮，制之象。兑爲口舌，議之象。制者，節民于中。議者，節身于中。

初九，不出户庭，无咎。

中爻艮爲門，門在外，户在内，故二爻取門象，此爻取户象。前有陽爻蔽塞，閉户不出之象也。又應四，險難在前，亦不當出，亦不出之象也。此象所該者廣，在爲學爲含章，在處事爲括囊，在言語爲簡默，在用財爲儉約，在立身爲隱居，在戰陣爲堅壁。繫辭止以言語一事言之。无咎者，不失身，不失時也。○初九陽剛得正，居節之初，知前爻蔽塞，又所應險難，不可以行，故有不出户庭之象。此則知節之時者也，故占者无咎。

象曰：「不出户庭，知通塞也。」

道有行止，時有通塞，不出户庭者，知其時之塞而不通也。此「塞」字，乃孔子取内卦之象。

九二，不出門庭，凶。

〔一〕「孟」，朝爽堂本作「並」。下同，不再出校。

聖賢之道，以中爲貴，故「邦有道，其言足以興；邦無道，其默足以容」。九二當禹稷之位，守顏子之節，初之无咎，二之凶，可知矣。○九二前無蔽塞，可以出門庭矣，但陽德不正，又無應與，故有不出門庭之象。此則惟知有節，而不知通其節，節之失時者也，故凶〔一〕。

象曰：「不出門庭，凶，失時極也。」

極，至也。言失時之至，惜之也。初與二，小象皆一意，惟觀時之通塞而已。初，時之塞矣，故「不出户庭，无咎」。二，時之通矣，故「不出門庭，凶」。所以可仕則仕，可止則止。孔子爲聖之時，而禹稷顏回同道者，皆一〔二〕意也。

六三，不節若，則嗟若，无咎。

兑爲口舌，又坎爲加憂，又兑悦之極，則生悲嘆，皆嗟嘆之象也。用財恣情妄費，則不節矣；修身縱情肆欲，則不節矣。嗟者，財以費而傷，德以縱而敗，豈不自嗟？若，助語辭。自作之孽，何所歸咎？○六三當節之時，本不容不節者也，但陰柔不正，無能節之德，不節之後，自取窮困，惟嗟嘆而已。此則不能節者也。占者至此，將何咎哉？故無所歸咎。

〔一〕「故凶」二字，朝爽堂本無。

〔二〕「一」，史本、朝爽堂本作「此」。

象曰：「不節之嗟，又誰咎也？」

此與解卦小異，詳見解卦。

六四，安節，亨。

安者，順也。上承君之節，順而奉行之也。九五爲節之主，「當位以節，中正以通」，乃節之極美者。四最近君，先受其節，不〔一〕節之節。以脩身用財言者，舉其大者而言耳。若臣安君之節，則非止二者。蓋節者，中其節之義，在學爲不陵節之節，在禮爲節文之節，在財爲撙節之節，在信爲符節之節，在臣爲名節之節，在君師〔二〕爲節制之節，故不止于修身用財。○六四柔順得正，上承九五，乃順其君而奉〔三〕行其節者也，故其象爲安，其占爲亨。

象曰：「安節之亨，承上道也。」

承上道，即遵王之道。

九五，甘節，吉，往有尚。

甘者，樂易而無艱苦之謂。坎變坤，坤爲土，其數五，其味甘，甘之象也。凡味之甘者，人皆嗜之。下

〔一〕「不」，朝爽堂本作「而」。

〔二〕「師」，朝爽堂本作「即」。

〔三〕「奉」，原作「未」，今據史本、朝爽堂本改。

卦乃悦體，又兑爲口舌，甘節〔一〕之象也。諸爻之節，節其在我者。九五之節，以節節人者也。臨卦六三居悦體之極，則求悦乎人，故无攸利。節之九五居悦體之上，則人悦乎我，故往有尚。吉者，節之盡善盡美也。往有尚者，立法于今而可以垂範于後也。蓋甘節者，中正也。往有尚者，通也。數度德行，皆有制議，而通之天下矣，正所謂「當位以節，中正以通」也。○九五爲節之主，節之甘美者也，故占者不惟吉，而且往有尚。

象曰：「甘節之吉，居位中也。」

中可以兼正，故止言中。

上六，苦節，貞凶，悔亡。

苦節，雖本文王卦辭，然坎錯離，上正居炎上之地，炎上作苦，亦有苦象。貞凶者，雖無越理犯分之失，而終非天理人情之安也。蓋以事言，無甘節之吉，故貞凶；以理言，無不節之嗟，故悔亡。易以禍福配道義，而道義重于禍福，故大過上六「過涉滅頂，无咎」，而此曰「悔亡」，見理之得失重于事之吉凶也。○上六居節之極，蓋節之苦者也，故有卦辭「苦節」之象。節既苦矣，故雖正，不免于凶，然禮奢寧儉而悔終得亡也〔二〕。

〔一〕「節」，四庫本作「美」。

〔二〕「然禮奢寧儉而悔終得亡也」十一字，朝爽堂本無。

象曰：「苦節，貞凶，其道窮也。」

「道窮」見象辭。

䷼兑下巽上

孚，信也。爲卦二陰在内，四陽在外，而二五之陽皆得其中，以一卦六爻言之爲中虚，以二體之二五言之爲中實，皆孚之象也。又下説以應上，上巽以順下，亦有孚義。序卦：「節而信之，故受之以中孚。」所以次節。

中孚，豚魚，吉，利涉大川，利貞。

豚魚生于大澤之中，將生風，則先出拜，乃信之自然，無所勉强者也，唐詩云「河豚吹浪夜還風」是也〔一〕。信如豚魚，則吉矣。本卦上風下澤，豚魚生于澤，知風，故象之。鶴知秋，雞知旦，三〔二〕物皆信，故卦爻皆象之。利貞者〔三〕，利于正也。若盜賊相約，男女相私，豈不彼此有孚？然非天理之正矣，故利貞。

〔一〕以上十二字，朝爽堂本無。

〔二〕「三」，朝爽堂本作「二」。

〔三〕自「之鶴」至此，史本無，疑脱。

彖曰：「中孚柔在内而剛得中，説而巽，孚乃化邦也。豚魚吉，信及豚魚也。利涉大川，乘木舟虚也。中孚以利貞，乃應乎天也。」

以卦體、卦德、卦象釋卦名、卦辭。二柔在内而中虚，二剛居中而中實，虚則内欲不萌，實則外誘不入，此中孚之本體也。而又下説上順，上下交孚，所以孚乃化邦也。若徒木立信，乃出于矯强矣，安能化邦？易舉正止有「信及也」三字，無「豚魚」二字。及者，至也。言信至于豚魚，則信出自然矣。如此信，此所以吉也。乘木舟虚者，本卦外實中虚，有舟虚之象。至誠以涉險，如乘巽木之空，以行乎兑澤之上，又豈有沉溺之患？所以利涉大川。應乎天者，信能正，則事事皆天理，所謂「誠者，天之道也」。貞應乎天，所以利貞。

象曰：「澤上有風，中孚，君子以議獄緩死。」

聖人之于卦，以八卦爲之體，其所變六十四卦中，錯之綜之，上之下之，皆其卦也。如火雷噬嗑，文王之意以有火之明，有〔一〕雷之威，方可用獄。孔子大象言用獄者五，皆取雷火之意。豐取其雷火也；旅與賁、艮綜震，亦雷火也；解則上雷而中爻爲火也，下體錯離亦火也。此爻則大象爲火，而中爻爲雷也。蓋孔子于易韋編三絶，胸中之義理無窮，所以無往而非其八卦。不然，風澤之與議獄緩死何相

〔一〕「有」字，朝爽堂本無。

干涉哉？易經一錯一綜，大象中爻，觀此五卦，自然默悟。兑爲口舌，議之象。巽爲不果，緩之象。○議獄緩死者，議獄罪當死矣，乃緩其死而欲求其生也。風入水受者，中孚之象也。議獄緩死，則至誠惻怛之意溢于用刑〔一〕之間矣。

初九，虞吉，有他，不燕。

虞者，樂也，安也。燕者，喜也，安也。二字之義相近。有他者，其志不定而他求其所應也。本卦三四皆陰爻，六三則陰柔不正，六四則得八卦之正位者，因有此陰柔不正者，隔于其中，故周公方設此有他之戒。若論本爻應爻，則不容戒也。○初九陽剛得正，而上應六四，四蓋柔上得正者也。當中孚之初，其志未變，故有與六四相信而安樂之象。占者如是則吉。若不信于六四，而别信于他，則是不能安樂其中孚矣，故戒占者如此。

象曰：「初九虞吉，志未變也。」

方初中孚之志未變。

九二，鳴鶴在陰，其子和之。我有好爵，吾與爾靡之。和，去聲。

大象離，雉象；變震，鵠象，皆飛鳥之象也。不言雉、鵠而言鶴者，鶴信故也。鶴八月霜降則鳴，兑乃

〔一〕「刑」，原作「利」，今據諸本改。

正秋，故以鶴言之。中孚錯小過之「遺音」，又兑爲口舌，鳴之象也，故謙、豫二卦，象、小過皆言「鳴」。在陰者，鶴行依洲嶼，不集林木，九居陰爻，在陰之象也。巽爲長女，兑爲少女，子母之象也。好爵者，懿德也。陽德居中，故曰好爵。子與爾，皆指五。因中孚感應極至而無以加，所以不論君臣，皆呼子、爾也。言懿德人之所好，故好爵雖我之所有，而彼亦繫戀之也。物之相愛者莫如子母之同心，人之所慕者莫如好爵之可貴。鶴鳴子和〔一〕者，天機之自動也。好爵爾靡者，天理之自孚也。靡與縻同，繫戀也。巽爲繩，繫之象也。○九二以剛中居下，有中孚之實，而九五剛中居上，亦以中孚之實應之，故有此象。占者有是德，方有是感應也。

象曰：「其子和之，中心願也。」

誠意所願，非九二求于九五也。

六三，得敵，或鼓或罷，或泣或歌。

得敵者，得對敵也，指上九之應也。言六三不正，上九亦不正也，陰陽皆位不當，所以曰「得敵」。巽爲進退，爲不果，作止之象。又中爻震爲鼓，鼓之象。艮爲止，罷之之象。本卦大象離錯坎，坎爲加憂，泣之象。兑爲口舌，爲巫，歌之象。○六三陰柔不正，而上應九之不正，此爲悦之極，彼爲

〔一〕「和」，朝爽堂本作「慕」。

信之窮，皆相敵矣，是以或鼓或罷而作止不定，或泣或歌而哀樂無常，其象如此，占者不能孚信可知矣。

《象》曰：「或鼓或罷，位不當也。」

陰居陽位。

六四，月幾望，馬匹亡，无咎。

月幾望者，月與日對而從乎陽也。本卦下體兑，中爻震，震東兑西，日月相對，故幾望。曰「幾」者，將望而猶未望也。因四陰爻近五陽爻，故有此日月之象。馬匹亡者，震爲馬，馬之象也。此爻變，中爻成離牛，不成震馬矣，馬匹亡之象也。匹者，配也，指初九也。曰亡者，不與之交而絶其類也。无咎者，心事光明也。○六四當中孚之時，近君之位，柔順得正，而中孚之實德，惟精白以事君，不係戀其黨與者也，故有「月幾望，馬匹亡」之象，占者能是則无咎矣。

《象》曰：「馬匹亡，絶類上也。」

絶其類應，而上從五也。

九五，有孚，攣如，无咎。

攣如，即鶴鳴子和、我爵爾靡也。靡字與攣字，皆有固結而不可解之意。靡者，繫戀也。攣者，相連也。如合九二共成一體，包二陰以成中孚，故有此象。若以人事論，乃委用專而信任篤，虞庭之賡歌，有商之一德是也〔一〕。无咎者，上下交而德業成也。○九五居尊位，爲中孚之主，剛健中正，有中孚之實德，而下應九二，與之同德相信，故其象占如此。

象曰：「有孚攣如，位正當也。」

與履不同，履周公爻辭乃「貞厲」，此則「无咎」。

上九，翰音登于天，貞凶。

禮記「雞曰翰音」，而此亦曰「翰音」者，以巽爲雞也。因錯小過「飛鳥遺之音」，故九二曰「鶴鳴」，而此曰「翰音」也。雞信物，天將明則鳴，有中孚之意。巽爲高，登天之象也；又居天位，亦登天之象也。禮記注：「翰，長也。」雞肥則音長。考諸韻，無長字之義。蓋翰，羽也。雞鳴則振拍其羽，故曰「翰音」，則「翰音」即「雞鳴」二字也〔二〕。登者，升也。言雞鳴之聲登聞于天也。雞鳴本信，但鳴未幾而天明，不能信之長久。巽進退不果，不長久之象也〔三〕。九二上孚于五，在陰而子和；上九不下孚于三，翰音反登天，其道蓋相反矣。貞者信，本正理也。○上九居中孚之極，極則中孚變矣。蓋聲聞過情，不能長久于中孚者也，故有此象。占者得此，貞亦凶矣。

〔一〕自「若以」至此，朝爽堂本無。
〔二〕自「禮記注」至此，朝爽堂本無。
〔三〕自「雞鳴本信」至此，朝爽堂本無。

象曰：「翰音登于天，何可長也？」

言不能鳴之長登于天，不過天將明一時而已。

☳☶艮下震上

小謂陰也。爲卦四陰二陽，陰多于陽，小者過也，故曰小過。序卦：「有其信者必行之，故受之以小過。」所以次中孚。

小過，亨，利貞，可小事，不可大事。飛鳥遺之音，不宜上宜下，大吉。

小過錯中孚，象離，離爲雉，乃飛鳥也。既錯，變爲小過，則象坎矣。見坎不見離，則鳥已飛過，微有遺音也。易經錯綜之妙至此。若以卦體論，二陽象鳥身，上下四陰象鳥翼。中爻兑爲口舌，遺音之象也。遺音人得而聽之，則鳥低飛在下不在上，與上六「飛鳥離之」者不同矣。大過曰「棟橈〔一〕」，棟，重物也，故曰「大過」。飛鳥，輕物，而又曰「遺音」，故曰「小過」。不宜上宜下，又就小事言也，如坤之居後不居先是也。上經終之以坎離，坎離之上，頤與大過，頤有離象，大過有坎象，方繼之以坎離。下經終之以既濟、未濟，既濟、未濟之上，中孚與小過，中孚有離象，小過有坎象，方繼之既濟、未濟。文王

〔一〕「棟橈」，原倒，今據寶廉堂本乙正。

之序卦精矣。○陰柔于人無所逆，于事無所拂，故亨，然利于正也。蓋大過則以大者爲貞，小過則以小者爲貞，故可小事不可大事。然卦體有飛鳥遺音，其過如是其小之象。故雖小事，亦宜收斂謙退居下，方得大吉。惟小事而又居下，斯得時宜而貞矣。可小事不可大事者，當小過之時；宜下不宜上者，行小過之事。

彖曰：「小過，小者過而亨也。過以利貞，與時行也。柔得中，是以小事吉也。剛失位而不中，是以不可大事也。有飛鳥之象焉，飛鳥遺之音。不宜上，宜下，大吉，上逆而下順也。」

以卦體、卦象釋卦名、卦辭。陽大陰小，本卦四陰二陽，是小者過也。此原立卦名之義。過而亨者，言當小過之時，不容不小過，不小過則不能順時，豈得亨？惟小者過，所以亨也。時者，理之當可也。時當小過而小過，非有意必之私也，時之宜也〔一〕，乃所謂正也。亦如當大過之時，理在于大過〔二〕，不得不大過，則以大過爲正〔三〕也。故「過以利貞者，與時行也」。以二五言，柔順得中，則處一身之小事，能與時行矣，所以小事吉；以三四言，凡天下之大事，必剛健中正之君子方可爲之，今失位不中，

〔一〕「非有意必之私也，時之宜也」十一字，朝爽堂本無。
〔二〕「理在于大過」五字，朝爽堂本無。
〔三〕「則以大過爲正」六字，朝爽堂本無。

則陽剛不得志矣，所以不可大事。卦體内實外虚，有飛鳥之象焉，故卦辭曰「飛鳥遺之音」。不宜上者，上卦乘陽，且四五失位，逆也。「宜下，大吉」者，下卦承陽，且二三得正，順也。惟上逆而下順，所以雖小事亦宜下也，無非與時行之意。

象曰：「山上有雷，小過，君子以行過乎恭，喪過乎哀，用過乎儉。」行，下孟反。

山上有雷，其聲漸遠，故爲小過。當小過之時，可小者過而不可大者過，可以小過而不可甚過。三者之過，皆小者之過，小過之善者也〔一〕。蓋當小過之時，不容不過，行不過乎恭則傲，過甚則足恭；喪不過乎哀則易，過甚則滅性；用不過乎儉則奢，過甚則廢禮，惟過恭、過哀、過儉，則與時行矣。

初六，飛鳥以凶。

因本卦有飛鳥之象，故就飛鳥言之。飛鳥在兩翼，而初六、上六又翼之鋭者也，故初與上皆言飛、言凶。以者，因也，因飛而致凶也。○居小過之時，宜下不宜上，初六陰柔不正，而上從九四陽剛之動，故有飛鳥之象，蓋惟知飛于上而不知其下者也，凶可知矣，故占者凶。

象曰：「飛鳥以凶，不可如何也。」

不可如何，莫能解救之意。

〔一〕「當小過之時」至此，朝爽堂本無。

六二，過其祖，遇其妣，不及其君，遇其臣，无咎。

「遇」字，詳見噬嗑六三。陽爲父，陰爲母，祖妣之象。震艮皆一君二民，君臣之象。三四陽爻，皆居二之上，有祖象，有君象。初在下，有妣象，有臣象。陰四故曰過，陽二故曰不及。本卦初之與四，上之與三，皆陰陽相應，陰多陽少，又陽失位，似陰有抗陽之意，故二陽爻皆言「弗過」。此爻不應乎陽，惟與初之陰相遇，故曰遇妣、遇臣也。觀九四遇五曰「遇」，上六隔五曰「弗遇」，可見矣。蓋遇者，非正應而卒然相逢之辭。言以陰論，四陰二陽，若孫過其祖矣，然所遇者乃妣也，非遇而抗乎祖也；以陽論，二陽四陰，若不及在君，過在臣矣，然所遇者乃臣也，非過而抗乎君也。若初之于四，上之于三，則祖孫君臣相爲應與，對敵而抗矣，所以初與上皆凶。此爻因柔順中正，所以過而不過。○本卦陰過乎陽，陰陽不可相應，六爻以陽應陰者皆曰「弗過」，以陰應陽者則曰「過之」。六二柔順中正，以陰遇陰，不抗乎陽，是當過而不過，无咎之道也，故其象占如此。

象曰：「不及其君，臣不可過也。」

臣不可過乎君，故陰多陽少，不可相應。

九三，弗過，句。防之，從或戕之，凶。

弗過者，陽不能過乎陰也，兩字絶句。本卦陰過乎陽，故二陽皆稱「弗過」。防之者，當備懼防乎其陰也。從者，從乎其陰也。何以衆陰欲害九三？蓋九三剛正，邪正不兩立，況陰多乎陽？○九三當小過之時，陽不能過陰，故言「弗過」。然陽剛居正，乃羣陰之所欲害者，故當防之。若不防之而反從之，則彼必戕害乎我而凶矣，故戒占者如此。

象曰：「從或戕之，凶如何也？」

如何者，言其凶之甚也〔一〕。

九四，无咎，弗過。句。遇之，往厲必戒，勿用永貞。

九四與九三不同，九三位當，九四位不當，故言「咎」。弗過者，弗過乎陰也。遇之者，反遇乎陰也。三之陰在下，其性止，故惟當防。四之陰在上，陽性上行，且其性動，與之相比，故遇也。往者，往從乎陰也。永貞者，貞實之心長相從也。○九四以剛居柔，若有咎矣，然當小過之時，剛而又柔，正〔二〕即所謂小過也，故无咎。若其陽弗過乎陰，亦如其二〔三〕，但四弗過乎陰，而反遇乎陰，不當往從之。若往從乎彼，與之相隨，則必危厲，所當深戒。況相從而與之長永貞固乎？故又戒占者如此。

象曰：「弗過遇之，位不當也。往厲必戒，終不可長也。」

位不當者，剛居柔位。終不可長者，終不可相隨而長久也。所以有「往厲勿用」之戒。舊注因不知三

〔一〕此下，朝爽堂本有「○而豈不可防陰乎」。

〔二〕「正」，朝爽堂本作「止」，則從上讀。

〔三〕「其二」，朝爽堂本作「六二」，史本作「其三」。

爻、四爻「弗過」二字絶句，所以失旨。

六五，密雲不雨，自我西郊。公弋，取彼在穴。

本卦大象坎，雲之象也。中爻兑，雨之象也。又兑西巽東，自西向東之象也。以絲繫矢而射曰弋。坎爲弓，弋之象也。又巽爲繩，亦弋之象也。坎爲隱伏，又坎出自穴，入于穴，皆穴之象也。鳥之巢穴多在高處，今至五則已高而在上矣，故不言飛而言穴。本卦以飛鳥遺音象卦體，今五變成兑不成震，鳥不動，在于穴之象也。公者，陽失位在四，五居四之上，故得稱公也。取彼者，取彼鳥也。鳥既在穴，則有遮避，弋豈能取之？雲自西而東者，不能成其雨；弋取彼在穴者，不能取其鳥，皆不能小過者也。蓋雨之事，大則雷雨，小則微雨；射之事，大則狩，小則弋。如有微雨，是雨之小過矣；能取在穴，是弋之小過矣。今不雨、不能取，是不能小過也。小畜以小畜大，小過以小過大，畜與過皆陰之得志也，故周公小過之爻辭同文王小畜之卦辭。○本卦「宜下不宜上」，至外卦則上矣。五以柔居尊而不正，不能成小過之事，故有此象，占者亦如是〔一〕也。

象曰：「密雲不雨，已上也。」

本卦上逆下順，宜下不宜上，今已高在上矣，故曰「已上也」。

〔一〕「有此象，占者亦如是」八字，朝爽堂本無。

上六，弗遇，句。過之。飛鳥離之，凶，是謂災眚。

此爻正與四爻相反。四曰「弗過，遇之」者，言陽不能過乎陰，而與五相比，是弗過乎陰而適遇乎陰也。此曰「弗遇，過之」者，言上六隔五，不能遇乎陽而居于上位，反過乎陽也。因相反，所以曰「弗過，遇之」，曰「弗遇，過之」，顛倒其辭者以此。離之者，高飛遠舉，不能聞其音聲〔一〕，正與「飛鳥遺之音」相反。凡陰多與陽者，聖人皆曰有災眚，故復卦上六亦言之。○六以陰居動體之上，處小過之極，蓋過之高而亢者也。陰過如此，非陰之福也，天災人眚薦至，凶孰甚焉？故其象占如此。

象曰：「弗遇，過之，已亢也。」

亢則更在上矣。

䷾〔二〕離下坎上

既濟者，事之已成也。爲卦水火相交，各得其用；又六爻之位，各得其位，故爲既濟。序卦：「有過物者必濟，故受之以既濟。」所以次小過。

〔一〕「聲」，朝爽堂本作「意」，則從下讀。

〔二〕「䷾」原作「䷿」，今據諸本改。

既濟，亨小，利貞。初吉終亂。

亨小者，言不如方濟之時亨通之盛大也。譬如日之既昃，不如日中之盛，所以亨小，而不能大也。利貞者，即泰之「艱貞」也。日中則昃，月盈則食，無平不陂，無往不復，一治一亂，乃理數之常。方濟之時，人心儆戒，固無不吉矣。及既濟之後，人心恃其既濟，般樂怠敖，未有不亂者。此雖氣數之使然，亦人事之必然也，故利于貞。

彖曰：「既濟亨小者，句。亨也。利貞，剛柔正而位當也。初吉，柔得中也。終止則亂，其道窮也。」

釋卦名、亨小義，又以卦體釋卦辭。言「既濟亨小」者，非不亨也，正當亨通之時也。但濟曰既，則亨小，不如方濟之時亨通之盛大矣，故曰「既濟亨小者，亨也」，非不亨也，特小耳。小字生于既字。初、三、五陽居陽位，二、四、六陰居陰位，剛柔正而位當也。剛柔正，即是位當，有貞之義，故曰利貞。初指六二，二居内卦，方濟之初，而能柔順得中，則思患深而豫防密，所以吉也。終止則亂者，人之常情，處平常無事之時，則止心生，止則心有所怠而不復進，亂之所由起也；處艱難多事之時，則戒心生，戒則心有所畏而不敢肆，此治之所由興也。可見非終之爲亂也，於其終而有止心，此亂之所由生也。不止，亂安從生〔一〕？文

〔一〕「可見」至此，朝爽堂本無。

王曰「終亂」，孔子曰「終止則亂」，聖人贊易之旨深矣。其道窮者，以人事言之，怠勝敬則凶，此人道以理而窮也[一]。以天運言之，盛極則必衰，此天道以數而窮也。以卦體言之，水在上終必潤下，火在下終必炎上，此卦體以勢而窮也。今當既濟之後，止心既生，豈不終亂？故曰「其道窮」。

象曰：「水在火上，既濟，君子以思患而豫防之。」

患者，蹇難之事，象坎險。防者，見幾之事，象離明。思以心言，豫以事言。思患者，慮乎其後。豫防者，圖之于先。能如此，則未雨而徹桑土，未火而徙積薪。天下之事，莫不皆然，非但既濟當如此也。

初九，曳其輪，濡其尾，无咎。

坎爲輪，爲狐，爲曳輪，狐曳之象也。初在狐之後，尾象；在水之下，濡象。若專以初論，輪在下，尾在後，皆初之象。濡其尾者，垂其尾于後而霑濡其水也。輿賴輪以行，曳其輪則不前；獸必揭其尾而後涉，濡其尾則不濟，皆不輕舉妄動之象也。无咎者，能保其既濟也。○初[二]九當既濟之時，尚在既濟之初，可以謹戒而守成者，然初剛得其正，不輕于動，故有曳輪、濡尾之象。以此守成，无咎之道，故其象占如此。

[一]「此人道以理而窮也」，朝爽堂本作「此人道之理窮也」。下「此天道以數而窮也」作「此天道之數窮也」，「此卦體以勢而窮也」作「此卦體之勢窮也」。

[二]「初」，原脱，今據朝爽堂本補。

象曰：「曳其輪，義无咎也。」

以此守成，理當无咎。

六二，婦喪其茀[一]，勿逐，七日得。

二[二]乃陰爻，離爲中女，婦之象也；又應爻中男，乃五之婦也。茀者，車後茀也，即今舟中[三]蓬之類，所以從竹[四]。坎爲輿，離中虛，茀之象也。近日書房皆寫茀，茀者，草多也，去茀遠矣[五]。坎爲盜，離持[六]戈兵，喪茀之象也。此與屯卦六二相同，屯乘剛，故「邅如班如」；此則乘、承皆剛，故「喪其茀」矣。婦人喪其茀，則無遮蔽，不能行矣。變乾居一，前坎居六，離爲日，七日之象也。勿逐自得者，六二中正，久則妄求去，正應合，所以勿逐自得也。又詳見睽卦初九。若以理數論，陰陽極于六，七則變矣，時變則自得，蓋變則通之意。○二以中正之德而上應中正之君，本五之婦也，但乘、承皆剛，與五不得相合，故有「婦喪茀，不能行」之象。然上下中正，豈有不得相合之理？但俟其時耳。故

〔一〕「茀」，朝爽堂本作「茀」。下同，不再出校。

〔二〕「二」上，朝爽堂本有「茀音拂，草盛蔽道也。又婦人車旁設蔽，以防禦風塵者。詩『翟茀以朝』○」。

〔三〕「中」，朝爽堂本作「車」。

〔四〕「竹」，朝爽堂本作「草」。

〔五〕自「近日」至此，朝爽堂本無。

〔六〕「持」，朝爽堂本作「爲」。

又戒占者勿可追逐，宜令其自得也，又有此象。

象曰：「七日得，以中道也。」

中道者，居下卦之中。此六二之德也。濟世之具在我，故不求自得。

九三，高宗伐鬼方，三年克之，小人勿用。

離爲戈兵，變爻爲震，戈兵震動，伐國之象也。鬼方者，北方國也，夏曰獯鬻，商曰鬼方，周曰玁狁，漢曰匈奴，魏曰突厥〔一〕。三與上六爲應，坎居北，故曰鬼方。坎爲隱伏，鬼之象也。變坤，中爻爲方〔二〕，方之象也，周公非空取「鬼方」二字也。離居三，三年之象也。既變坤〔三〕，陽大陰小，小之象也。三居人位，小人之象也。變坤〔四〕，中爻成艮止，勿用之象也。周公爻、象一字不空，此所以爲聖人之筆也。○既濟之時，天下無事矣，三以剛居剛，故有伐國之象。然險陷在前，難以驟克，故又有三年方克之象。夫以高宗之賢，其用兵之難如此，而況既濟無事之世，任用小人，捨内治而幸邊功，未免窮兵厲民矣，故既言用兵之難，不可輕動，而又言任人不可不審也。教占者處既濟之時當如此，戒之

〔一〕「突厥」，疑當作「鮮卑」。以上「獯鬻」、「玁狁」、「匈奴」、「突厥」，寶廉堂、四庫本均作「□□」。
〔二〕「變坤，中爻爲方」，朝爽堂本作「三變，中爻爲坤」。
〔三〕「既變坤」，朝爽堂本作「三變陰」。
〔四〕「變坤」，朝爽堂本作「既變」。

深矣。

象曰：「三年克之，憊也。」憊，蒲敗反。

憊者，病也。時久師老，財匱力困〔一〕也。甚言兵不可輕用。

六四，繻有，句。衣袽，終日戒。

細密之羅曰繻〔二〕。凡帛皆可言，故過關之帛曰〔三〕繻。袽者，敝衣也。四變，中爻爲乾，衣之象也。錯坤爲帛，繻之象也。又成兑爲毁折，敝衣之象也。成〔四〕卦爲既濟，本爻又得位，猶人服飾之盛也。濟道將革，不敢恃〔五〕其服飾之盛，雖有繻，不衣之，而乃衣其敝衣也。終日，盡日也。居離日之上，離日已盡之象也。戒者，戒懼不安也。四多懼，戒之象也。衣袽以在外言，終日戒以心言。○六四當出離入坎之時，陰柔得正，知濟道將革，坎陷臨前，有所疑懼，故有有繻不衣，乃衣其袽，終日戒懼之象。占者必如是，方可保既濟也。

〔一〕「困」，朝爽堂本作「乏」。

〔二〕此句，朝爽堂本作「繻音如，舊注曰濡也。袽音茹，絮緼，所以塞舟也。○」。

〔三〕以上六字，朝爽堂本無。

〔四〕「成」，史本作「此」，朝爽堂本作「本」。

〔五〕「恃」，原作「特」，今據諸本改。

象曰：「終日戒，有所疑也。」

疑者，疑禍患之將至也。

九五，東鄰殺牛，不如西鄰之禴祭，實受其福。

鄰者，文王圓圖離居正南，坎居正北，震居正東，兑居正西，則東西者乃水火之鄰也，故有東西之象。觀震卦上六變離，爻辭曰「不于其躬，于其鄰」，則震兑又以南北爲鄰矣。殺牛不如禴祭者，言當既濟之終，不當侈盛，當損約也。五變坤，牛之象。離爲戈兵，坎爲血，見戈兵而流血，殺之象。禴，夏祭。離爲夏，禴之象。坎爲隱伏，人鬼之象；又爲有孚，誠心祭人鬼之象。殺牛盛祭，禴薄祭。實受其福者，陽實陰虛，陽大陰小。小象曰「吉大來也」，大字即實字，吉字即福字，大與實皆指五也。言如此損約，則五吉而受其福矣。泰入否，聖人曰「勿恤其孚，于食有福」；既濟將終，聖人曰「不如禴祭，實受其福」，聖人之情見矣。六四不衣美衣而衣惡衣，九五不尚盛祭而尚薄祭，皆善於〔一〕處終亂者也。○五居尊位，當既濟之終，正終亂之時也，故聖人戒占者曰濟將終矣，與其侈盛，不如艱難菲薄，以亨〔二〕既濟之福。若〔三〕侈

〔一〕「於」，原作「與」，今據史本、朝爽堂本改。

〔二〕「亨」，朝爽堂本作「享」。

〔三〕「若」字，朝爽堂本無。

盛，則止而亂矣。故其戒[一]之之象如此。

象曰：「東鄰殺牛，不如西鄰之時也。實受其福，吉大來也。」

「之」當作「知」，因與[二]音同，寫時之誤。時，即「二簋應有時」之「時」。言東鄰殺牛，不如西鄰知時也。蓋濟道終亂之時，此何時哉？能知其時，艱難菲薄以處之，則自有以享其既濟之福矣。吉大來者，言吉來于大也。來字，與益卦「自外來也」「來」字同。

上六，濡其首，厲。

初九，卦之始，故言濡尾者，心有所畏懼，而不敢遽涉也。上六，卦之終，故言濡首者，志已盈滿，而惟知其涉也。大過上六，澤水之深矣，故「滅頂」。既濟上六，坎水之深矣，故「濡首」。○既濟之極，正終亂之時也，故有狐涉水而濡首之象。既濡其首，已溺其身，占者如是，危可知矣。

象曰：「濡其首，厲，何可久也？」

言必死亡。

[一]「戒」，朝爽堂本作「占」。

[二]「與」字，史本、朝爽堂本無。

䷿坎下離上

未濟，事未成之時也。水火不交，不相爲用，其六爻皆失其位，故爲未濟。序卦：「物不可窮也，故受之以未濟終焉。」所以次既濟。

未濟，亨，小狐汔濟，濡其尾，无攸利。

亨者，言時至則濟矣，特俟其時耳，故亨也。坎爲狐，坎〔一〕居下卦，故曰「小狐」。坎爲水，爲隱伏，穴處而隱伏，往來于水間者，狐也；又爲心病，故多狐疑。既濟、未濟二卦皆以狐言〔二〕者此也。水涸曰汔，此指濟渡水邊水淺處言也。濡其尾者，言至中間深處，即濡其尾而不能涉矣，此未濟之象也。无攸利，戒占者之辭。○言未濟終于必濟，故亨。然豈輕于濟而得亨哉？如小狐不量水中之淺深，見水邊之淺涸，果于必濟，及濟于水之中，乃濡其尾而不能濟矣。如此求濟，豈得濟哉？占者无攸利可知矣。故必識淺深之宜，持敬畏之心，方可濟而亨也。

彖曰：「未濟，亨，柔得中也。小狐汔濟，未出中也。濡其尾，无攸利，不續終也。雖

〔一〕「坎」，朝爽堂本作「以」。
〔二〕「言」，原作「吉」，今據諸本改。

不當位，剛柔應也。」

釋卦辭。柔得中，指六五陰居陽位得中，則既不柔弱無爲，又不剛猛僨事，未濟終于必濟，所以亨。前卦既濟之初吉者，已然之亨也，柔中之善于守成者也。此卦未濟之亨者，未然之吉也，柔中之善于撥亂者也。未出中者，未出險中也。言止于水邊涸處，濟之而未能出其險陷之中也。濟而得濟謂之終，今未出中，則始雖濟而終不能濟，是不能繼續而成其終矣。然豈終于不濟哉？蓋六爻雖失位，故爲未濟，然剛柔相應，終有協力出險之功，是未濟終于必濟，此其所以亨也。

《象》曰：「火在水上，未濟，君子以慎辨物居方。」

火炎上，水潤下，物不同也。火居南，水居北，方不同也。君子以之慎辨物，使物以羣分；慎居方，使方以類聚，則分定不亂，陽居陽位，陰居陰位，未濟而成既濟矣〔一〕。

初六，濡其尾，吝。

獸之濟水，必揭其尾，尾濡則不能濟。濡其尾者，言不能濟也。○初六才柔，又無其位，當未濟之時，乃不量其才力，而冒險以進，不能濟矣，吝之道也，故其象占如此。

《象》曰：「濡其尾，亦不知極也。」

〔一〕此下，朝爽堂本有「○君子、小人皆當位，正未濟求濟，要用不當位，則小狐濡尾矣」。

極者[一]，終也。即象辭「濡其尾，无攸利，不續終也」。言不量其才力而進，以至濡其尾，亦不知其終之不濟者也。

九二，曳其輪，貞吉。

坎爲輪，曳其輪者，不遽然而進也。凡濟渡，必識其才力，量其淺深，不遽于進，方可得濟。不然，必濡其尾矣。貞者，得濟之正道也。吉者，終得以濟也。〇二以陽剛之才，當未濟之時，居柔得中，能自止而不輕于進，故有曳其輪之象。占者如是，正而吉矣。

象曰：「九二貞吉，中以行正也。」

九居二，本非其正，以中故得正也。

六三，未濟，征凶，利涉大川。

未濟者，言出坎險，可以濟矣，然猶未濟也，故曰未濟。利涉大川者，正卦爲坎，變卦爲巽，木在水上，乘木有功，故利涉大川。征者，行也。初濡其尾，行而未濟也。二曳其輪，不行也。坎[二]至于三，則坎之極，水益深矣，故必賴木以渡之，方可濟也。若不賴木而直行，則濡其尾而凶矣。〇陰柔不中正，

〔一〕「極者」上，朝爽堂本有「此小狐汔濟也」六字。
〔二〕「坎」，朝爽堂本作「故」。

當未濟之時，病于才德之不足，故征凶。然未濟有可濟之道，險終有出險之理，幸而上有陽剛之應，若能涉險而往，賴之則濟矣。故占者利于賴木以涉大川。利涉大川，又占中賴陽剛之象也。

象曰：「未濟，征凶，位不當也。」

以柔居剛。

九四，貞吉，悔亡。震用伐鬼方，三年有賞于大國。

震者，懼也。四多懼，四變中爻爲震，故以震言之。伐鬼方三年，詳見既濟。大國對鬼方而言，則伐之者爲大國，鬼方爲小國也。有賞于大國者，三年鬼方自順服，故大國賞之，惟其有賞，故不言克之也。既濟言克之者，鬼方在上，仰關而攻，克之甚難，且水乃尅火之物，火又在下，所以三年方克。小象曰「憊」者，此也。此則鬼方在下，易于爲力，故自屈服。曰有賞者，如上之賞下也。未濟與既濟相綜，未濟九四即既濟九三，故爻辭同。亦如損、益相綜，損之六五即益之六二；夬、姤相綜，夬之九四即姤之九三，所以爻辭皆同也。綜卦之妙至此。○以九居四，不正而有悔也。能勉而貞，則吉而悔亡矣。然以不貞之資，非臨事而懼，何以能濟天下之事哉？故必憂惕敬懼之久〔一〕，則其志可行，而有以賞其心〔二〕志矣？故占者又有「震用伐鬼方，三年有賞于大國」之象。

〔一〕「之久」，朝爽堂本作「而震」。
〔二〕「心」字，朝爽堂本無。

象曰：「貞吉，悔亡，志行也。」

志行者，已出其險，濟之之志行也。履之九四、否之九四、睽之九四皆言「志行」，以「四多懼」故也。

六五，貞吉，无悔，君子之光，有孚，吉。

貞非戒辭，乃六五之所自有。无悔與悔亡不同，无悔者，自无悔也。悔亡者，有悔而亡也。未濟漸濟，故雖六五之陰而亦有暉光；既濟漸不濟，故雖九五之陽而必欲如「西鄰之禴祭」，凡天地間造化之事[一]，富貴功名類皆如此。〇六五爲文明之主，居中應剛，虛心以求九二之共濟，貞吉无悔矣。故本之于身，則光輝發越；徵之于人，則誠意相孚，吉不必言矣。占者有是德，方應是占也。文明即「君子之光」，中虛即「有孚」。

象曰：「君子之光，其暉吉也。」

日光曰暉，言如日光之盛。蓋六五承乘應皆陽剛君子，相助爲明，故其暉吉。

上九，有孚于飲酒，无咎。濡其首，有孚，失是。

六爻皆有酒象。易中凡言「酒」者，皆坎也。上二[二]爻離錯坎，亦酒也。「是」字即「无咎」二字。「濡

[一]「間」、「之事」三字，朝爽堂本無。

[二]「二」，史本、朝爽堂本作「三」。

其首」者，三〔一〕也。坎水至三，坎水極深矣，故涉之者濡其首。既濟之上六即未濟之六三也。既濟言「濡其首」，故上九與六三爲正應，即以「濡其首」言之。○六五爲未濟之主，資九二之剛中，三涉川，四伐國，至于六五，光輝發越，已成克濟之功矣。上九負剛明之才，又無其位，果何所事哉？惟有孚于五，飲酒宴樂而已。此則近君子之光，所有孚者是矣，无咎之道也。若以濡其首之三爲我之正應，乃有孚于二〔二〕，與之飲酒，則墜落于坎陷之中，與三同濡其首，所有孚飲酒者不是矣，安得无咎哉？故曰「有孚，失是」。教占者必如此。

象曰：「飲酒濡首，亦不知節也。」

節者，事之界也。「濡首」，同于六三，亦不知三在坎險之界，而自罹其咎矣〔三〕。

〔一〕「三」，原作「二」，今據史本、朝爽堂本、寶廉堂本改。

〔二〕「二」，朝爽堂本作「三」。

〔三〕此條注釋，原闕，今據朝爽堂本、寶廉堂本補。

周易集注卷之十三

梁山來知德集注

繫辭上傳

天尊地卑，乾坤定矣；卑高以陳，貴賤位矣；動静有常，剛柔斷矣；方以類聚，物以羣分，吉凶生矣；在天成象，在地成形，變化見矣。

天地者，陰陽形氣之實體也。乾坤者，易中純陰純陽之卦名也。卑高者，天地萬物上下之位。貴賤者，易中卦爻上下之位也。動者陽之常，静者陰之常。以天地論，天動地静；以萬物論，男外而動，女内而静，雄鳴而動，雌伏而静也。剛柔者，易中卦爻陰陽之稱也。斷，判斷，乃自然分判，非由人也。方者，東南西北之四方也。方以類聚者，以中國〔一〕言之，冀州之類與冀州相聚、荆州之類與荆州相聚是也；以外夷〔二〕言

〔一〕「中國」，寶廉堂本、四庫本作「天下」。
〔二〕「外夷」，寶廉堂本、四庫本作「職方」。

之，南倭〔一〕之類與南倭相聚、北虜之類與北虜相聚是也〔二〕。物者，萬物也。羣分者，角之羣分别于毛，毛之羣分别于羽，羽之羣分别于裸是也〔三〕。吉凶即善惡。以方言之〔四〕，中國四夷〔五〕有内華外夷〔六〕之善惡，中國〔七〕九州有君子小人之善惡。以物言之，牛馬則善，虎狼則惡〔八〕。此皆陰陽淑慝之分也，故吉凶生矣。吉凶者，易中卦爻占決之辭也。此皆聖人仰觀俯察，列于兩間之表表〔九〕可見者，故以一尊一卑、一卑一高、一動一静、一類一羣、一形一象言之〔一〇〕。前儒以方謂事情所向，恐不然矣〔一一〕。象者，日月星辰之屬。形者，山川動植之屬。兩間形象，其中有往有來，有隱有見，有榮有枯，

〔一〕「南倭」「北虜」，寶廉堂本、四庫本作「南方」「北方」，下同。
〔二〕自「方以類聚者」至此，朝爽堂本作「類聚者，中國、外夷各相聚是也」。
〔三〕自「角之」至此，朝爽堂本作「羽毛麟介各分别是也」。
〔四〕此四字，朝爽堂本無。
〔五〕「中國四夷」，寶廉堂本、四庫本作「中土四邊」，朝爽堂本作「地」。
〔六〕「内華外夷」，寶廉堂本、四庫本作「腹裏邊方」。
〔七〕「中國」，寶廉堂本、四庫本作「天下」。「中國九州」，朝爽堂本作「人」。
〔八〕「以物言之，牛馬則善，虎狼則惡」，朝爽堂本作「物有牛馬虎狼之善惡」。
〔九〕「表表」，朝爽堂本無。
〔一〇〕以上十「一」字，朝爽堂本無。
〔一一〕「前儒以方謂事情所向，恐不然矣」，朝爽堂本無。

有生有死，千變萬化。易中變化，則陰之極者變乎陽，陽之極者化乎陰〔一〕也。○此一條言天地萬物一對一待，易之象也。蓋未畫易之前，一部易經已列于兩間。故天尊地卑，未有易卦之乾坤，而乾坤已定矣。卑高以陳，未有易卦之貴賤，而貴賤已位矣。動静有常，未有易卦之剛柔，而剛柔已斷矣。方以類聚，物以羣分，未有易卦之吉凶，而吉凶已生矣。在天成象，在地成形，未有易卦之變化，而變化已見矣。聖人之易，不過模寫其象數而已，非有心安排也。孔子因伏羲圓圖陰陽一對一待，陰錯乎陽，陽錯乎陰，所以發此條。

是故剛柔相摩，八卦相蕩，鼓之以雷霆，潤之以風雨；日月運行，一寒一暑；乾道成男，坤道成女；乾知大始，坤作成物。

八卦以天、地、水、火、山、澤、雷、風八卦之象言，非乾、坎、艮、震、巽、離、坤、兑也。若舊注以兩相摩而爲四，四相摩而爲八，則將下文日月、男女説不通矣。八卦者，剛柔之體。剛柔者，八卦之性。總則剛柔，分則八卦。摩蕩者，兩儀配對，氣通乎間，交感相摩蕩也。惟兩間之氣交感摩蕩，而後生育不窮，得陽氣之健者爲男，得陰氣之順者爲女。然成男雖屬乾道，而男女所受之氣皆乾以始之；成女雖屬坤道，而男女所生之形皆坤以成之。分之則乾男而坤女，合之則乾始而坤終〔二〕。此造化一氣流行之

〔一〕「陰之極者變乎陽，陽之極者化乎陰」，朝爽堂本作「陰極變陽，陽極化陰」。

〔二〕自「然成」至此，朝爽堂本作「然成男雖屬乾道，成女雖屬坤道，合之則乾始而坤終」。

妙，兩在〔一〕不可測者也。知者，知此事也；作者，能此事也。蓋未成之物，無所造作，故言知。已成之物，曾經長養，故言作。言乾惟知始物，別無所能〔二〕；坤惟能成物，別無所能，此所以易簡也。凡人之知，屬氣屬魂；凡人之能，屬形屬魄。故乾以知言，坤以能言也。大者，完全之意。譬之生人，止天一生水也。而二之火爲心，三之木〔三〕爲肝，四之金爲肺，五之土爲脾，一身之骸骨臟腑皆完全備具矣。蓋不惟始而大始也。○此一條言天地陰陽之流行，一施一受，易之氣也。言天地萬物惟有此對待，故剛柔八卦相爲摩蕩，于是鼓雷霆，潤風雨，日月寒暑，運行往來，形交氣感，男女于是乎生矣。故乾所知者惟始物，坤所能者惟成物。無乾之施，則不能成坤之終；無坤之受，則不能成乾之始。惟知以施之，能以受之，所以生育不窮。孔子因文王圓圖「帝出乎震，成言乎艮」，又文王序卦陰綜乎陽，陽綜乎陰，所以發此條。

乾以易知，坤以簡能。易則易知，簡則易從。易知則有親，易從則有功。有親則可久，有功則可大。可久則賢人之德，可大則賢人之業。易簡而天下之理得矣。天下之理得，而成位乎中矣。

〔一〕「在」，朝爽堂本作「俱」。
〔二〕此及下「別無所能」，朝爽堂本無。
〔三〕「木」，原作「水」，今據諸本改。

易知者，一氣所到，生物更無疑滯。此則造化之良知，無一毫之私者也，故知之易。簡能者，乃順承天，不自作爲。此則造化之良能，無一毫之私者也，故能之簡。蓋乾始坤成者，乃天地之職司也。使爲乾者用力之難，爲坤者用力之煩，則天地亦勞矣。惟易乃造化之良知，故始物不難；惟簡乃造化之良能，故成物不煩也。人受天地之中以生，其性分之天理，爲我良知良能者，本與天同其易，而乃險不可知；本與地同其簡，而乃阻不可從者，以其累于人欲之私耳，故「易則易知，簡則易從」。易知者，我易知乎？此無私之理也。易從者，我易從乎？此無私之理也。非人知人從也〔一〕。下「易」字，「難易」之「易」。○此一條言人成位乎中也。言乾惟知大始，是乾以易知矣；坤惟能成物，是坤以簡能矣。人之所知，如乾之易，則所知者，皆性分之所固有，而無一毫人欲之艱深，豈不易知？人之所能，如坤之簡，則所能者，皆職分之所當爲，而無一毫人欲之紛擾，豈不易從？易知則此理之具于吾心者，常洽浹親就，不相支離疏隔，故有親；易從則此理之踐于吾身者，常日積月累，無有作輟怠荒，故有功。有親則日新不已，是以可久；有功則富有盛大，是以可大。可久，則賢人之德與天同其悠久矣。可大，則賢人之業與地同其博大矣。夫以易簡而天下之理得，成賢人之德業，則是天有是易，吾之心亦有是易；地有是簡，吾之身亦有是簡，與天地參而爲三矣。易中三才成其六位者此也。理得成位，即「致中和，天地位，萬物育」之意。賢人即聖人，與天地並而爲三，非聖人而何？

〔一〕自「易知者」至此，朝爽堂本作「易知、易從皆我，非人知人從也」。

右第一章。此章「天尊地卑」一條，言天地對待之體。「剛柔相摩」一條，言天地流行之用。「乾以易知」一條，則言人成位乎天地之中。成位乎中，則天地之體用模寫于易者，神而明之，皆存乎其人矣。此三條，孔子原易之所由作，通未説到易上去。至第二章「設卦觀象」方言易。

聖人設卦觀象，繫辭焉而明吉凶，剛柔相推而生變化。

設卦者，文王周公將伏羲圓圖六十四卦陳列也。象者物之似，總之有一卦之象，析之有六爻之象。觀此象而繫之以辭，以明一卦一爻之吉凶。剛柔相推者，卦爻陰陽，迭相爲推也。柔不一于柔，柔有時而窮，則自陰以推于陽，而變生矣；剛不一于剛，剛有時而窮，則自陽以推于陰，而化生矣。如乾之初九交于坤之初六則爲震，坤之初六交于乾之初九則爲巽，此類是也。又如夬極而乾矣，反下而又爲姤；剥極而坤矣，反下而又爲復，此類是也。易之爲道，不過辭變象占四者而已。吉凶者，占也，占以辭而明，故繫辭焉而明吉凶。剛柔相推者，象也，變由象而出，故剛柔相推而生變化。

是故吉凶者，失得之象也；悔吝者，憂虞之象也；變化者，進退之象也；剛柔者，晝夜之象也；六爻之動，三極之道也。

是故者，因上文也。吉凶悔吝，以卦辭言。失得憂虞，以人事言。易言吉凶，在人爲失得之象。易言悔吝，在人爲憂虞之象。蓋人之行事，順理則得，逆理則失。故辭有吉凶，即人事失得之象。虞者，樂也。憂則困心衡慮，漸趨于吉，亦如悔之自凶而趨吉也。虞則志得意滿，漸向于凶，亦如吝之自吉而向凶也。所以悔吝即憂虞之象，所謂「觀象繫辭，以明吉凶」者此也。變化剛柔，以卦畫言。進退晝夜，以造化言。柔變乎剛，進之象；剛化乎柔，退之象。進者息而盈也，退者消而虚也。剛屬陽明，晝之象；柔屬陰暗，夜之象。進退無常，故變化者，進退之象。晝夜一定，故剛柔者，晝夜之象。三者，三才也，地位、人位、天位〔一〕也。三才即六爻，分之則六爻，總之則三才。極，至也。爻不極則不變動，陽極則陰，陰極則陽，言六爻之變動者，乃三才極至之道理如此也。故曰道有變動曰爻，所謂「剛柔相推而生變化」者此也。「六爻之動」二句言變化之故。

是故君子所居而安者，易之序也；所樂而玩者，爻之辭也。

上二節言聖人作易之事，此二節則教人之學易也。居者，處也。安者，處而不遷。樂者，悦樂也。玩者，悦樂而反覆玩味。序者，文王序卦也。所居而安者，文王六十四卦之序。所樂而玩者，周公三百八十四爻之辭。文王序卦有錯有綜，變化無窮，若可遷移矣。然文王本其自然之畫而定之，非有心安排也，故不可遷移。如乾止可與坤相錯，不可與別卦相錯，故孔子雜卦曰「乾剛坤柔」；屯止可與蒙相綜，不可與別卦相綜，故孔子雜卦曰「屯見而不失其居，蒙雜而著」，故處而不遷。此則教人學文王序卦，學周公爻辭。

是故君子居則觀其象而玩其辭，動則觀其變而玩其占。是以「自天祐之，吉无不利」。

〔一〕「地位、人位、天位」，朝爽堂本作「天地人」。

辭因象而繫，占因變而決。静而未卜筮時，易之所有者象與辭也；動而方卜筮時，易之所有者變與占也。易之道，一陰一陽，即天道也。如此觀玩，則所趨皆吉，所避皆凶，静與天俱，動與天游，冥冥之中，若或助之矣，故「自天祐之，吉无不利」。變即上變也。言變，則化在其中。此則教人學文王、周公辭變象占。

右第二章。此章言聖人作易、君子學易之事。

彖者，言乎象者也；爻者，言乎變者也；吉凶者，言乎其失得也；悔吝者，言乎其小疵也；无咎者，善補過也。

彖謂卦辭，文王所作者。爻謂爻辭，周公所作者。象指全體而言，乃一卦之所具者，如「元亨利貞」，則言一卦純陽之象；變指一節而言，乃一爻之所具者，如「潛龍勿用」，則言初陽在下之變。凡言動之間，盡〔一〕善之謂得，不盡善之謂失，小不善之謂疵，不明乎善而誤于不善之謂過。覺其小不善，非不欲改而彼時未改〔二〕，于是乎有悔。覺其小不善，猶及于改而不能改，或不肯改，于是乎有吝。悔未至于吉，而猶有小疵；吝未至于凶，而已有小疵。善者，嘉也，嘉其能補過也。即上文「言乎」「言」字之

〔一〕此及下「盡」字，朝爽堂本無。

〔二〕以上九字，朝爽堂本作「欲改而未改」。

例。本有過而能圖回改復謂之補，譬如衣有破處是過也〔一〕，帛則用帛補之〔二〕，布則用布補之，此之謂補過。吉凶失得之大，不如悔吝之小。悔吝疵病之小，又不如无咎之爲善。○彖言象，爻言變，則吉凶、悔吝、无咎之辭皆備矣。故吉凶者，言乎卦爻中之失得也；悔吝者，言乎卦爻中之小疵也；无咎者，善〔三〕乎卦爻中之能補過也。此釋彖爻之名義，又釋吉凶、悔吝、无咎之名義也。

是故列貴賤者存乎位，齊大小者存乎卦，辯吉凶者存乎辭，憂悔吝者存乎介，震无咎者存乎悔。是故卦有小大〔四〕，辭有險易。辭也者，各指其所之。

上文釋卦爻吉凶、悔吝、无咎之名義矣，此則教人體卦爻吉凶、悔吝、无咎之功夫也。五「存」應四「言」一「善」，「列貴賤」句應「爻者言乎其變」；「齊大小」句應「彖者言乎其象」。列者，分列也，六爻上體爲貴，下體爲賤。齊者，等也，等分大小也。陽大陰小，陽大爲主者，復、臨、泰之類也；陰小爲主者，姤、遯、否之類也。小往大來，大往小來，皆其類也。介者，分也。震者，動也。大小，即所齊之大小也。險易者，即卦爻辭之險易也。險者暗昧而艱深，如文王卦辭「履虎尾」、「先甲」、「後甲」之類，周公爻辭

〔一〕「是過也」三字，朝爽堂本無。

〔二〕此及下句「之」字，朝爽堂本無。

〔三〕「善」，朝爽堂本作「言」。

〔四〕「小大」，原倒，今據諸本乙正。

「其人天且劓」、「入于左腹」之類是也。易者，明白而平易，如文王卦辭「謙，君子有終」、「漸，女歸，吉」之類，周公爻辭「師左次」、「同人于門」之類是也。之者，往也。各者，吉、凶、悔、吝、无咎五者各不同也。各指其所之者，各指其所往之地也。○言爻固言乎其變矣，若列貴賤，則存乎所變之位，不可貴賤混淆。彖固言乎其象矣，若齊大小，則存乎所象之卦，不可大小紊亂。吉凶固言乎失得矣，若辯吉凶，則存乎其辭，辭吉則趨之，辭凶則避之。悔吝固言乎小疵矣，然不可以小疵而自恕，必當于此心方動，善惡初分，幾微之時，即憂之，則不至于悔吝矣。无咎固補過矣，然欲動補過之心者，必自悔中來也。是故卦與辭雖有大小險易之不同，然皆各指于所往之地。如吉凶則趨之避之，如悔吝則憂乎其介，如无咎存乎悔也。此則教人觀玩，體卦爻吉凶、悔吝、无咎之功夫也。

右第三章。此章教人觀玩之事，先釋卦爻並吉、凶、悔、吝、无咎五者之名義，而後教人體此卦爻並五者功夫也。

易與天地準，故能彌綸天地之道。

準者，均平也。言易之書與天地均平也。彌者，彌縫，包括周密，合萬爲一，而渾然無欠，即下文「範圍」之意。綸者，絲綸，條理分明，析一爲萬，而燦然有倫，即下文「曲成」之意。彌綸天地者，如以乾卦言「爲天、爲圜」，以至「爲木果」，即一卦而八卦可知矣。如以乾卦初爻「潛龍」言，在君得之則當傳位，在臣得之則當退休，在士得之則當静修，在商賈得之則當待價，在女子得之則當愆期，在將帥得之則當左次。即一爻而三百八十四爻可知矣，豈不彌綸〔一〕天地？

仰以觀於天文，俯以察於地理，是故知幽明之故，原始反終，故知死生之説。精氣爲物，游魂爲變，是故知鬼神之情狀。

天垂象，有文章。地之山川原隰各有條理，陽極而陰生則漸幽，陰極而陽生則漸明，一日之天地如此，終古之天地亦如此。故者，所以然之理也。人物之始此陰陽之氣，人物之終此陰陽之氣〔二〕。其始也，氣聚而理隨以完，故生；其終也，氣散而理隨以盡，故死。説者死生乃人之常談也。人之陰神曰魄，耳目之聰明是也；人之陽神曰魂，口鼻之呼吸是也。死則謂之魂魄，生則謂之精氣。天地之所公共者，謂之鬼神。陰精陽氣，聚而成物，則自無而向于有，乃陰之變陽，神之伸也；魂遊魄降，散而爲變，則自有而向于無，乃陽之變陰，鬼之歸也。情狀猶言模樣。○易與天地準者，非聖人安排穿鑿，强與之準也。蓋易以道陰陽，陰陽之道，不過幽明、死生、鬼神之理而已。今作易聖人，仰觀俯察，知幽明之故；原始反終，知死生之説。知鬼神之所以爲鬼神者，乃精氣爲物，遊魂爲變也，故能知其情狀。夫天地之道，不過一幽一明、一死一生、一鬼一神而已，而作易聖人皆有以知之，此所以易與天地準也。

〔一〕「彌綸」下，朝爽堂本有「乎」字。

〔二〕上兩句，朝爽堂本作「人物之始終，皆此陰陽之氣」。

與天地相似，故不違；知周乎萬物而道濟天下，故不過；旁行而不流，樂天知命，故不憂；安土敦乎仁，故能愛。「知周」音智。

相似即〔一〕不違，下文不過、不憂、能愛，皆不違之事。知周乎萬物者，「聰明睿知足以有臨」，所以道濟天下也。不過雖指天地，若以聖人論，乃道濟天下，德澤無窮，舉天下不能過也，如言天下莫能載焉之意，與下文「不過」不同。旁行者，行權也。不流者，不失乎常經也。天以理言，仁義忠信是也。命以氣言，吉凶禍福是也。樂天理則内重外輕，又知命則惟修身以俟，所以不憂，如困于陳蔡，夢奠兩楹，援琴執杖而歌是也。隨寓而安乎土，腦〔二〕中無爾我町畦；又隨寓而敦篤乎仁，所行者皆立人、達人之事，所以能愛。不過、不憂、能愛，皆指天地言。至大不能過者，天地之體；不憂者，天地之性；能愛者，天地之情。天地之道不過如此而已，故以此三者言之。「萬物」、「天下」協「不過」二字，「樂」字協「不憂」二字，「仁」字協「愛」字。○此言聖人與天地準也。言聖人于天地之道，豈特如上文知之哉？聖人即與天地相似也。惟其與天地相似，故聖人之道皆不違乎天地矣。何也？天地至大無外，不能過者也。聖人則知周乎萬物，而道濟天下，故與天地相似〔一〕，同其不過。天地無心而成化，

〔一〕「即」，朝爽堂本作「而」。
〔二〕「腦」，史本、朝爽堂本、寶廉堂本作「胸」。
〔一〕「相似」二字，朝爽堂本無。下二「天地相似」之「相似」同，不再出校。

鼓萬物而不與聖人同憂〔二〕，不憂者也。聖人則旁行不流，樂天知命，故與天地相似，同其不憂。天地以生物爲心，能愛者也。聖人則安土敦仁，故與天地相似，同其能愛。是三者，皆與天地相似者也。惟其相似，所以作易與天地準也。

範圍天地之化而不過，曲成萬物而不遺，通乎晝夜之道而知，故「神无方而易无體」。

範如人範金，使成形器；圍如人牆圍，使有界止。化者，天地之變化也。天地陰而陽，陽而陰，本無遮闌，本無窮盡，聖人則範圍之，範圍即裁成天地之道、治曆明時、體國經野之類是也。不過者，不使之過也。曲成萬物，如教之養之，大以成大、小以成小之類是也。通者，達也，通達乎晝夜之道而知之也。晝夜即幽明、死生、鬼神也。神指聖人，即「聖而不可知之謂神」。易指易書，無方所，無形體，皆謂無形迹也。○聖人既與天地相似，故易能彌天地之道，聖人則範圍天地而不過，亦能彌之；易能綸天地之道，聖人則曲成萬物而不遺，亦能綸之。易書所具，不過幽明、死生、鬼神之理也，聖人則通乎晝夜之道，而知亦能知幽明、死生、鬼神，故聖則无方，而易則无體。易與天地準者，因作易聖人亦與天地準也。

右第四章。此章言易與天地準者，因作易聖人亦與天地準也。

〔二〕「不與聖人同憂」，朝爽堂本無。

一陰一陽之謂道。

理乘氣機以出入，一陰一陽，氣之散殊，即太極之理各足而富有者也；氣之迭運，即太極之理流行而日新者也，故謂之道。

繼之者善也，成之者性也。仁者見之謂之仁，知者見之謂之知。百姓日用而不知，故君子之道鮮矣。見音現，知音智。

繼是接續不息之意。書言「帝降」，中庸言「天命」，氣之方行，正所降、所命之時，人物之所公共之者也。此指人物未生，造化流行上言之。蓋静之終，動之始，静極復動則貞，而又繼之以元，元乃善之長，此繼之者所以善也。以其天命之本體，不雜于形氣之私，故曰善。成是凝成有主之意。氣以成形，而理亦賦焉，乃人物所各足之者也。因物物各得其太極無妄之理，不相假借，故曰性。見，發見也。仁者、知者，即君子。○此一陰一陽之道。若以天人賦受之界言之，「繼之者善也，成之者性也」，此所以謂之道也。雖曰善、曰性，然具于人身，渾然一理，無聲無臭，不可以名狀。惟仁者發見于惻隱，則謂之仁；知者發見于是非，則謂之知，而後所謂善、性者，方有名狀也。故百姓雖與君子同具此善、性之理，但爲形氣所拘，物欲所蔽，而知君子仁知之道者鮮矣。

顯諸仁，藏諸用，鼓萬物而不與聖人同憂，盛德大業，至矣哉！富有之謂大業，日新之謂盛德。

仁者，造化之心。用者，造化之功。仁，本在內者也，如春夏之生長萬物，是顯諸仁。用，本在外者也，如秋冬之收斂萬物，是藏諸用。春夏是顯秋冬所藏之仁，秋冬是藏春夏所顯之用。仁曰顯，用曰藏，互言之也。不憂者，「乾以易知，坤以簡能」，無心而成化，有何所憂？富有者，無物不有，而無一毫之虧欠。日新者，無時不然，而無一毫之間斷。天地以生物爲德，以成物爲業。○此一陰一陽之道，若以天地言之，自其氣之噓也，則自內而外，顯諸其仁；自其氣之吸也，則自外而內，藏諸其用。然天地無心而成化，雖鼓萬物出入之機，而不與聖人同憂，此所以盛德大業不可復加也。富有日新，乃德業之實。此一陰一陽之道，在天地者也。

生生之謂易，成象之謂乾，效法之謂坤，極數知來之謂占，通變之謂事，陰陽不測之謂神。

效法者，承天時行，惟效法之而已。極數者，方卜筮之時，究極其陰陽七八九六之數，觀其所值何卦、所值何爻，以斷天下之疑，故曰占。通變者，既卜筮之後，詳通其陰陽老少之變，吉則趨之，凶則避之，以定天下之業，故曰事。以其理之當然而言曰道，以其道之不測而言謂之神，非道外有神也。○此一陰一陽之道，若以易論之，陽生陰，陰生陽，消息盈虛，始終代謝，其變無窮，此則一陰一陽之道在易書，易之所由名者此也。聖人作易之初，不過此陰陽二畫〔一〕，然乾本陽而名爲乾者，以其健而成象，故謂之乾；坤本陰而名爲坤者，以其順而效法，故謂之坤。此則一陰一陽之道在卦者也。故究極此一陰一陽之數以知來，則謂之占；詳通其一陰一陽之變以行事，則謂之事。此則一陰一陽之道在卜筮者也。若其兩在不測則謂之神。蓋此一陰一陽之道，其見之于人，則謂之仁知；見之于天地，則謂之德業；見之于易，則謂之乾坤占事。人皆得而測之，惟言陽矣，而陽之中未嘗無陰；言陰矣，而陰之中未嘗無陽，兩在不測，則非天下之至神不能與于此矣，故又以神贊之。

右第五章。此章言一陰一陽之道不可名狀，其在人則謂之仁知，在天地則謂之德業，在易則謂之乾坤占事，而終贊其神也。通章十一箇「謂」字相同，一陰一陽貫到底。

夫易，廣矣！大矣！以言乎遠則不禦，以言乎邇則靜而正，以言乎天地之間則備矣。

廣言其中之所含，大言其外之所包，不禦者無遠不到而莫之止也，靜者無安排布置之擾也，正者六十四卦皆利于正也，備者無所不有也。下三句正形容廣大。○「夫易，廣矣！大矣」，何也？蓋易道不外乎陰陽，而陰陽之理則遍體乎事物。以遠言其理，則天高而莫禦；以邇言其理，則地靜而不偏；以天地之間而言，則萬事萬物之理無不備矣。此易所以廣大也。

〔一〕「畫」，原作「晝」，今據諸本改。

夫乾，其静也專，其動也直，是以大生焉；夫坤，其静也翕，其動也闢，是以廣生焉。

天地〔一〕者，乾坤〔二〕之形體。乾坤者，天地之情性。專者，專一而不他。直者，直遂而不撓。翕者，舉萬物之生意而收斂于内也。闢者，舉萬物之生意而發散于外也。乾之性健一而實，故以質言而曰大，大者天，足以包乎地之形也。坤之性順二而虚，故以量言而曰廣，廣者地，足以容乎天之氣也。動者，乾坤之相交也。○易之所以廣大者，一本于乾坤而得之也。蓋乾畫奇，不變則其静也專，變則其動也直；坤畫偶，不變則其静也翕，變則其動也闢，是以大生、廣生焉。易不過模寫乾坤之理，易道之廣大其原蓋出于此。

廣大配天地，變通配四時，陰陽之義〔三〕配日月，易簡之善配至德。

配者，相似也，非配合也。變通者，陰變而通于陽，陽變而通乎陰也。義者，名義也。卦爻中剛者稱陽，柔者稱陰，故曰義。易簡者，健順也。至德者，仁義禮知，天所賦于人之理而我得之者也。仁禮屬健，義知屬順。○易之廣大，得于乾坤，則易即乾坤矣。由此觀之，可見易之廣大，亦如天地之廣大；易之變通，亦如四時之變通。易所言陰陽之義，與日月之陰陽相似；易所言易簡之善，與聖人之至德

〔一〕「天地」上，朝爽堂本有「言」字。

〔二〕「乾坤」上，朝爽堂本有「即」字。

〔三〕「義」，原作「氣」，今據下注及卷十六改。

相似，所謂遠不禦而近静正，天地之間悉備者在是矣。此易所以廣大也。

右第六章。此章言易廣大配天地。

子曰：「易其至矣乎！夫易，聖人所以崇德而廣業也。知崇禮卑，崇效天，卑法地，天地設位而易行乎其中矣。成性存存，道義之門。」

「子曰」二字，後人所加。窮理則知崇如天而德崇，循理則禮卑如地而業廣，蓋知識貴乎高明，踐履貴乎著實。崇〔一〕效天，則與乾知太始者同其知，所謂「洋洋發育萬物，峻極于天」者，皆其知之崇也。禮卑法地，則與坤作成物者同其能，所謂「優優大哉，三千三百」者，皆其禮之卑也。天清地濁，知陽禮陰，天地設位，而知陽禮陰〔二〕之道即行乎其中矣。易字即知禮也，知禮在人，則謂之性，而所發則道義也。門者，言道義從此出也。○此言聖人以易而崇德廣業，見易之所以爲至也。蓋六十四卦三百八十四爻，皆理之所在也。聖人以是理窮之于心，則識見超邁，日進于高明，而其知也崇。循是理而行，則功夫敦篤，日就于平實，而其禮也卑。崇效乎天，則崇之至矣，故德崇；卑法乎地，則卑之至矣，故業廣。所以然者，非聖人勉强效法乎天地也。蓋天地設位，而知陽禮陰之道已行乎其中矣。其在人也，則謂之成性，渾然天成，乃人之良知良能，非有所造作而然也，聖人特能存之耳。今聖人知崇如

〔一〕「崇」上，朝爽堂本有「知」字。
〔二〕「知陽禮陰」，朝爽堂本作「知禮」。

天，則成性之良知已存矣；禮卑如地，則成性之良能又存矣。存之又存，是以道義之得于心爲德、見于事爲業者，自然日新月盛，不期崇而自崇，不期廣而自廣矣，聖人崇德廣業以此。此易所以爲至也。

右第七章。此章言聖人以易崇德廣業，見易之所以至也。

聖人有以見天下之頤[一]而擬諸其形容，象其物宜，是故謂之象。

頤者，口旁也，養也。人之飲食在口者，朝夕不可缺，則人事之至多者，莫多于口中日用之飲食也。故曰聖人見天下之頤。頤蓋事物至多之象也。若以雜亂釋之，又犯了下面「亂」字，不如以口釋之，則于厭惡字親切。擬諸形容，乾爲圜、坤爲大輿之類。象其物宜，乾稱龍、坤稱牝馬之類。二「其」字，皆指頤。

聖人有以見天下之動，而觀其會通，以行其典禮，繫辭焉以斷其吉凶，是故謂之爻。

觀其會通，全在「天下之動」上言，未著在易上去。會者，事勢之湊合難通者也，即「嘉會足以合禮」「會」字。但嘉會乃嘉美之會，有善而無惡，此則有善惡于其間。典禮，即合禮之禮，蓋通即典禮所存，以事勢而言則曰通，以聖人常法而言則曰典禮。典者，常法也。禮，即天理之節文也。如大禹揖遜與傳子，二者相湊合，此會也，然天下謳歌等皆歸之子，此通也。若復揖遜，不通矣，則傳子者，乃行其典禮也。湯武君與民二者相湊合，此會也，然生民塗炭，當救其民，順天應人，此通也。若順其君，不救

[一]「頤」，諸本皆作「賾」。朝爽堂本此節下有校語：「賾」字宜作「頤」。據下注文，當以作「頤」爲是。下注及下節中「頤」字同，不再出校。

其民，不通矣，則誅君者，乃行其典禮也。所以周公三百八十四爻，皆是見天下之動，觀其會通，以行其典禮，方繫辭以斷其吉凶。如剥卦五爻陰欲剥陽，陰陽二者相湊合而難通者也，然本卦有順而止之之義，此通也，合于典禮者也，則繫「貫魚，以宫人寵」之辭，無不利而吉矣；離卦四爻，兩火相接，下三爻炎上，上五爻又君位難犯，此二火湊合而難通者也，然本卦再無可通之處，此悖于典禮者也，則繫「死如弃如」之辭，無所容而凶矣。

言天下之至賾而不可惡也，言天下之至動而不可亂也，擬之而後言，議之而後動，擬議以成其變化。惡，烏路反。

言，助語辭。惡，厭也。朝此飲食，暮此飲食，月此飲食，年此飲食，得之則生，不得則死，何常厭惡？既見天下之賾，以立其象，是以不惟賾，雖言天下之至賾，而不可惡也；既見天下之動，以立其爻，是以不惟動，雖言天下之至動，而不可亂也。蓋事雖至賾而理則至一，事雖至動而理則至静，故賾雖可惡，而象之理犁然當于心，則不可惡也；動雖可亂，而爻之理井然有條貫，則不可亂也。是以學易者，比擬其所立之象以出言，則言之淺深詳略，自各當其理；商議其所變之爻以制動，則動之仕止久速，自各當其時。夫變化者，易之道也。既擬易〔一〕後言，詳易後動，則語默動静，皆中于道。易之變化，

〔一〕此及下「易」字，朝爽堂本作「而」。

不在其易，而成于吾身矣。故舉「鶴鳴」以下七爻，皆擬議之事，以爲三百八十四爻之凡例云〔一〕。

「鳴鶴在陰，其子和之。我有好爵，吾與爾靡之。」子曰：「君子居其室，出其言善，則千里之外應之，況其邇者乎？居其室，出其言不善，則千里之外違之，況其邇者乎？言出乎身，加乎民；行發乎邇，見乎遠。言行，君子之樞機。樞機之發，榮辱之主也。言行，君子之所以動天地也，可不慎乎？」和，胡卧反。靡音縻。行，下孟反。見，賢遍反。

釋中孚九二義，以此擬議于言行，亦如乾坤之文言也。但多錯簡，詳見後篇考定。居室，在陰之象。出言，鶴鳴之象。千里之外應之，子和之象。言者，心之聲，出乎身，加乎民。行者，心之迹，發乎邇，見乎遠。此四句，好爵爾靡之象。户以樞爲主，樞動而户之闔有明有暗；弩以機爲主，而弩之發或中或否，亦猶言之出、行之發有榮有辱也。應雖在人，而感召之者則在我，是彼爲賓而我爲主也，故曰「榮辱之主」。動天地者，言不特榮在我也。言行感召之和氣，足以致天地之祥，不特辱在我也；言行感召之乖氣，足以致天地之異，如景公發言善而熒惑退舍，東海孝婦含冤而三年不雨是也。言行一發，有榮有辱，推而極之，動天地者亦此，安得不慎？所以擬議而後言動者以此〔二〕。

〔一〕此下，朝爽堂本有「○來子考定『子曰危者安其位』即在此下」。

〔二〕此下，朝爽堂本有「○來子考定此節在繫辭下第五章『不出户庭』之下」。

「同人，先號咷而後笑。」子曰：「君子之道，或出或處，或默或語。二人同心，其利斷金。同心之言，其臭如蘭。」

釋同人九五爻義，以擬議于異同。爻辭本言始異終同，孔子則釋以迹異心同也。斷金者，物不能間也。言利刃斷物，雖堅金亦可斷，不能阻隔也。如蘭者，氣味之相投，言之相入，如蘭之馨香也。〇同人以同爲貴，而乃言「號咷而後笑」者，何也？蓋君子之出處語默，其迹迥乎不同矣。然自其心觀之，皆各適于義，成就一箇是而已。迹雖不同，而心則同，故物不能間，而言之有味，宜乎相信而笑也〔一〕。

「初六，藉用白茅，无咎。」子曰：「苟錯諸地而可矣，藉之用茅，何咎之有？慎之至也。夫茅之爲物薄，而用可重也。慎斯術也以往，其无所失矣。」

釋大過初六爻義，以擬議于敬慎。錯，置也。置物者，不過求其安，今置之于地，亦可以爲安矣，而又承藉之以茅，則益有憑藉，安得有傾覆之咎？故无咎者，以其慎之至也。夫茅之爲物，至薄之物也，今不以薄而忽之，以之而獲无咎之善〔二〕，是其用則重矣。當大過之時，以至薄之物而有可用之重，此慎之之術也。慎得此術以往，百凡天下之事，又有何咎而失哉？孔子教人以慎術，即孟子教人以仁術。

〔一〕此下，朝爽堂本有「〇來子考定『易曰自天祐之』節在此節下」。
〔二〕「善」，朝爽堂本作「義」。

「勞謙，君子有終，吉。」子曰：「勞而不伐，有功而不德，厚之至也。語以其功下人者也。德言盛，禮言恭。謙也者，致恭以存其位者也。」

釋謙九三爻義，以擬議人之處功名。勞者，功之未成。功者，勞之已著。不德者，不以我有功而爲德也。厚者，渾〔一〕厚不薄之意。厚之至，據其理而贊之，非言九三也。語者，言也。以功下人者，言厚之至，不過以功下人也。以功下人，即「勞而不伐，有功而不德」也。德者，及人之德，即功勞也。德欲及人常有餘，禮欲視己常不足。言者，言從來〔二〕如此説也。勞謙，則兼此二者矣。〇人臣以寵利居成功，所以鮮克有終。「九三，勞謙，君子有終，吉」者，何也？蓋人臣勞而不伐，有功而不德，此必器度識量有大過人者，故爲厚之至。夫厚之至者，不過言其以功下人耳。知此可以論九三矣。何也？蓋人之言德者必言盛，人之言禮者必言恭。今九三勞則德盛矣，謙則禮恭矣，德盛禮恭，本君子修身之事，非有心爲保其禄位而强爲乎此也？然致恭則人不與争勞、争功，豈不永保斯位？所以勞謙有終吉者以此〔三〕。

〔一〕「渾」，朝爽堂本作「博」。

〔二〕「言從來」三字，朝爽堂本無。

〔三〕此下，朝爽堂本有「〇來子考定此節在『自天祐之』之下。繼此『子曰知幾其神』一節、『易曰介於石』節、『子曰小人不耻不仁』節、『善不積』節、『子曰顔氏之子』節、『初六藉用白茅』節俱在此」。

「亢龍有悔。」子曰：「貴而无位，高而无民，賢人在下位而无輔，是以動而有悔也。」

重出。

「不出户庭，无咎。」子曰：「亂之所生也，則言語以爲階。君不密則失臣，臣不密則失身，幾事不密則害成，是以君子慎密而不出也。」

釋節初九爻義，以擬議人之慎言語。亂，即下文失臣、失身、害成也。君不密，如唐高宗告武后以上官儀教我廢汝是也。臣不密，如陳蕃乞宣臣章以示宦者是也。幾者事之始，成者事之終。始韓琦處任守忠之事，歐陽脩曰：「韓公必自有説。」此密幾事也。○「不出户庭，无咎」，何也？蓋亂之所生，皆言語以爲階。如君之言語不密，則害及其臣，謀以弭禍，而反以嫁禍于臣。臣之言語不密，則害及于身，謀以除害，而反得反噬之害。不特君臣爲然，凡天下之事有關于成敗而不可告人者，一或不密則害成。言語者，一身之户庭。君子慎密不出户庭者以此〔一〕。

子曰：「作易者，其知盜乎？易曰：『負且乘，致寇至。』負也者，小人之事也。乘也者，君子之器也。小人而乘君子之器，盜斯奪之矣。上慢下暴，盜斯伐之矣。慢藏誨盜，冶容誨淫。易曰：『負且乘，致寇至，盜之招也。』」

〔一〕此下，朝爽堂本有「○來子考定此節在繫辭下第五章『德薄而位尊』下」。

釋解六三爻義，以擬議小人竊高位，聖人作易以盡僞，故言知盜。思者，雖未奪而思奪之也。上慢者，慢其上，不忠其君。下暴者，暴其下，不仁其民。四「盜」字，皆言寇盜。「誨盜」之「盜」，活字，偷也。冶者，妖冶也，妝餙妖冶其容也。此二句皆指坎也。坎爲盜，爲淫，故蒙〔一〕卦言「見金夫，不有躬」，又言「寇」也。盜之招，即「自我致戎」。○作易者，其知致盜之由乎？易曰「負且乘，致寇至」，夫負本小人之事，而乘則君子之名器，小人而乘君子之名器，盜必思奪之矣。何也？蓋小人竊位，必不忠不仁，盜豈不思奪而伐之？然奪伐〔二〕雖由于盜，而致其奪伐者實由自暴慢有以誨之，亦猶「慢藏誨盜，冶容誨淫」也。易之言正〔三〕招盜而誨之之意也。作易者〔四〕不歸罪于盜，而歸罪于招盜之人，此所以知盜〔五〕。

右第八章。此章自中孚至此，凡七，乃孔子擬議之辭，而爲三百八十四爻之凡例，亦不外乎隨處以慎其言動而已。即七爻而三百八十四爻可類推矣。

天一、地二、天三、地四、天五、地六、天七、地八、天九、地十。

〔一〕「蒙」，原作「象」，今據史本、朝爽堂本及引文改。

〔二〕「伐」，原作「發」，今據史本、朝爽堂本、寶廉堂本及下文改。

〔三〕「之」、「正」二字，朝爽堂本無。

〔四〕「作易者」，朝爽堂本作「蓋」。

〔五〕此下，朝爽堂本有「○來子考定此節在繫辭下第五章『過此以往』下」。

伏羲龍馬負圖，有一至十之數，人知河圖之數而不知天地之數，人知天地之數而不知何者屬天、何者屬地，故孔子即是圖而分屬之。天陽，其數奇，故一、三、五、七、九屬天；地陰，其數偶，故二、四、六、八、十屬地。

天數五，地數五，五位相得而各有合。天數二十有五，地數三十，凡天地之數五十有五。此所以成變化而行鬼神也。

天數五者，一、三、五、七、九，其位有五也。地數五者，二、四、六、八、十，其位有五也。五位者，即五數也，言此數在河圖上下左右中央，天地各五處之位也。相得者，一對二，三對四，六對七，八對九，五與十對乎中央，如賓主對待相得也。有合者，一與六居北，二與七居南，三與八居東，四與九居西，五與十居中央，皆奇偶同居，如夫婦之陰陽配合也。二十有五者，一、三、五、七、九，奇之所積也。三十者，二、四、六、八、十，偶之所積也。變者化之漸，化者變之成。一二三四五居于圖之内者，生數也，化之漸也，變也。六七八九十居于圖之外者，成數也，變之成也，化也。變化者，數也，即下文「知變化之道」之「變化」也。鬼神，指下文卜噬而言，即下文「神德行其知神之所爲」之鬼神也。故曰卜噬者，先王所以使民信時日、敬鬼神也，非屈伸往來也。言天地之數五十有五，成變化而鬼神行乎其間，所以卜筮而知人吉凶也。故下文即言大衍之數、乾坤之策、四營成易也。何以爲生數、成數？此一節蓋孔子之圖説也，皆就河圖而言。河圖一六居北爲水，故水生于一而成于六，所以一爲生數，六爲成數。

生者即其成之端倪，成者即其生之結果。二七居南爲火，三八居東爲木，四九居西爲金，五十居中央爲土，皆與一六同。

大衍之數五十，其用四十有九，分而爲二以象兩，掛一以象三，揲之以四以象四時，歸奇於扐以象閏，五歲再閏，故再扐而後掛〔一〕。

衍與演同。演者，廣也。衍者，寬也。其義相同，言廣天地之數也。大衍之數五十者，蓍五十莖，故曰五十也。其用四十有九者，演數之法，必除其一。方筮之初，右手取其一策，反于櫝中是也。分二者，中分其筮數之全，置左以半，置右以半。此則如兩儀之對待，故曰「以象兩」也。掛者，懸其一于左手小指之間也。三者，三才也。左爲天，右爲地，所掛之策象人，故曰象三。揲之以四者，間數之也。謂先置右手之策于一處，而以右手四四數左手之策，又置左手之策于一處，而以左手四四數右手之策，所以象春夏秋冬也。奇者，零也，所揲四數之餘也。扐者，勒也，四四之後必有零數，或一，或二，或三，或四，左手者歸之于第四、第三指之間，右手者歸之于第三、第二指之間，而扐之也。象閏者，以其所歸之餘策而象日之餘也。五歲再閏者，一年十二月，氣盈六日，朔虚六日，共餘十二日，三年則餘三十六日，分三十日爲一月，又以六日爲後閏之積，其第四、第五年又各餘十二日，以此二十四日湊前六

〔一〕此下，朝爽堂本有音注「扐音勒」。

日，又成一閏，此是五歲再閏也〔一〕。掛一當一歲，揲左當二歲，扐左則三歲一閏矣。又揲右當四歲，扐右則五歲再閏矣。再扐而後掛者，再扐之後，復以所餘之蓍合而爲一，爲第二變，再分再掛再揲也。獨言掛者，分二揲四皆在其中矣。此則象再閏也。

乾之策二百一十有六，坤之策百四十有四，凡三百有六十，當期之日；二篇之策萬有一千五百二十，當萬物之數也。期音基。

策者，乾坤老陽老陰過揲之策數也。乾九坤六，以四營之，乾則四九三十六，坤則四六二十四。乾每一爻得三十六，則六爻得二百一十有六矣；坤每一爻得二十四，則六爻得百四十有四矣。當期之數者，當一年之數也。當者，適相當也，非以彼準此也。若以乾坤之策三百八十四爻總論之，陽爻百九十二，每一爻三十六，得六千九百一十二策；陰爻百九十二，每一爻二十四，得四千六百八策，合之萬有一千五百二十，當萬物之數也。

是故四營而成易，十有八變而成卦，八卦而小成。引而伸之，觸類而長之，天下之能事畢矣。顯道神德行，是故可與酬酢，可與祐神矣。子曰：「知變化之道者，其知神之所爲乎？」

〔一〕自「五歲再閏者」至此，朝爽堂本無。

上文言數，此則總言卦筮引伸觸類之無窮也。營者，求也。四營者，以四而求之也。如老陽數九，以四求之，則其策三十有六；老陰數六，以四求之，則其策二十有四；少陽數七，以四求之，則其策二十有八；少陰數八，以四求之，則其策三十有二。陰陽老少，六爻之本，故曰「四營而成易」。十有八變而成卦者，三變成一爻，十八變則成六爻矣。八卦者，乾坎艮震之陽卦，巽離坤兑之陰卦也。言聖人作易，止有此八卦，亦不過小成而已，不足以盡天下之能事也。惟引此八卦而伸之，成六十四卦，如乾爲天，天風姤，坤爲地，地雷復之類；觸此八卦之類而長之，如乾爲天爲圜，坤爲地爲母之類，則吉凶趨避之理悉備于中，天下之能〔一〕事畢矣。能事者，下文「顯道神德行」、「酬酢」、「祐神」所能之事也。道者，吉凶消長進退存亡之道，即天下能事之理。德行者，趨避之見于躬行實踐，即天下能事之迹。道隱于無，不能以自顯，惟有筮卦之辭，則其理昭然于人，不隱于茫昧矣；德滯于有，不能以自神，惟人取決于筮，則趨之避之，民咸用以出入，莫測其機緘矣。神不能自言吉凶與人，惟有蓍卦之辭，則代鬼神之言，而祐助變，如賓主之相應對，故可與酬酢。惟其顯道神德行，則受命如嚮，可以酬酢萬其不〔二〕及，故可與祐神。不惟明有功于人，而且幽有功于神，天下之能事豈不畢？變化者，即上文蓍卦之變化也。兩在不測，人莫得而知之，故曰神。言此數出于天地，天地不得而知也；模寫于蓍

〔一〕「能」，原作「事」，今據諸本改。

〔二〕「不」，原作「下」，今據史本、朝爽堂本、寶廉堂本、四庫本改。

卦，聖人不得而知也，故以神贊之。「子曰」二字，後人所加也。

右第九章。此章言天地筮卦之數，而贊其爲神也。

易有聖人之道四焉：以言者尚其辭，以動者尚其變，以制器者尚其象，以卜筮者尚其占。

易之爲道，不過辭變象占四者而已。以者，用也。尚者，取也。辭者，彖辭也，如「乾，元亨利貞」是也。問焉而以言者尚之，則知其元亨，知其當利于貞矣。變者，爻變也。動者，動作營爲也。尚變者，主于所變之爻也。制器者，結繩、網罟之類是也。尚象者，網罟有離之象是也。占者，占辭也。卜得初九潛龍，則尚其勿用之占是也。

是以君子將有爲也，將有行也，問焉而以言。其受命也如嚮，无有遠近幽深，遂知來物。非天下之至精，其孰能與於此？嚮，去聲。

此尚辭之事。問即命也。受命者，受其問也。「以言」二字，應「以言者尚其辭」，謂發言處事也，未有有爲、有行而静默不言者。嚮者，向也，即「嚮明而治」之「嚮」也。言如彼此相向之近而受命親切也。遠而天下後世，近而瞬夕户階，幽則其事不明，深則其事不淺。來物，未來之吉凶也。精者，潔净精微也。〇君子將有爲、有行，問之〔一〕于易，易則受其問，如對面問答之親切，以決未來之吉凶，遠近幽深

〔一〕「之」，原重，今據朝爽堂本删。寶廉堂本下闕一字。

無不周悉，非其辭之至精，孰能與此？故「以言者尚其辭」。

參伍以變，錯綜其數。通其變，遂成天地之文；極其數，遂定天下之象。非天下之至變，其孰能與於此？

此尚變、尚象之事。參伍、錯綜皆古語。三人相雜曰參，五人相雜曰伍。參伍以變者，此借字以言蓍之變，乃分揲掛扐之形容也。蓋十八變之時，或多或寡，或前或後，彼此相雜，有參伍之形容，故以參伍言之。錯者，陰陽相對，陽錯其陰，陰錯其陽也，如伏羲圓圖乾錯坤，坎錯離，八卦相錯是也。綜即今織布帛之綜，一上一下者也，如屯、蒙之類，本是一卦，在下則爲屯，在上則爲蒙，載之文王序卦者是也。天地二字即陰陽二字。成文者，成陰陽老少之文也。蓋奇偶之中有陰陽，純雜之中有老少，陽之老少即天之文，陰之老少即地之文。「物相雜，故曰文」，即此文也。定天下之象者，如乾坤相錯，則乾馬坤牛之類各有其象；震艮相綜，則震雷艮山之類各有其象是也。變者，象之未定。象者，變之已成。故象與變二者不離，蓍卦亦不相離，故參伍言蓍，錯綜言卦。所以十一章言「圓而神」，即言「方以知」也。〇參伍其蓍之變，錯綜其卦之數，通之極之，而成文成象，則奇偶老少不滯于一端，内外貞悔不膠于一定，而變化無窮矣。非天下之至變，其孰能與于此？故「以動者尚其變，以制器者尚其象」。

易无思也，无爲也，寂然不動，感而遂通天下之故。非天下之至神，其孰能與於此？

此言尚占之事。易者，卜筮也。蓍乃草，無心情之物，故曰無思。龜雖有心情，然無所作爲，故曰無爲。無心情，無作爲，則寂然而靜，至蠢不動之物矣，故曰「寂然不動」。感者，人問卜筮也。通天下之故者，知吉凶禍福也。此神字，即是「興神物」之「神」。上節就聖人辭上説，故曰精；就蓍卦形容上説，故曰變。此章蓍〔一〕與龜上説，乃物也，故曰神。○凡天下之物，有思有爲，其知識才能超出于萬物之表者，方可以通天〔二〕下之故也。今蓍、龜無思、無爲，不過一物而已，然方感矣，而遂能通天下之故，未嘗遲回于其間，非天下之至神乎？所以「以卜筮者尚其占」，觀下文「維神也」三字可見。

夫易，聖人所以極深而研幾也。唯深也，故能通天下之志；維幾也，故能成天下之務；維神也，故不疾而速，不行而至。子曰「易有聖人之道四焉」，此之謂也。

極深者，究極其精深也。「探賾索隱，鉤深致遠，通神明之德，類萬物之情，知幽明死生鬼神之情狀」是也。研幾者，研審其幾微也，履霜而知堅冰之至，剥足而知蔑貞之凶之類是也。維精故極深，未有極深而不至精者。惟變故研幾，未有知幾而不通變者。通天下之志，即發言處事，受命如嚮也。成天下之務，即舉動制器，成文成象也。不疾不行，即寂然不動，而速而至，即「感而遂通天下之故」也。○總以辭變象占四者論之，固至精至變至神矣。然所謂精者，以聖人極其深也，惟深也，故至精而能通天下之志；所謂變者，以聖人之研其幾也，惟幾也，故至變而能成天下之務。蓍龜無思無爲，則非聖人

〔一〕「蓍」，原作「草」，今據重修虎林本、朝爽堂本、寶廉堂本改。
〔二〕「天」，原作「大」，今據諸本改。

之極深研幾矣，惟神而已，惟神也，故寂然不動，感而遂通天下之故，不疾而速，不行而至也。夫至精、至變、至神，皆聖人之道，而易之辭變象占有之，故易謂有聖人之道四者，因此謂之四也。

右第十章。此章論易有聖人之道四。

子曰：「夫易何爲者也？夫易開物成務，冒天下之道，如斯而已者也。是故聖人以通天下之志，以定天下之業，以斷天下之疑。」

何爲者，問辭也。如斯而已者，答辭也。物，乃「遂知〔一〕來物」之「物」，吉凶之實理也。開物者，人所未知者開發之也。務者，趨避之事，爲人所欲爲者也。成者，成就也。冒天下之道者，天下之道悉覆冒包括于卦爻之中也。以者，以其易也。易開物，故物理未明，易則明之，以通天下之志。易成務，故事業未定，易則定之，以定天下之業。易冒天下之道，故志一通而心之疑決，業一定而事之疑決，以斷天下之疑。

是故蓍之德圓而神，卦之德方以知，六爻之義易以貢。聖人以此洗心，退藏於密，吉凶與民同患。神以知來，知以藏往，其孰能與於此哉？古之聰明叡知，神武而不殺者夫！「神已知來」「知」字平聲，餘皆去聲。易音亦，與音預，夫音符。

〔一〕「知」，原作「如」，今據諸本改。

圓者，蓍數七七四十九，象陽之圓也，變化無方，開于未卦之先，可知來物，故圓而神。方者，卦數八八六十四，象陰之方也，爻位各居，定于有象之後，可藏往事，故方以知。易者一圓一方，交易變易，屢遷不常也。貢者，獻也，以吉凶陳獻于人也。洗心者，心之名也〔一〕。聖人之心，無一毫人欲之私〔二〕，如江漢以濯之，又神又知，又應變無窮，具此三者之德，所以謂之洗心。猶書言「人心」、「道心」，詩言「遐心」，以及「赤心」、「古心」、「機心」皆其類也。非心有私而洗其心〔三〕也。退藏于密者，此心未發也。同患者，同患其吉當趨、凶當避也。凡吉凶之幾，兆端已發，將至而未至者曰來。吉凶之理見在于此，一定而可知者曰往。知來者，先知也。藏往者，了然蘊畜于胸中也。孰能與于此者，問辭也。「古之聰明」二句，答辭也。人自畏服，不殺之殺，故曰神武。○蓍之德圓而神，筮以求之，遂知來物，所以能開物也。卦之德方以知，率而楑之，既〔四〕有典常，所以能成務也。「六爻之義易以貢」，吉凶存亡，辭無不備，所以能冒天下之道也。聖人未畫卦之前，已具此三者。洗心之德，則聖人即蓍卦六爻矣，是以方其無事，而未有吉凶之患，則三德與之而俱寂，退藏于密，鬼神莫窺，則〔五〕蓍卦之無思無

〔一〕「名也」，朝爽堂本作「本然」。

〔二〕「人欲之私」，朝爽堂本作「私欲」。

〔三〕「其心」，朝爽堂本作「之」。

〔四〕「既」，史本、朝爽堂本、寶廉堂本作「具」。

〔五〕「則」，史本、朝爽堂本作「即」。

爲，寂然不動也。及其吉凶之來，與民同患之時，則聖人洗心之神，自足以知來；洗心之智，自足以藏往，隨感而應，即蓍卦之感而遂通天下之故也。此則用神而不用蓍，用智而不用卦，無卜筮而知吉凶，孰能與于此哉？惟古之聖人聰明睿智，具蓍卦之理而不假于蓍卦之物，猶神武自足以服人，不假于殺伐之威者，方足以當之也。此聖人之心易，乃作易之本。

是以明于天之道而察于民之故，是興神物，以前民用。聖人以此齋戒，以神明其德夫。

天道者，陰陽剛柔盈虚消長自有吉凶，其道本如是也。民故者，愛惡情僞相攻相感，吉凶生焉，此其故也。神物者，蓍龜也。興者，起而用之，即齋戒以神明其德也。前民用，即通志、成務、斷疑也。卜筮在前，民用在後，故曰前。齋戒者，敬也。蓍龜之德無思無爲，寂然不動，感而遂通天下之故，乃天下之至神者，故曰神明。聖人不興起而敬之，百姓褻而弗用，安知其神明？聖人敬之，則蓍龜之德本神明，而聖人有以神明其德矣。○聖人惟其聰明睿智，是以明于天之道而察于民之故，恐人不知天道民故之吉凶，所當趨避也，于是興神物，以前民用，使其當趨則趨，當避則避；又恐其民之褻也，聖人敬而信之，以神明其德，是以民皆敬信而神明之，前民用而民用不窮矣。

是故闔户謂之坤，闢户謂之乾，一闔一闢謂之變，往來不窮謂之通。見乃謂之象，形乃謂之器，制而用之謂之法，利用出入、民咸用之謂之神。

二氣之機，静藏諸用，動顯諸仁者，易之乾與坤也。二氣之運，推遷不常，相續不窮者，易之變與通也。此理之顯於其迹，呈諸象數，涉諸聲臭者，易之象與器也。此道修于其教，垂憲示人，百姓不知者，易之法與神也。乃者，二氣之理也。○聖人明于天之道，而察于民之故，固與神物，以前民用矣。百姓見易之神明，以爲易深遠而難知也，而豈易〔一〕亦易知哉？是故易有乾坤，有變通，有形象，有法神，即今取此户譬之。户一也，闔之則謂之坤，闢之則謂之乾，又能闔，又能闢，一動一静，不膠固于一定，則謂之變。既闔矣而復闢，既闢矣而復闔，往來相續不窮，則謂之通。得見此户，則涉于有迹，非無聲無臭之可比矣，則謂之象。既有形象，必有規矩方圓，則謂之器。古之聖人制上棟下宇之時，即有此户，則謂之法度。利此户之用，一出一入，百姓日用而不知，則謂之神。即一户而易之理已在目前矣。易雖神明，豈深遠難知者哉？

是故易有太極，是生兩儀，兩儀生四象，四象生八卦，八卦定吉凶，吉凶生大業。

太極者，至極之理也。理寓于象數之中，難以名狀，故曰太極。生者，加一倍法也。兩儀者，畫一奇以象陽，畫一偶以象陰，爲陰陽之儀也。四象者，一陰之上加一陰爲太陰，加一陽爲少陽；一陽之上加一陽爲太陽，加一陰爲少陰，陰陽各自老少，有此四者之象也。八卦者，四象之上，又每一象之上各加

〔一〕「易」上，史本、朝爽堂本有「知」字。

一陰一陽爲八卦也。曰八卦，即六十四卦也。下文「昔者包犧氏之王天下也，始作八卦，以通神明之德，以類萬物之情」，曰神明、萬物，則天地間無所不包括矣，如乾爲天、爲圜，坤爲地、爲母之類是也。故六十四卦不過八卦變而成之，如乾爲天，天風姤；坤爲地，地雷復之類是也。若邵子八分十六，十六分三十二，三十二分六十四，不成其説矣。定者，通天下之志。生者，成天下之務。蓋既有八卦，則剛柔迭用，九六相推，時有消息，位有當否，故定吉凶。吉凶既定，則吉者趨之，凶者避之。變通盡利，鼓舞盡神，故生大業。若無吉凶利害，則人謀盡廢，大業安得而生？

是故法象莫大乎天地；變通莫大乎四時；縣象著明莫大乎日月；崇高莫大乎富貴；備物致用，立成器以爲天下利，莫大乎聖人；探賾索隱，鉤深致遠，以定天下之吉凶，成天下之亹亹者，莫大乎蓍龜。縣音玄。

天成象，地效法之，故曰法象。萬物之生，有顯有微，皆法象也，而莫大乎天地。萬化之運，終則有始，皆變通也，而莫大乎四時。天文焕發，皆懸象著明者，而莫大乎日月。崇高以位言，「貴爲天子，富有四海」是也。物，天地之所生者，備以致用，如服牛乘馬之類是也。器，乃人之所成者，立成器以爲天下利，舟楫網罟之類是也。凡天地間器物，智者創之，巧者述之，如蔡倫之紙，蒙恬之筆，非不有用有利也，但一節耳，故莫大乎聖人。事爲之太多者曰賾，事幾之幽僻者曰隱，理之不可測度者曰深，事之不可驟至者曰遠。探者討而理之，索者尋而得之，鉤者曲而取之，致者推而極之，四字雖不同，然以蓍龜探之索之鉤之致之，無非欲定吉凶昭然也。亹亹者，勉勉不已也。吉凶既定，示天下以從違之路，人自勉勉不已矣。此六者之功用皆大也，聖人欲借彼之大，以形容蓍龜之大，故以蓍龜終焉，與毛詩比體相同。○上文「闔户」一節，以易之理比諸天地間一物之小者，然豈特小者爲然哉？至于天地間至大之功用，亦有相同者，何也？蓋「易有太極，是生兩儀，兩儀生四象，四象生八卦，八卦定吉凶，吉凶生大業」，是大業也，所以成天下之亹亹者也。試以天地之大者言之。是故「法象莫大乎天地，變通莫大乎四時，縣象著明莫大乎日月，崇高莫大乎富貴，備物致用，立成器以爲天下利，莫大乎聖人」，此五者皆天地間至大莫能過者也。若夫「探賾索隱，鉤深致遠，以定天下之吉凶，成天下之亹亹」，以生其大業者，則莫大乎蓍龜。夫以小而同諸一物之小，大而同諸天地功用之大，此易所以冒天下之道也。

是故天生神物，聖人則之；天地變化，聖人效之；天垂象，見吉凶，聖人象之；河出圖，洛出書，聖人則之。易有四象，所以示也；繫辭焉，所以告也；定之以吉凶，所以斷也。

神物者，蓍龜也。天變化者，日月寒暑，往來相推之類。地變化者，山峙川流，萬物生長凋枯之類。吉凶者，日月星辰纏次、循度、晦明、薄蝕也。四象者，天生神物之象，天地變化之象，垂象吉凶之象，河圖、洛書之象也。○易之爲道，小而一户，大而天地四時日月富貴，聖人無有不合，易誠冒天下之道矣。易道如此，豈聖人勉强自作哉？蓋易之爲書，不過辭變象占四者而已。故易有占，非聖人自立其占也。天生神物，有自然之占，聖人則之，以立其占。易有變，非聖人自立其變也，天地變化有自然之變，聖人效之以立其變。易有象，非聖人自立其象也，天垂象，見吉凶，有自然之象，聖人象之，以立其象。易有辭，非聖人自立其辭也，河出圖，洛出書，有自然之文章，聖人則之，以立其辭。因天地生此四象，皆自然而然，所以示聖人者至矣。聖人雖繫之以辭，不過因此四象繫之，以告乎人而已。雖定之以吉凶，不過因此四象定之，以決斷其疑而已。皆非聖人勉强自作也。學易者能居則觀象玩辭，動則觀變玩占，易雖冒天下之道，道不在易而在我矣。

右第十一章。此章言易開物成務，冒天下之道，然皆出于天地自然而然，非聖人勉强自作也。

易曰：「自天祐之，吉无不利。」子曰：「祐者，助也。天之所助者順也，人之所助者信也。履信思乎順，又以尚賢也。是以『自天祐之，吉无不利』也。」

釋大有上九爻義。天人一理，故言天而即言人。天之所助者順也，順則不悖于理，是以天祐之。人之所助者信也，信則不欺乎人，是以人助之。六五以順信居中，上九位居六五之上，是「履信」也。身雖在上，比乎君而心未常不在君，是「思乎順」也。上賢與大畜剛上而尚賢同，言聖人在上也。上九履信思順，而六五又尚賢，此所以「自天祐之，吉无不利」也。上九居天位，天之象。應爻居人位，人之象。離中虛，信之象。中坤土，順之象。變震動，思之象。震爲足，上九乘乎五，履之象〔一〕。

〔一〕此下，朝爽堂本有「○來子考定此節在第八章『勞謙君子』下」。

子曰：「書不盡言，言不盡意。」然則聖人之意，其不可見乎？子曰：「聖人立象以盡意，設卦以盡情僞，繫辭焉以盡其言，變而通之以盡利〔一〕，鼓之舞之以盡神。」

書本所以載言，然書有限，不足以盡無窮之言。言本所以盡意，然言有限，不足以盡無窮之意。立象者，伏羲畫一奇以象陽，畫一偶以象陰也。立象則大而天地，小而萬物，精及無形，粗及有象，悉包括于其中矣。本于性而善者，情也。拂乎性而不善者，僞也。僞則不情，情則不僞，人之情僞萬端，非言可盡，即卦中之陰陽淑慝也。既立其象，又設八卦，因而重之，爲六十四，以觀愛惡之相攻，遠近之相取，以盡其情僞。文王、周公又慮其不能觀象以得意也，故又隨其卦之大小、象之失得憂虞繫之辭，以盡其言，使夫人之觀象既占者，又可因言以得意，而前聖之精藴益以闡矣。盡意、盡情僞、盡言，皆可以爲天下利。又恐其利有所未盡，于是教人于卜筮中觀其卦爻所變，即動則觀其變而玩其占也。由是即其所占之事而行之通達，即「通變之謂事」也，下文「化裁」、「推行」是也。則其用不窮，而足以盡利矣。因變得占，以定吉凶，則民皆無疑，而行事不倦。如以鼓聲作舞容，鼓聲疾，舞容亦疾；鼓聲不已，而舞容亦不已，自然而然，不知其孰使之者，所謂盡神也。盡利者，聖人立象設卦之功。盡神者，聖人繫辭之功。子曰，宜衍其一。○書不盡言，言不盡意，然則聖人之意終不可見乎？蓋聖人仰觀

〔一〕「利」，原作「意」，今據史本、朝爽堂本、寶廉堂本及下注文改。

俯察，見天地之陰陽，不外乎奇偶之象也，于是立象以盡意，然獨立其象，則意中之所包猶未盡也，于是設卦以盡意中情僞之所包。立象設卦不繫之以辭，則意中之所發猶未昭然明白也，于是繫辭以盡其意中之所發。立象、設卦、繫辭，易之體已立矣，于是教人卜筮，觀其變而通之，則有以成天下之務，而其用不窮，足以盡意中之利矣。由是斯民鼓之舞之，以成天下之亹亹，而其妙莫測，足以盡意中之神矣。至此意斯無餘藴，而聖人憂世覺民之心，方于此乎遂也。

乾坤，其易之緼耶？乾坤成列，而易立乎其中矣。乾坤毁，則无以見易。易不可見，則乾坤或幾乎息矣。

易者〔一〕，易書也。緼者，衣中所著之絮也。乾坤，其易之緼者，謂乾坤緼于易六十四卦之中，非謂易緼于乾坤兩卦之中也。成列者，一陰一陽對待也。既有對待，自有變化。毁謂卦畫不立，息謂變化不行。蓋易中所緼者皆九六也，爻中之九皆乾，爻中之六皆坤，九六散布于二篇，而爲三百八十四爻，則乾坤成列，而易之本立乎其中矣。易之所以爲易者，乾九坤六之變易也。故九六毁，不成列。九獨是九，六獨是六，則無以見其爲易。易不可見，則獨陽獨陰，不變不化，乾坤之用息矣。乾坤未嘗毁，未嘗息，特以爻畫言之耳。乾坤即九六〔二〕，若不下箇「緼」字，就説在有形天地上去了。

〔一〕「易者」上，朝爽堂本有「易如衣，乾坤如絮，乾九坤六也」。

〔二〕「九六」下，朝爽堂本有「者」字。

是故形而上者謂之道，形而下者謂之器，化而裁之謂之變，推而行之謂之通，舉而措之天下之民謂之事業。

道器不相離，如有天地，就有太極之理在裏面；如有人身，此軀體就有五性之理藏于此軀體之中。所以孔子分形上、形下，不離「形」字也。裂布曰裁。田鼠化爲鴽，周宣王時馬化爲狐，化意自見矣。化而裁之者，如一歲裁爲四時，一時裁爲三月，一月裁爲三十日，一日裁爲十二時是也。推行者，將已裁定者推行之也。如堯典「分命羲和」等事，是化而裁之。至「敬授人時」，則推行矣。通者，達也。如乾卦當潛而行潛之事則潛爲通，如行見之事則不通矣；當見而行見之事則見爲通，如行潛之事則不通矣。事者業之方行，業者事之已著。此五謂言天地間之正理，聖人之教化禮樂刑賞皆不過此理。至于下文六「存」方說卦爻。不然，下文「化而裁之」二句說不去矣。蓋謂者，名也。存者，在也。上文言「化而裁之名之曰變」，下文言「化而裁之，在乎其變」，字意各不同。說道理由精而及于粗，故曰「形而上者謂之道」。說卦爻由顯而至于微，故曰「默而成之，存乎德行」。○陰陽之象皆形也，形而上者超乎形器之上，無聲無臭，則理也，故謂之道。形而下者，則囿于形器之下，有色有象，止于形而已，故謂之器。以是形而上下，「化而裁之則謂之變，推而行之則謂之通」。及舉此變通，措之天下之民，則所以變、所以通者，皆成其事業矣，故謂之事業。此畫前之易也，與卦爻不相干。

是故夫象，聖人有以見天下之賾，而擬諸其形容，象其物宜，是故謂之象。聖人有以見天下之動，而觀其會通，以行其典禮，繫辭焉以斷其吉凶，是故謂之爻。極天下之賾者存乎卦，鼓天下之動存乎辭，化而裁之存乎變，推而行之存乎通，神而明之存乎其人，默而成之，不言而信，存乎德行。

重出以起下文。

極，究也。賾，多也。天地萬物之形象千態萬狀，至多而難見也。卦之象，莫不窮究而形容之，故曰「極天下之賾者存乎卦」。鼓，起也。動，酬酢往來也。天地萬物之事理，酬酢往來，千變萬化，至動而難以占決也。爻之辭莫不發揚其故，以決斷之，故曰「鼓天下之動存乎辭」。卦即象也，辭即爻也。化裁者，教人卜筮，觀其卦爻所變，如乾初爻一變，則就此變化而以理裁度之，爲潛龍勿用。乾卦本元亨利貞，今曰勿用，因有此變也，故曰存乎變。通者，行之通達不阻滯也。裁度已定，當推行矣，今當勿用之時，遂即勿用，不泥于本卦之元亨利貞，則行之通達不阻滯矣，故曰存乎通。神者運用之莫測，明者發揮之極精，下文「默而成之，不言而信」是也。無所作爲謂之默，曰默則不假諸極天下之賾之卦矣。見諸辭説之謂言，曰不言則不托諸鼓天下之動之辭矣。成者，我自成其變通之事也。信者，人自信之如蓍龜也，與「奏假無言，時靡有争」同意。○極天下之賾者存乎卦之象，鼓天下之動者存乎爻之辭，此卦此辭，化而裁之，存乎其變；推而行之，存乎其通。此本諸卦辭，善于用易者也。若夫不本諸卦辭，神而明之，則又存乎其人耳。蓋有所爲而後成，有所言而後信，皆非神明，惟默而我自成之，不言而人自信之，此則生知安行，聖人之能事也，故曰「存乎德行」。故有造化之易，有易書之易，有在人之易。德行者，在人之易也。有德行以神明之，則易不在造化，不在四聖，而在我矣。

右第十二章。此章論易「書不盡言，言不盡意」，而歸重于德行也。

周易集注卷之十四

梁山來知德集注

繫辭下傳

八卦成列，象在其中矣；因而重之，爻在其中矣；剛柔相推，變在其中矣；繫辭焉而命之，動在其中矣。吉凶悔吝者，生乎動者也；剛柔者，立本者也；變通者，趣時者也。重，直〔一〕龍反。

八卦以卦之横圖言。成列者，乾一、兑二、離三、震四，陽在下者列於左；巽五、坎六、艮七、坤八，陰在下者列于右。象者，八卦形體之象，不特天、地、雷、風、水、火、山、澤之象，凡天地所有之象，無不具在其中也。因而重之者，三畫上復加三畫，重乾、重坤之類也。陽極于六，陰極于六，因重成六畫，故有六爻。「八卦成列」二句，言三畫八卦。「因而重之」二句，言六畫八卦。至「剛柔相推」，言六十四卦。

〔一〕「直」，原作「音」，今據重修虎林本、朝爽堂本、寶廉堂本改。史本無此音注。

如乾爲天，乾下變一陰之巽，二陰之艮，三陰之坤，是「剛柔相推」也。繫辭者，繫六十四卦三百八十四爻之辭也。命者，命其吉凶悔吝也。動者，人之動作營爲，即趨吉避凶也。易六十四卦三百八十四爻，不過一剛一柔，九六而已。易有九六，是爲之本。無九六，則以何者爲本？故曰「立本」。易窮則變，變則通，不變則不通。有一卦之時，有一爻之時，時之所在，理之所當然，勢不得不然。趣者，向也。○伏羲八卦成列，雖不言象，然既成八卦，而文王之象已在卦之中矣。伏羲八卦雖無爻，然既重其六，而周公六爻已在重之中矣。六十四卦剛柔相推，雖非占卜卦爻之變，而卦爻之變已在其中矣。各繫以辭，雖非其動，然占者值此爻之辭，則即玩此爻以動之，而動即在其中矣。繫辭以命，而動在其中者，何也？蓋吉凶悔吝，皆辭之所命也。占者，由所命之辭而動，當趨則趨，當避則避，則動罔不吉。不然，則凶悔吝隨之矣。吉凶悔吝，生乎其動，動以辭顯，故繫辭以命，而動在其中矣。剛柔相推，而變在其中者，何也？蓋剛柔者，立本者也。變通者，趣時者也。有剛柔以立其本，而後可變通以趣其時。使無剛柔，安能變通？變通由于剛柔，故剛柔相推而變在其中矣。

吉凶者，貞勝者也；天地之道，貞觀者也；日月之道，貞明者也；天下之動，貞夫一者也。觀，去聲。夫音扶。

貞者，正也。聖人一部易經，皆利于正。蓋以道義配禍福也，故爲聖人之書。術家獨言禍福，不配以道義，如此而詭遇獲禽則曰吉，得正而斃焉則曰凶，京房、郭璞是也。勝者，勝負之勝。言惟正則勝，不論吉凶也。如富與貴可謂吉矣，如不以其道得之，不審乎富貴，吉而凶者也；貧與賤可謂凶矣，如不以其道得之，能安乎貧賤，凶而吉者也。負乘者，致其寇；舍車者，賁其趾。季氏、陽貨之富貴，顔回、原憲之貧賤，凡殺身成仁，舍生取義，過涉滅頂，皆貞勝之意也。觀者，垂象以示人也。道者，天地日月之正理，即太極也。一者，無欲也，無欲則正矣。孔子祖述堯舜者，祖述其精一也。故曰「吾道一以貫之」，又曰「所以行之者一也」，又曰「天下之動，貞夫一者也」，三「一」字皆同。孔子没，後儒皆不知「一」字之義，獨周濂溪一人知之，故某不得已，又作入聖功夫字義。○吉凶者，以貞而勝[一]，不論其吉凶也，何也？天地有此正理而觀，故無私覆，無私載；日月有此正理而明，故無私照。天地日月且如此，而況于人乎？故天下之動，雖千端萬緒，惟貞夫一，能無欲則貞矣，有欲必不能貞。惟貞則吉固吉，凶亦吉。正大光明，與天地之貞觀、日月之貞明，皆萬古不磨者也，豈論其吉凶哉？

夫乾，確然示人易矣；夫坤，隤然示人簡矣。爻也者，效此者也。象也者，像此者也。

爻象動乎内，吉凶見乎外，功業見乎變，聖人之情見乎辭。見，賢遍反。

確然，健貌。隤然，順貌。天惟有此貞一，故確然示人以易；地惟有此貞一，故隤然示人以簡。聖人作易，爻也者，不過效此貞一而作；象也者，不過像此貞一而立。使不效、像乎此，則聖人之易與天地

[一]「吉凶者，以貞而勝」，四庫本作「吉凶異象而貞勝」。

不相似矣。此爻、此象方動于卦之中，則或吉或凶，即呈于卦之外，而功業即因變而見矣。功業者，成務定業也。因變而見，即變而通之以盡利也。若聖人之辭不過于爻象之中，因此貞一而繫之以辭也〔一〕。蓋教人不論吉凶，以貞勝而歸于一者。此則聖人繫辭覺民之心情也，故曰情。

天地之大德曰生，聖人之大寶曰位。何以守位曰仁，何以聚人曰財。理財正辭，禁民爲非曰義。

大德者，易簡貞一之大德也。生者，天主生物之始，地主生物之成也。大寶者，聖人必居天位，方可行天道。是位者，乃所以成參贊之功者也，故曰大寶。聚人者，內而百官，外而黎庶也。理財者，富之也，九賦、九式之類是也。正辭者，教之也，教之以正也，三物、十二教之類是也。禁非者，既道之以德，又齊之以刑，五刑、五罰之類是也。仁義者，貞一之理也。〇天地有此貞一之大德，惟以生物爲心，故無私覆，無私載。聖人居大寶之位，而與天地參，是以守其位而正位凝命也，則以仁，曰仁，即天地貞一之大德也；居其位而理財正辭禁非也，則曰義，曰義，即天地貞一之大德也。仁以育之，義以正之，有此貞一無私之大德，所以與天地參也。易之爲書，辭變象占，專教人以貞勝〔二〕而歸于一者以此。上繫首章舉天地易簡知能之德，而繼之以聖人之成位，見聖人有以克配乎天地。此作易之原，易

〔一〕「貞一而繫之以辭也」，史本、朝爽堂本作「貞一繫之以辭而已」。

〔二〕「勝」，朝爽堂本作「正」。

之體也。下繫首章舉天地易簡貞一之德，而繼之以聖人之仁義，見聖人有以參贊乎天地，此行易之事，易之用也。

右第一章。此章論易而歸之于貞一。

古者包犧氏之王天下也，仰則觀象于天，俯則觀法于地，觀鳥獸之文與地之宜，近取諸身，遠取諸物，於是始作八卦，以通神明之德，以類萬物之情。

法，法象也，天之象，日月星辰也；地之法，山陵川澤也。鳥獸之文，有息者根於天，飛走之類也。地之宜，無息者根于地，草木之類也。如書言兗之漆、青之檿、徐之桐是也，非高黍下稻也。伏犧時尚鮮食，安得有此？近取諸身，氣之呼吸、形之頭足之類也。遠取諸物，鱗介羽毛、雌雄牝牡之類也。通者，理之相會合也。類者，象之相肖似也。神明之德，不外健順動止八者之德。萬物之情，不外天地雷風八者之情。德者，陰陽之理。情者，陰陽之迹。德精而難見，故曰通；情粗而易見，故曰類。〇包犧氏之王天下也，仰觀俯察，與鳥獸之文並[一]地之宜，近取諸身，遠取諸物，見得天地間一對一待，成列於兩間者，不過此陰陽也；一往一來，流行于兩間者，不過此陰陽也。于是畫一奇以象陽，畫一偶以象陰，因而重之，以爲八卦，以通神明之德，以類萬物之情。

[一]「並」，寶廉堂本、四庫本作「與」。

作結繩而爲網罟，以佃以漁，蓋取諸離。罟音古，佃音田。

離卦中爻爲巽，繩之象也。網以佃，罟以漁。離爲目，網罟之兩目相承〔一〕者似之。離德爲麗，網罟之物麗于中者似之。蓋取諸離者，言繩爲網罟，有離之象，非覩離而始有此也。教民肉食，自包犧始。自此至「結繩而治」，有取諸卦象者，有取諸卦義者。

包犧氏没，神農氏作，斲木爲耜，揉木爲耒，耒耨之利，以教天下，蓋取諸益。斲，陟角反。耜音似。耒，力對反。耨，奴豆反。

耒耜者，今之犁也。耜者，耒之首，斲木使鋭而爲之。今人加以鐵鏵謂之犁頭。耒者，耜之柄，揉木使曲而爲之。二體皆木，上入下動，中爻坤土，木入土而動，耒耜之象。教民粒食，自神農始。

日中爲市，致天下之民，聚天下之貨，交易而退，各得其所，蓋取諸噬嗑。

離日在上，日中之象。中爻艮爲徑路，震爲大塗，又爲足，致民之象。中爻坎水艮山，羣珍所出，聚貨之象。又震錯巽，巽爲市利三倍，爲市聚貨之象。震動，交易之象。巽爲進退，退之象。艮止，各得其所之象。此噬嗑之象也。且天下之人其業不同，天下之貨其用不同，今不同者皆于市而合之，以其所有，易其所無，各得其所，亦猶物之有間者齧而合之，此噬嗑之義也。

〔一〕「承」，朝爽堂本作「齊」。

神農氏没，黄帝、堯、舜氏作，通其變，使民不倦，神而化之，使民宜之，「易窮則變，變則通，通則久」，是以「自天祐之，吉無不利」。黄帝堯舜垂衣裳而天下治，蓋取諸乾坤。

陽極則必變于陰，陰極則必變于陽，此變也。陽變于陰，則不至于亢；陰變于陽，則不至于伏，此通也。陽而陰，陰而陽，循環無端，所以能久。是以聖人之治天下，民之所未厭者，聖人不强而去之；民之所未安者，聖人不强而行之，如此變通，所以使民不倦。不然，民以爲紛更，安得不倦？由之而莫知其所以然者，神也；以漸而相忘于不言之中者，化也。神而化之，所以使民宜之。不然，民以爲不便，何宜之有？〇犧農之時，民朴俗野，至黄帝堯舜時，風氣漸開，時已變矣。三聖知時當變也而通其變，使天下之人皆歡忻鼓舞，趨之而不倦。所以然者，非聖人有以强之也，亦神而化之而已。惟其神而化之，故天下之民安之以爲宜。惟其宜之，故趨之而不倦也。蓋天地之理數，窮則變，變則通，通則久。犧農之時，人害雖消而人文未著，衣食雖足而禮義未興，故黄帝堯舜惟垂上衣下裳之制，以明尊卑貴賤之分，而天下自治者，以窮則變，是以神而化之，與民宜之也。蓋取諸乾坤者，乾坤之理，亦變化無爲，此乾坤之義也；乾坤之體，亦上衣下裳之尊卑，此乾坤之象也。

刳木爲舟，剡木爲楫，舟楫之利，以濟不通，句。致遠，句。以利天下，蓋取諸涣。刳，口姑反。剡，以冉反。

「以濟不通」句絶，「致遠」句絶。刳者，剖而使空也。刳木中虚，可以載物。剡者，斬削也。剡木末鋭，可以進舟。濟不通者，横渡水也，與「濟人溱洧」「濟」字同。溪澗江河，或東西阻絶，或南北阻絶〔一〕，皆不通也。致遠者，長江天遠〔二〕，不能逆水而上，不能放流而下，皆不能致遠也。今有舟楫，則近而可以濟不通，遠而可以致遠，均之爲天下利矣。濟不通即下文「引重」之列，致遠即下文「致遠」之列。「蓋取諸涣」者，下坎水，上巽木，中爻震動，木動于水上，舟楫之象也。且天下若無舟楫，不惟民不能彼此往來，雖君臣上下亦阻絶而不能往來，天下皆涣散矣。乘木有功，以濟其涣，此涣之義也。

服牛乘馬，引重致遠，以利天下，蓋取諸隨。

上古牛未穿，此則因其性之順穿其鼻，馴而服之。上古馬未絡，此則因其性之健絡其首，駕而乘之。中爻巽爲繩，艮爲鼻，又爲手，震爲足，服之、乘之之象也。震本坤所變，坤爲牛，一奇畫在後者，陽實而大，引重之象也。兑本乾所變，乾爲馬，一偶畫在前者，大道開張，致遠之象也。牛非不可以致遠，曰引重者，爲其力也。馬非不可以引重，曰致遠者，爲其敏也。蓋取諸隨者，人欲服牛，牛則隨之而服；人欲乘馬，馬則隨之而乘；人欲引重，則隨之而引重；人欲致遠，則隨之而致遠〔三〕，動静行止，皆隨人意，此隨之義也。

〔一〕上十字，朝爽堂本作「阻絶」。
〔二〕「遠」，朝爽堂本作「塹」。
〔三〕自「人欲服牛」至此，朝爽堂本作「人欲服則服，欲乘則乘，欲引重則引重，欲致遠則致遠」。

重門擊柝，以待暴客，蓋取諸豫。

中爻下艮爲門，上震綜艮，又爲門，是兩門矣，重門之象也。震動善鳴，有聲之木，柝之象也。艮爲守門閽人。中爻坎爲夜，艮又爲手，擊柝之象也。坎爲盜，暴客之象也。上古外户不閉，至此建都立邑，其中必有官職府庫，故設重門以禦之，擊柝以警之，以待暴客。豫者，逸也，又備也。「謙輕而豫怠」，逸之意也。恐逸豫，故豫備。

斷木爲杵，掘地爲臼，臼杵之利，萬民以濟，蓋取諸小過。

中爻兑爲毁折，斷與掘之象也。上震木，下艮土，木與地之象也。大象坎陷，臼舂之象也。萬民以濟者，前此雖知粒食而不知脱粟，萬民得此杵臼，治米極其精，此乃小有所過，而民用以濟者也。

弦木爲弧，剡木爲矢，弧矢之利，以威天下，蓋取諸睽。

弧，弓也。弦木使曲，剡木使鋭，中爻坎木堅，離木槁〔一〕，兑爲毁折，弦木剡木之象也。坎爲弓矢，離爲戈兵，又水火相息，皆有征伐之意，所以既濟、未濟皆伐鬼方，弧矢威天下之象也。所以威天下者，以其睽乖不服也，故取諸睽。

上古穴居而野處，後世聖人易之以宫室，上棟下宇，以待風雨，蓋取諸大壯。

〔一〕「槁」，原作「稿」，今據朝爽堂本及説卦傳改。

棟，屋脊木也。宇，椽也。棟直承而上，故曰上棟。宇兩垂而下，故曰下宇。二陰在上，雷以動之，又中爻兑爲澤，雨之象也。兑綜巽，風之象也。四陽相比，壯而且健，棟宇之象。大過四陽相比，故亦言棟。大壯者，壯固之義也。

古之葬者，厚衣之以薪，葬之中野，不封不樹，喪期无數，後世聖人易之以棺槨，蓋取諸大過。

衣之以薪，蓋覆之以薪也。葬之中野，葬之郊野之土中也。不封者，無土堆而人不識也。本卦象坎爲隱伏，葬之象也。中爻乾爲衣，厚衣之象也。巽爲木，薪之象也，棺之象也。乾爲郊，郊外，中野之象也。巽爲入，兑錯艮爲手，又爲口，木上有口，以手入之，入棺之象也。大過者，過于厚也。小過養生，大過送死，惟送死可以當大事，故取大過。

上古結繩而治，後世聖人易之以書契，百官以治，萬民以察，蓋取諸夬。

結繩者，以繩結兩頭，中割斷之，各持其一，以爲他日之對驗也。結繩而治，非君結繩而治也，言當此百姓結繩之時，爲君者于此時而治也。書，文字也，言有不能記者書識之。契，合約也，事有不能信者契驗之。百官以此書契而治，百官不敢欺。萬民以此書契而察，萬民不敢欺〔一〕。取夬者，有書契，則

〔一〕自「百官以此」至此，朝爽堂本作「百官以此書契而察，萬民不敢欺」。

考核精詳，稽驗明白，亦猶君子之決小人，小人不得以欺矣。兑綜巽爲繩，繩之象也。乾爲言，錯坤爲文，言之有文，書契之象也。

右第二章。通章言制器尚象之事。網罟耒耜，所以足民食；交易舟車，所以通民財；弦弓門柝，所以防民患；杵臼，以利其用；衣裳，以華其身；宮室，以安其居；棺槨，以送其死，所以爲民利用安身，養生送死，無遺憾矣。然百官以治，萬民以察，卒歸之夬之書契者，蓋器利用便則巧僞生，聖人憂之，故終之以夬之書契焉。上古雖未有易之書，然造化人事本有易之理，故所作事暗合易書，正所謂「畫前之易」也。

是故易者，象也。象也者，像也。彖者，材也。爻也者，效天下之動者也。是故吉凶生而悔吝著也。

「是故」二字承上章取象而言。木挺曰材。材，幹也。一卦之材，即卦德也。天下之動，紛紜轇轕，或出或處，或默或語，大而建侯行師、開國承家，小而家人婦子嘻嘻嗃嗃，其變態不可盡舉。效者，效力也，獻也，與「川嶽效靈」「效」字同，發露之意。言有一爻之動，即有一爻之變。周公于此一爻之下，即繫之以辭而效之，所謂「六爻之義易以貢」也。生者，從此而生出也。著者，自微而著見也。吉凶在事本顯，故曰生。悔吝在心尚微，故曰著。悔有改過之意，至于吉，則悔之著也。吝有文過之意，至于凶，則吝之著也。原其始而言，吉凶生于悔吝；要其終而言，則悔吝著而爲吉凶也。〇易卦者，寫萬物之形象之謂也，舍象不可以言易矣。象也者，像也。假象以寓理，乃事理仿佛近似而可以想像者也，非造化之貞體也。彖者，象之材也，乃卦之德也。爻者，效天下之動者也，象之變也，乃卦之趣時也。是故伏羲之易，惟像其理而近似之耳。至于文王有彖以言其材，周公有爻以效其動，則吉凶由此而生，悔吝由此而著矣，而要之皆據其象而已，故舍象不可以言易也。若學易者不觀其象，乃曰「得意在忘象，得象在忘言」，正告子所謂「不得于言，勿求於心」者也。若舍此象，止言其理，豈聖人作易，前民用，以教天下之心哉？

右第三章〔一〕。

陽卦多陰，陰卦多陽，其故何也？陽卦奇，陰卦偶，其德行何也？陽一君而二民，君子之道也；陰二君而一民，小人之道也。

震、坎、艮爲陽卦，皆一陽二陰。巽、離、兑爲陰卦，皆一陰二陽。陽卦奇、陰卦偶者，言陽卦以奇爲主，震、坎、艮皆一奇，皆出于乾之奇，震以一索得之，坎以再索得之，艮以三索得之，三卦皆出于乾之奇，所以雖陰多，亦謂之陽卦。陰卦以偶爲主，巽、離、兑皆一偶〔二〕，皆出于坤之偶，巽以一索得之，離以再索得之，兑以三索得之，三卦皆出于坤之偶，所以雖陽多，亦謂之陰卦。陰雖二畫，止當陽之一畫。若依舊注，陽卦皆五畫，陰卦皆四畫，其意以陽卦陽一畫、陰四畫也，陰卦陽二畫、陰二畫也。若如此，

〔一〕此下，朝爽堂本有「總是言象」四字。史本脱「右第三章」四字。
〔二〕「偶」，朝爽堂本作「耦」。下「皆出于坤之偶」、「陰謂偶」「偶」字同。

則下文「陽一君二民」非二民，乃四民矣；「陰二君一民」非一民，乃二民矣。蓋陰雖二畫，止對陽之一畫，故陽謂奇，陰謂偶，所以説「一陰一陽之謂道」。「德行」兼善惡，與上文「故」字相對。「何也」與上文「何也」相對。陽爲君，陰爲民，一君二民，乃天地之常經，古今之大義。如唐虞三代，海宇〔一〕蒼生，罔不率俾是也，故爲君子之道。二君一民，則政出多門，車書無統，如七國争雄是也，故爲小人之道。

○陽卦宜多陽而反多陰，陰卦宜多陰而反多陽，其故何也？蓋以卦之奇偶論之，陽以奇爲主，震坎艮三卦之奇皆出于乾三男之卦，故爲陽卦；陰以偶爲主，巽離兑三卦之偶皆出于坤三女之卦，故爲陰卦。若以德行論之，陽一君而二民，君子之道也，震坎艮皆一君而二民，正合君子之道，故陽卦多陰。陰二君而一民，小人之道也，巽離兑皆二君而一民，正合小人之道，所以陰卦多陽。

右第四〔二〕章。

易曰：「憧憧往來，朋從爾思。」子曰：「天下何思何慮？天下同歸而殊塗，一致而百慮。天下何思何慮？」

此釋咸九四爻，亦如上傳「擬議」之事。下數節倣此。慮亦〔三〕出于心之思，但慮則思之深爾。同歸而

〔一〕「宇」，朝爽堂本作「隅」。

〔二〕「四」，原作「三」，今據史本、朝爽堂本、寶廉堂本及上下文改。

〔三〕「亦」，原作「不」，今據朝爽堂本改。

殊塗者，同歸于理而其塗則殊。一致而百慮者，一致于數而其慮則百。因殊故言同，因百故言一。致者，極也，送詣也〔一〕，使之至也。言人有百般思慮，皆送〔二〕至于數。有數存焉，非人思慮所能爲也，正所謂「莫之致而至者，命也」。以塗言之，如父子也〔三〕，君臣也，夫婦也，朋友也，長幼也，如此之塗，接乎其身者甚殊也，然父子有親之理〔四〕，君臣有義之理，夫婦有別之理，朋友有信之理，長幼有序之理，使父子〔五〕數者之相感，吾惟盡其理而已，有何思慮？以慮言之，如富貴也，貧賤也，夷狄〔六〕也，患難也，如此之慮，起乎其心者有百也，然素富貴，行乎〔七〕富貴；素貧賤，行乎貧賤；素夷狄，行乎夷狄；素患難，行乎患難。如使富貴〔八〕數者之相感，吾惟安乎其數而已，有何思慮？下文則言造化理物有一定自然之數，吾身有一定自然之理，而吾能盡其理，安其數，則窮神知化而德盛矣。

〔一〕「送詣也」三字，朝爽堂本無。
〔二〕「送」，朝爽堂本作「歸」。
〔三〕此及下五「也」字，朝爽堂本無。
〔四〕此及下五「之理」，朝爽堂本無。
〔五〕「父子」二字，朝爽堂本無。
〔六〕「夷狄」，寶廉堂本作「□□」。下同，不再出校。
〔七〕此及下四「乎」字，朝爽堂本無。
〔八〕「如」、「富貴」三字，朝爽堂本無。

日往則月來，月往則日來，日月相推而明生焉。寒往則暑來，暑往則寒來，寒暑相推而歲成焉。往者屈也，來者信也，屈信相感而利生焉。尺蠖之屈，以求信也。龍蛇之蟄，以存身也。信音申。

以造化言之，一晝一夜相推而明生，一寒一暑相推而歲成。成功者退謂之屈，方來者進謂之信。一往一來，一屈一信，循環不已，謂之相感。利者，功也。日月有照臨之功，歲序有生成之功也。應時而往，自然而往，應時而來，自然而來，此則造化往來相感一定之數，惟任乎氣之自運而已，非可以思慮而往也，非可以思慮而來也。以物理言之，屈者乃所以爲信之地，不屈則不能信矣，故曰求。必蟄而後存其身以奮發，不蟄則不能存身矣。應時而屈，自然而屈，應時而信，自然而信，此則物理相感一定之數，惟委乎形之自然而已，非可以思慮而屈也，非可以思慮而信也，正所謂「一致而百慮」也。造化物理往來屈信，既有一定之數，則吾惟安其一致之數而已，又何必百慮而憧憧往來哉？

精義入神，以致用也。利用安身，以崇德也。

精者〔一〕，明也，擇也，專精也，即「惟精惟一」之「精」，言無一毫人欲之私也。義者，吾性之理，即五倫仁義禮知信之理也。入神者，精義之熟，手舞足蹈皆其義，從心所欲不踰矩，莫知其所以然而然也。

〔一〕「精者」上，朝爽堂本有「此言」二字。

致用者，詣于其用，出乎身，發乎邇也。利用者，利于其用，加乎民，見乎遠也。安身者，身安也，心廣體胖，四體不言而喻也。惟利于其用，無所處而不當，則此身之安，自無入而不自得矣。既利用安身，則吾身之德，自不覺其積小高大矣。○以吾身言之，精研其義，至于入神，非所以求致用也，而自足以爲出而致用之本；利其施用，無適不安，非所以求崇德也，而自足以爲入而崇德之資。致者，自然而致。崇者，自然而崇。此則吾身内外相感一定之理也，正所謂「同歸而殊塗」也。故天下之塗雖有千萬之殊，吾惟盡同歸之理。精義入神以致用，利用安身以崇德而已，又何必論其殊塗而憧憧往來哉？

過此以往，未之或知也。窮神知化，德之盛也。

過此者，過此安一致之數，盡同歸之理也。以往者，前去也。未之或知者，言不知也。言相感之道，惟當安數盡理，如此功夫，過此則無他術，無他道也。故同歸之理，窮此者謂之窮神；一致之數，知此者謂之知化。能窮之、知之，則不求其德之盛，而德之盛也無以加矣，又何必憧憧往來也哉？天下何思何慮者正以此。蓋盡同歸之理，是樂天功夫。神以理言，故言窮。安一致之數，是知命功夫。化以氣言，故言知。理即仁義禮知之理，氣即吉凶禍福之氣。内而精義入神，已有德矣，外而利用安身，又崇其德，内外皆德之盛，故總言德之盛。「崇」字即「盛」字，非崇外别有盛也。一部易經説數即説理〔一〕。

〔一〕此下，朝爽堂本有「○來子考定『作易者其知盗乎』節在此。○安數盡理，何必思慮」。

易曰：「困於石，據於蒺蔾，入於[一]宫，不見其妻，凶。」子曰：「非所困而困焉，名必辱；非所據而據焉，身必危；既辱[二]且危，死期將至。妻其可得見邪？」

釋困六三爻義。非所困者，在我非所困也；非所據者，在人非所據也。欲前進以榮其身，不得其榮，是求榮而反辱也，故名必辱；欲後退以安其身，不得其安，是求安而反危也，故身必危。辱與危，死道也，故不見妻[三]。

易曰：「公用射隼于高墉之上，獲之，无不利。」子曰：「隼者，禽也。弓矢者，器也。射之者，人也。『君子藏器于身，待時[四]而動』，何不利之有？動而不括，是以出而有獲，語成器而動者也。」

釋解上六爻義。此孔子别發一意，與解悖不同。「括」字乃孔子就本章「弓矢」上取來用。蓋矢頭曰鏃，矢末曰括。括與筈同[五]，乃箭筈也，筈弦處也。故書曰：「若虞機張，往省括于度。」則釋括有四

[一]「其」，原脱，今據諸本及卷十六補。

[二]「辱」，原作「入」，今據諸本改。

[三]此下，朝爽堂本有「〇來子考定此節在『君子安其身』下」。

[四]「時」，原作「特」，今據諸本改。

[五]上四字及下「也」字，朝爽堂本無。

義：結也，至也，檢也，包也。詩「日之夕矣，牛羊下括」，至之義也；楊子「或問士，曰『其中也弘深，其外也肅括』」，檢之義也；過秦論「包括四海」，包之義也；此則如坤之「括囊」，取閉結之義。動而不閉結，言動則不遲疑滯拘，左之左之〔一〕，右之右之，無不宜之有之，資深逢原之意也。○「隼者，禽也。弓矢者，器也。射之者，人也。」君子負濟世之具于身，而又必待其時。時既至矣，可動則動，何不利之有？蓋濟世之具在我，則動而不括。此所以出而有獲，无所不利也。易曰「公用射隼于高墉之上，獲之，无不利」者，正言器已成矣，而後因時而動也〔二〕。

子曰：「小人不耻不仁，不畏不義，不見利不勸，不威不懲，小懲而大誡。此小人之福也。易曰：『屨校滅趾，无咎。』此之謂也。」

釋噬嗑初九爻義。可耻者莫如不仁，小人則甘心不仁；可畏者莫如不義，小人則甘心不義；利以動之，而後爲善，曰勸者，即勸其爲仁爲義也；威以制之，而後去惡，曰懲者，即懲其不仁不義也。故小有懲于前，大有誡于後。此則小人之福也。不然，不仁不義，不勸不懲，積之既久，罪大而不可解矣，

〔一〕此「左之」及下「右之」，朝爽堂本俱不重。

〔二〕此下，朝爽堂本有「○來子考定此節在『作易者其知盜乎』下，繼此『天地絪緼』節、『子曰君子安其身而後動』節、『易曰困于石』節、『子曰德薄而位尊』節、『鳴鶴在陰』節俱在此」。

何福之有？易曰「屨校滅趾，无咎」者正此。止惡于未形，小懲大誡，爲小人之福之意也〔一〕。

善不積不足以成名，惡不積不足以滅身，小人以小善爲无益而弗爲也，以小惡爲无傷而弗去也，故惡積而不可掩，罪大而不可解。易曰：「何校滅耳，凶。」

釋噬嗑上九爻義。惟惡積而不可掩，故罪大而不可解。「何校滅耳，凶」者，積惡之所致也〔二〕。

子曰：「危者，安其位者也；亡者，保其存者也；亂者，有其治者也。是故君子安而不忘危，存而不忘亡，治而不忘亂，是以身安而國家可保也。易曰：『其亡其亡，繫于包桑。』」

釋否九五爻義。安危以身言，存亡以家言，治亂以國言，所以下文曰「身安而國家可保也」。危者白以爲位可恒安者也，亡者自以爲存可恒保者也，亂者自以爲治可恒有者也，惟安其位，保其存，有其治，則志得意滿，所以危亡而亂矣，唐之玄宗、隋之煬帝是也。易教人「易者使傾」，正此意〔三〕。

子曰：「德薄而位尊，知小而謀大，力小而任重，鮮不及矣。易曰：『鼎折足，覆公餗，

〔一〕此下，朝爽堂本有「〇來子考定此節在繫辭上第八章『知幾其神乎』下」。

〔二〕此下，朝爽堂本有「〇來子考定此節在『小人不恥不仁』下」。

〔三〕此下，朝爽堂本有「〇來子考定此節在上第八章『言天下之至賾』下」。

其形渥，凶。』言不勝其任也。」知音智，勝音升。

釋鼎九四爻義。德所以詔爵，智所以謀事，力所以當任。鮮不及者，鮮不及其禍也〔一〕。

子曰：「知幾，其神乎？君子上交不諂，下交不瀆，其知幾乎？幾者動之微，吉之先見者也。君子見幾而作，不俟終日。易曰：『介于石，不終日，貞吉。』介如石焉，寧用終日，斷可識矣。君子知微知彰，知柔知剛，萬夫之望。」

釋〔二〕豫六二爻義。諂者諂諛〔三〕，附冰山、吠村莊者也〔四〕。瀆者，瀆慢也，不知其幾，如劉、柳交伓〔四〕文〔五〕，竟陷〔六〕其黨〔七〕是也。斷可識者，斷可識其不俟終日也。豫卦獨九四「大有得」，蓋爻之得時者。初與四應，交乎四者也；三與四比，亦交乎四者也，皆諂于其四矣。獨二隔三，不與四交，上交不諂者也。初六「鳴豫，凶」，不正者也。二與之比，二中正，不瀆慢，下交不瀆者也。動之微即先見，知

〔一〕此下，朝爽堂本有「〇來子考定此節在『困于石』下」。

〔二〕「釋」上，朝爽堂本有「總贊六二知幾。知幾而不決，猶未知也，尤重在貞守。〇」。

〔三〕「諛」，原作「諛」，今據史本、朝爽堂本、四庫本改。

〔四〕上八字，朝爽堂本無。

〔五〕「伓」，朝爽堂本、寶廉堂本作「叔」。

〔六〕「陷」，原作「諂」，今據諸本改。

〔七〕「黨」，原作「儻」，今據諸本改。

微知彰也。本卦止一剛，初柔四剛，知柔知剛也。聖人之言皆有所據，「知幾其神」與「知微知彰」三句皆是贊辭。○幾者，人之所難知。能知人之所不能知，故曰神。君子之交人，上下之間不諂不瀆者，以其有先見之明，懼其禍之及己也，故知幾惟君子。何也？蓋幾者，方動之始，動之至微，良心初發，吉之先見者也。若溺于物欲，非初動之良心，延遲不決，則不能見幾，禍已及己，見其凶而不見其吉矣。惟君子見此幾，即作而去，不俟終日。然見此幾之君子，豈易能哉？必其操守耿介，修身反己，無一毫人欲之私者，方可能之。易曰：「介于石，不終日，貞吉。」夫以耿介如石之不可移易，則知之之明，去之之決，斷可以識其不俟終日矣。蓋天下之事有微有彰，人之處事有柔有剛，人知乎此，方能見幾也。今君子既知其微，又知其彰；既知其所以柔，又知其所以剛，四者既知，則無所不知矣，所以爲萬夫之望而能見幾也，故贊其「知幾其神」〔一〕。

子曰：「顏氏之子，其殆庶幾乎？有不善，未嘗不知；知之，未嘗復行也。易曰：『不遠復，无祇悔，元吉。』」

釋復初九爻義。殆者，將也。庶，近也。幾者動之微，吉之先見者也，即下文「有不善未嘗不知」也。言顏氏之子其將近于知幾乎？知之未嘗復行，故不貳過〔二〕。

〔一〕此下，朝爽堂本有「○來子考定此節在上第八章『自天祐之』下」。
〔二〕此下，朝爽堂本有「○來子考定此節在上第八章『善不積』下」。

天地絪緼，萬物化醇。男女構精，萬物化生。易曰：「三人行，則損一人。一人行，則得其友。」言致一也。

釋損六三爻義。絪，麻線也。緼，綿絮也。借字以言天地之氣纏綿交密之意。醇者，凝厚也。本醇酒，亦借字也。天地之氣本虛，而萬物之質則實，其實者乃虛氣之化而凝得氣成形，漸漸凝實，故曰化醇。男女乃萬物之男女，雌雄牝牡不獨人之男女也。男女乃父母，萬物皆男女之所生也。以卦象言，地在中爻，上下皆无，有天將地纏綿之象，故曰天地絪緼。以二卦言，少男在上，少女在下，男止女悅，有男女構精之象，故以天地、男女並言之。致與「喪致乎哀」「致」字同，專一也。陰陽兩相與，則專一。本卦六爻應與，皆陰陽相配，故曰致一。○天地絪緼，氣交也。專一而不二，故曰醇。男女構精，形交也。專一而不二，故化生。夫天地男女，兩也。絪緼、構精，以一合一，亦兩也。所以成化醇、化生之功。易曰「三人行，則損一人；一人行，則得其友」者，正以損一人者兩也，得其友者兩也，兩相與，則專一；若三，則雜亂矣，豈能成功？所以爻辭言損一得友者以此。

子曰：「君子安其身而後動，易其心而後語，定其交而後求。君子修此三者，故全也。危以動，則民不與也。懼以語，則民不應也。无交而求，則民不與也。莫之與，則傷之者至矣。易曰：『莫益之，或擊之，立心勿恒，凶。』」「易其」之「易」，以豉反。

釋益上九爻義。安其身者身無愧怍也，危則行險矣。易其心者坦蕩蕩也，懼則長戚戚矣。以道義交，則淡以成，故定；以勢利交，則甘以壞，故無交。修者，安也，易也，定也。修此三者，則我體益之道全矣，故不求益而自益。若缺其一，則立心不恒，不能益矣。全對缺言。民者，人也。上與字，黨與之與。下與字，取與之與。莫之與，即上文民不與。不應，不與也。傷之者，即擊之也。安也，易也，定也，皆立心之恒，故曰「立心勿恒，凶」。

右第五章。

子曰：「乾坤，其易之門邪？乾，陽物也。坤，陰物也。陰陽合德而剛柔有體，以體天地之撰，以通神明之德。」

門者，物之所從出者也。陰陽二卦，六十四卦，三百八十四爻，皆其所從出，故爲易之門。有形質曰物，一奇象陽，一偶象陰，則有形質矣。以二物之德言，則陰與陽合。陽與陰合，而其情相得。以二物之體言，則剛自剛，柔自柔，而其質不同。以者，用也。撰者，述也。天地之撰，天地雷風之類也，可得見者也。德者，理也，神明之德，健順動止之類也，不可測者也。可得見者，易則以此二物體之；不可測者，易則以此二物通之。形容曰體，發越曰通。

其稱名也，雜而不越；於稽其類，其衰世之意邪？

一卦有一卦之稱名，一爻有一爻之稱名，或言物象，或言事變，可謂至雜矣。然不過體天地之撰，通神明之德而已。二者之外，未嘗有踰越也。但稽考其體之通之之類，如言「龍戰于野」，「入于左腹」，「獲明夷之心」，如此之類，似非上古民淳俗朴，不識不知之語也，意者衰世民僞日滋。所以聖人説此許多名物事類出者，亦不得已也。

夫易彰往而察來，而微顯闡幽，開而當名辯物，正言斷辭則備矣。

彰往者，明天道之已然也，陰陽消息卦爻之變象有以彰之。察來者，察人事之未然也，吉凶悔吝卦爻之占辭有以察之。日用所爲者，顯也，易則推其根于理數之幽以微之，使人敬慎而不敢慢。百姓不知者，幽也，易則就其事爲之顯以闡之，使人洞曉而無所疑。開而當名辯物者，各開六十四卦所當之名，以辯其物，如乾馬、坤牛、乾首、坤足之類，不使之至于混淆也。正言斷辭者，所斷之辭吉則正言其吉，凶則正言其凶，無委曲，無迴避也。如是，則精及無形，粗及有象，無不備矣。曰備者，皆二物有以體其撰，通其德也。此其所以備也。

其稱名也小，其取類也大，其旨遠，其辭文，其言曲而中，其事肆而隱。因貳以濟民行，以明失得之報。

牝馬、遺音之類，卦之稱名者小也。負乘、喪笰之類，爻之稱名小者也。肆，陳也。貳者，副也。有正有副，猶兩也。言既小又大，既遠又文，既曲又中，既肆又隱，不滯于一邊，故名爲貳。失得者，吉凶也。報者，應也。○易辭纖細無遺，其稱名小矣。然無非陰陽之理默寓乎中，而取類又大，天地、陰陽、道德、性命散見于諸卦爻之中，其旨遠矣。然其辭昭然有文，明白顯然以示人而未常遠也。卦爻之言委曲婉轉謂之曲，曲則若昧正理矣，然曲而中乎典禮，正直而不私焉。叙事大小本末極其詳備謂之肆，肆則若無所隱矣，然理貫于大小本末之中，顯而未必不隱焉。因此貳則兩在莫測，無方無體矣。宜乎濟斯民日用之所行，以明其吉凶之應也。曰濟者，皆二物有以體其撰，通其德，此其所以濟也。夫易皆二物體其撰，通其德，則乾坤不其易之門耶？

右第六章。此章言乾坤爲易之門。

易之興也，其于中古乎？作易者，其有憂患乎？

易之興，指周易所繫之辭。易乃伏羲所作，然無其辭，文王已前不過爲占卜之書而已。至文王始有彖辭，教人以反身修德之道，則易書之著明，而興起者自文王始也。因受羑里之難，身經乎患難，故所作〔一〕之易無非處患難之道。下文九卦，則人所用以免憂患之道也。

是故履，德之基也；謙，德之柄也；復，德之本也；恒，德之固也；損，德之修也；益，德之裕也；困，德之辯也；井，德之地也；巽，德之制也。

德者，行道而有得于身也。履者，禮也，吾性之所固有。德爲虚位，而禮有實體。修德以禮，則躬行實踐之間有所依據，亦猶室之有基址矣，故爲德之基。柄者，人之所執持者也。人之盈滿者，必喪厥德，惟卑

〔一〕「作」，原作「以」，今據諸本及上文改。

己尊人，小心畏義，則其德日積，亦猶物之有柄，而爲人所執持矣，故爲德之柄。人性本善，其不善者蔽于物欲也，今知自反不善而復于善，則善端萌蘖之生，自火燃泉達，萬善從此充廣，亦猶木之有根本而枝葉自暢茂矣，故爲德之本。然有德在我，使不常久，則雖得之，必失之，故所守恒久，則長久而堅固，故恒者，德之固也。君子修德，必去其所以害德者，如或忿慾方動，則當懲窒，損而又損，以至于無，此乃修身之事，故曰損者，德之修也。君子之進德，必取其有益于德者，若見善而覺己之有過，則遷善改過以自益，故曰益者，德之裕也。裕者，充裕也。人處平常，不足以見德，惟處困窮出處語默之間，辭受取與之際，最可觀德，困而亨則君子，窮斯濫則小人，故爲德之辯。井静深有本，而後澤及于物，人涵養所畜之德，必如井而後可施及于人也，故爲德之地。巽既順于理，又其巽入細微，事至則隨宜斷制，故爲德之制。此九卦，無功夫，無次第。○此言九卦爲修德之具也。聖人作易，固有憂患矣，然聖人之憂患，惟修其德而已。聖人修德，雖不因憂患而修，然卦中自有修德之具，如履、謙、復、恒、損、益、困、井、巽，乃德之基、之柄、之本、之固、之修、之裕、之辯、之地、之制。蓋不必六十四卦，而九卦即爲修德之具矣。

履和而至，謙尊而光，復小而辯於物，恒雜而不厭，損先難而後易，益長裕而不設，困窮而通，井居其所而遷，巽稱而隱。易，以豉〔一〕反。長，知丈反。稱，去聲。

〔一〕「豉」，原作「鼓」，今據諸本改。下「以豉反」同，不再出校。

禮順人情，故和。和無森嚴之分，則不至矣。然節文儀則皆天理精微之極至也，和而至此，履之才德所以極其善也。謙以自卑，則不尊矣；謙以自晦，則不光矣，今謙自卑而人尊，自晦而愈光，尊而光，此謙之才德所以極其善也。暗昧而小者，則必不能辯物矣，今復一陽居于羣陰暗昧之下，雖陰盛陽微，以一陽之小而能知辯其五陰皆爲物欲，所以反其不善以復其善，小而辯物，此復之才德所以極其善也。事至而雜來者，則必至于厭矣，恒則雖處轇轕之地，而常德如一日，雜而不厭，此恒之才德所以極其善也。凡事之難者則必不易矣，損則懲忿窒慾，雖克己之最難，然習熟之久，私意漸消，其後則易，先難後易，此損之才德所以極其善也。凡事之長裕者，則必至于設施造作矣，益則日知其所亡，月無忘其所能，可謂長裕矣，然非助長也，長裕而不設，此益之才德所以極其善也。身之窮者，則必不通矣，困則身窮而道通，窮而又通，此困之才德所以極其善也。人居其所者，則必不能遷矣，井雖居其所而不動，然泉脉流通，日遷徙而常新，居其所而遷，此井之才德所以極其善也。輕重適均之謂稱，稱則高下之勢人皆得而見之，則必不能隱矣，巽則能順其理，因時以稱其宜，然其性入而伏，則又形迹之不露，稱而隱，此巽之才德所以極其善也。此正言九卦才德之善，以見其能爲修德之具也。言履和而至，所以爲德之基。若和而不至，不可以爲德之基矣。下八卦倣此。此一節「而」字，與書經九德「而」字同。

履以和行，謙以制禮，復以自知，恒以一德，損以遠害，益以興利，困以寡怨，井以辯義，巽以行權。「和行」之「行」，下孟反。遠，袁萬反。

以者，用也。行者日用所行之行迹也。人有禮則安，無禮則危。禮以和之，使之揆之理而順，即之心而安，無乖戾也。制者，制服之意。禮太嚴，截然不可犯。謙以制之，則和而至矣。履即禮，非有別禮也。但上天下澤，乃生定之禮。生定之禮，本有自然之和，人之行禮，若依其太嚴之體，不免失之亢，故用謙以制之，則和矣。自知者，善端之復，獨知之地也。德不常則二三，常則始終惟一，時乃日新矣。興利者，遷善改過，則日益高明，馴至美大聖神矣，何利如之？井以辯義者，井泉流通，日新不已，遷徙于義，非能辯義，安能遷徙？所以用井以辯之。巽以行權者，如湯、武之放伐，乃行權也，然順乎天，即巽順乎理也；又應乎人，皆同心同德，東征西怨，南征北怨，是即巽之能相入也。若離心離德，安得謂之相入？所以巽順乎理，又能相入，方能行權。○上一節言九卦爲修德之具，以「之」字發明之。中一節言九卦之才德，以「而」字發明之。此一節言聖人用九卦以修德，以「以」字發明之。是故行者，吾德所行之行迹也，恐其失于乖，則用履以和之。禮者，吾德之品節也，恐其失于嚴，則用謙以制之。擇善者，吾身修德之始事也，則用復以自知而擇之。固執者，吾身修德之終事也，則用恒以一德而守之。人欲者，吾德之害也，則用損以遠之。天理者，吾德之利也，則用益以興之。不知其命之當安，未免怨天，非所以修德也，則用困以寡之。不知性之當盡，不能徙義，非所以修德也，則用井以辯之。然此皆言修德之常經也。若有權變，不可通常經者，則用巽以行之。能和行，能制禮，能自知，能一德，能遠害，能興利，能寡怨，能辯義，能行權，則知行並進，動静交修，經事知宜，變事知權，此九卦所以爲德之基、之柄、之本、之固、之修、之裕、之辯、之地、之制也。以此修德，天下有何憂患不可處哉？

右第七章。此章論聖人以九卦修德。

易之爲書也不可遠，爲道也屢遷，變動不居，周流六虚，上下无常，剛柔相易，不可爲典要，惟變所適。

書者，卦爻之辭也。不可遠，不可離也。以之崇德廣業，以之居安樂玩，皆不可離之意。爲道者，易之爲道也。一陰一陽之謂道，故曰道。變動者，卦爻之變動也。不居者，不居于一定也。六虚者，六位也。虚對實言。卦雖六位，然剛柔往來如寄，非實有也，故曰六虚。外三爻爲上，内三爻爲下。典猶册之有典，要猶體之有要，典要拘于迹者也。下文既有典常，則以辭言之耳。○易之爲書不可遠，以其爲道也屢遷，所以不可遠也。何也？易不過九、六，是九、六也變動不居，周流于六虚之間，或自下而上，或自上而下，或剛易乎柔，或柔易乎剛，皆不可以爲一定之典要，惟其變之所趨而已。道之屢遷如此，則廣大悉備，無所不該，此所以不可遠也。

其出入以度，外内使知懼，又明於憂患與故，无有師保，如臨父母。

出入以卦言，即下文外内也。出者，自内而之外，往也。入者，自外而之内，來也。度者，法度也。言所繫之辭，其出入外內，當吉則吉，當凶則凶，當悔則悔，當吝則吝，各有一定之法度，不可毫釐移易。明于憂患者，于出入以度之中，又能明之也。故者，所以然之故也。明其可憂，又明其可憂之故；明其可患，又明其可患之故，如「勿用取女」，明其憂患也；「見金夫，不有躬」，明其故也。○易不可以爲典要，若無一定之法度，而人不知懼矣，殊不知上下雖無常，剛柔雖相易，然其所繫之辭，或出或入，皆有一定之法度。立于內外爻辭之間，使人皆知，如朝廷之法度，懼之而不敢犯也。然豈特〔一〕使民知懼哉？又明于憂患與故，雖無師保之教訓，而常若在家庭父母之側，愛之而不忍違也。既懼之而不敢犯，又愛之而不忍違，易道有益于人如此，人豈可遠乎？

初率其辭而揆其方，既有典常，苟非其人，道不虛行。

初對既言。初者，始也。既者，終也。率，由也。揆，度也。方，道也。或出或入，或憂或患之方道也。○易之爲書，上下無常，剛柔相易，不可爲典要。若不可揆其方矣，然幸而有聖人之辭在也。故始而由其辭以揆，出入以度，使民懼之；方由其辭以揆，憂患與故，使民愛之，方始見易之爲書，有典可循，有常可蹈，而向之不可爲典要者，于此有典要矣。故神而明之，惟存乎其人。率辭揆方，何如耳？苟非「默而成之，不言而信」之人，則不能率辭揆方。屢變之道，不可虛行矣。豈能知易哉？易之爲書，

〔一〕「特」，原作「持」，今據諸本改。

不可遠如此。

右第八章。此章言易不可遠，率辭揆方，存乎其人。

易之爲書也，原始要終以爲質也，六爻相雜惟其時物也。

質謂卦體。初者，卦之始。原其始，則二三在其中矣。上者，卦之終。要其終，則四五在其中矣。卦必原始要終以爲體，故文王之彖辭亦必原始要終以爲辭，如屯曰「元亨利貞」，蒙曰「童蒙求我」，皆合其始終二體言之也。若六爻之剛柔相雜，則惟取其時物而已。故周公之爻辭，亦惟取諸時物以爲辭。如乾之龍物也，而有潛、見、躍、飛之不同者，時也。漸之鴻物也，而有于磐、陸、木之不同者，時也。○易之爲書也，不過卦與爻而已。一卦分而爲六爻，六爻合而爲一卦，卦則舉其始終以爲體，爻之剛柔雖相雜而不一，然占者之決吉凶，惟觀其所值之時、所值之物而已。雖相雜而實不雜也，易之爲書蓋如此。

其初難知，其上易知，本末也。初辭擬之，卒成之終。

此言初上二爻。初爻難知者，以初爻爲爻之本，方有初爻，而一卦之形體未成，是其質未明，所以難知。易知者，上爻爲卦之末，卦至上爻，則其質已著，其義畢露，所以易知。惟難知，故聖人繫初爻之辭，則必擬而議之，當擬何象何占，不敢輕率。惟易知，故聖人繫上爻之辭，不過因下文以成其終，如乾初九曰潛龍，上爻即曰亢龍是也。

若夫雜物撰德，辯是與非，則非其中爻不備。

物者，爻之陰陽。雜者，兩相雜而互之也。德者，卦之德。撰者，述也。內外二卦，固各有其德，如風山漸，外卦有入之德，內卦有止之德。又自其中爻二五三四之陰陽雜而互之，則二四有坎陷之德，三五有離麗之德，又撰成兩卦之德矣。辯是與非者，辯其物與德之是非也。是者，當于理也。非者，悖于理也。蓋爻有中有不中，有正有不正，有應與無應與，則必有是非矣，故辯是與非，非中爻不備。○初與上固知之有難易矣，然卦理無窮，內外有正卦之體，中爻又有合卦之體，然後其義方無遺缺，若夫錯陳陰陽，撰述其德，以辯別其是非，使徒以正卦觀之，而遺其合卦所互之體，則其義必有不備者矣。

噫！亦要，句。存亡吉凶則居可知矣。句。知者觀其彖辭，則思過半矣。要，平聲。知音智。

噫者，嘆中爻之妙也。「亦要」作句。易經有一字作句者，如萃卦六二「引，吉，无咎」，則一字作句也。要者，中也，即中爻也。說文「身中曰要」。豬身中肉曰要勒。今作腰。言此亦不過六爻之要耳，非六爻之全，即知存亡吉凶也。存亡者，天道之消息。吉凶者，人事之得失。居者，本卦之不動也。居則觀其象之居，言不待六爻之動而知也。彖辭，文王卦下所繫之辭也。○言此不過六爻中之要耳，而存亡吉凶不待動爻而可知，故學易者宜觀玩也。若觀玩所思之精專，不必觀周公分而爲六之爻辭，但觀文王一卦未分之彖辭，則此心之所思者，亦可以得存亡吉凶于過半，況中爻之合兩卦者乎？中爻成兩卦，宜乎知存亡吉凶也。

二與四同功而異位，其善不同，二多譽，四多懼，近也。柔之爲道，不利遠者，其要无咎，其用柔中也。三與五同功而異位，三多凶，五多功，貴賤之等也。其柔危，其剛勝耶？勝音升。

同功者，二與四互成一卦，三與五互成一卦，皆知存亡吉凶，其功同也。善不同者，二中而四不中，故不同也。不利遠者，既柔不能自立，又遠于君，則孤臣矣，所以不利。要者，約也。用者，發之于事也。柔中者，柔而得中也。三多凶者，六十四卦惟謙卦「勞謙」一爻許之以吉，所以三多凶。五爲君，君則貴，有獨運之權，故多功。三爲臣，賤不能專成，故多凶。耶者，疑辭也。言柔居陽位，則不當位而凶；陽當陽位，則當位而吉。此六十四卦之自定也。今三多凶者，豈以柔居而凶？五多功者，豈以剛居之則能勝其位而不凶耶？六十四卦中，亦有柔居陽位而吉，剛居陽位而凶者。〇二與四同功而異位，二多譽，四多懼，四之多懼者，以其近于君，有僭逼之嫌，故懼也。二之多譽者，以柔之爲道，本不利遠于君，但易不論遠近，大約欲其无咎而已，今柔居中位，發之于外，莫非柔中之事，則无咎矣，此所以多譽也。三與五同功而異位，三多凶，五多功，所以然者，以君貴臣賤，故凶功不同也。豈三乃陰居陽位則凶，五乃陽居陽位則勝耶？非也，乃貴賤之等使然耳。夫以中之四爻同功矣，而有譽有懼，有凶有功，可見六爻相雜，惟其時物，正體與互體皆然也。聖人設卦立象繫辭，不遺中爻者，以此。

右第九章。此章專論中爻。

易之爲書也，廣大悉備，有天道焉，有人道焉，有地道焉。兼三才而兩之，故六。六者非他也，三才之道也。

廣大者，體統渾淪也。悉備者，條理詳密也。兼三才者，三才本各一，因重爲六，故兩其天，兩其人，兩其地也。天不兩則獨陽無陰矣，地不兩則獨陰無陽矣，人不兩則不生不成矣，此其所以兩也。才者，能也。天能覆，地能載，人能參天地，故曰才。三才之道者，立天之道曰陰與陽，五爲陽，上爲陰也；立人之道曰仁與義，三爲仁，四爲義也；立地之道曰柔曰剛，初爲剛，二爲柔也。○易之爲書，廣大悉備，何也？以易三畫之卦言之，上畫有天道焉，中畫有人道焉，下畫有地道焉，此之謂三才也。然此三才使一而不兩，則獨而無對，非三才也。于是兼三才而兩之，故六。六者豈有他哉？三才之道本如是其兩也，天道兩則陰陽成象矣，人道兩則仁義成德矣，地道兩則剛柔成質矣，道本如是，故兼而兩之，非聖人之安排也。易之爲書，此其所以廣大悉備也。

道有變動，故曰爻。爻有等，故曰物。物相雜，故曰文。文不當，故吉凶生焉。當，都喪反。

變動者，潛、見、躍、飛之類也。等者，剛柔大小遠近貴賤之類也。物者，陽物、陰物也。爻不可以言物，有等則謂之物矣。相雜者，相間也。一不獨立，兩則成文，陰陽兩物交相錯雜，猶青黄之相兼，故曰文。不當者，非專指陽居陰位、陰居陽位也。卦情若淑，或以不當爲吉，剥之上九、豫之九四是也。卦情若慝，反以當位爲凶，大壯初九、同人六二是也。要在隨時變易，得其當而已。一變動之間，即有物有文，有吉凶，非有先後也。卦必舉始終而成體，故上章以質言曰兼三才，猶上章之所謂質也。爻必雜剛柔而爲用，故此章以文言曰變動者，猶上章之所謂時物也。〇三才之道，變動不居，故曰爻。爻也者，言乎其變，效天下之動者也。爻有等，故曰物。物相雜，故曰文。文不當位，故吉凶生焉。夫一道也，爲爻，爲物，爲文，爲吉凶，而皆出于易，此其書所以廣大悉備也。

右第十章。此章言易廣大悉備。

易之興也，其當殷之末世，周之盛德邪？當文王與紂之事邪？是故其辭危。危者使平，易者使傾，其道甚大，百物不廢，懼以終始，其要无咎，此之謂易之道也。「易者」之「易」，以豉反。

危者使平，易者使傾，此聖人傳心之言。如以小而一身論，一飲一食，易而不謹，必至終身之疾；一言一語，易而不謹，必至終身之玷。此一身易者之傾也。以大而國家論，越王卧薪嘗膽，冬持冰，夏持火，卒擒吴王，此危者之平也。玄宗天寶已前，海内富庶，遂深居禁中，以聲色自娱，悉以政事委之李林甫，京師遂爲安禄山所陷，此易者之傾也。其道甚大，百物不廢，于此可見。危使平，易使傾，即書言「殖有禮，覆昏暴」之意。物者，事也。廢字即傾字也。若依小注萬物之理無所不具，則全非本章危平易傾之易矣。懼以終始者，危懼自始至終，惟恐其始危而終易也。○易之興也，其當殷之末世，周之盛德耶？當文王與紂之事耶？惟當文王與紂之事，是故玩其辭，往往有危懼警戒之意。蓋危懼則得平安，慢易必至傾覆，易之道也。此道甚大，雖近而一身，遠而天下國家，凡平者皆生于危，凡傾者皆生于易。若常以危懼爲心，則凡天下之事物，雖百有一齊，然生全成于憂患，未有傾覆而廢者矣。故聖人繫易之辭，懼以終始，不敢始危而終易者，大約欲人恐懼修省，至于无咎而已。此則易之道也。

右第十一章。

夫乾，天下之至健也，德行恒易以知險。夫坤，天下之至順也，德行恒簡以知阻。行，去聲。易，以豉反。阻，莊吕反。

健、順者，乾坤之性。德者，乾坤蘊畜之德得諸心者也，即日新、盛德之德也。行者，乾坤生成之迹見諸事者也，即富有、大業之事也。易簡者，乾坤無私之理也。險阻者，乾坤至賾至動之事。險者，險難也。易，直之反。阻者，壅塞也。簡，静之反。惟易直無私者，可以照天下巇險之情；惟簡静無私者，可以察天下煩壅之故。六十四卦利貞者，無非易簡無私之理而已。此節止論其理，言知險知阻，乃健順德行，易簡之能事也，未説道聖人與易。至下文説心研慮，方説聖人；八卦象告，方説到易。

能説諸心，能研諸侯之慮，定天下之吉凶，成天下之亹亹者，是故變化云爲，吉事有祥，象事知器，占事知來。説音悦，「侯之」二字衍，吉作言。

能者，人皆不能而聖人獨能之也。能字在前，者字在後者，言能悦心研慮，定天下吉凶，成天下亹亹者，惟聖人也。險阻之吉，如大過「過涉滅頂」、蠱之「利涉大川」是也。云爲即「言行」二字。變化即欲動者。尚其變，變字吉字，劉績讀作言，今從之。○聖人事未至則能以易簡無私之理悦諸心，事既至則能以易簡無私之理研諸慮，是即乾坤之易簡矣，是以險阻之吉者知其爲吉，險阻之凶者知其爲凶，而定天下之吉凶。險阻之吉者則教人趨之，險阻之凶者則教人避之，而成天下之亹亹，是故易必以動者尚其變也，聖人則即其易簡之理不必尚其變，而凡有所云爲，自變化而莫測。易必以言者尚其辭也，聖人則即其易簡之理不必尚其辭，而凡事必有兆自前知而如神，事之有形迹而爲器者。易必以制器者尚其象也，聖人則知以藏往，即其易簡之理而知其一定之器事之無形迹而爲來者。易必以卜筮者尚其占也，聖人則神以知來，即其易簡之理而知其未然之來，此則聖人未卜筮而知險知阻也。

天地設位，聖人成能。人謀鬼謀，百姓與能。八卦以象告，爻彖以情言，剛柔雜居而吉凶可見矣。

凡人有事，人謀在先。及事之吉凶未決，方決于卜筮，所以説「人謀鬼謀，百姓與能」也。故書曰「謀及乃心，謀及卿士，謀及庶人，謀及卜筮」，先心而後人，先人而後鬼，輕重可知矣。象者，像也。八卦成列，象在其中矣，凡卦中之畫及天地雷風、乾馬坤牛之類也。爻者，效天下之動者也。彖者，材也。皆有辭也。情即象之情，陽有陽之情，陰有陰之情，乾馬有健之情，坤牛有順之情。剛柔即九六也，相雜則吉凶之理自判然可見。告者，告此險阻也。言者，言此險阻也。見者，見此險阻也。○天地設位，有易簡之理，而知險知阻，此天地之能也。聖人則以易簡之理悦心研慮，未卜筮而知險知阻矣。然百姓不皆聖人也，于是聖人作易，以成天地之能，所以天下之事雖至險至阻，其來無窮，然明而既謀于人，幽而又謀于鬼，不惟賢者可與其能，雖百姓亦可以與能矣。然百姓亦可以與能者，豈百姓于易簡之理亦能悦心研慮哉？蓋八卦以象告險阻，爻象以情言險阻，剛柔相雜以吉凶見險阻，是以百姓雖至愚，然因聖人作易之書，其所告所言所見自能知險知阻矣。所以聖人能成天地之能，而百姓亦與能也。

變動以利言，吉凶以情遷。是故愛惡相攻而吉凶生，遠近相取而悔吝生，情僞相感而利害生。凡易之情，近而不相得，則凶或害之，悔且吝。

卦以變爲主，故以利言。其言吉者，利人也；其言凶者，人則避之，亦利也。愛相攻，家人九五是也。惡相攻，同人九三是也。遠相取，恒之初六是也。近相取，豫之六三是也。情相感，中孚九二是也。情者，情實也，對僞而言。僞相感，漸之九三是也。曰相攻、曰相取、曰相感，即情也。感者，情之始動，利害之開端也。取則情已露而悔吝著矣，攻則情至極而吉凶分矣。卦爻中其居皆有遠近，其行皆有情僞，其情皆其愛惡也。凡易之情者，聖人作易之情也。近者，近乎相攻、相取、相感之情也，與上文遠近之近不同。不相得者，不相得其易簡之理而與之違背也。情兼八卦剛柔，故此節言卦爻之情，下節言人之情。○易之爲書，以象告，以情言，見吉凶，百姓固可以與能矣。而人之占卜者，卦中之變動本教占者趨吉避凶，無不利者也。然變動中有吉有凶，其故何也？以其卦爻之情而遷移也，是故情之險阻不同，有愛惡相攻險阻之情，則吉凶生矣；有遠近相取險阻之情，則悔吝生矣；有情僞相感險阻之情，則利害生矣。凡易之情，以貞爲主，貞即易簡之理也。情雖險阻不同，若合乎易簡之理，則吉矣，利矣，無悔吝矣。若近乎相攻、相取、相感之情，而違背乎易簡之理，則凶矣，害矣，悔且吝矣。小而悔吝，中而利害，大而吉凶，皆由此險阻之情而出。此易所以以象告，以情言，見吉凶，使人知所趨避者此也。

將叛者其辭慚，中心疑者其辭枝，吉人之辭寡，躁人之辭多，誣善之人其辭游，失其守者其辭屈。

叛者背理，慚者羞愧，疑者可否未決，枝者兩岐不一，躁者急迫無涵養，誣善之人或援正入邪，或推邪入正，故游蕩無實。失守者，無操持。屈者抑而不伸。○相攻相取相感，卦爻險阻之情固不同矣。至于人之情，則未易見也。然人心之動，因言以宣。試以人險阻之情發于言辭者觀之。蓋人情之險阻不同，而所發之辭亦異，是故將叛者其辭必慚，中心疑者其辭必枝，吉人之辭必寡，躁人之辭必多，誣善之人其辭必游，失其守者其辭必屈。夫吉者，得易簡之理者也。叛疑躁誣失守者，失易簡之理者也。人情險阻不同而其辭既異如此，又何獨于聖人卦爻之辭而疑之？可見易知險簡知阻，本聖人成天地之能，而使百姓與能者，亦不過以易簡之理知其險阻而已。

右第十二章。此章反復論易知險、簡知阻。蓋天尊地卑，首章言聖人以易簡之德成位乎天地，見聖人作易之原。此章言聖人以易簡之德知險知阻，作易而使百姓與能，見聖人作易之實事也。

周易集注卷之十五

梁山來知德集注

説卦傳

昔者聖人之作易也，幽贊於神明而生蓍，參天兩地而倚數，觀變於陰陽而立卦，發揮於剛柔而生爻，和順於道德而理於義，窮理盡性以至於命。

言蓍草乃神明幽助方生。周公之爻，定陽九陰六者，非老變而少不變之説也，乃參天兩地而倚數也。參兩之説，非陽之象圓，圓者徑一而圍三；陰之象方，方者徑一而圍四之説也。蓋河圖天一、地二、天三、地四、天五、地六、天七、地八、天九、地十，一二三四五者，五行之生數也；六七八九十者，五行之成數也。生數居河圖之內，乃五行之發端，故可以起數；成數居河圖之外，則五行之結果，故不可以起數。參之者，三之也，天一、天三、天五之三位也。兩之者，二之也，地二、地四之二位也。倚者，依也。天一依天三，天三依天五，而爲九。地二依地四，而爲六也。若以畫數論之，均之爲三，參之則三箇三，兩之則兩箇三矣。聖人用蓍以起數，九變皆三畫之陽，則三其三而爲九。此九之母也。則過揲之策四九三十六，此九之子也。參之是三箇十二矣。九變皆二畫之陰，則二其三而爲六，此六之母也。則過揲之策四六二十四，此六之子也。兩之是兩箇十二矣。均之爲十二，參之則三箇，兩之則兩箇也。以至乾六爻之策二百一十有六，乃三箇七十二合之也。均之爲七十二，參之則三箇，兩之則兩箇矣。總之，乾策六千九百十二，乃三箇二千三百四合之也。坤策四千六百八，乃兩箇二千三百四合之也。均之二千三百四，參之則三箇，兩之則兩箇矣。此皆河圖生數自然之妙，非聖人之安排也。若夫七八，亦乾坤之策，但二五爲七，三四爲七，是一地一天，不得謂參兩；一三四爲八，一二五爲八，是一地二天，亦不得謂之參兩；以至過揲之策、六爻之策萬物之數，皆此參兩。故周公三百八十四爻皆用九六者，以生數可以起數，成數不可以起數也。觀變者六十四卦，皆八卦之變，陽變陰，陰變陽也，如乾初爻變則爲姤，二爻變則爲遯；坤初爻變則爲復，二爻變則爲臨是也。詳見雜説。八卦變六十四卦圖，發揮于剛柔者，布散剛柔于六十四卦，而生三百八十四爻也。易中所言之理，一而已矣。自其共由而言謂之道，自其蘊畜而言謂之德，自其散布而不可移易謂之理，自其各得其所賦之理謂之性。道、德、理、性四者，自其在人而言謂之義，自其在天而言謂之命。和順于道德者，謂易中形上之道、神明之德，皆有以貫徹之，不相悖戾拂逆也。理于義者，六十四卦皆利于貞。其要無咎者，義也。今與道德不相違背，則能理料其義。凡吉凶、悔吝、無咎，皆合乎心之制、事之宜矣。窮理者，謂易中幽明之理，以至萬事萬物之變，皆有以研窮之也。盡性者，謂易中健順之性，以至大而綱[一]常，小而細微，皆有以處分之也。至于命者，凡人之進退、存亡、得喪，皆命也。今既窮理盡性，則知進知退，知存知亡，知得知喪，與天合矣，故至于命也。惟聖人和順于道德，窮理盡性，是以文王發明六十四卦之彖辭，周公發明三百八十四爻之爻辭，有吉有凶，有悔有吝，有無咎者，皆理于義、至于命也。使非埋義立命，安能彌綸天地，觀象玩辭，觀變玩占，「自天祐之，吉無不利」也哉？幽贊二句，言蓍數也。蓍與河圖皆天所生，故先言此二句。立卦者，伏羲也。生爻者，周公也。理義至命者，文王、周公之辭也。上「理」字，「理料」之「理」。下「理」字，「義理」之「理」。自「聖人之作易也」下六句皆一意。幽贊于神明，參天兩地，觀變于陰陽，發揮于剛柔，和順于道德，窮理盡性，一意也。生也，倚也，立也，生也，理也，至也，一意也。聖人作易，不過此六者而已。言蓍數、卦爻，而必曰義命者，道器無二致，理數不相離。聖人作易，惟教人安于義命而已，故兼天人而言之，此方謂之易，非舊注極功之謂也。故下文言順性命之理，以陰陽、剛柔、仁義並言之。○言易有蓍，乃聖人幽贊於神明而生之。易有數，乃聖人參天兩地而倚之。易有卦，乃聖人觀變于陰陽而立之。易有爻，乃聖人發揮于剛柔而生之。易彖辭、爻辭中有義，乃聖人和順于道德而理之。易彖辭、爻辭中有命，乃聖人窮理盡性而至之。

右第一章。

〔一〕「綱」，原作「剛」，今據諸本改。

昔者聖人之作易也，將以順性命之理，是以立天之道曰陰與陽，立地之道曰柔與剛，立人之道曰仁與義，兼三才而兩之，故易六畫而成卦，分陰分陽，迭用柔剛，故易六位而成章。

性，人之理。命，天地之理也。陰陽以氣言，寒暑往來之類是也。剛柔以質言，山峙川流之類是也。仁義以德言，事親從兄之類是也。三者雖若不同，然仁者陽剛之理，義者陰柔之理，其實一而已矣。蓋天地間不外形、氣、神三字。如以人論，骨肉者，剛柔之體也；呼吸者，陰陽之氣也；與形氣不相離者，五性之神也，理也，特因分三才，故如此分爾。天無陰陽，則氣機息；地無剛柔，則地維墜；人無仁義，則禽獸矣，故曰立天、立地、立人。兼三才而兩之者，總分三才爲上、中、下三段，而各得其兩，初剛而二柔，三仁而四義，五陽而上陰也。分陰分陽，以爻位言。分初三五爲陽位，二四上爲陰位也。既分陰分陽，乃迭用剛柔之爻以居之，或以柔居陰、以剛居陽，爲當位；以柔居陽、以剛居陰，爲不當位；亦有以剛柔之爻互居陰陽之位，爲剛柔得中者，故六位雜而成文章也。○昔者聖人之作易也，將以順性命之理而已，非有所勉强安排也。以性命之理言之，「立天之道曰陰與陽，立地之道曰柔與剛，立人之道曰仁與義」，而性命之理，則根于天地，具于人心者也。故聖人作易，將此三才兼而兩之，六畫而成卦，又將此三才分陰分陽，迭用而成章者，無非順此性命之理而已。

右第二章。

天地定位，山澤通氣，雷風相薄，水火不相射，八卦相錯。數往者順，知來者逆，是故易逆數也。射音石。數，色主反〔一〕。

相薄者，薄激而助其雲雨也。不相射者，不相射害也。相錯者，陽與陰相對待，一陰對一陽，二陰對二陽，三陰對三陽也。故一與八錯，二與七錯，三與六錯，四與五錯。八卦不相錯，則陰陽不相對待，非易矣。宋儒不知「錯綜」二字，故以爲相交而成六十四卦，殊不知此專説八卦逆數方得相錯，非言六十四卦也。乾一、兑二、離三、震四前四卦爲往，巽五、坎六、艮七、坤八後四卦爲來。數往者順，數圖前四卦，乾一至震四，往者之順也。知來者逆，知圖後四卦，巽五至坤八，來者之逆也。是故易逆數者，言因錯卦之故，所以易逆數，巽五不次于震四，而次于乾一也。○惟八卦既相錯，故聖人立圓圖之卦。數往者之既順，知來者之當逆，使不逆安，而巽五即次于震四之後，則八卦不相錯矣。是故四卦逆數，巽五復四，次于乾一者以此。

右第三章。此章言伏羲八卦逆數方得相錯。

雷以動之，風以散之，雨以潤之，日以晅之，艮以止之，兑以説之，乾以君之，坤以藏

〔一〕此三字，朝爽堂本作「上聲」。

之。晅，況晚反〔一〕。説音悦。

天地定位，上章言八卦之對待，故首之以乾坤；此章言八卦對待，生物之功，故終之以乾坤。乾坤始交而爲震、巽，震、巽相錯，動則物萌，散則物解，此言生物之功也。中交而爲坎、離，坎、離相錯，潤則物滋，晅則物舒，此言長物之功也。晅者，明也。終交而爲艮、兑，艮、兑相錯，止則物成，説則物遂，此言成物之功也。若乾則爲造物之主，而于物無所不統；坤則爲養物之府，而于物無所不容。六子不過各分一職以聽命耳。

右第四章。此章言伏羲八卦相錯生物成物之功。

帝出乎震，齊乎巽，相見乎離，致役乎坤，説言乎兑，戰乎乾，勞乎坎，成言乎艮。説音悦。勞，去聲。

此文王圓圖。帝者，陽也。陽爲君，故稱帝。乾以君之，乃其證也。且言帝，則有主宰之意，故不言陽而言帝。孔子下文不言帝，止言萬物者，亦恐人疑之也。出也、齊也、相見也、致役也、説也、戰也、勞也、成也，皆帝也。二「言」字，助語辭。震方三陽開泰，故曰出。致者，委也。坤乃順承天，故爲陽所委役。至戌亥之方，陽剥矣，故與陰戰，曰「戰乎乾」者，非與乾戰也，陽與陰戰于乾之方也。伏羲圓圖

〔一〕「反」下，朝爽堂本有「又呼淵切，音宣」。

之乾，以天地之乾言。文王圓圖之乾，以五行乾金之乾言。至坎，則以肅殺相戰之後，適值乎慰勞休息之期，陽生于子，故曰勞。至艮方，陽已生矣，所以既成其終，又成其始。

萬物出乎震，震，東方也。齊乎巽，巽，東南也。齊也者，言萬物之潔齊也。離也者，明也，萬物皆相見，南方之卦也。聖人南面而聽天下，嚮明而治，蓋取諸此也。坤也者，地也，萬物皆致養焉，故曰「致役乎坤」。兑，正秋也，萬物之所説也，故曰「説言乎兑」。「戰乎乾」，乾，西北之卦也，言陰陽相薄也。坎者，水也，正北方之卦也，勞卦也，萬物之所歸也，故曰「勞乎坎」。艮，東北之卦也，萬物之所成終而所成始也，故曰「成言乎艮」。

潔齊，即姑洗之意。春三月，物尚有不出土者，或有未開花葉者，彼此不得相見。至五月，物皆暢茂，彼此皆相見，故曰「萬物皆相見」。夏秋之交，萬物養之于土，皆得向實，然皆陽以委役之，故曰「致役乎坤」。至正秋，陽所生之物〔一〕皆成實矣，故説。至戌亥之月，陽剥矣，故與陰相戰于乾之方。至子月，萬物已歸矣，休息慰勞于子之中，故勞。至冬春之交，萬物已終矣，然一陽復生，故又成其始。此因文王圓圖「帝出乎震」八句，孔子解之，雖八卦震巽離坤兑乾坎艮之序，實春夏秋冬五行循還流行之

〔一〕「物」，原作「陽」，今據諸本改。

序也。蓋震、巽屬木，木生火，故離次之。離火生土，故坤次之。坤土生金，故兑、乾次之。金生水，故坎次之。水非土亦不能生木，故艮次之。水土又生木火，此自然之序也。若以四正四隅論，離火居南；坎水居北；震，動也，物生之初，故居東；兑，説也，物成之後，故居西，此各居正位者也。震陽木，巽陰木，故巽居東南巳方；兑陰金，乾陽金，故乾居西北亥方；坤陰土，故居西南；艮陽土，故居東北，此各居四隅者也。

右第五章。此章言文王圓圖，「帝出乎震」一節言八卦之流行，後一節言八卦流行生成物之功。

神也者，妙萬物而爲言者也。動萬物者莫疾乎雷，撓萬物者莫疾乎風，熯萬物者莫熯乎火，説萬物者莫説乎澤，潤萬物者莫潤乎水，終萬物、始萬物者莫盛乎艮。故水火相逮，雷風不相悖，山澤通氣，然後能變化，既成萬物也。

神即雷、風之類，妙即動、撓之類。以其不可測，故謂之神，亦如以其主宰而言謂之帝也。動，鼓也。撓，散也。燥，乾也。澤〔一〕，地土中之水氣皆是也。水者冬之水，天降雨露之屬皆是也。逮，及也，謂相濟也。既，盡也。成，生成也。前節言伏羲之對待，曰「雷動風散」者，雷風相對也；曰「雨潤日晅」

〔一〕「澤」，朝爽堂本作「潤」。

者，水火相對也；曰「艮止〔一〕兑説」者，山澤相對也。此節言文王之流行，曰「動萬物」者，春也；曰「撓萬物」者，春夏之交也；曰「燥萬物」者，夏也；曰「説萬物」者，秋也；曰「潤萬物」者，冬也；曰「終始萬物」者，冬春之交也。所以火不與水對，山不與澤對〔二〕。先儒不知對待流行，而倡爲先天後天之説，所以本義于此一〔三〕節皆云「未詳」〔四〕，殊不知二圖分不得先後。譬如天之與地，對待也；二氣交感，生成萬物者，流行也，天地有〔五〕先後哉？男之與女，對待也；二氣交感，生成男女者，流行也，男女有先後哉？所以伏羲、文王之圖不可廢一，孔子所以發二聖千載之秘者此也。此節乃總括上四節二圖不可廢一之意，所以先儒未詳其義。〇「神也者，妙萬物而爲言者也。」以文王流行之卦圖言之，雷之動，風之撓，火之燥，澤之説，水之潤，艮之終始，其流行萬物，固極其盛矣，然必有伏羲之對待，「水火相濟，雷風不相悖，山澤通氣」，然後陽變陰化，有以運其神妙萬物而生成之也。若止于言流行而無對待，則男女不相配，剛柔不相摩，獨陰不生，獨陽不成，安能行鬼神，成變化，而動之、撓之、燥之、説之、潤之，以終始萬物哉？

〔一〕「止」，原作「上」，今據諸本改。
〔二〕「對」，原作「兑」，今據諸本改。
〔三〕「一」，原作「二」，今據史本、朝爽堂本改。
〔四〕「詳」，原作「祥」，今據諸本改。
〔五〕此「有」及下「男女有先後哉」「有」字，朝爽堂本作「豈」。

右第六章。第三章天地定位，第四章雷以動之，言伏羲圓圖之對待。第五章帝出于震二節，言文王圓圖之流行。此則總二聖之圖而言。文王之流行必有伏羲之對待，而後可流行也。

乾，健也。坤，順也。震，動也。巽，入也。坎，陷也。離，麗也。艮，止也。兑，説也。

此言八卦之情性。乾純陽，故健。坤純陰，故順。震、坎、艮，陽卦也，故皆從健。巽、離、兑，陰卦也，故皆從順。健則能動，順則能入，此震、巽所以爲動、爲入也。健遇上下皆順，則必溺而陷。順遇上下皆健，則必附而麗。此坎、離所以爲陷、爲麗也。健極于上，前無所往，必止。順見于外，情有所發，必悦。

右第七章。

乾爲馬，坤爲牛，震爲龍，巽爲雞，坎爲豕，離爲雉，艮爲狗，兑爲羊。

馬性健，其蹄圓，乾象。牛性順，其蹄坼，坤象。龍，蟄物，遇陽則奮，震之一陽動于二陰之下者也。雞，羽物，遇陰則入，巽之一陰伏于二陽之下者也。豕性剛躁，陽剛在内也。雉羽文明，陽明在外也。狗，止人之物。羊，悦羣之物。此遠取諸物如此。

右第八章。

乾爲首，坤爲腹，震爲足，巽爲股，坎爲耳，離爲目，艮爲手，兑爲口。

首尊而在上，故爲乾。腹納而有容，故爲坤。陽動陰静，動而在下者，足也；陽連陰坼，坼而在下者，股也。坎陽在内，猶耳之聰在内也；離陽在外，猶目之明于外也。動而在上者，手也；坼而在上者，口也。此近取諸身如此。

右第九章。

乾，天也，故稱乎父。坤，地也，故稱乎母。震一索而得男，故謂之長男。巽一索而得女，故謂之長女。坎再索而得男，故謂之中男。離再索而得女，故謂之中女。艮三索而得男，故謂之少男。兑三索而得女，故謂之少女。

六子皆自乾坤而生，故稱父母。索者，陰陽之相求也。陽先求陰，則陽入陰中而爲男。陰先求陽，則陰入陽中而爲女。震、坎、艮皆坤體，乾之陽來交于坤之初而得震，則謂之長男；交于坤之中而得坎，則謂之中男；交于坤之末而得艮，則謂之少男。巽、離、兑皆乾體，坤之陰來交于乾之初而得巽，則謂之長女；交于乾之中而得離，則謂之中女；交于乾之末而得兑，則謂之少女。三男本坤體，各得乾之一陽而成男，陽根于陰也。三女本乾體，各得坤之一陰而成女，陰根于陽也。此文王有父母六子之説。故孔子發明之，亦猶「帝出于震」孔子解之也。

右第十章。

乾爲天，爲圜，爲君，爲父，爲玉，爲金，爲寒，爲冰，爲大赤，爲良馬，爲老馬，爲瘠馬，爲駁馬，爲木果。

純陽而至健爲天，故爲天。天體圜〔一〕，運動不息，故爲圜。乾之主乎萬物，猶君之主萬民也，故爲君。乾知太始，有父道焉，故爲父。純粹爲玉，純剛爲金。爲寒、爲冰者，冰則寒之凝也。乾居亥位，陽生于子也。大赤，盛陽之色也。寒冰在子，以陽之始言之。大赤在午，以陽之終言之。良馬，馬之健而純，健之不變者也。老馬，健之時變者也。瘠馬，健之身變者也。駁馬，健之色變者也。乾道變化，故又以變言之。木果，圓之在上者也。漢荀爽集九名家易有爲龍，爲直，爲衣，爲言〔二〕。

坤爲地，爲母，爲布，爲釜，爲吝嗇，爲均，爲子母牛，爲大輿，爲文，爲衆，爲柄；其於地也爲黑。

純陰爲地，資生爲母。爲布者，陰柔也。且地南北經而東西緯，亦布象也。爲釜者，陰虛也。且六十四升爲釜，亦如坤包六十四卦也。其静也翕，凝聚不施，故爲吝嗇。其動也闢，不擇善惡之物皆生，故爲均。性順而生物，生生相繼，故爲子母牛。能載物爲輿，曰大輿者，乃順承天之大也。三畫成章，故爲文。偶畫成羣，故爲衆。柄者，持成物之權。黑者，爲極陰之色。荀九家有爲牝，爲迷，爲方，爲囊，爲裳，爲黄，爲帛〔三〕。

〔一〕「圜」，朝爽堂本作「圓」。
〔二〕此下，朝爽堂本有「○來子補定有爲郊，爲帶，爲旋，爲知，爲富，爲大，爲頂，爲戎，爲武」。
〔三〕此下，史本有「爲漿」二字，朝爽堂本有「爲漿。○來子補定有爲末，爲小，爲能，爲明，爲户，爲敦」。

震爲雷，爲龍，爲玄黄，爲旉，爲大塗，爲長子，爲決躁，爲蒼筤竹，爲萑葦；其於馬也爲善鳴，爲馵足，爲作足，爲的顙；其於稼也爲反生；其究爲健，爲蕃鮮。旉作車。筤音郎。萑音丸。馵，主〔一〕樹反。

震者，動也。爲雷者，氣之動于下也。爲龍者，物之動于下也。乾坤始交而成震，兼天地之色，故爲玄黄。旉，當作「車」字。震，動也；車，動物也。此震之性，當作「車」也。上空虚，一陽横于下，有舟車之象，故剥卦「君子得輿，小人剥廬」。陽剥于上，有剥廬之象；陽生于下，則爲震矣，有得輿之象。此震之象，當作「車」也。且從大塗，從作足馬，則「車」誤作「旉」也明矣。一奇動于内，而二偶開張，四通八達，故爲大塗。震〔二〕一索而得男，故爲長子。一陽動于下，其進也鋭，故爲決躁。蒼者，東方之色，故爲蒼筤竹。萑葦，荻與蘆也，與竹皆下本實而上幹虚，陽下陰上之象也。凡聲，陽也，上偶開口，故爲善鳴。爾雅「馬左足白曰〔三〕馵」。震居左，故曰馵。作者，兩足皆動也。一陽動于下，故爲作足。顙者，額也。的顙者，白額之馬也。震錯巽，巽爲白，故爲頭足皆白之馬。剛反在下，故稼爲反生，反生者，根在上也。究者，究其前之所進也。陽剛震動，勢必前進，故究其極而言之。究其健者，震進則

〔一〕「主」，朝爽堂本作「直」。

〔二〕「震」，原作「坤」，今據寶廉堂本改。

〔三〕「曰」，原作「口」，今據諸本改。

爲臨爲泰，爲三畫之純陽矣，故爲健。究蕃者，究其陽所生之物也。帝出乎震，則齊乎巽，相見乎離，品物咸[一]亨，而蕃盛矣，故爲蕃。究鮮者，鮮謂魚，震錯巽，故爲魚也。書「奏庶鮮食」，謂魚肉之類。老子「治大國如烹小鮮」，則專言魚也。究健、究蕃者，究一陽之前進也。究鮮者，究一陽之對待也。

荀九家有爲玉，爲鵠，爲鼓[二]。

巽爲木，爲風，爲長女，爲繩直，爲工，爲白，爲長，爲高，爲進退，爲不果，爲臭；其於人也爲寡髮，爲廣顙，爲多白眼，爲近利市三倍；其究爲躁卦。

巽，入也。物之善入者莫如木，故無土不穿。氣之善入者莫如風，故無物不被。坤一索乾而得巽，故爲長女。木曰曲直。繩直者，從繩以取直，而工則引繩之直以制木之曲者也。「巽，德之制」，故能制器，爲工。伏羲圓圖震[三]錯巽，震居東北爲青，巽居西南爲白，蓋木方青而金方白也。陽長陰短，陽高陰卑，二陽一陰，又陽居其上，陰居其下，故爲長，爲高。風行無常，故進退。風或東或西，故不果。臭以風而傳，陰伏于重陽之下，鬱積不散，故爲臭。姤卦「包魚，不利賓」者，以臭故也。爲寡髮者，髮屬血，陰血不上行也。廣顙者，闊額也，陽氣獨上盛也。眼之白者爲陽，黑者爲陰，所以離爲目，巽二

〔一〕「咸」，原作「成」，今據諸本改。

〔二〕此下，朝爽堂本有「〇來子補定有爲青，爲升躋，爲奮，爲宮闈，爲春耕，爲東，爲老，爲竹筐」。

〔三〕「震」，朝爽堂本作「爲」。

白在上，一黑沉于下，故爲白眼。巽本乾體，爲金爲玉，利莫利于乾也。坤一索而爲巽，巽性入，則乾之所有皆入于巽矣，故近市利三倍。曰近者，亦如市之交易，有三倍之利也。震爲決躁，巽錯震，故其究爲躁卦，亦如震之「其究爲健」也。震、巽以究言者，剛柔之始也。荀九家有爲楊，爲鸛〔一〕。

坎爲水，爲溝瀆，爲隱伏，爲矯輮，爲弓輪；其於人也爲加憂，爲心病，爲耳痛，爲血卦，爲赤；其於馬也爲美脊，爲亟心，爲下首，爲薄蹄，爲曳；其於輿也爲多眚，爲通，爲月，爲盜；其於木〔二〕也爲堅多心。

水内明，坎之陽在内，故爲水。陽畫爲水，二陰夾之，故爲溝瀆。陽匿陰中，爲柔所掩，故爲隱伏。矯者，直而使曲。輮者，曲而使直。水流有曲直，故爲矯輮。因爲矯輮，弓與輪皆矯輮所成，故爲弓輪。陽陷陰中，心危慮深，故爲加憂。心、耳皆以虚爲體，坎中實，故爲病爲痛。蓋有孚則心亨，加憂則心病矣。水在天地爲水，在人身爲血。爲赤者，得乾之一畫，與乾色同，但不大耳。乾爲馬，坎得乾之中爻，而剛在中，故爲馬之美脊。剛在内而躁〔三〕，故爲亟心。柔在上，故首垂而不昂。柔在下，故蹄薄

〔一〕此下，朝爽堂本有「〇來子補定有爲浚，爲魚，爲草茅，爲宫人，爲老婦」。

〔二〕「木」，原作「水」，今據史本、朝爽堂本、寶廉堂本改。

〔三〕「躁」，原作「蹂」，今據史本、朝爽堂本改。

而不厚。因下柔，故又爲曳。蓋陷則失健，足行無力也。多眚[一]者，險陷而多阻，因[二]柔在下，不能任重也。上下皆虚，水流而不滯，故通。月者水之精，從其類也。盜能伏而害人，剛强伏匿于陰中，故爲盜。中實，故木多心堅。荀九家有爲宫，爲律，爲可，爲棟，爲叢棘，爲狐，爲蒺藜，爲桎梏[三]。

離爲火，爲日，爲電，爲中女，爲甲冑，爲戈兵；其於人也爲大腹，爲乾卦，爲鱉，爲蟹，爲蠃[四]，爲蚌，爲龜；其於木也爲科上槁。蠃音騾，力木反[五]。

離者，麗也。火麗木而生，故爲火。日者火之精，電者火之光，故爲日、爲電。甲冑外堅，象離之畫。戈兵上鋭，象離之性。中虚，故爲大腹。乾音干。水流濕，故稱血。火就燥，故稱乾。外剛内柔，故爲介物。中虚，故爲木之科。科者，科巢之象也。炎上，故木上槁。荀九家有爲牝牛[六]。

艮爲山，爲徑路，爲小石，爲門闕，爲果蓏，爲閽寺，爲指，爲狗，爲鼠，爲黔喙[七]之屬；

〔一〕「眚」，原作「青」，今據諸本改。

〔二〕「因」，朝爽堂本作「陰」。

〔三〕此下，朝爽堂本有「○來子補定有爲沫，爲泥塗，爲孕，爲酒，爲臀，爲淫，爲北，爲幽，爲浮，爲河」。

〔四〕「蠃」，原作「羸」，今據朝爽堂本、寶廉堂本改。下音及注同，不再出校。

〔五〕「騾」、「木」，朝爽堂本作「螺」、「裹」。史本「木」作「未」，當是。「音」，原作「者」，今據史本、朝爽堂本改。

〔六〕此下，朝爽堂本有「○來子補定有爲苦，爲朱，爲三，爲焚，爲泣，爲歌，爲號，爲牖，爲城，爲南，爲不育，爲害」。

〔七〕「喙」，原作「啄」，今據朝爽堂本、寶廉堂本改。下音及注同，不再出校。

其於木也爲堅多節。蓏音粿。喙，況廢反。

山止于地，故爲山。一陽塞于外，不通大塗，與震相反，故爲徑路。剛在坤土之上，故爲小石。上畫相連，下畫雙峙而虚，故爲門闕。木實植生曰果，草實蔓生[一]曰蓏。實皆在上，故爲果蓏。閽人掌王宫中門之禁，止物之不應入者。寺人掌王之内人及宫女之戒令，止物之不得出者。艮剛止内柔，故爲閽寺。人能止于物者在指，物能止于物者在狗。鼠之爲物，其剛在齒；鳥之爲物，其剛在喙[二]。黔者，黑色，鳥喙多黑。曰屬者，不可枚舉也。狗、鼠黔喙，皆謂前剛也。坎陽在内，故木堅在心。艮陽在上，故木堅多節。木枝在上方有節。荀九家有爲鼻，爲虎，爲狐[三]。

兑爲澤，爲少女，爲巫，爲口舌，爲毁折，爲附決；其於地也爲剛鹵，爲妾，爲羊。

澤乃瀦水之地，物之潤而見乎外者，亦爲澤。兑之陰見乎外，故爲澤。坤三索於乾而得女，故爲少女。女巫擊鼓婆娑，乃歌舞悦神者也。通乎幽者以言悦乎神，爲巫；通乎顯[四]者以言悦乎人，爲口舌。正秋萬物條枯實落，故爲毁折。此以其時言也。柔附于剛，剛乃決柔，故爲附決。震陽動，故決躁。

〔一〕「生」，原重，今據史本、朝爽堂本删。

〔二〕「喙」，原作「啄」，今據諸本改。

〔三〕此下，朝爽堂本有「○來子補定有爲牀，爲握，爲終，爲宅，爲盧，爲丘，爲篤，爲章，爲尾」。

〔四〕「顯」，原作「頭」，今據史本、朝爽堂本、寶廉堂本改。

兑陰悦，故附決。兑非能自決，乃附于剛而決也。此以其勢言也。兑金乃堅剛之物，故爲剛。説文云：「鹵，西方鹹地。」兑正西，故爲鹵。少女從姊爲娣，故爲妾。内狠外説，故爲羊。荀九家有爲常，爲輔頰〔一〕。

右第十一章。此章廣八卦之象。

序卦傳

序卦者，孔子因文王之序卦，就此一端之理以序之也。一端之理在所略，孔子分明恐後儒雜亂文王之序卦，故借此一端之理以序之，其實本意專恐爲雜亂其卦也。如大過以下，使非孔子序卦可證，則後儒又聚訟矣。蔡氏改正，丘氏猶以爲不當僭改經文，豈不聚訟？所以序卦有功于易。宋儒不知象，就説序卦非聖人之書，又説非聖人之藴，非聖人之精，殊不知序卦非爲理設，乃爲象設也。如井、蹇、解、無妄等卦辭，使非〔二〕序卦、雜卦，則不知〔三〕文王之言何自而來也。自孔子没，歷秦漢至今日，叛經者皆因不知序卦、雜卦也。以此觀之，謂序卦爲聖人之至精，可也。

〔一〕此下，朝爽堂本有「○來子補定有爲笑，爲五，爲食，爲跛，爲眵，爲西」。

〔二〕「非」，原作「井」，今據諸本改。

〔三〕「知」，原作「如」，今據史本、朝爽堂本、寶廉堂本改。

有天地，然後萬物生焉。盈天地之間者唯萬物，故受之以屯。屯者，盈也。屯者，物之始生也。物生必蒙，故受之以蒙。蒙者，蒙也，物之稺也。物稺不可不養也，故受之以需。需者，飲食之道也。飲食必有訟，故受之以訟。

盈者，言乾坤之氣盈，充塞于兩間也。如有欠缺，豈能生物？屯不訓盈，言萬物初生之時，如此鬱結未通，必如此盈也。物之始生，精神未發，若蒙冒然，故屯後繼蒙。蒙者，蒙也，上「蒙」字，卦名；下「蒙」字，物之象也。稺者，小也，小者必養而後長大〔一〕。水在天以潤萬物〔二〕，乃萬物之所需者。需不訓飲食，謂人所需于飲食者，在養之以中正，乃飲食之道也。飲食，人之所大欲也。所需不如所欲，則必爭。乾餱以愆，豕酒生禍，故訟。

訟必有衆起，故受之以師。師者，衆也。衆必有所比，故受之以比。比者，比也。比必有所畜，故受之以小畜。物畜然後有禮，故受之以履。履而泰，然後安，故受之以泰。泰者，通也。物不可終通，故受之以否。

争起而黨類必衆，故繼之以師。比者，比也，上「比」，卦名；下「比」，相親附之謂也。衆必有所親附依

〔一〕「大」，朝爽堂本作「需」。
〔二〕「在」、「潤」，朝爽堂本作「有」、「養」。

歸，則聽其約束，故受之以比。人來相比，必有以畜養之者。無以養之，何以成比？故受之以小畜。禮義生于富足，物畜然後有禮，故受之以履。禮蓋人之所履，非以禮訓履也。人有禮則安，無禮則危，故受之以泰。治亂相仍，如環無端，無久通泰之理，故受之以否。

物不可以終否，故受之以同人。與人同者，物必歸焉，故受之以大有。有大者不可以盈，故受之以謙。有大而能謙，必豫，故受之以豫。豫必有隨，故受之以隨。以喜隨人者，必有事，故受之以蠱。

上下不交，所以成否。今同人于野，利涉大川，疇昔儉德辟難之君子，皆相與出而濟否矣，故繼之以同人。能一視同人，則近悦遠來，而所有者大矣，故大者皆爲吾所有。所有既大，不可以有自滿也，故受之以謙。有大不盈而能謙，則永保其所有之大，而中心和樂矣，故受之以豫。和樂而不拒絶乎人，則人皆欣然願隨之矣，故受之以隨。以喜隨人者，非無故也，必有其事。如臣之隨君，必以官守言責爲事；弟子之隨師，必以傳道解惑爲事，故受之以蠱。

蠱者，事也。有事而後可大，故受之以臨。臨者，大也。物大然後可觀，故受之以觀。可觀而後有所合，故受之以噬嗑。嗑者，合也。物不可以苟合而已，故受之以賁。賁者，飾也。致飾，然後亨，則盡矣，故受之以剥。

蠱者，壞也，物壞則萬事生矣。事因壞而起，故以蠱爲事。可大之業每因事以生，故受〔一〕以臨。臨者，二陽進而逼四陰，駸駸乎向于大矣。臨不訓大，臨者以上臨下，以大臨小。凡稱臨者，皆大者之事也，故以大釋之。凡物之小者，不足以動人之觀，大方可觀。德之大，則光輝之著，自足以起人之瞻仰；業之大，則勳績之偉，自足以耀人之耳目，故臨次以觀。既大而可觀，則信從者衆，自有來合之者，故受以噬嗑。物不可以苟合，又在乎賁以飾之，不執贄則不足以成賓主之合，不受幣則不可以成男女之合，賁所以次合也。賁者，文飾也。致者，專事文飾之謂也。文飾太過，則爲亨之極。亨極則儀文盛而實行衰，故曰「致飾」。「亨則盡矣」，故繼之以剥。

剥者，剥也。物不可以終盡，剥窮上反下，故受之以復。復則不妄矣，故受之以無妄。有無妄，然後可畜，故受之以大畜。物畜然後可養，故受之以頤。頤者，養也。不養則不可動，故受之以大過。物不可以終過，故受之以坎。坎者，陷也。陷必有所麗，故受之以離。離者，麗也。

所謂剥者，以其剥落而盡也。然物不可以終盡，既剥盡于上，則必復生于下，故繼之以復。復者，反本而復于善也。善端既復，則妄念不生，妄動不萌，而不妄矣。無妄則誠矣，誠則好善如好好色，惡惡如

〔一〕「受」下，朝爽堂本有「之」字。下「受以噬嗑」同。

惡惡臭，然後可以畜德，而至于大，故受之以大畜。物必畜，然後可養，況我之德乎？德既畜于己，則可以優遊涵泳而充養之，以至于化矣。是可養也，故受之以頤。頤者，養之義也。有大涵養而後有大施設，養則可動，不養則不可動矣。動者，施設而見于用也，故受之以大過。大過者，以大過人之才爲大過人之事，非有養者不能也。然天下之事中焉止矣，理無大過而不已，過極則陷溺于過矣，故受之以坎。坎者一陽陷于二陰之間，陷之義也。陷于險難之中，則必有所附麗，庶資其才力而難〔一〕可免矣，故受之以離。離者，一陰麗于二陽之間，附麗之義也。物不可以終通、終否、終盡、終過，以理之自然言也，造化乃如此也。有大者不可以盈，不養則不可動，以理之當然言也，人事乃如此也。

右上篇。

有天地然後有萬物，有萬物然後有男女，有男女然後有夫婦，有夫婦然後有父子，有父子然後有君臣，有君臣然後有上下，有上下然後禮義有所錯。

有夫婦則生育之功成，而有父子；有父子則尊卑之分起，而後有君臣；有君臣則貴賤之等立，而後有上下。上下既立，則有拜趨坐立之節，有宮室車馬之等。小而繁〔二〕纓之微，大而衣裳之垂，其制之必有文，故謂之禮；其處之必得宜，故謂之義。錯者，交錯也，即八卦之相錯也。禮義尚往來，故謂

〔一〕「難」，朝爽堂本作「陷」。

〔二〕「繁」，原作「緐」，今據諸本改。

之錯。

夫婦之道，不可以不久也，故受之以恒。恒者，久也。物不可以久居其所，故受之以遯。遯者，退也。物不可以終遯，故受之以大壯。物不可以終壯，故受之以晉。晉者，進也。進必有所傷，故受之以明夷。

物不可以久居其所，泛論物理也，如人臣居寵位之久者是也。豈有夫婦不久居其所之理？序卦止有一端之理者，正在于此。遯者，退也。物不可以終退，故受之以大壯。既壯盛，則必進，故受之以晉。進而不已，則知進不知退，必有所傷矣，亦物不可久居其所之意。易之消息盈虚不過如此。時止時行，則存乎其人也。

夷者，傷也。傷於外者必反其家，故受之以家人。家道窮必乖，故受之以睽。睽者，乖也。乖必有難，故受之以蹇。蹇者，難也。物不可以終難，故受之以解。解者，緩也。緩必有所失，故受之以損。

傷于外者，其禍必及于家，故受之以家人。禍及于家，則家道窮困矣。家道窮困，則父子、兄弟豈不相怨？故受之以睽。一家乖睽，則内難作矣，故受之以蹇。凡人患難，必有解散之時，故受之以解。緩則怠惰偷安，廢時失事，故受之以損。

損而不已，必益，故受之以益。益而不已，必決，故受之以夬。夬者，決也。決必有所遇，故受之以姤。姤者，遇也。物相遇而後聚，故受之以萃。萃者，聚也。聚而上者謂之升，故受之以升。升而不已，必困，故受之以困。

損而不已必益，益而不已必決，決去即損去之意。盛衰損益如循還然。損不已必益，益不已必損，造化如此，在易亦如此，故曰「損益，盛衰之始也」。損者，盛之始；益者，衰之始，所以「決」字即「損」字也。夬與姤相綜，夬柔在上，剛決柔也；姤柔在下，柔遇剛也。故決去小人，即遇君子，所以夬受之以姤。君子相遇，則合志同方，故受之以萃。同志既萃，則乘時遘會，以類而進，故受之以升。升自下而上，不能不用其力，升而不已，則力竭而困憊矣，故受之以困。

困乎上者必反下，故受之以井。井道不可不革，故受之以革。革物者莫若鼎，故受之以鼎。主器者莫若長子，故受之以震。震者，動也。物不可以終動，止之，故受之以艮。艮者，止也。物不可以終止，故受之以漸。漸者，進也。進必有所歸，故受之以歸妹。得其所歸者必大，故受之以豐。豐者，大也。窮大者必失其居，故受之以旅。

不能進而困于上，則必反于下，至下者莫若井也。井養而不窮，可以舒困矣，故受之以井。井久則穢濁不可食，必當革去其故，故受之以革。革物之器，去故而取新者，莫若鼎，故受之以鼎。鼎，重器也，廟祭用之，而震爲長子，則繼父而主祭者也，故受之以震。震者，動也。物不可以終動，動則止之以靜，故受之以艮。艮者，止也。物不可以終止，靜極而復動也，故受之以漸。漸者，進也。進以漸而不驟者，惟女子之歸，六禮以漸而行，故受之以歸妹。得其所歸者必大，細流歸于江海則江海大，萬民歸于帝王則帝王大，至善歸于聖賢則聖賢大，故受之以豐。窮大而驕奢無度，則必亡國敗家，而失其所居之位矣，唐明皇、宋徽宗是也，故受之以旅。

旅而無所容，故受之以巽。巽者，入也。入而後説之，故受之以兑。兑者，説也。説而後散之，故受之以涣。涣者，離也。物不可以終離，故受之以節。節而信之，故受之以中孚。有其信者必行之，故受之以小過。有過物者必濟，故受之以既濟。物不可窮也，故受之以未濟終焉。

旅者，親寡之時，非巽順何所容？苟能巽順，雖旅、困之中，何往而不能入？故受之以巽。巽者，入也。人情相拒則怒，相入則悦，入而後悦之，故繼之以兑。兑者，悦也。人之氣憂則鬱結，悦則舒散，悦而後散之，故受之以涣。涣者，離也，離披解散之意。物不可以終離，離則散漫遠去而不止矣，故受之以節。節所以止離也。節者制之于外，孚者信之于中。節得其道，而上能信守之，則下亦以信從之矣，所謂「節而信之」也，故受之以中孚。有者，自恃其信而居其有也。必者，不加詳審而必于其行也。事當隨時制宜，若自有其信而必行之，則小有過矣，故受之以小過。有過人之才者，必有過人之事，而事無不濟矣，故受之以既濟。物至于既濟，物之窮矣，然物無終窮之理，故受之以未濟終焉。物不可窮，乃一部易經之本旨，故曰「物不可以終通」以至「終離」，言「物不可」者十一，皆此意也。

雜卦傳

雜卦者，雜亂文王之序卦也。孔子將序卦一連者，特借其一端之理以序之，其實恐後學顛倒文王所序之卦也，一端之理在所緩也。又恐後學以序卦爲定理，不知其中有錯有綜，有此二體，故雜亂其卦，前者居于後，後者居于前，止將二體兩卦有錯有綜者下釋其意，如乾剛坤柔、比樂師憂是也。使非有此雜卦，象必失其傳矣。

乾剛坤柔，

此以錯言。言乾坤之情性也。文王序卦六十四卦止乾、坤、坎、離、大過、頤、小過、中孚八卦相錯。蓋伏羲圓圖乾、坤、坎、離四正之卦本相錯，四隅之卦兑錯艮，震錯巽，故大過、頤、小過、中孚所以相錯也。

比樂師憂。

此以綜言。因二卦同體，文王相綜爲一卦。後言綜者倣此。順在内故樂，險在内故憂。凡綜卦有四正綜。四正者，比樂師憂、大有衆同人親之類也。四隅之卦，艮與震綜，皆一陽二陰之卦，艮可以言震，震可以言艮；兑與巽綜，皆二陽一陰之卦，兑可以言巽，巽可以言兑，如隨、蠱、咸、恒之類是也。有以正綜隅、隅綜正者，臨、觀、屯、蒙之類是也。前儒不知乎此，所以言象失其傳，而不知象即藏于錯綜之中，因不細玩雜卦故也。

臨觀之義，或與或求。

此以綜言。君子之臨小人也，有發政施仁之意，故與；下民之觀君上也，有仰止觀光之心，故求。曰或者，二卦皆可言與求也。蓋求則必與，與則必求。

屯見而不失〔一〕其居，蒙雜而著。

此以綜言。見者，居九五之位也。居者，以陽居陽也。八卦正位，坎在五，言九五雜于二陰之間，然居九五之位，剛健中正，故見而不失其居。蒙九二亦雜于二陰之間，然爲發蒙之主，故雜而著見，皆以坎之上下言。言蒙之坎上而爲屯矣，見而不失其居；屯之坎下而爲蒙矣，雜而又著。

震，起也；艮，止也。

此以綜言。震陽起于下，艮陽止于上。

損、益，盛衰之始也。

此以綜言。損上卦之艮下而爲益下卦之震，帝出乎震，故爲盛之始。益上卦之巽下而爲損下卦之兑，説言乎兑，故爲衰之始。震東兑西，春生秋殺，故爲盛衰之始。

〔一〕「失」，原作「央」，今據諸本改。

大畜，時也；無妄，災也。

此以綜言。大畜上卦之艮下而爲無妄下卦之震，故孔子曰「剛自外來，而爲主于内」。無妄下卦之震上而爲大畜之艮，故孔子曰「剛上而尚賢」。止其不能止者，非理之常，乃適然之時；得其不當得者，非理之常，乃偶然之禍。

萃聚而升不來也。

此以綜言。升上卦之三陰下而爲萃之下卦三陰，同聚，故曰萃。萃下卦之三陰上而爲升之上卦，三陰齊升，故曰升。惟升，故不降下而來。

謙輕而豫怠也。

此以綜言。謙之上六即豫之初六，故二爻皆言「鳴」。謙心虚，故自輕。豫志滿，故自肆〔一〕。

噬嗑，食也；賁，無色也。

此以綜言。賁下卦之離上而爲噬嗑之上卦，故孔子曰「柔得中而上行」。噬嗑上卦之離下而爲賁之下卦，故孔子曰「柔來而文剛」。頤中有物，食其所有；白賁無色，文其所無。

兑見而巽伏也。

〔一〕「肆」，朝爽堂本作「怠」。

此以綜言，與震、艮同。震、艮以陽起止于上下，此則以陰見伏于上下。

隨無故也，蠱則飭也。

此以綜言。隨則以蠱上〔一〕卦艮之剛下而爲震，故孔子曰「剛來而下柔」。蠱則以隨上卦兑之柔下而爲巽，故孔子曰「剛上而柔下」。隨無大故，故能相隨；蠱有大故，故當整飭。

剥，爛也；復，反也。

此以綜言。剥則生意漸盡，而歸于無；復則生意復萌，而反于有。

晉，晝也；明夷，誅也。

此以綜言。明夷下卦之離進而爲晉之上卦，故孔子曰「柔進而上行」。明在上而明著，明在下而明傷。

井通而困相遇也。

此以綜言〔二〕。困上卦之兑下而爲井下卦之巽，井下卦之巽上而爲困上卦之兑，養而不窮，通也，即不困；剛過〔三〕其揜，遇〔四〕也，即不通。

〔一〕「上」，原作「止」，今據諸本改。
〔二〕以上四字，原脱，今據史本、朝爽堂本補。
〔三〕「剛過」，朝爽堂本作「則遇」，史本作「剛遇」。
〔四〕「遇」，朝爽堂本作「困」。

咸，速也；恒，久也。

此以綜言。故孔子曰「柔上而剛下」、「剛上而柔下」。有感則速，速則婚姻及時；有恒則久，久則夫婦偕老〔一〕。

涣，離也；節，止也。

此以綜言。節上卦坎之剛來居涣之下卦，涣上卦巽之柔來居節之下卦，風散水故涣，涣則離而不止；澤防水故節，節則止而不離。

解，緩也；蹇，難也。

此以綜言。蹇下卦之艮往而爲解上卦之震。出險之外，安舒寬緩之時；居險之下，大難切身之際。

睽，外也；家人，内也。

此以綜言。睽下卦之兑即家人上卦之巽。睽于外而不相親，親于内而不相睽。

否、泰，反其類也。

此以綜言。「大往小來」，「小往大來」，故「反其類」。

大壯則止，遯則退也。「止」，當作「上」。

〔一〕「老」下，朝爽堂本有「矣」字。

此以綜言。「止」字乃「上」字之誤。二卦相綜，遯之三爻即大壯之四爻。「上」字指大壯之四爻而言，「退」字指遯之三爻而言，皆相比于陰之爻也。孔子因周公三爻、四爻之辭，故發此上、退二字，言大壯則壯于大輿之輹，上往而進；遯則退而畜止臣妾，使制于陽，不使之浸而長也。故大壯則上，遯則退。

大有，衆也；同人，親也。

此以綜言。同人下卦之離進居大有之上卦，大有上卦之離來居同人之下卦，勢統〔一〕于一，所愛者衆；情通于同，所與者親。

革，去故也；鼎，取新也。

此以綜言。鼎下卦之巽進而爲革上卦之兑，水火相息，有去故之義；水火相烹，有從新之理。

小過，過也；中孚，信也。

此以錯言。過者踰其常，信者存其誠。

豐多故〔二〕，親寡旅也。

此以綜言。旅下卦之艮即豐上卦之震。人處豐盛，故多故舊；人在窮途，故寡親識。

〔一〕「統」，原作「繞」，今據史本、朝爽堂本、寶廉堂本改。

〔二〕「故」下，史本有「也」字。

離上而坎下也。

此以錯言。炎上潤下。

小畜，寡也；履，不處也。

此以綜言。二卦皆以柔爲主。小畜柔得位，但寡不能勝衆陽，所以不能畜，故曰「寡也」。履柔不得位，惟以悦體「履虎尾」，故曰「不處也」。不處者，非所居也，故六三小象曰「位不當」。

需，不進也；訟，不親也。

此以綜言。天水相上下，安分待時，故不進；越理求勝，故不親。

大過，顛也。頤，養正也。依蔡氏改正。

此以錯言。弱其本末，故顛；擇其大小，故正。序卦曰：「頤者，養也。不養則不可動，故受之以大過。」有此作證，蔡氏方改正。所以序卦有功于易。

既濟，定也；未濟，男之窮也。依蔡氏改正。

此以綜言。水火相爲上下，六位皆當，故定；三陽失位，故窮。

歸妹，女之終也；漸，女歸待男行也。依蔡氏改正。

此以綜言。歸妹下卦之兑進而爲漸上卦之巽，漸下卦之艮進而爲歸妹上卦之震。歸妹者，女事之終；待男者，女嫁之禮。

姤，遇也，柔遇剛也。夬，決也，剛決柔也。君子道長，小人道消也。依蔡氏改正。

此以綜言。君子、小人迭爲盛衰，猶陰陽迭相消長。一柔在五陽之下，曰「柔遇剛」者，小人之遭遇，君子之所憂也。一柔在五陽之上，曰「剛決柔」者，君子之道長，小人之所憂也。易之爲書，吉凶消長，進退存亡，不過此理、此數而已，故以是終之。

周易集注卷之十六[一]

梁山來知德考定

考定周易繫辭上下傳

繫辭上傳

天尊地卑，乾坤定矣；卑高以陳，貴賤位矣；動静有常，剛柔斷矣；方以類聚，物以羣分，吉凶生矣；在天成象，在地成形，變化見矣。是故剛柔相摩，八卦相盪，鼓之以雷霆，潤之以風雨；日月運行，一寒一暑；乾道成男，坤道成女；乾知大始，坤作成物。乾以易知，坤以簡能。易則易知，簡則易從。易知則有親，易從則有功。有親則可

〔一〕此題原無，今據寶廉堂本補。

久，有功則可大。可久則賢人之德，可大則賢人之業。易簡而天下之理得矣。天下之理得，而成位乎其中矣。

右第一章。

聖人設卦觀象，繫辭焉而明吉凶，剛柔相推而生變化。是故吉凶者，失得之象也；悔吝者，憂虞之象也；變化者，進退之象也；剛柔者，晝夜之象也；六爻之動，三極之道也。是故君子所居而安者，易之序也；所樂而玩者，爻之辭也。是故君子居則觀其象而玩其辭，動則觀其變而玩其占。是以「自天祐之，吉無不利」。

右第二章。

彖者，言乎象者也；爻者，言乎變者也；吉凶者，言乎其失得也；悔吝者，言乎其小疵也；無咎者，善補過也。是故列貴賤者存乎位，齊大小〔一〕者存乎卦，辯吉凶者存乎辭，憂悔吝者存乎介，震無咎者存乎悔。是故卦有小大，辭有險易。辭也者，各指其所之。

〔一〕「大小」，原倒，今據卷十三及寶廉堂本、史本乙正。

右第三章。

易與天地準，故能彌綸天地之道。仰以觀於天文，俯以察於地理，是故知幽明之故，原始反終，故知死生之説。精氣爲物，游魂爲變，是故知鬼神之情狀。與天地相似，故不違；知周乎萬物而道濟天下，故不過；旁〔一〕行而不流，樂天知命，故不憂；安土敦乎仁，故能愛。範圍天地之化而不過，曲成萬物而不遺，通乎晝夜之道而知，故「神無方而易無體」。

右第四章。

一陰一陽之謂道，繼之者善也，成之者性也。仁者見之謂之仁，知者見之謂之知。百姓日用而不知，故君子之道鮮矣。顯諸仁，藏諸用，鼓萬物而不與聖人同憂，盛德大業，至矣哉！富有之謂大業，日新之謂盛德，生生之謂易，成象之謂乾，效法之謂坤，極數知來之謂占，通變之謂事，陰陽不測之謂神。

右第五章。

〔一〕「旁」，原作「窮」，今據寶廉堂本及上卷十三改。

夫易，廣矣！大矣！以言乎遠則不禦，以言乎邇則静而正，以言乎天地之間則備矣。夫乾，其静也專，其動也直，是以大生焉；夫坤，其静也翕，其動也闢，是以廣生焉。廣大配天地，變通配四時，陰陽之義配日月，易簡之善配至德。

右第六章。

子曰：「易其至矣乎！夫易，聖人所以崇德而廣業也。知崇禮卑，崇效天，卑法地，天地設位而易行乎其中矣。成性存存，道義之門。」

右第七章。

聖人有以見天下之頤而擬諸其形容，象其物宜，是故謂之象。聖人有以見天下之動而觀其會通，以行其典禮，繫辭焉以斷其吉凶，是故謂之爻。言天下之至賾〔一〕而不可惡也，言天下之至動而不可亂也，擬之而後言，議之而後動，擬議以成其變化。

子曰：「危者安其位者也，亡者保其存者也，亂者有其治者也，是故君子安而不忘危，存而不忘亡，治而不忘亂。是以身安而國家可保也。易曰：『其亡其亡，繫于

〔一〕「賾」，原作「頤」，今據寶廉堂本及上卷十三改。

包桑。』」

「同人，先號咷而後笑。」子曰：「君子之道，或出或處，或默或語。二人同心，其利斷金。同心之言，其臭如蘭。」

易曰：「自天祐之，吉無不利。」子曰：「祐者，助也。天之所助者，順也。人之所助者，信也。履信思乎順，又以尚賢也。是以『自天祐之，吉無不利』也。」

「勞謙，君子有終，吉。」子曰：「勞而不伐，有功而不德，厚之至也。語以其功下人者也。德言盛，禮言恭。謙也者，致恭以存其位者也。」

子曰：「知幾，其神乎！君子上交不諂，下交不瀆，其知幾乎？幾者，動之微，吉之先見者也。君子見幾而作，不俟終日。易曰：『介于石，不終日，貞吉。』介如石焉，寧用終日，斷可識矣。君子知微知彰，知柔知剛，萬夫之望。

子曰：「小人不耻不仁，不畏不義，不見利不勸，不威不懲，小懲而大誡，此小人之福也。易曰：『屨校滅趾，無咎。』此之謂也。」

善不積不足以成名，惡不積不足以滅身。小人以小善爲無益而弗爲也，以小惡爲無傷而弗去也，故惡積而不可掩，罪大而不可解。易曰：「何校滅耳，凶。」

子曰：「顔氏之子，其殆庶幾乎？有不善未嘗不知，知之未嘗復行也。易曰：『不遠復，無祇悔，元吉。』」

「初六，藉用白茅，無咎。」子曰：「苟錯諸地而可矣，藉之用茅，何咎之有？慎之至也。夫茅之爲物薄，而用可重也。慎斯術也以往，其無所失矣。」

右第八章。依序卦，上經九爻與下經同。

天一、地二、天三、地四、天五、地六、天七、地八、天九、地十。天數五，地數五，五位相得而各有合。天數二十有五，地數三十，凡天地之數五十有五。此所以成變化而行鬼神也。太衍之數五十，其用四十有九，分而爲二以象兩，掛一以象三，揲之以四以象四時，歸奇於扐以象閏，五歲再閏，故再扐而後掛。乾之策二百一十有六，坤之策百四十有四，凡三百有六十，當期之日；二篇之策萬有一千五百二十，當萬物之數也。是故四營而成易，十有八變而成卦，八卦而小成。引而伸之，觸類而長之，天下之能事〔一〕畢矣。顯道神德行，是故可與酬酢，可與祐神矣。子曰：「知變化之道者，

〔一〕「事」，原脱，今據寶廉堂及上卷十三補。

其知神之所爲乎？」

右第九章。

易有聖人之道四焉：以言者尚其辭，以動者尚其變，以制器者尚其象，以卜筮者尚其占。是以君子將有爲也，將有行也，問焉而以言。其受命也如響，無有遠近幽深，遂知來物。非天下之至精，其孰能與於此？參伍以變，錯綜其數。通其變，遂成天地〔一〕之文；極其數，遂定天下之象。非天下之至變，其孰能與於此？易無思也，無爲也，寂然不動，感而遂通天下之故。非天下之至神，其孰能與於此？夫易，聖人所以極深而研幾也。唯深也，故能通天下之志；唯幾也，故能成天下之務；唯神也，故不疾而速，不行而至。子曰「易有聖人之道四焉」，此之謂也。

右第十章。

子曰：「夫易何爲者也？夫易開物成務，冒天下之道，如斯而已者也。是故聖人以通天下之志，以定天下之業，以斷天下之疑。」是故蓍之德圓而神，卦之德方以知，六

〔一〕「地」，原作「下」，今據寶廉堂本及上卷十三改。

爻之義易以貢。聖人以此洗心，退藏於密，吉凶與民同患。神以知來，知以藏往，其孰能與於此哉？古之聰明叡知，神武而不殺者夫！是以明於天之道而察于民之故，是興神物，以前民用。聖人以此齋戒，以神明其德夫。是故闔户謂之坤，闢户謂之乾，一闔一闢謂之變，往來不窮謂之通。見乃謂之象，形乃謂之器〔一〕，制而用之謂之法，利用出入、民咸用之謂之神。是故易有太〔二〕極，是生兩儀，兩儀生四象，四象生八卦，八卦定吉凶，吉凶生大業。是故法象莫大乎天地，變通莫大乎四時，縣象著明莫大乎日月，崇高莫大乎富貴，備物致用，立成器以爲天下利，莫大乎聖人，探賾索隱，鉤深致遠，以定天下之吉凶，成天下之亹亹者，莫大乎蓍龜。是故天生神物，聖人則之；天地變化，聖人效之；天垂象，見吉凶，聖人象之；河出圖，洛出書，聖人則之。易有四象，所以示也；繫辭焉，所以告也；定之以吉凶，所以斷也。

右第十一章。

〔一〕「器」，原作「氣」，今據寶廉堂本及上卷十三改。
〔二〕「太」，原作「大」，今據寶廉堂本及上卷十三改。

子曰：「書不盡言，言不盡意。」然則聖人之意，其不可見乎？子曰：「聖人立象以盡意，設卦以盡情僞，繫辭焉以盡其言，變而通之以盡利，鼓之舞之以盡神。」乾坤，其易之緼耶？乾坤成列，而易立乎其中矣。乾坤毁，則無以見易。易不可見，則乾坤或幾乎息矣。是故形而上者謂之道，形而下者謂之器，化而裁之謂之變，推而行之謂之通，舉而措之天下之民謂之事業。極天下之賾者存乎卦，鼓天下之動者存乎辭，化而裁之存乎變，推而行之存乎通，神而明之存乎其人，默而成之，不言而信，存乎德行。

右第十二章。與下繫傳同十二章。

繫辭下傳

八卦成列，象在其中矣；因而重之，爻在其中矣；剛柔相推，變在其中矣；繫辭焉而命之，動在其中矣。吉凶悔吝者，生乎動者也；剛柔者，立本者也；變通者，趣時者也；吉凶者，貞勝者也；天地之道，貞觀者也；日月之道，貞明者也；天下之動，貞夫一者也。夫乾，確然示人易矣；夫坤，隤然示人簡矣。爻也者，效此者也。象也者，像此者也。爻象動乎内，吉凶見乎外，功業見乎變，聖人之情見乎辭。天地之大德曰生,聖人之大寶曰位。何以守位曰仁,何以聚人曰財。理財正辭,禁民爲非曰義。

右第一章。

古者包犧氏之王天下也,仰則觀象于天,俯則觀法於地,觀鳥獸之文與地之宜,近取諸身,遠取諸物,於是始作八卦,以通神明之德,以類萬物之情。作結繩而爲網罟,以佃以漁,蓋取諸離。包犧氏没,神農氏作,斲木爲耜,揉木爲耒,耒耨之利,以教天下,蓋取諸益。日中爲市,致天下之民,聚天下之貨,交易而退,各得其所,蓋取諸噬嗑。神農氏没,黄帝、堯、舜作,通其變,使民不倦,神而化之,使民宜之,「易窮則變,變則通,通則久」,是以「自天祐之,吉無不利」。黄帝堯舜垂衣裳而天下治,蓋取諸乾坤。刳木爲舟,剡木爲楫,舟楫之利,以濟不通,致遠,以利天下,蓋取諸涣。服牛乘馬,引重致遠,以利天下,蓋取諸隨。重門擊〔一〕柝,以待暴客,蓋取諸豫。斷木爲杵,掘地爲臼,臼杵之利,萬民以濟,蓋取諸小過。弦木爲弧,剡木爲矢,弧矢之利,以威天下,蓋取諸睽。上古穴居而野處,後世聖人易之以宫室,上棟下宇,以待風雨,蓋取諸

〔一〕「擊」,原作「繫」,今據寶廉堂本及上卷十四改。

大壯。古之葬者，厚衣之以薪，葬之中野，不封不樹，喪期無數，後世聖人易之以棺槨，蓋取諸大過。上古結繩而治，後世聖人易之以書契，百官以治，萬民以察，蓋取諸夬。

右第二章。

是故易者，象也。象也者，像[一]也。彖者，材也。爻也者，效天下之動者也。是故吉凶生而悔吝著也。

右第三章。

陽卦多陰，陰卦多陽，其故何也？陽卦奇，陰卦偶，其德行何也？陽一君而二民，君子之道也；陰二君而一民，小人之道也。

右第四章。

易曰：「憧憧往來，朋從爾思。」子曰：「天下何思何慮？天下同歸而殊途，一致而百慮。天下何思何慮？」日往則月來，月往則日來，日月相推而明生焉。寒往則暑來，

[一]「像」，原作「豫」，今據諸本改。

暑往則寒來，寒暑相推而歲成焉。往者屈也，來者信也，屈信相感而利生焉。尺蠖之屈，以求信也。龍蛇之蟄，以存身也。精義入神，以致用也。利用安身，以崇德也。過此以往，未之或知也。窮神知化，德之盛也。

子曰：「作易者，其知盜乎？易曰：『負且乘，致寇至。』負也者，小人之事也。乘也者，君子之器也。小人而乘君子之器，盜思奪之矣。上慢下暴，盜思伐之矣。慢藏誨盜，冶容誨淫。易曰『負且乘，致寇至』，盜之招也。」

易曰：「公用射隼于高墉之上，獲之，無不利。」子曰：「隼者，禽也。弓矢者，器也。射之者，人也。君子藏器于身，待時而動，何不利之有？動而不括，是以出而有獲，語成器而動者也。」

天地絪緼，萬物化醇。男女構精，萬物化生。易曰：「三人行，則損一人。一人行，則得其友。」言致一也。

子曰：「君子安其身而後動，易其心而後語，定其交而後求。君子修此三者，故全也。危以動，則民不與也。懼以語，則民不應也。無交而求，則民不與也。莫之與，則傷之者至矣。易曰：『莫益之，或擊之，立心勿恒，凶。』」

易曰：「困于石，據于蒺藜，入于其宫，不見其妻，凶。」子曰：「非所困而困焉，名必辱；非所據而據焉，身必危；既辱且危，死期將至，妻其可得見邪？」

子曰：「德薄而位尊，知小而謀大，力小而任重，鮮不及矣。易曰：『鼎折足，覆公餗，其形渥，凶。』言不勝其任也。」

不出户庭，无咎。子曰：「亂之所生也，則言語以爲階。君不密則失臣，臣不密則失身，幾事不密則害成，是以君子密慎而不出也。」

「鳴鶴在陰，其子和之。我有好爵，吾與爾靡之。」子曰：「君子居其室，出其言，善則千里之外應之，況其邇者乎？居其室，出其言不善，則千里之外違之，況其邇者乎？言出乎身，加乎民；行發乎邇，見乎遠。言行，君子之樞機。樞機之發，榮辱之主也。言行，君子之所以動天地也，可不慎乎？」

右第五章。依序卦，下經九爻與上經同。

子曰：「乾、坤，其易之門邪？乾，陽物也。坤，陰物也。陰陽合德而剛柔有體，以體天地之撰，以通神明之德。」其稱名也，雜而不越，於稽其類。其衰世之意邪？夫易彰往而察來，而微顯闡幽，開而當名辨物，正言斷辭，則備矣。其稱名也小，其取類也大。其旨遠，其辭文，其言曲而中，其事肆而隱，因貳以濟民行，以明失得之報。

右第六章。

易之興也，其於中古乎？作易者，其有憂患乎？是故履，德之基也；謙，德之柄也；復，德之本也；恒，德之固也；損，德之修也；益，德之裕也；困，德之辨也；井，德之地也；巽，德之制也。履和而至，謙尊而光，復小而辨，於物恒雜而不厭。損先難而後易，益長裕而不設，困窮而通，井居其所而遷，巽稱而隱，履以和行，謙以制禮，復以自知，恒以一德，損以遠害，益以興利，困以寡怨，井以辨義，巽以行權。

右第七章。

易之爲書也，不可遠。爲道也屢遷，變動不居，周流六虚，上下無常，剛柔相易，不可爲典要，唯變所適。其出入以度，外内使知懼，又明於憂患與故，無〔一〕有師保，如臨父母。初率其辭而揆其方，既有典常，苟非其人，道不虚行。

右第八章。

〔一〕「无」，原作「元」，今據諸本改。

易之爲書也，原始要終以爲質也，六爻相雜唯其時物也。其初難知，其上易知，本末也。初辭擬之，卒成之終。若夫雜物撰德，辨是與非，則非其中爻不備。噫！亦要存亡吉凶，則居可知矣。知者觀其彖辭，則思過半矣。二與四同功而異位，其善不同，二多譽，四多懼，近也。柔之爲道，不利遠者，其要無咎，其用柔中也。三與五同功而異位，三多凶，五多功，貴賤之等也。其柔危，其剛勝邪？

右第九章。

易之爲書也，廣大悉備，有天道焉，有人道焉，有地道焉。兼三才而兩之，故六。六者非他也，三才之道也。道有變動，故曰爻。爻有等，故曰物。物相雜[一]，故曰文。文不當，故吉凶生焉。

右第十章。

易之興也，其當殷之末世，周之盛德邪？當文王與紂之事邪？是故其辭危。危者使平，易者使傾，其道甚大，百物不廢，懼以終始，其要無咎，此之謂易之道也。

[一]「雜」，原作「離」，今據諸本改。

右第十一章。

夫乾，天下之至健也，德行恒易以知險；夫坤，天下之至順也，德行恒簡以知阻。能説諸心，能研諸慮，定天下之吉凶，成天下之亹亹者，是故變化云爲，吉事有祥，象事知器，占事知來。天地設位，聖人成能。人謀鬼謀，百姓與能。八卦以象告，爻彖以情言，剛柔雜居而吉凶可見矣。變動以利言，吉凶以情遷。是故愛惡相攻而吉凶生，遠近相取而悔吝生，情僞相感而利害生。凡易之道，近而不相得，則凶或害之，悔且吝。將叛者其辭慚，中心疑者其辭枝，吉人之辭寡，躁人之辭多，誣善之人其辭游，失其守者其辭屈。

右第十二章。與上繫傳同十二章。

補定周易説卦傳

梁山來知德補定

説卦傳

昔者聖人之作易也，幽贊於神明而生蓍，參天兩地而倚數，觀變於陰陽而立卦，發揮於剛柔而生爻，和順於道德而理於義，窮理盡性以至於命。

右第一章。

昔者聖人之作易也，將以順性命之理，是以立天之道曰陰與陽，立地之道曰柔曰剛，立人之道曰仁與義，兼三才而兩之。故易六畫而成卦，分陰分陽，迭用柔剛，故易六位而成章。

右第二章。

天地定位，山澤通氣，雷風相薄，水火不相射，八卦相錯。數往者順，知來者逆，是故易逆數也。

右第三章。

雷以動之，風以散之，雨以潤之，日以晅之，艮以止之，兑以説之，乾以君之，坤以藏之。

右第四章。

帝出乎震，齊乎巽，相見乎離，致役乎坤，説言乎兑，戰乎乾，勞乎坎，成言乎艮。萬物出乎震，震，東方也。齊乎巽，巽，東南也。齊也者，言萬物之絜齊也。離也者，明也，萬物皆相見，南方之卦也。聖人南面而聽天下，嚮明而治，蓋取諸此也。坤也者，地也，萬物皆致養焉，故曰「致役乎坤」。兑，正秋也，萬物之所説也，故曰「説言乎兑」。戰乎乾，乾，西北之卦也，言陰陽相薄〔一〕也。坎者，水也，正北方之卦也，勞卦也，萬物之所歸也，故曰「勞乎坎」。艮，東北之卦也，萬物之所成終而所成始也，故曰「成言乎艮」。

右第五章。

神也者，妙萬物而爲言者也。動萬物者莫疾乎雷，撓萬物者莫疾乎風，燥萬物者莫熯乎火，説萬物者莫説乎澤，潤萬物者莫潤乎水，終萬物、始萬物者莫盛乎艮。故水火相逮，雷風不相悖，山澤通氣，然後能變化，既成萬物也。

右第六章。

乾，健也。坤，順也。震，動也。巽，入也。坎，陷也。離，麗也。艮，止也。兑，説也。

右第七章。

乾爲馬，坤爲牛，震爲龍，巽爲雞，坎爲豕，離爲雉，艮爲狗，兑爲羊。

〔一〕「薄」，原作「簿」，今據諸本改。

右第八章。

乾爲首，坤爲腹，震爲足，巽爲股，坎爲耳，離爲目，艮爲手，兑爲口。

右第九章。

乾，天也，故稱乎父。坤，地也，故稱乎母。震一索而得男，故謂之長男。巽一索而得女，故謂之長女。坎再索而得男，故謂之中男。離再索而得女，故謂之中女。艮三索而得男，故謂之少男。兑三索而得女，故謂之少女。

右第十章。

乾爲天，爲圜，爲君，爲父，爲玉，爲金，爲寒，爲水，爲大赤，爲良馬，爲老馬，爲瘠馬，爲駁馬，爲木果。荀九家有爲龍，爲直，爲衣，爲言。〇來知德有爲郊，爲帶，爲旋，爲知，爲富，爲大，爲頂，爲戎，爲武。

坤爲地，爲母，爲布，爲釜，爲吝嗇，爲均，爲子母牛，爲大輿，爲文，爲衆，爲柄，其於地也爲黑。荀九家有爲牝，爲迷，爲方，爲囊，爲裳，爲黄，爲帛，爲漿。〇來知德有爲末，爲能，爲小，爲朋，爲户，爲敦。

震爲雷，爲龍，爲玄黄，爲車，爲大塗，爲長子，爲決躁，爲蒼筤竹，爲萑葦；其於馬也爲善鳴，爲馵足，爲作足，爲的顙；其於稼也爲反生；其究爲健，爲蕃鮮。荀九家有爲玉，爲鵠，爲鼓。○來知德有爲青，爲升躋，爲奮，爲官，爲園，爲春耕，爲東，爲老，爲筐。

巽爲木，爲風，爲長女，爲繩直，爲工，爲白，爲長，爲高，爲進退，爲不果，爲臭；其於人也爲寡髮，爲廣顙，爲多白眼，爲近利市三倍；其究爲躁卦。荀九家有爲楊、爲鸛。○來知德有爲浚，爲魚，爲草茅，爲宮人，爲老婦。

坎爲水，爲溝瀆，爲隱伏，爲矯輮，爲弓輪；其於人也爲加憂，爲心病，爲耳痛，爲血卦，爲赤；其於馬也爲美脊，爲亟心，爲下首，爲薄蹄，爲曳；其於輿也爲多眚，爲通，爲月，爲盜；其於木也爲堅多心。荀九家有爲宮，爲律，爲可，爲棟，爲叢棘，爲狐，爲蒺藜，爲桎梏。○來知德有爲沫，爲泥塗，爲孕，爲酒，爲臀，爲淫，爲北，爲幽，爲孚，爲河。

離爲火，爲日，爲電，爲中女，爲甲胄，爲戈兵；其於人也爲大腹，爲乾卦，爲鼈，爲蟹，爲蠃，爲蚌，爲龜；其於木也爲科上槁。荀九家有爲牝牛。○來知德有爲苦，爲朱，爲三，爲焚，爲泣，爲歌，爲號，爲墉，爲城，爲南，爲不育，爲害。

艮爲山，爲徑路，爲小石，爲門闕，爲果蓏，爲閽寺，爲指，爲狗，爲鼠，爲黔喙之屬；其於木也爲堅多節。荀九家有爲鼻，爲虎，爲狐。○來知德有爲牀，爲握，爲終，爲宅，爲廬，爲丘，爲篤，爲童，爲尾。

兑爲澤，爲少女，爲巫，爲口舌，爲毁折，爲附決；其於地也爲剛鹵，爲妾，爲羊。荀九家有爲常，爲輔頰。○來知德有爲笑，爲五，爲食，爲跛，爲眇，爲西。

右第十一章

門人戴誥跋

易自孔子没，商瞿不能傳，至王弼掃象之後，後儒因之，不言其象，止言其理，四聖之易已絶矣。

先生生于二千餘年之下，以侍養未仕，遠客萬州求溪，探賾〔一〕索隱，三十年而後悟易之象，又悟文王序卦，又悟孔子雜卦，又悟卦變之非。潔净精微之奥妙，復燦然大明于世。誥秦中致仕歸田，欲梓是書，先生以未就辭之。天啓文明，恭遇閩中徐侯來令吾梁，首懇是書，慨然捐俸梓之。邑士夫建吾古公、春城李公及不肖誥感侯高誼，各少補工費。通學諸友助費者，誥不能悉紀。是不傳之秘自先生而傳，而已絶之書自徐侯而續其成也，豈偶然哉？羽翼四聖之功亦偉矣！誥不能文，敢直書數字于其後云。

萬曆己亥夏午月吉旦，門生戴誥頓首謹識。

〔一〕「賾」，原作「頤」，今據上下文意改。

附録一

來注易經圖解凡例計十五則。

一、諸圖及雜説以劉安劉之目考諸來序，編次小有參差。先生三十年苦心，前後次論不知幾經釐定，河馬洛龜之次位，疇爲妄易。今從來序編次，示無悖賢。

一、先生圓圖似不當位於伏羲、文王諸圖前，蓋溯太極生生元化之象，其主宰、對待、流行不過一理、一數、一氣。若不先爲發明，何以使開卷了然，探羲文之秘奥於指掌哉？禆益後學良多，知我罪我夫亦奚恤？

一、諸圖經先生苦心畫出，千古無議，惟僭于字之大小稍加分別，裁紛撮要，俾款目一新，竊願表章，謬當編飾。

一、圈點因訪得淩厚子先生藏本，究其研丹，溺管惜硃，如李程之墨而積功廿年，草荒又不啻仲蔚之廬。其圈點有五，列之以便觀者。

1注貴詳細，則句不厭長。今從行内着○爲讀，合二三四讀而于行外着○爲句，庶不混上下，意易曉也。

2理之精、意之要者則旁○○○○之，或有關要者則○○○之，尤緊要者則○○之，非嗤點流傳也，期注旨明晰爾。

3若意旨難明，須從虛致托出者，則ÔÔÔ之。或艮而五六七，則ÔÔÔÔÔÔ之。注有段絡，則∟之。以字係提綱則□之，以圈其字，此縷晰苦心，讀者詳之。

一、分卷悉依來氏次定，而以圖像、啓蒙列之卷首，採圖附之卷末，所以闡前人啓迪之心，資後學博覽之益。

一、考古披圖，各臻奇奧。就易言易，一太極足矣。以羲文孔子發明太極兩儀四象八卦諸圖足矣。以來氏包羅理數，一圓圖足矣，庸乎蛇足？採而附者，殆將以返約云。

一、劉安劉重刻芟煩覆重複之語及考定繫辭、補定說卦，恐失作者之旨，今任其本，不任受過。

一、來注初刻於郭青螺，重刻於劉安劉，其餘各序惟掇拾詞義，正論易之大理，非有加于注，以益後學也。家乘必詳，兹存郭劉以見後先剞劂。

一、先生窮研三十年，究徹四聖之秘，其旨微，其理透，詞句明曉，得意忘象，得象忘言，徒弄玄虚之説，豈真知易者哉？此集真天下奇書，千古不刊者。程子云「易學在蜀」，信不我欺。

一、劫火之餘，原本廢失，藏書家多他集抄本，手自録全，遂成完書。心良苦矣，然豕亥之訛，雖幾經校讎，疑者所謂誤正可思耳。

一、戎馬生郊，兵餉是籌，奚事此不急務哉？先生洩先天之秘，注此奇書，雲霧雷雨，幸不爲六丁追取，向使久湮没不傳，未必非官此者之過。劫灰未燼，大懼易教失傳，校刻之隱憂同於作者。薄宦冰清，橐無長物，乃嗜古有癖，乞諸懿好爲之。張大中丞倡其首，藩臬諸同官次之，太守司牧諸鄉紳又次之，而後成梓，不敢没諸善類也。

一、是集訪經數歲，校經幾手，翻寫五過，始付殺青，始于乙卯之仲春，告竣于丁巳之孟春，閲月二十四，梓工一十二，鏤繡精工，不遺餘巧。讀者當明窗净几，正襟危慮，勿垢污褻玩，以負先生三十年之苦心。十年作三都，烏可草草不作十年讀乎？況至聖明睿，方且三絶韋編，玄微理數，又豈僅三都之儗？

一、先生著作如林，其知名者如日録、省覺録、八則稿、游吴稿、游峨山稿。先生年譜問尚有珍藏者。已訪諸夔守，以俟後之玄晏表章，兹特標出。

一、易注成梓後，始訪得先生日録諸稿，中有太極諸圖，明白精透，晰理如列眉，不知當日先生自叙中何以不及此。今爲補入，一以見作者精研之深，一以見述者大成之集，裨益後進不厭其多。

高雪君識。

來圖補遺〔一〕

太極圖

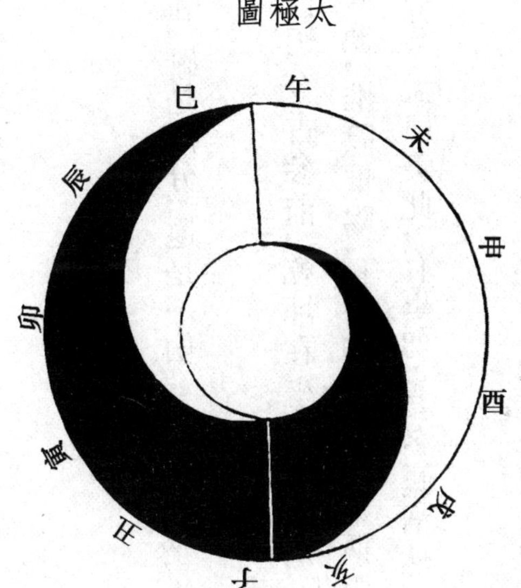

〔一〕以下二十三圖均出自來知德日録。下不出校。

白者陽儀也，黑者陰儀也。黑白二路者，陽極生陰，陰極生陽，其氣機未嘗息也，即太極也。非中間一圖，乃太極之本體也。

弄圓歌

我有一丸，黑白相和，雖是兩分，還是一個。大之莫載，小之莫破，無始無終，無右無左。

八卦九疇，縱横交錯，今古參前，乾坤在坐。堯舜周孔，約爲一堂。我弄其中，琴瑟鏗鏘。孔曰太極，惟陰惟陽，是定吉凶，大業斯張。形即五行，神即五常，惟其能圓，是以能方。孟曰美此，有事勿忘，名爲浩然，至大至剛，充塞天地，長揖羲皇。

此圖與周子之圖少異者，非求異於周子也。周子之圈爲開畫，使人易曉。此圖總畫，解周子之圖者，以中間一圖散太極之本體者非也。圖說周子已説盡了，故不必贅。

易以道陰陽，其理盡此矣。

世道之治亂，國家之因革，山川之興廢，王伯之誠僞，風俗之厚薄，學術之邪正，理學之晦明，文章之醇漓，士子之貴賤，賢不肖之進退，華夷之强弱，百姓之勞逸，財賦之盈虚，户口之增減，年歲之豐凶，舉辟之詳略，以至一草一木之賤，一飲一食之微，皆不外此圖。

程子曰：「天地萬物之理，無獨必有對，皆自然而然，非有安排也。」于此圖見之矣。

畫此圖時，因讀易「七日來復」，見得道理原不斷絶，往來代謝是如此，因推而廣之，作理學辨疑。

七日來復，諸儒解之者多，然譬喻親切者少。來復就譬如扇鐵扯風廂相似，將手推去，又扯轉來。來復者，是扯轉來也，皆一氣也。

伏羲卦

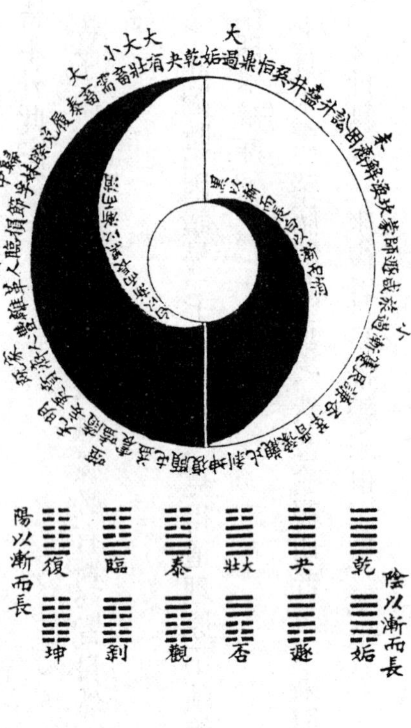

白路者，一陽復也。自復而臨，而泰，而壯，而夬，即爲乾之純陽。

黑路者，一陰姤也。自姤而遯，而否，而觀，而剥，即爲坤之純陰。

復者，天地之生子也，未幾而成。乾健之體，健極則必生女矣，是火中之一點水也。姤者，天地之生女也，未幾而成。坤順之功，順極則必生男矣，是水中之一點火也。故乾道成男，未必不成女。坤道成女，未必不成男。

坤而復焉，一念之醒也，而漸至於夬，故君子一簣之土，可以成山。乾而姤焉，一念之差也，而漸至於剥，故小人一爝之火，可以燎原。

學者只將此圖黑白消長玩味，就有長進，然非深於道者不足以知之。觀此圖者，且莫言知造化性命之學，且將黑白消長玩安危進退四個字，氣象亦已足矣。了得此手，便就知進知退，知存知亡，便即與天地合其德，日月合其明，四時合其序，鬼神合其吉凶，故脩德凝道之君子，以居上不驕，爲下不倍，國有道其言足以興，國無道其默足以容。

伏羲八卦方位

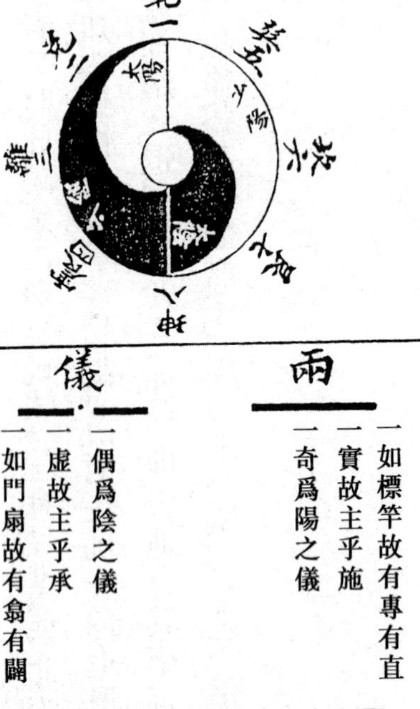

兩儀

一如標竿故有專有直
一實故主乎施
一奇爲陽之儀

一偶爲陰之儀
一虛故主乎承
一如門扇故有翕有闢

陽陰二天地自然之形天地自然之數

伏羲只在一奇一偶上生出六十四卦，又生出後聖許多爻象。如一陽上加一陽爲太陽，陽自然老之象。加一陰爲少陰，陰自然少之象。一陰上加一陽爲少陽，陽自然少之象。加一陰爲太陰，陰自然老之象。太陽上加一陽爲乾，加一陰爲兑。少陰上加一陽爲離，加一陰爲震。少陽上加一陽爲巽，加一陰爲坎。太陰上加一陽爲艮，加一陰爲坤。皆陰陽自然生八之卦。

二分四，四分八，自然而然，不假安排，則所謂象者、卦者，皆儀也。故天地問萬事萬物但有儀形者，即有定數存乎其中，而人之一飲一啄，一窮一通，一夭一壽，皆毫釐不可逃者，故聖人惟教人以貞，以成大業。

八卦已成之謂往，以卦之已成而言，自一而二三四五六七八，因所加之畫，順先後之序而去，故曰「數往者順」。

八卦未成之謂來，以卦之初生而言，一陽上添一畫爲太陽，太陽上添一畫則爲純陽，必知其爲乾矣。八卦皆然。其所加之畫皆自下而行上，謂之逆，故曰「知來者逆」。與邵子、朱子所説略不同。

以一年之卦氣論之，自子而丑寅卯辰巳午者，順也。今伏羲之卦，將乾安於午位，逆行至于子，是乾兑離震，其數逆也。

以卦之次序論之，自乾而兑而離而震而巽坎艮坤，乃順也，今伏羲之卦乃不以巽次於震之後，而乃以巽次於乾之左，漸至於坤焉，是巽坎艮坤，其數逆也，故曰「易逆數也」。數，色主反。

伏羲八卦方位，自然之妙，以横圖論，乾一兑二離三震四巽五坎六艮七坤八，不假安排，皆自然而然，可謂妙矣。伏羲乃顛之倒之，錯之縱之，安其方位，疑若涉于安排，然亦自然而然也。今以自然之妙圖畫於後。

以相對論

☰ ☷

此三陽對三陰也，故曰「天地定位」。

☲ ☵

此一陽對一陰於下，少陽對少陰於上也，故曰「水火不相射」。

☶ ☱

此太陽對太陰於下，一陽對一陰於上也，故曰「山澤通氣」。

☳ ☴

此一陽對一陰於下，太陽對太陰於上也，故曰「雷風相薄」。

以乾坤所居論

乾位乎上，君也，左則二陽居乎巽之上焉，一陽居乎坎之中焉；右則二陽居乎兑之下焉，一陽居乎離之上下焉，宛然三公、九卿、百官之侍列也。

坤居於下，后也，左則二陰居乎震之上焉，一陰居乎離之中焉；右則二陰居乎艮之下焉，一陰居乎坎之上下焉，宛然三妃、九嬪、百媵之侍列也。

以男女相配論

乾對坤者，父配乎母也。

震對巽者，長男配長女也。

坎對離者，中男配中女也。

艮對兑者，少男配少女也。

以乾坤槖籥相交換論

乾取下一畫換於坤則爲震，坤取下一畫換於乾則爲巽，此長男長女槖籥之氣相交換也，故彼此相薄。乾取中一畫換於坤則爲坎，坤取中一畫換於乾則爲離，此中男中女槖籥之氣相交換也，故彼此不相射。乾取上一畫換於坤則爲艮，坤取上一畫換於乾則爲兌，此少男少女槖籥之氣相交換也，故彼此通氣。

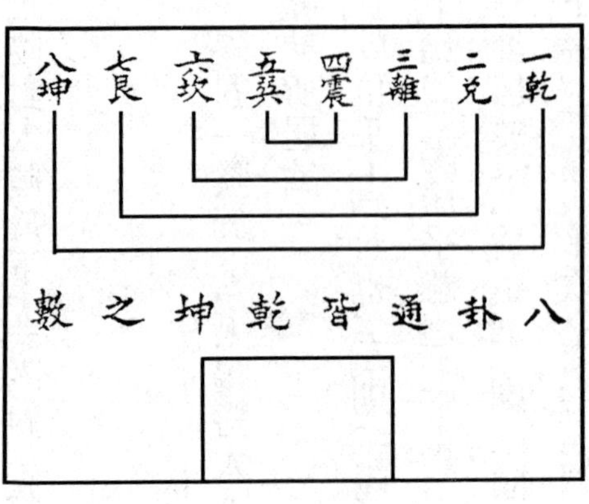

天一地八，乃天地自然之數也。乾始於一，坤終於八，今兑二艮七，亦一八也；離三坎六，亦一八也；震四巽五，亦一八也。八卦皆本於乾坤，於此可見，故曰：「乾坤，其易之門耶？乾坤毁，無以見易。」一部易經，乾坤二字盡之矣。

讀易，且莫看爻辭並繫辭，並程傳、本義，且將圖玩，玩之既久，讀易自有長進。伏羲之卦起於畫，故其前數條皆以畫論之。若宋儒謂天位乎上，地位乎下，日生於東，月生於西，山鎮西北，澤注東南，風起西南，雷動東北，則謂其合天地之造化，不以數論也。

陽直圖消息盈虛

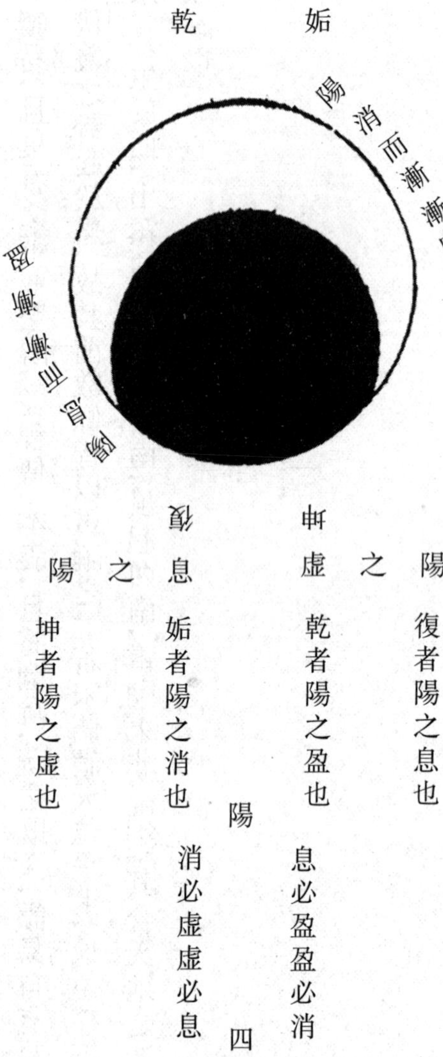
陽之消
姤
陽之盈
乾
陽消而漸漸虛
陽息而漸漸盈
坤
陽之虛
復
陽之息
復者陽之息也
乾者陽之盈也
姤者陽之消也
坤者陽之虛也
陽
息必盈盈必消
消必虛虛必息
四字循環

陰直圖消息盈虛

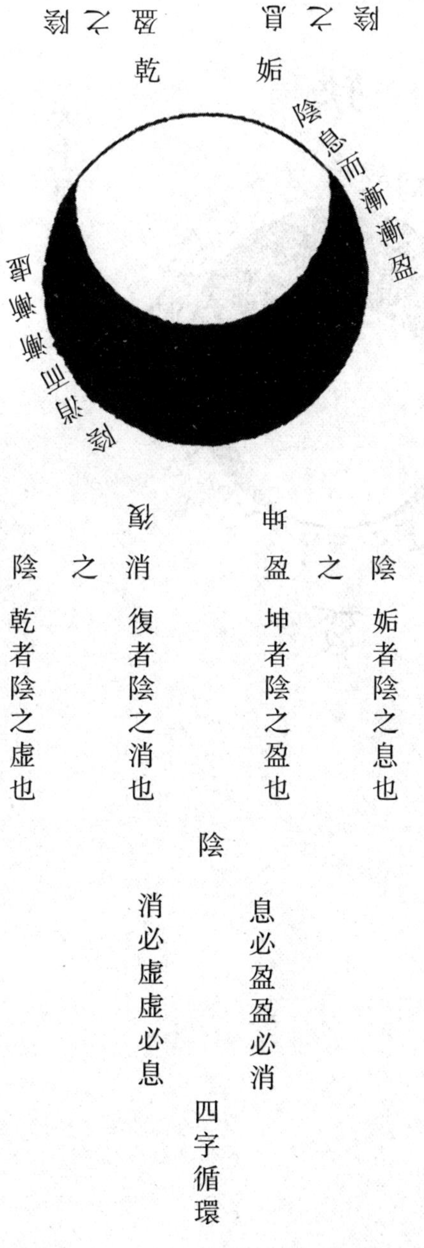

陰息日漸漸盈
陰消日漸漸虛
陰之息 姤
盈之陰 乾
坤
復
陰之盈 姤者陰之息也
坤者陰之盈也
消之陰 復者陰之消也
乾者陰之虛也
陰
息必盈盈必消
消必虛虛必息
四字循環

天地陰陽之理不過消息盈虛而已，故孔子有曰：「君子尚消息盈虛。」

坤與復之時，陽氣通是一樣微，但坤者虛之終而微也，復者息之始而微也。乾與姤之時，陽氣通是一樣盛，但乾者盈之終而盛也，姤者消之始而盛也。

乾與姤之時，陰氣通是一樣微，但乾者虚之終而微也，姤者息之始而微也。坤與復之時，陰氣通是一樣盛，但坤者盈之終而盛也，復者消之始而盛也。息者，喘息也，呼吸之氣也，生長也，故人之子謂之息，以其所生也。因氣微，故謂之息。消者，減也，退也。盈者，中間充滿也。虚者，中間空也。

天上月輪圖

月缺于三十日半夜止。

月盈于十五日半夜止。

初一日子時息之始，息至十五日而盈。

十六日子時消之始，消至三十日而虚。

初一日與二十九日月同是缺，但初一日之缺乃息之始，二十九日之缺乃消之終。

十六日與十四日月同是盈，但十四日之盈乃息之終，十六日之盈乃消之始。

天地陰陽之氣，即如人呼吸之氣，四時通是一樣，但到冬月寒之極，氣之内就生一點温厚起來，所謂息也。温厚漸漸至四月，發散充滿，所謂盈也，盈又消了。到五月熱之極，氣之内就生一點嚴凝起來，所謂息也。嚴凝漸漸至十月，翕聚充滿，所謂盈也，盈又消了。

陰陽之氣如一個環，動静無端，陰陽無始，未曾斷絶，特有消息盈虚耳。朱子説陽無驟至之理，又説一陽分作三十分云云，雙峰饒氏説坤字介乎剥、復二卦之間云云，通説零碎了，似把陰陽之氣作斷絶了又生起來，殊不知陰陽剥復就是月一般，月原不曾斷絶，止有盈缺耳。

周公「碩果不食」，譬喻極親切。果長不至碩，則尚有氣。長養至于碩果，氣已完，將朽爛了，外面氣盡，中間就生起核之仁來，可見氣未曾絕。

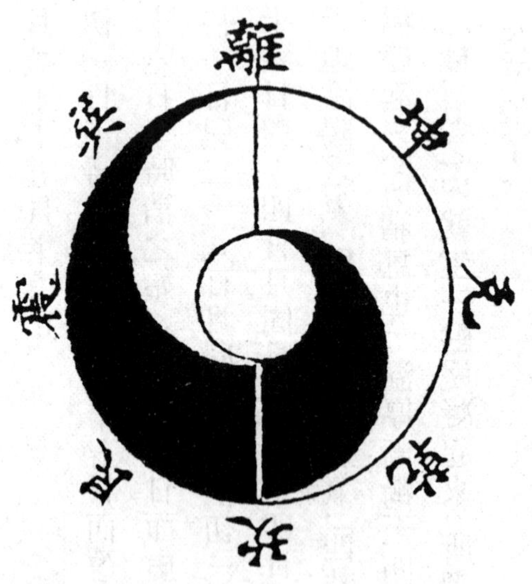

文王八卦方位

諸儒因邵子解之卦，皆依邵子之説，通説穿鑿了。文王之方位本明，而解之者反晦也。殊不知文王之卦，孔子已解明矣。「帝出乎震」一節是也。又何必别解哉？朱子乃以文王八卦不可曉處甚多，不知何説也。蓋文王以伏羲之卦恐人難曉，難以致用，故就一年春夏秋冬方位卦所屬木火土金水相生之序而列之。今以孔子説卦解之于後。

帝者天也。一年之氣始於春，故出乎震，震，動也，故以出言之。齊乎巽，巽者，入也，時當入乎夏矣，故曰巽。巽，東南也，言萬物之絜齊也。蓋震、巽皆屬木之卦也。離者，麗也，故「相見乎離」。坤者，地也，土也。南方之火生土，方能生金，故坤艮之土界木火於東南，界金水於西北，土居乎中，寄旺於四季，「萬物之所以致養也」，所以成終成始也。坤，順也，安得不致役？故言「致役乎坤」。兑，説也，萬物於此而成，所以説也。乾，健也，剛健之物必多争戰，故陰陽相薄而戰。坎，陷也，凡物升於上者必安逸，陷於下者必勞苦，故「勞乎坎」。艮，止也，一年之氣于冬終止，而又交春矣。蓋孔子釋卦多從理上説。「役」字生於坤順，「戰」字生於乾剛，「勞」字生於坎陷，諸儒皆以辭害意，故愈辨而愈穿鑿矣。

八卦所屬

坎

一者，水之生數也。六者，水之成數也。坎居于子，當水生成之數，故屬水。月令春其數八，夏其數七，秋其數九，冬其數六，皆以成數言。

離

二者，火之生數也。七者，火之成數也。離居于午，當火生成之數，故離屬火。

震巽

三者，木之生數也。八者，木之成數也。震居東，巽居東南之間，當天三地八之數，故震巽屬木。

兑乾

四者，金之生數也。九者，金之成數也。兑居西，乾居西北之間，當地四天九之數，故兑乾屬金。

艮坤

五者，土之生數也。十者，土之成數也。艮坤居東北西南四方之間，當天地五十之中數，故艮坤屬土。

何以天一生水，地二生火，天三生木，地四生金？此皆從卦上來。天地二字即陰陽二字。蓋一陽一陰皆生于子午坎離之中，陽則明，陰則濁。試以照物驗之。陽明居坎之中，陰濁在外，故水能照物於内，而不能照物於外。陽明在離之外，陰濁在内，故火能照物於外，而不能照物於内。觀此，則陰陽生於坎離端的矣。坎卦一陽居其中，即一陽生於子也，故爲天一生水。及水之盛，必生木矣，故天三又生木。離卦一陰居其中，即一陰生于午也，故爲地二生火。及火之盛，必生土而生金矣，故地四又生金。從坎至艮、至震、巽，乃自北而東，子丑寅卯辰巳也屬陽，皆天之生。至巳則天之陽極矣，故至午而生陰。從離至坤、至兑乾，乃自南而西，午未申酉戌亥也屬陰，皆地之生。至亥則地之陰極矣，故至子而生陽。艮居東北之間，故屬天生。坤居西南之間，故屬地生。

一年氣象

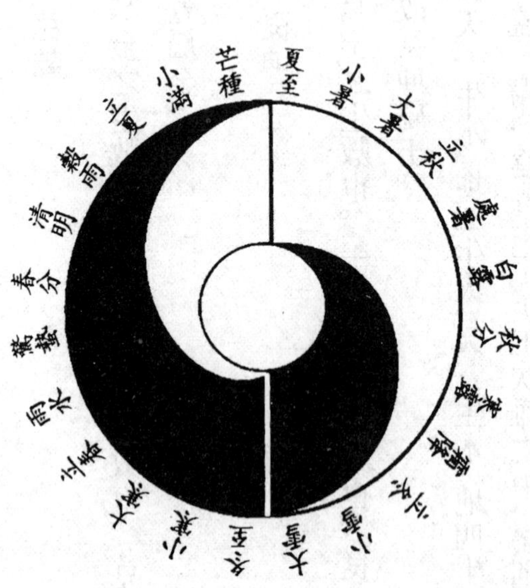

萬古之人事，一年之氣象也。春作夏長秋收冬藏，一年不過如此，自盤古至堯舜，風俗人事以漸而長，蓋春作夏長也。自堯舜以後，風俗人事以漸而消，蓋秋收冬藏也。此之謂大混沌，然其中有小混沌。以人身血氣譬之，盤古至堯舜如初生時到四十歲，自堯舜以後，如四十到百年。

此已前乃總論也。若以消息論之，大消中其中又有小息，大息中其中又有小消，小息中又有小消，小消中又有小息，故以大小混沌言之。

何以大消中又有小息？且以生聖人論，堯舜以後乃大消矣，至周末又生孔子，乃小息也。所以禄位名壽通不如堯舜。

邵子元會運世只就此一年算。

一日氣象

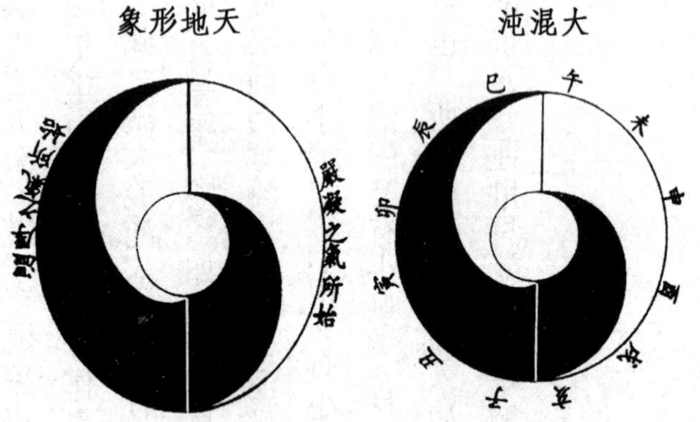

萬古之始終者，一日之氣象也。一日有晝有夜有明有暗，萬古天地，即如晝夜。做大丈夫，把萬古者做晝夜，此襟懷就海闊天空，只想做聖賢出世，而功名富貴，即以塵視之矣。

天地形象，雖非如此，然西北山高東南多水，亦有此意。

天地戌亥之交，其形體未曾敗壞，在此圖看出，以氣機未嘗息也。

天地惟西北高，東南低，以風水論，是右邊白虎，太極盛矣。是以歷代帝王，長子不傳，天下通是一房子孫傳之。以人材論，聖賢通生在西北一邊，以山高聳秀，出於天外故也。以財賦論，通在東南，以水聚湖海故也。以中原論，泰山在中原獨高，所以生孔子。舊時去遊岱岳，一日路上見一山聳秀，問路邊人，答曰此王府陵也。次日行到，孟廟在其下，始知生孟子者此山也。以炎涼論，天地嚴凝之氣始于西南而盛於西北，天地溫厚之氣始于東北而盛于東南。嚴凝之氣其氣凉，故多生聖賢；溫厚之氣其氣炎，故多生富貴。

以情性論，西北人多直實，多剛、多蠢，下得死心，所以聖賢多也。東南人多尖秀，多柔、多巧，下不得死心，所以聖賢少也。

人事與天地炎涼氣候相同。冬寒之極者，春生必盛。夏熱之極者，秋風必悽。雨之久者必有久晴，晴之久者必有久雨。故有大權者必有大禍，多藏者必有厚亡，知此則就可以居易俟命，不怨天尤人。

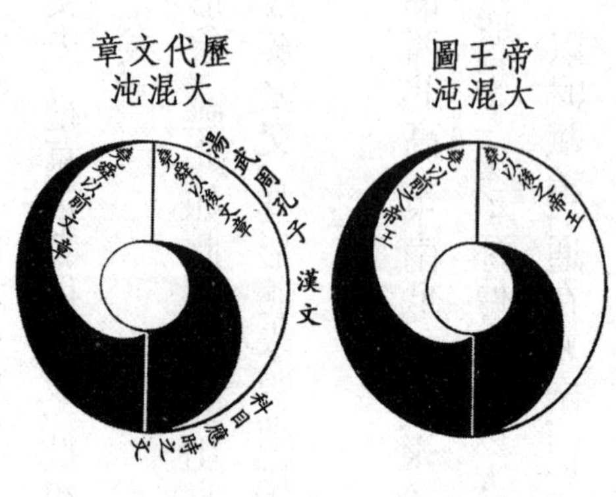

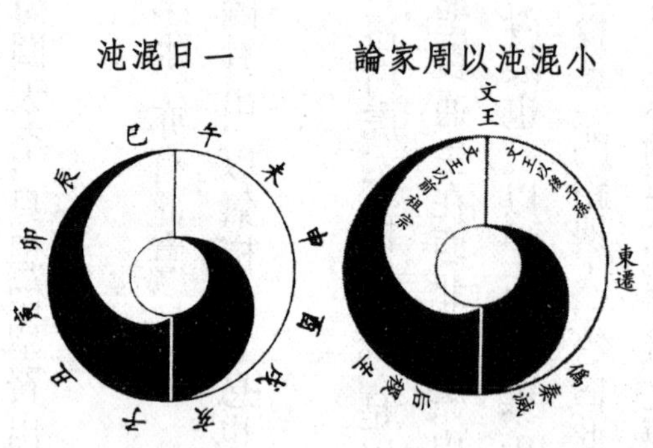

大混沌歷代人材

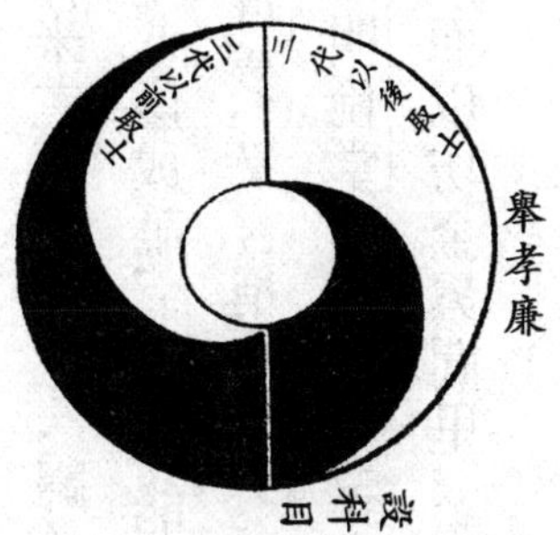

三教天下混沌

一一陽

一三陰

瞿唐來矣鮮先生本傳出自梁山縣志卷九人物志列傳

先生諱知德，字矣鮮，原籍越之蕭山，徙楚麻城。元末，祖泰入蜀，卜居梁山。先生喜瞿唐灔澦之勝，遂號稱焉。泰生均受，均受生晁富，晁富生至清，俱潛隱未仕。至清生昭，令宜良，以廉謹稱。昭生尚廉，好施予。尚廉生朝，還遺金，即先生之父也。母丁孺人，幽嫻茹苦，娠時夢藍衣人駕鶴至屋簷楹，鶴將鳴，藍衣人拊頂曰：「不，不，不，不。」先生岐嶷，然數遇顛疾，在繈褓，有掾馮庚者，齎册入覲，夢朝命翰林院來，某月得禄米三石、鹽十斤，歸於先生。父答之曰：「吾兒多病，得長齡足矣，安敢望此？」先生八歲成誦，九歲即能爲長短句。嘗夢獨立巫峰，顛疾遂瘳。故以十二峰爲道號。徵母夢，又嘗稱不不子。學士毛君較試，覘其不凡。

歲壬子，明倫堂砌生五色靈芝，先生於是秋以禮經魁蜀。辭坊金曰：「鯫生無毫毛裨益維桑，而以坊金累閭里，義所不安，請辭。」柱史喻君嘉其志而許之。凡諸作興，皆卻不受。杜史爰移檄縣令曰：「來某鳳毛麟角，他日非名卿，即明賢。始進如此，服官可知。」乃令學使以弟子員古之賢、戴高等三十八茂才送門下，俾朝夕與游，庶耳濡目染，自成君子。先生未第前，少寧居，嘗讀書石墩寺。每詩酒遨翔三峽之間。第後，杜門謝客，窮研經史，往往恥爲出口入耳之學。雖無書不讀，然皆反約以求至其極。由其靈根湛然，繩尺弗能拘牽。治心於格物，資山林蓋涵養而遂深焉。楊雨洲語友人曰：「瞿塘不枉見有司，高談仁義，孟子再生矣。」丙辰，不第歸，先生益以道自任。戊午，遵父命往京師。壬戌，先生復夢立巫峰。歎曰：「巫峰乃川水匯歸，峰多秀拔，文章之徵，非富貴之徵也。」果又不第。道聞親疾，毅然棼引而題詩曰：「莫遣紅塵客子知，殷勤謝爾夜題詩。兩行黑字催人老，一幅烏絲覺我癡。萬里鵬程何足論，雙親鶴髮已多垂。此中有路尋堯舜，東海宣尼是引師。」聞者無不駭異，密友周親甚至垂涕相戒，謂：「本朝重科目，若棼引，則别無出路。」先生曰：「有聖賢一路，做聖賢不要命，富貴貧賤皆可爲之，割斷科目一條腸，聖賢由我做。」因取尺絹大書「願學孔子」四字，縛於背，抵家。二人以其志頗超軼，亦極爲稱許云。過斯而往，鎮日默坐静齋，悟太極圖象，無我無人，因作了心歌以自勉。後二年，頗知太極之理，自謂從前尚落禪學也。是時，柱史譚公名啓景仰先生，每造先生廬。至則設蔬一盤，言笑自若。譚曰：「汝腹中一肚子鐵，乃以菜根款御史耶？」先生曰：「不妨四十八節無錢，能令半夜三更有客，可乎？」譚曰：「願學孔子，成矣！」

先生吴游歸來，數月即丁父艱；服將闋，繼丁母艱。哀毁廬墓，兀兀忘年者六載，不冠櫛，不茹葷酒，不御琴瑟，長息悲號，心志甚苦，始覺物欲一無，格物之理迨是由誠所發。先是，先生住京師六年，自邸歸，卧父母榻前，叙寒燠，談京中事者數月，以娱其親，不遽退寢私室。其純孝類皆如此。足不入城，心無區囿，居惟一室，而砥節尤清。人咸謂充養純粹，雖古之郭有道，今之陳白沙，不是過也。

先生因易象未明，隱萬縣求溪萬山中注易。有思至十夜不寢，數日忘食者。忽思「見豕負途」一語，遂悟易象。方伯郭公書曰：「昔日賢以文求易，故其旨難明，今公以象求易，故其理易見。此真有以發四聖之所未發，而破宋儒謬悠之説。獻在明廷，藏之石室，頒於天下，非來氏一家之私書矣。」其後，又青螺與先生書，略曰：「得趙柱史尉薦語，乃知天球、河圖、明月、木難，有不見之而珍者，非夫也。」

讀易注，又知三十年求溪見義於羹，見文於墻，其廛埒于韋編三絶、鐵撾三折哉？宋直指亦謂：「先生七八十年間，此心渾是一團天理，而無一毫人欲之雜。國朝二百五十年道學，薛文清之後，得先生而振起，錯綜悟象，萬世以下，不能易之。」因同制府王公象乾、黔撫郭公子章交疏薦舉，稱其「學有淵源，言通古昔。據其岩居川觀之節，踐乎嚴邵之蹤；注易畫圖之功，實出申轅之上。齡逾七稀，夏不扇，冬不絮，望焉儼若神仙。叩之者知其爲孔孟之徒，而楊子、老蘇之餘僅一再見」。疏上，奉旨以先生學行既優，添注翰林院待詔。先生聞命，恬不爲榮。明年春，具疏辭官，疏：「臣由本縣儒學生員中嘉靖壬子科鄉試第五名，頻年計偕，屢試屢蹶。因父來朝患病，母丁氏繼患目疾，臣即鮮兄弟，遂留家侍養未仕。即父母去世，臣雖有欲仕之心，已非可仕之年矣。夫親存，不能仕以養吾親，親殁而竊升斗以養妻子，臣不忍也。即不忍吾親而徒仕，乃負明時而徒隱，臣不敢也。因思先民有言：『未得其位，無所發施，則講明聖人之學，使其教益明。出處難異，推己及人之心則一也。』臣佩此言，遂將本朝纂修五經性理大全日夜誦讀。及讀周易，見諸儒皆以象失其傳，不言其象，止言其理。臣愚劣，自知遠不如諸儒，但思易乃五經之首，象既失傳，則自仲尼十翼之後，四聖微言秘旨已經二千餘年矣，若不窮究其象，則以訛傳訛，何以謂之明經？

經即不明，何以爲士？所係世道匪輕。臣遂遠客萬縣求溪深山中，反復探索，思之思之，夜以繼日，如嬰兒之戀慈母，數年而悟四聖之象，數年而悟文王序卦、孔子雜卦，數年而悟卦變之非，始於隆慶庚午，成於萬曆己亥，計二十九年而後成書。書既成，臣亦自知祖宗以來，列聖相承，菁莪棫樸之化；皇上繼照，豐芑熙洽之仁，有一代之聖君，必有一代之經術。天意不借才於異代，故臣得窺易於一斑，非臣庸愚自能悟易也。辟之鳥鳴於春，蟬鳴於秋，乃天地化育使之如是，非鳥蟬自能鳴也。不然，鳥蟬，天地一蠢蠢者，安能應期而鳴於春秋哉？臣自易注成後，四肢罷敝，萬念灰冷，不復問人間事矣。詎知四川督臣王象乾、貴州撫臣郭子章會薦，蒙吏部題覆奉聖旨：『來知德學行既優，添注翰林院待詔。欽此。』臣一聞報，不勝惶懼。臣章句腐儒，樗櫟弱植，未嘗不講學而學愧先賢，未嘗不修行而行猶鄉人。至於翰林乃名賢侍從之地，待詔尤儒臣極榮之選，臣何人斯，敢覬於此？且臣之齒今年七十有九，青天蜀道，白首龍鍾，雖犬馬之戀不敢忘於江湖，而麋鹿之性終難馳於廊廟。伏望皇上憫臣之老不能出户庭，矜臣之病不能登舟輿，臣未嘗效一日之勞於陛下，不敢虚冒榮銜，容臣仍以舉人終老山林，庶臣於舜日堯天之下，得遂鳶飛魚躍之性，生爲聖世之逸民，老非明聖之棄物。臣之榮踰於三接九遷，臣之感誓於魏草楊環矣。」

疏上，部議謂：「先生脱履塵踪，採珠理窟，早歲辭榮，志已超乎凡近；終身純慕，孝可通乎鬼神。剖易象之玄機，發錯綜之妙義，淵深莫測，符合易知，舞蹈俱忘，神情自得，豈天爲國朝興易教乎？故爲庖經生哲人也？今者膺檢而典木天，酬功非過；陳請而安布素，秉志尤真。委以杖朝之齡，似非出疆之日。所有疏乞相應允從，仍以原授翰林院待詔職銜致仕。有司月給米三石，以示優渥。」先生旋具疏辭米，中丞弗許。於是知夢幻杳然，而驗若符節。先生殆天授，特托馮庚一老耑先以開其徵歟？當時鉅望如首揆沈歸德、都諫王希泉、司馬王霽宇諸名卿，或薦之於朝，或旌之以額，争爲表彰者，雲楮雨翰，國人仰其芳型，有司咨夫政教，往來之口籍甚，得非節高三峽，悟徹八關，惟遜志于道德性命之奥，不投足于富貴利達之場，豈能於今稱述不朽哉？先生胸無塵渣也，故其詩中絶無一「愁」字。卧九喜塌，飲快活春，優哉悠哉，使人望而自化。

先生之處仁重義也，教族黨子弟贍衣食，且善誘循循；助葬濟急，恤人猶己，買莊供伯兄資，豎堂以成其志。出入必侍，飲食必偕。燕會或遺其兄，先生堅不獨赴。

兄在，即草具糲食，無不盡歡。衣食器用，無分彼此。事兄尤篤厚惟謹，即年至七十，禮儀不苟如一日。先生禔躬慎獨也，客京時，拒鄰婦之自獻；醉後有紿妓館爲旅舍者，先生寤覺，夜分即馳歸；以書詬詆先生者，先生得之，微笑而輒焚之，絕無慍色。子孫將覓視，先生曰：「汝曹涵養未到，見之未免有物在心。」居釜山，雖夜不扃户，以盛德之相感，而盜未嘗犯之。先生手自栽松竹，因夢買月而照肺肝瑩如，又作買月亭，築淇園，蝸室以自警。

先生所著有釜山、求溪、鐵鳳、買月亭、八關、四樂、白帝諸稿；紀游則有華山、峨眉山、太山、鞋山、太和、廬山、游吴諸集；理學則有大學古本章句、省事、省覺、日録内篇、外篇、弄丸篇、悟賦、功夫條目、心學晦明解、河圖洛書、理學辨；自省則有謹言功夫條目、醉箴、言箴、刑于箴、九德箴；貽燕則有家訓、禮約，皆言言著理，字字印心，不下數十萬言。既相如之賦、太白之詞，不雄於此矣。

先生生於嘉靖乙酉梁山沙河鋪之釜山，卒于萬曆甲辰，享年八十。原配倪氏，子二：長時敏，蜀藩典儀；次時生，邑廪生。孫三人，曾孫十五人。崇禎癸未，柱史劉君安劉疏請祀典，迄今玉步屢更，而奉祀生無缺。西川夫子，吾誠于先生信焉。

廬陵後學高奣映雪君甫撰。

讀瞿唐來夫子易注要説[一]

經首易而易尊，注能使先聖之心大白于凡庸，而凡庸之心灼見乎先聖，則人將捨己而以先聖爲心。此教之所以隆，而風俗所以還醇也。羲皇奇偶畫卦，包括陰陽之藴，無文字而欲人盡曉然，厥維艱哉！迨復演爲六十四卦，三百八十四爻，已知文字必不容已矣。文又命名自定也，命辭自正也。周逐爻立辭，孔象之象之文之，不容已也如是夫。噫！羲皇之一畫，拈花微笑也。文王周孔，文殊饒舌也。浸假舍必不饒，所拈所笑，厥旨云何？聖賢覺世憂民之心，誠有諄諄乎其不憚煩者。繫説序雜，烏容已已。然則易遂如日經天乎，何以自輔嗣迄晦庵，莫不亶聰明，備制作，而象之晦蒙如故耶？瞿唐來夫子作，錯之綜之，抉以中爻，而象始著，象著而易益彰，使人觀象玩占，自得諸語言文字之表。瞿唐之功誠不在禹下矣。其文萬千語言，疑若煩

〔一〕此文，圖解本在來瞿唐先生六十四卦啓蒙説前。

蕪增障者，及領其大要，唯教人遏欲存理，使吉自我作，悔吝默消，無過貞勝之一言，是則博而反約，不待占卜而始知者也。蓋應事接物，不外剛柔，而心爲剛柔之本。無欲而静，則知柔知剛，動罔不臧。此貞之所以勝也。列子曰：能柔能剛，無能也，而無不能也。其無不能之妙，正在無能中。與貞勝有二乎？貞勝立，則可因瞿唐而以易爲心，則四聖可續，教有不隆而俗有不醇者哉？

易何取其有象耶？凡人睹物則興懷，亦如覽鏡則必脩容，故曰「吉凶以象告」。既睹象而知吉凶，未有不葸葸焉避凶而趨吉者也。畏欲防邪，將象是賴。宋儒欲掃除象數而專言理，夫理寓于象，猶神藏於形，形滅神將焉附？象去理豈獨昭？遂疑序卦爲邊見，雜卦爲錯誤。迷則無所不礙，何足恠哉？瞿唐來夫子錯之綜之，取以中爻，象乃逼露于爻中。每就文王卦名，取爻象以參考之。雖三代秦漢而後，其事亦無不吻合者，以至近而一身，自少至老，去就俯仰，利害禍福，如容在鏡，纖悉靡遺，然非象則易無由尋，非注則象無由入。甚矣！來夫子有裨于後學者也。

善注者以經注經，不以我注經。善學者以我讀經，不以經讀經。偶舉一端，如乾坤錯，六子皆錯，四正四隅自然交錯，此陰陽之必然。上經三十，下經三十四，數不均也。及其綜之，則上經十八卦，下經十八卦，數卻相勻。非中爻不備亦要也，爻止于六，參天兩地而倚數也。是皆以經注經。故序卦、雜卦具見聖人深意，徹即無所不通也。後之學者，苟不以經讀經，置身於三百八十四爻間，莫不有我之位置，二何以譽？四何以懼？剛何以勝？柔何以危？待君子何如而揚廷有孚？待小人何如而不惡而嚴？體認極真，養之純熟，德性事功，融合如一，靜有自得，動只隨機，豈必遇事設筮，然後知吉凶哉？余觀東漢黨錮、元祐竄逐，跡其言動，豈非君子？揆諸象旨，未執厥中，雖謂不以我讀經可也，何至自干縲絏嶺海哉？君子安其身而後動，則小人自遠。雍容廟堂，乂安海宇，豐亨豫大，不亦休乎？易爲君子謀，至勤懇也，六十四卦大象皆曰「君子以」，以欲君子學聖也。如乾文言贊聖人，究歸君子，其勤懇如是。孔子潛龍也，祖述堯舜則飛矣。志在春秋，亢且悔矣。可見六龍只是一龍，飛非獨升，亢亦非貶，特在乘之因時，剛柔迭變耳。聖人可學而至也。

廬陵高奣映識于葆光亭壁。

來瞿唐先生易學啓蒙後跋

王氏掃象，擊蒙者也。宋儒忘象，困蒙者也。四聖之義，啓于來子。俾擊而順，困而通，斯昭昭之多，匪象著明哉？傳曰：「書不盡言，言不盡意。」象也者，聖人之寄也遠矣。理數自然，聖人法之，象以爲則，因陰陽焉，有動静焉，故錯焉綜焉，二三四五之撰德辨物焉，同體焉，判情性焉，如堵則變焉，變而後錯綜中爻無不備焉。六位而成章，有三才焉。三才承其變，於是觀海有涯矣。自乾至未濟，觸類詳分，一卦盡一卦之道，六十四卦見一卦之源，啓蒙之功，四聖發來，兹將望之果行育德君子矣。余不敏，謬加編飾，敢謂克家納婦，其在斯乎？恕其僭，則又企明哲之包蒙耳。養于正，而困而擊，余謂不在六四、上九，而在蒙之六五。夫前人詎庸乎疵？

廬陵後學高奣映謹跋。

附録二　歷代序跋等

明陳仁錫易經來注序〔一〕出自崇禎五年本

余事毘陵錢啓新先生，先生嘗挾之過馬跡山，深言易，彈白棊六象陽，彈黑棊六象陰，棊動聲高，几案間無他物，而舟中載一帙，視之則來梁山書，以此知梁山氏易。先生嘗稱之。既而人士稍稍誦習之。或曰參伍錯綜，一家言變之書耳。余聞大笑，既已參伍錯綜，其人胸中具天地，何一家言哉？

庚午二雍病枕説易，余凡七著書未就。其一二災木，皆不足道，亡它焉，知理不知數，知卦不知變，知象不知像，易難言哉？孔子曰：「加我數年，五十以學易，可以

〔一〕此序存於史本卷首，但缺前兩頁，今據明崇禎六年刻陳仁錫無夢圓初集馬集三補。

無大過矣。」此讀易律令也。六十而耳順，虛受之學。七十而從心所欲不踰矩，小心之學。此學易紀年也。知無卦不變，無爻不變，不知變之者人也，人之有易也。是故易有太極，是生兩儀，兩儀生四象，四象生八卦。惟其易，然後有太極；惟其人，然後易。今不易而標太極，須以無極補之，非也。天且弗違，況于人？況于鬼神？非天地合德也，何能先乎天也？于行變化、成鬼神無涉，奚參伍？奚錯綜？于天地雷風山澤水火無涉，奚八卦相錯？從無有執一端求易者。萬物之紀，必有數也；一身之動，必有象也，是故「易逆數也」。象也者，像也。按之而無數，象之而不像，則易道幾乎息。來梁山高隱窮年，博觀近取，以孔子爲準，與張皇絶學殊。此義弗明，遂有不取卦變、不信繫辭者，又烏可無我郡侯平史念翁之表章。昔韋蘇州蕉葉吟詩，吏道不俗。大都吏不可俗，學不可俗。超然章句之外，無俗學；超然簿書之外，無俗吏。念翁守吾蘇，廉貞高雅，誠信于賢士大夫，清心省力，窮簷感之，其中浩浩然有以自得。余故樂爲之序。山谷云：「居平不求甚異，而臨大節不可奪，天下不俗人也。」念翁起家毛詩，其邃于易若此。孔子一曰「賜也！可與言詩」，再曰「商也！可與言詩」，未嘗呼一人與之言易，豈比類深遠，詩即易耶？

崇禎壬申仲春，長洲陳仁錫書于潛確齋。

田大本序 出自崇禎五年本

葉石林云：「易中唯『參伍以變，錯綜其數』爲難知。」程沙隨曰：「十有八變成六爻，每爻蓋參以變，故通其變則陰陽相錯，遂成天地之文、天地之數，五位相得而各有合。」蓋伍以變綜其數而極之，遂定天下之象，通理達辭，瞿塘氏注易解錯綜於序卦、雜卦，解象變於錯綜，而易説始詳著，正確而不可易。乃吾讀希夷心法而有合焉。曰凡卦取象，無不反對，卦有反對，最爲關鍵。蓋二卦反而爲二，對而爲四，既列序之，又以雜卦推明其義，循環倒正，非錯綜之説乎？曰一卦之中，凡具八卦，有正有伏，有互有參，正者上下二體，伏者二體從變，互則一卦有二互體，參則二體互參合也。是錯綜中爻之説也。曰卦體六畫，便具天地四方，是爲六虚。初爻爲地，上爻爲天，非三才之説乎？曰卦義未審，須求變復，變爲一爻之變，復爲一體之復，是六爻變之説也。曰六十四卦皆有取象，不獨頤、鼎、噬嗑依物象以爲訓耳已。此六爻大象之説也。曰經卦、重卦，或離或合，縱橫施設，理無不在，所爲對待，真假錯綜，包括萬象，此又不拘説卦取象之説也。

希夷知卦書實義，不作紙上工夫，而致嘆於周孔孤行，似西河氏以還，古今訓注，皆珠亡買櫝、劍化刻舟者。而瞿塘氏掃軌空山，半生憤樂，唱演真宗，殆兩希夷乎？希夷數學以義理配禍福，不與讖緯壬遯同，而稽驗過之。瞿塘氏注有理究形，形及于變而象，象而後數，接物應務，率多前知，亦復有數學秘旨未傳于世，得希夷之精而用之者乎？曰易道彌綸，九流可入，文王周公以庶物入，宣父以八物入，其次也，或以歷數入，或以律度入，或以仙道入，無知而不可也。觀其訓釋平易，明柢示元，經生家以制義入，又奚不可乎？

余生同壤，景先喆，讀遺書，以錯綜印希夷之河雒數，昭察云爲，若燃犀牛渚。時聯曹念沖先生湛醇理數，每譚則神往，久之以帙留家笥，未副其請。而念翁出典吴城，南北阻修，是編幾與魚雁共杳。無何，余外補皖城，例謁過吴，歡然道故，秉燭夢寐，載信前約，誼弗敢秘，僉册歸之。越十五旬，吴門紙價翔涌，而瞿塘氏之教大著，夫行或使之，存乎數焉，詎偶然哉？昔李挺之謂學易不得擅自傳人，生時自有定數。

乙卯四月，應畀堯夫。夫惡知瞿塘之一錯一綜，不預有感於今日哉？

重光協洽之歲涂月春前一日，和溪田大本道生父題。

史念沖叙 出自崇禎五年本

易宣於四聖，子木以下演之。漢初爲三家，子莊之傳子襄、長卿、梁丘輩，延壽之傳君明輩，費長翁之傳康成、輔嗣輩。及宋，正叔、元晦大明絶學，然而譚理測異，棄畫去象，或爲孫盛所非，南軒所少。況驅逢掖而章句，而排偶，祖其一編之師説以庸身，而易乃晦。

夫易，三才之道。符渾貫合，自法象之顯，至惓若廛肆，細若閭井，與夫倮麟蜚走，灌莽苞皂，能出太極而外象帝乎？不識形者指之以影，不識貌者喻之以像，兩漢諸儒必欲究象，所從爲五行、納甲、飛伏之法，以求其合，而鑿空臆撰，遂有起而掃之者，此其故在變。淵處者不知山，陸處者不知水，未通其變爾。紫陽卦變之説，變止相比，非古注意。伊川、子瞻則以爲皆本乾坤。仙井、文山、南溪不取卦變，則窮而變，變而通，又何謂乎？先儒云：序卦之或强也，而雜卦之或雜也，非聖人之言也。不知文王設卦，欲交易以盡其變，故乾、坤、坎、離、小過、中孚、大過、頤不可反，餘五十六卦皆兩兩相反，有綜義焉。雜則乾坤顯，恒不改文王之序，中雖散出，而以對爲變，猶日月東西，有錯義焉。至中爻爲十有五體之一，漢唐曰互體，宋儒曰互卦，乾坤無互，互其變卦，而錯中見錯，綜中見綜，亦引而不發。梁山來氏之易，舉卜商來紛揉之言，芟柞殆盡，三十年不爐不扇之所得，觀通無遺。闖兩天之室，發圖書之房，大抵于隋易六十九部多所彙蕞，而絶無依傍。李資州以序卦冠卦首，明承受之指，而來則合二卦詮一卦，命之曰綜。韓康伯以雜卦衆卦錯綜其義，而來則並二卦爲一卦，分之曰錯。麻衣説上經三十卦得十八，下經三十四卦得十八，而來則于中反復相酬，得卦變之妙，因而知象類不一，而錯綜之象較神。加以中爻之象縣天淪淵，入藏包畛，視馬、鄭、荀、虞九家得失相距，奚啻倍蓰哉？其説大備於啓蒙，而更定分卷，明辨十翼，考補三傳，後之學者亦何必問周易古本割裂傳會乎？

嘗論讀經不解，讀傳不熟也；觀數不明，觀象不晰也。宗經而略傳，竟不悟錯綜爲何語，而象學失傳，遂謂巧喻靡甚，一二端策推算，執象告人，謂數之偶而抑知其皆本乎自然，安得起四聖九京，平揖來公于一堂，而與之言易耶？若其審覈事物不減爾雅，而求詳人事未始非帖括家言。吾聞之，子雲好深湛之思，探玄擬易，蔑叟、醬翁擔上論未濟，皆蜀人也。易學在蜀，千古云然。道生田先生不治易而以易名蜀，溯其淵源，夫固深于來易者。計自同官冬會，迄今分牧吳宛五年，所克挈本以授門人沈子。請而讀之，相與讚歎希有，爰爲點次，公諸同人，一時授受亦何異于田焦諸家？而大易薪傳燈續繫此際匪尠，吾將正告道生曰：「易道東矣。」

崇禎辛未臘月穀旦，覃懷史應選念沖甫題于姑蘇之凝青亭。

張雲章 出自朱彝尊經義考卷五十五易

知德，字矣鮮，梁山人。領鄉薦，不第，入萬縣溪山中，治易三十年而成書。其説專取繫辭中「錯綜其數」論易象，而以雜卦治之。如乾、坤、坎、離、大過、頤、小過、中孚無反對之卦，所謂錯也，餘五十六卦皆綜，列圖及説于前。自序以爲文王、周公立象，皆藏于序卦錯綜之中，不知文王序卦，不知孔子雜卦，則易不得其門而入。自孔子沒，而四聖之易如長夜者二千餘年。又謂易非真有實事也，非真有實理也，惟有此象而已。籲！斯言也，何其自信之過而蔑視諸先耶？雜卦反對，上下經皆十八卦，先儒言之者多矣，非來氏所創獲也。易固聖人設卦觀象之書。要之，有理而後有象。謂易非有實事可也，謂非有實理可乎？且其說以卦變爲非，以一分二，二分四，四分八，以至于六十四卦，爲十直死數，未免有意與先儒違異矣。

重刻瞿唐來夫子易注序 出自朝爽堂本

惇僻壤咿唔生也，專壁經以干禄。昔尚經子，希借易片鬻爲負鼎資，未有遠志。若本義難解，鑽研莫入，偶得瞿唐注于成都肆中，賈用不售，購求以歸，始知九六爲參天兩地之倚數也，卦變爲錯綜也，兩儀、四象爲重爻也。向之晦蒙，釋然以解。第資性遲鈍，因爲圈點五種，條分縷析，始得劃然。間有一得，筆記其側，下學功夫，若此云爾。

甲寅冬，巡憲元廓高公祖來鎮渝，勤恤民隱，博訪耆舊，或有以惇欺高公祖者，枉賁丘圓。時杜門廿載，耑車言邁，耄不避寒，勞不憚險。或譏惇爲兩截人，不知高公祖廉介慈仁，屏饋遺，鋤奸惡，風聞已稔也，況乎博極羣書，以至玄釋醫術莫不洞曉，詩詞歌賦掩前人而葢其上，天資誠有大過人者，而學力倍之。偶見惇圈點來注，欲刻以傳世，懇懇拜辭不獲，然亦因之有感也。夫一冰識寒，引申觸類，能事可畢，況爲六十四類者乎？大之君臣治亂，細之蒙需旅困，噫，亦盡矣！惇常以卦爲主司，而身爲趙甲錢乙，互相質證，覺爲剛爲柔，吉凶因之。彼東漢名臣、元祐君子未免知者過之，未得時中之道。所以易不可以不學，而學易不可不讀來注也。願同志者身體而力行，則惇負弩矢前驅矣。

前雲南提學道、後升貴州督學道按察使司副使治生淩夫惇拜手撰于競秀亭。

高奣映序 出自朝爽堂本

瞿唐願學孔子一以貫之，我先師夫子，聖人也。天得一以清，地得一以寧，人得一以神。羲畫于前，文言于後，一而二，而八，而八八六十四，何莫非散之則爲萬殊，合之則爲一本也哉？其理微，其道大，歷代先儒論之甚多，後之學者明之甚少。蓋摘尋章句，失之于泛；得意忘言，失之于虚；讀易愈急，明易愈難矣。映浪遊巴蜀，訪獲學使淩厚子先生圈點瞿唐易經圖像全解一書，拜受歸來，學思兼盡。閲先生所畫之圖，乃合羲圖之對待、文圖之流行，理氣象數，悉具其中，以一圖而集衆圖之奥者也，由是圖而圖圖可識。閲先生所論之象，就卦之體，就卦之變，就卦之性情、剛柔、健順，悉發于外，以一象而闡衆象之秘者也。由是象而象象可攷。由圖以觀象，則一本散爲萬殊；由象而觀圖，則萬殊合而爲一本。天一也，地一也，孔子一以貫之也。先生願學孔子，願知天地者也。余則願學先生，願知孔子者也。世之願學易者，舍瞿唐圖像，其誰與歸？因以合之淩公，捐資付梓。

廬陵後學高奣映雪君父拜撰于川東官署。

崔華重刻易經來注序出自寶廉堂本

易也者，言數之書也。然數立而象即寓乎其中，則易又言象之書也。自河洛兩圖出，天地早以象示聖人，而聖人則之，前民用，故宣聖云：「聖人設卦觀象，繫辭焉而明吉凶。」又云：「極其數，遂定天下之象。」可知卦爻非象無以立，象不明，即聖人開物成務之道終有所未備也。宋大儒輩出，精于易者蓋不乏人。或言理不言數，或言數不言理，考亭兼綜理數，未嘗不裒集衆論，彙其指歸，然究于易象之旨闡晰尚多缺略。瞿塘來先生憂易象之不明于天下也，閉户萬山中，殫精竭智，探索者三十年，乃豁然有所解悟，獨抒所見，編爲易注，發明前聖因子取象之意，而補諸儒訓詁所未及，其思深，其心苦矣！夫先生表彰前聖，開示後學，其積力之久，有明先達諸君子言之已悉，余何庸更置喙？惟是先生僻處西南徼，去中原數千里，書成之日，雖經梓行于世，第巴蜀屢經兵燹，簡帙散失，即一二縉紳舊族間有收藏，未免寶之篋笥，亦落落如晨星，後生小子不及見、不及聞者多矣。余于鹽務之暇，購得先生遺本，伏而讀之，見其增訂諸圖説，分列綜卦、錯卦及剖晰中爻獨備諸理解，雖四聖人復起，又不能易其言者。然後知前古聖人之取象，原本乎易中一定之理，朗如日星在天，江河行地，確然不可移易，而非有所懸擬臆度于其間也。

先生之致力于易也深矣，先生之爲功于四聖人也大矣。乃聽其日久失傳，弗獲廣爲流布，不幾令先生加年著述之苦心湮没無聞，而易象之旨終不明于後世耶？爰捐俸重刻，公之海内，非敢云微顯闡幽，竊附先生曠代之知己，然俾後之讀易者披覽先生之書，凡易象中一切疑義瞭然若指諸掌，不僅借章句帖括畢此專家，于以羽翼經傳，扶進來學，未必無小補云。

康熙二十七年歲次戊辰仲冬上浣，賜進士出身總理兩淮江廣河南等處都轉運鹽使司加敕兼鹽法道副使前知揚州府事平山後學崔華蓮生父題于鹽署之寶廉堂。

謝開寵序出自寶廉堂本

從來不朽之著作，必待不朽之人而後成。所謂不朽者，以其必傳故也。然或傳矣而容有不能盡傳之時，又必待不朽之人以代爲之傳。此其間若有天焉以作之合，而非意計所能料也。瞿塘來先生易注一書，于易象獨有所發明，其精思朗悟，直與作易四聖人心相印合。雖濂洛考亭推測猶未有逮，況其下此者乎？帙成，一時名公巨卿序而梓行之，以爲此必傳之者也。乃蜀省遭獻賊蹂躪，舊事文獻悉成灰燼于咸陽劫火中，而先生之書遂成斷簡殘編矣。

余筮仕得蜀之宜賓令，去先生里居甚近。邑縉紳耆舊爲余言先生行誼甚悉，且交口贊其易注一編乃前代所未有。蓋先生性至孝，登賢書後，將赴禮闈，先生母夫人送至門，淚盈盈欲下滴。先生驚異，跽而請曰：「公交車，喜事也，母何悲之甚耶？」母夫人曰：「兒每他出，予必倚是閭而望。今遠行，歸不可定，是以悲耳。」先生大慟，遂終身不上春官。閉户著書，精研易理，歷三十年，始洞徹易象諸解。噫！先生之至性如此，其篤而力學又如此其專且久，非天地間不朽之人能易，有此不朽之著作乎哉？余心慕先生之爲人，因徧訪先生之易注，冀一聆其緒論，而卒不可得。宜孝廉宋子西山曾言字水舊族藏有遺本，許購以見世。余因避地崇陽，去舊治千餘里，隔于烽燧，音問阻絶，雖幸間道歸里，終以不及見先生易注爲憾。戊辰春，過維揚，兩淮轉運使蓮生崔公祖，余同年友也，雅好藏書，一切典籍購訪不遺餘力。余以來先生易注拳拳者數矣，兹幸于姑蘇舊肆中獲得遺編，歸以示余，相與擊節賞嘆。因捐俸重鐫，公之海内焉。是何異出壁經于秦灰，俾聖賢傳注復昭揭天壤間乎？

方今聖天子崇儒嗜學，詔求天下遺書，而于六經解注尤爲鄭重。異日公鹺政報最，内擢卿尹，當持是刻，獻之闕廷，頒行天下學宫，以廣布我皇上敦崇經術之盛心，使習易諸後學咸有所啓迪，則注易之人與重刻易注之人其功正相等，不且併垂不朽耶？

夫余以數十年勞夢寐瘁奔走不可必得之書，一旦獲窺其全豹，其爲鼓舞欣慶當不自知其如何。因歷叙購書顛末，綴語簡端，用紀其事，且以誌余快焉。乃不禁慨然曰：不朽之著作，又必待不朽之人以代爲之傳者，余友崔公之謂也。

康熙戊辰仲冬，壽春後學謝開寵題。

王方岐重刻來先生易注序 出自寶廉堂本

瞿唐來先生注易若干卷，史念沖先生序而梓之，蓋在明季之壬申歲也。先生既没，而西蜀屢經兵燹，板燬無存，世之傳者絶少。平山崔夫子夙精易理，其于諸儒講易之義無不融會貫通，而于是書尤服膺不釋。以其板之散失，而慮末學之檮昧，無以廣其傳也，每爲咨嗟嘆息。及蒞任兩淮，購得舊本，不勝喜躍。爰捐俸重梓之，而命方岐爲之序。岐受而讀之，既服來先生之書足以嘉惠後學，而深歎吾夫子表章之功爲不朽也。爰爲之序曰：

昔人有言，六經之文，天地之文也。天地不能自文，假聖人之手而文之耳。是故盈天地間皆道也，則皆易也。卦爻彖象之義備，而萬物之情見矣。凡以明斯道之變易而無往不在也。道原於太極，太極生陰陽，陰陽一道也。其至微者理，至著者數，故極其數所以定天下之象，著其象所以順性命之理，尚其辭可以明理，推其變可以明數，未有能舍理與數而能得其意者也。惟是九師之旨發端田何，離岐而爲京房、翼奉、孟喜、朗顗之學，等于讖緯，而數聖人開物成務之道隱矣。宋儒伊川先生作易傳，謂吉凶消長進退存亡之道皆可由詞以考意。此準乎理者也。堯夫先生求易于詞之外，謂有後天之易，有先天之易，用以推占事物，可以前知。此主乎數者也。自二説並興，言理者則宗伊川，言數者則宗堯夫，同名爲易，而莫能相一。晦庵先生兼之，而爲本義、啓蒙，其説曰：有是理則有是象，有是象則有是數。蓋本無朕之中而無窮之理已具，有揲蓍之數而前民之用自彰，可謂備矣。復有仙井、南溪諸説，既與卦變有所未合，而文王之序卦、孔子之雜卦，終未闡其秘也。岐少讀易，殊多憒憒。及讀來先生易注，而曠若發蒙。先生于易沉潛反復有年，數年而悟孔子、文王之象，又數年而悟文王序卦、孔子之雜卦，又數年而悟諸儒卦變之非，謂伏羲之卦主于錯，文王之卦主于綜，本于至微之理，明乎至著之象，縱横順逆，無一非造化自然之妙，而非有所穿鑿于其間。自注易以來，未有闡發如先生者也。

今聖天子右文宣化，每詔儒臣修明經學，以昭示來兹，而吾夫子之是刻也，尊聖制也，表遺經也，砥俗學也，一舉而三善備焉。使世之儒者知易道之廣大悉備，不同于軌筴占算之書，而亦非章句訓詁之儒所能窺其藴。且令世之學易者，知讀經必須讀傳，觀數必先觀象，本乎自然之理，以極乎無窮之數，潔浄精微，不假安排，而天下之理自得。將先生窮竟學古之心不没于後世，而吾夫子崇信表章之至意，亦與之俱永也夫。

康熙戊辰年十一月，淮南後學王方岐謹敘。

崔岱齊跋 出自寶廉堂本

梁山來矣鮮先生易注一編于易象獨得其解，學士大夫多豔稱之。家大人慕而訪求之者數年于兹矣。戊辰秋，幸于吴門書肆舊集中獲有藏本，歸而授余，且命之曰：「士人讀書稽古，所重在于經術。竊訝近日專家之士各守一經，大率理會章句，摹倣帖括，以爲襲取科名之地，如是焉止矣。詢以經傳理解源流及聖人書不盡言、言不盡意之旨，茫如也。況易理廣大精微，尤非他經可同日語者。來先生易注獨能窮源探本，剖晰易象中疑義較若列眉，發歷代諸儒所未發，真四聖人後一人也。汝宜潛心索玩，勿第以尋常傳注目之。」余拜而受命。因思明道先生入蜀時，遇醬翁篾叟談損益二卦，别有解會，心竊嘆異，以爲易學在蜀。今來先生是編，設令程夫子見之，當益信易學之果在蜀矣。先生發蒙啓晦，誠羲文周孔之功臣也哉！惟是世遠言湮，遺文殘缺，購之數年而僅得此帙，倘日久失傳，不幾終于滅没，而辜先生探索之苦心歟？爰請命家大人重加較訂，急付剞劂，以公諸世。刻成，余因得附語簡末，志其端委，且以告世之專治一經者，毋第以帖括兩字錮此一生精力，則經傳中書不盡言之意，自能旁通觸類，有所發明，庶家大人重刊是注之婆心可以無負，尤所望于學易諸君子讀是編而有同志者。

平山後學崔岱齊青峙敬識。

俞卿周易集注序出自寶廉堂本

憶昔先大夫之教余也，四書白文多口授且隨解之，五齡即授以詩，讀未竟，笥中見易經一部，開端連斷六畫，未知何指，請問之，曰：「此伏羲卦也。三畫卦乾爲天、坤爲地云云，六畫卦天風姤、地雷復云云。」余躍然請曰：「有是哉？何不授兒讀？」先大夫曰：「廣大精微，易無不備，非汝小子所能讀也。」余唯唯而退。年十四，得通籍。諸生適詣前輩王涵照先生講席，聽乾坤二卦，倍覺躍然。先生從蜀客攜有梁山來矣鮮先生易注抄本，大加研賞，作律詩六十四章，贊易也，亦贊注也。嗣爲馬青蟬先生代抄一卷，每醒豁語，不忍釋然未有是書也。越廿餘年，教讀石城羅卒，牧孫維周贈刻本一部，獲之如拱璧焉。卒讀之，粗通大略耳。又數年，牧秦之馮翊郡，購得平山崔氏本，反覆沉思，稍有會心，持至長安，唯恐或失也。又數年，出守浙東，豫章學者吴友誠以大中丞朱公介行李於越署，出所著義象合參以質。余樂而玩之，與晨夕訂證，稿成，遂序而付之梓。是經也，中心藏之，何日忘之。復檢來注，逐讀數過，始歎易不可不讀，斯注不可一日不講也。

夫言易者數千家，漢儒勿論矣，闡理之辭匪泛則空，推算之法匪偏則滯，卜筮之説更爲荒唐。凡此者，不可謂非易所無也。撮寸土於泰山，挹勺流於滄海，曰易本如是，失之遠矣。若夫諸名人之妙解多屬離經；舉子業之時章，何嫌畔道？更不必計數而問也。先生所謂孔門而後，易如長夜者二千餘年，豈無據云爾？原本具在，不敢稍易。字句冗複，僭加删定一二。時解有未盡去者，淘金不必棄礦，採珠無妨留蚌，猶近乎真也。長洲金聖歎先生問學源源，性靈炯炯，每訂一編，手眼獨出千古，雖非經生所曉，悉是衛道之言。通宗、易論數則，與此正相發明，但其間參禪諦時口不無雌黄，小截段落，刊與聯篇，俾先生苦心邃識，可與人人共見，豈不均一大快事哉？自遇是編，忽忽四十餘年，中間更變廢弛，未可悉贅。兹以鞅章俗吏欲究心四大聖人，且百家騰躍，獨注來、金兩先生集解，高明之士有不見而噴飯者乎？

子曰：「五十以學易，可以無大過矣。」「五十」二字，其全易之樞紐耶？有志參焉，恐未逭也。義象合參序附刻於末。

康熙六十一年歲次壬寅嘉平月，古滇俞卿撰。

四庫全書總目提要

周易集注十六卷，明來知德撰。知德字矣鮮，梁山人，嘉靖壬子舉人。萬曆三十年，總督王象乾、巡撫郭子章薦授翰林待詔，知德以老疾辭，詔以所授官至任。事蹟具明史儒林傳。知德自鄉舉之後，即移居萬縣深山中，精思易理。自隆慶庚午至萬曆戊戌，閱二十九年而成此書。其立説專取繫辭中「錯綜其數」以論易象，而以雜卦治之。錯者，陰陽對錯，如先天圓圖乾錯坤、坎錯離，八卦相錯是也。綜者，一上一下，如屯、蒙之類，本是一卦，在下爲屯，在上爲蒙，載之文王序卦是也。其論錯有四正錯，有四隅錯，論綜有四正綜，有四隅綜，有以正綜隅，有以隅綜正。其論象有卦情之象，有卦畫之象，有大象之象，有中爻之象，有錯卦之象，有綜卦之象，有爻變之象，有占中之象。其注皆先釋象義、字義及錯綜義，然後訓本卦本爻正義。皆由冥心力索，得其端倪，因而參互旁通，自成一説，當時推爲絶學。然上下經各十八卦，本梲與權之舊説，而所説中爻之象，亦即漢以來互體之法，特知德縱横推闡，專明斯義，較先儒爲詳盡耳。其自序乃高自位置，至謂孔子没後而易亡，二千年有如長夜，豈非伏處村塾，不盡覩遺文秘籍之傳，不盡聞老師宿儒之論，師心自悟，偶有所得，遽夜郎自大哉？故百餘年來，信其説者頗多，攻其説者亦不少。然易道淵深，包羅衆象，隨得一隙而入，皆能宛轉關通，有所闡發，亦不必盡以支離繁碎斥也。

李元度重刻周易來注序出自清光緒六年刻本天岳山館文鈔卷二十六

易之爲書，推天道以明人事者也。精微廣大，無所不賅。漢儒若費、孟、荀、鄭諸家皆言象數，去古未遠。一變而爲京房、焦子贛，入於禨祥；再變而爲陳希夷、邵康節，務窮造化。王輔嗣盡黜象數，説以老莊；一變而爲胡翼之、程伊川，闡明性理；再變而爲李莊簡、楊文節，又參證史事。此兩派六宗者，一主天道，一主人事，各得易之一端，交相勝，亦交相足。其他易外别傳者無論已。宋以後言數者宗邵子，言理者宗程子，而朱子本義則發明程傳者也。明代精易學者，前有蔡虚齋、胡敬齋、韓恭簡，後有高忠憲、黄忠端、倪文貞，多主言理，惟忠端言數，而梁山來瞿塘先生兼理數而精之，覃究二十九年，遂成專家之學。先生鄉舉後，移居萬縣穹山中，覃思易理，自隆慶庚子至萬曆戊戌，始成集注一書，其立説專取繫辭中「錯綜其數」以論易象，而以雜卦證之。其論錯有四正錯，有四隅錯，論綜有四正綜，有四隅綜，有以正綜隅，有以隅綜正。其論象有卦情之象，有卦畫之象，有大象之象，有中爻之象，有錯卦綜卦之象，有占中之象，有爻變之象，而於卦變之説則闢之。其注先釋象義、字義及錯綜義，然後釋本卦本爻正意。凡皆冥心力索，得其端倪，因而參互旁通，以自圓其説。蓋兼通程、邵之理數，以上徹四聖人之奥義微言，而於象之爲像，其所以彌綸天地之故，獨能會諸意言之表。其自序謂「孔子殁而易亡二千餘年如長夜」，言大而實非夸也。顧其書雖流布藝林，後學不能盡得而讀之。吾鄉同志之士，乃能匄貲重刻，以表彰先儒絶業，甚盛舉也。善學者觀辭玩占，用以深究夫天道之盈虚消長，與人事之吉凶悔吝進退存亡，其必以先生此書爲秘鑰也夫。

郭嵩燾重刻瞿唐來氏周易集注序出自郭嵩燾養知書屋集文集卷四

聖人序易，專論貞悔兩象，而以剛柔、上下、往來明消息盈虚之理，故易之爲象，必寓于卦畫。自漢孟氏以卦候陰陽言易，而易淪爲術數之學。康成傳費氏易，而論卦氣爻辰所值，猶孟氏之支流也。隋唐以後，王注行而漢學微。至宋，而又有圖像之説。治易者各據所學，相爲刺譏，而漢儒言象，僅存者鄭氏之互體、虞氏之消息、荀氏之升降，各明一義，而因爻命象，引而伸之，觸類而長之，固亦無以逾此矣。明瞿唐來氏伏居講易，冥心獨悟，比附卦爻，以求其義，其于錯綜升降之説，亦兼取邵子圖像發明之，而其言易象曰中爻，即鄭氏之互體也；曰錯、曰綜、曰爻變，即虞氏之旁通也；曰占中，即荀氏之逸象也；曰卦情、曰卦畫、曰大象，則聖人言之詳矣。而漢儒言象者，顧反略焉。來氏彙集諸家之言，旁推交通，曲盡其變。其于易之取象，不既兼全而大備矣乎？

夫易者何？陰陽而已矣。聖人錯綜陰陽之數，以盡事物之變，用舍進退，動静語默，得喪窮通，因乎時義，以消息天地之大用，而四時鬼神莫能違焉，所以前民用，而吉凶與之同患，聖人之神固然也。而必于象與數示之機。漢儒言象，皆有所受，而取義固殊。蒙嘗疑虞氏之易凡文與字皆依象而立，疑若矜心作意于其間，而于聖人情見乎辭之旨反有所不達。來氏辨虞氏卦變之非，而推衍其爻詞之盡于象者益詳且密，其取與舍固自成一家之言，而于近世儒者發揮易象之説，亦足以暢其義而廣其辭，誠爲有裨于學者。劉馨室觀察以吾楚于此書流傳未廣，刻之長沙。蓋古言易者明理則廢象，取象則失辭，來氏兼述之，循是而求焉，以窺易之精藴，而推知漢學之源流，有不能舍象以求義者，斯亦易學之津梁也。

明儒來知德請從祀兩廡折出自光緒十九年刻、二十五年補刻丁寶楨丁文誠公奏稿

卷二十五

光緒十一年七月初四日，奏爲請將故儒從祀文廟，以彰聖學，恭折仰祈聖鑒事。竊據前署布政使如山轉，據梁山縣知縣鄒放詳准，教諭張仕文牒，稱伏查前明故儒來知德，生于嘉靖乙酉年，幼有至性，鄉里稱爲孝童。以禮經中嘉靖壬子科舉人，三試禮闈不第，聞親抱病，決計歸養。迨二親繼殁，廬墓六年，服闋後，終身布衣疏食，不見有司。其家産則盡讓于兄，友愛極至。尤篤志好學，專講大學致知格物之功，窮研經史，所著日録分内外兩篇，共計十餘種，皆振興正學，維持名教。而其著述極深微者，則尤在周易集注一書。嘗有思至十數夜，不能成寐者，一日忽讀「見豕負

塗」之句，遂深思有得，頓悟易象，又悟文王序卦、孔子雜卦之意。後閲數年，始悟卦變之非。蓋積二十九年之久而書始成，其宗旨以伏羲圓圖爲錯，以文王序卦爲綜，以錯綜二字極易象之變，發千古之秘，四聖之所欲言者率不外乎此。萬曆三十年，經四川總督王象乾、貴州巡撫郭子章舉薦，授翰林院待詔，因老力辭，仍飭有司月給米三石，終其身。三十一年，該儒既歿。三十五年，奉旨建設石坊。三十六年，入祀鄉賢祠。崇禎十六年，巡按劉之勃題請從祀、子謚。京師戒嚴，未及議行。伏讀欽定明史，已將該儒列入儒林傳，所著易注收入四庫，是該儒之著作早邀朝廷洞鑒矣。竊思該儒研窮易理，專注易象，闡發河洛之奥旨，遥承羲孔之淵源，揆之功令，實與咸豐十年部議相符，應請從祀廟廷等情，請具奏前來。

臣覆查該故儒來知德躬持名教，學究天人。當其矢志養親時，即大書「願學孔子」四字縛于臂，是其鋭志聖賢已可概見。所著日録，大致謂大學一書歸本格物致知，而其閒所發各議，于聖門體道功夫實能推闡盡致。至其羽翼聖經，師表後學者，則莫如周易集注一編。周易自有明以前諸儒，皆以象失其傳，不言易象，止言其理，究之象不著明，則理亦無所附麗，遂使四聖微言秘旨幾于塵封。該儒乃殫精研思，注明易象，隱萬縣求溪山中，晝夜刻苦，越二十餘年而始悟，洵足以啓迪後來，默契前聖。允宜祔饗廟廷，以彰異數。查該儒在前明時，僅得入祀鄉賢，並于學宫旁修建特祠。至從祀之請，雖經劉之勃剴切疏陳，而時屆鼎革，未及議禮，是發微闡幽之典，實有待于我朝矣。伏考該故儒事蹟，欽定明史已載入儒林傳，並將其所著易注收入四庫全書。且恭讀御纂周易折中，其説兼采；御纂周易述義，其旨多符。是該儒學術精粹，久在聖明特賞之中，而祔饗巨典，尚復闕如，合無仰懇，天恩俯准，飭部核議，來知德從祀兩廡，以表遺德而彰聖學。出自鴻慈，除諮部外，理合恭折具奏。伏乞皇太后、皇上聖鑒訓示。謹奏。

易學典籍選刊

周易集注

上

〔明〕來知德 撰
王豐先 點校

中華書局

圖書在版編目(CIP)數據

周易集注/(明)來知德撰;王豐先點校. —北京:中華書局,2019.9(2023.7 重印)
(易學典籍選刊)
ISBN 978-7-101-13661-6

Ⅰ.周… Ⅱ.①來…②王… Ⅲ.《周易》-注釋
Ⅳ.B221.2

中國版本圖書館 CIP 數據核字(2019)第 001278 號

責任編輯：石　玉
責任印製：管　斌

易學典籍選刊

周易集注

(全二册)

〔明〕來知德 撰

王豐先 點校

*

中華書局出版發行

(北京市豐臺區太平橋西里 38 號　100073)

http://www.zhbc.com.cn

E-mail:zhbc@zhbc.com.cn

三河市鑫金馬印裝有限公司印刷

*

850×1168 毫米 1/32 · 26¼印張 · 4 插頁 · 560 千字

2019 年 9 月第 1 版　2023 年 7 月第 3 次印刷

印數:7001-8500 册　定價:98.00 元

ISBN 978-7-101-13661-6

目録

點校説明

周易集注，又名易經集注、易經來注、周易來注，是明代學者來知德的易學著作。

來知德（一五二五——一六〇四），字矣鮮，别號瞿唐、十二峰道人，四川夔州府梁山縣（今重慶梁平縣）人。幼有至性，鄉里稱爲孝童。以禮經中嘉靖壬子（一五五二）科舉人，三試禮闈不第。聞親抱病，決計歸養。迨二親繼歿，廬墓六年，服闋後終身布衣疏食，杜門謝客，窮研經史。萬曆三十年（一六〇二），經四川總督王象乾、貴州巡撫郭子章推薦，特授翰林待詔，以老疾辭，詔以所授官致仕，有司月給米三石終其身。終年八十歲。死後建來子祠，皇帝御賜「崛起真儒」匾額，以褒其賢。其事跡見明史儒林傳及梁山縣志所收來知德本傳。

來氏一生著述頗豐，來瞿唐先生日録收録了他在文學、理學方面的相關論著，其内篇七卷，含弄圓圖説、河圖洛書論、格物諸圖、入聖功夫字義、省覺録、省心録、省等

録、理學心學辨疑解等理學方面的文章；外篇五卷，主要收其詩文，曰釜山稾，曰悟山稾，曰遊峨嵋稾，曰快活菴稾，曰八關稾，曰遊足稾，曰重遊白帝稾，曰求溪稾，曰買月亭稾，曰鐵鳳稾，曰遊華山稾，曰遊太和稾，曰續求溪稾，凡十三集。來氏生平最重要的著作當是周易集注一書，是其從穆宗隆慶四年（一五七〇）至神宗萬曆二十七年（一五九九）凡二十九載研究的結晶，爲明代易學方面的重要成果。

來氏自言治易進境，云：「嘗有思至十數夜不能成寐者，一日忽讀『見豕負塗』之句，遂深思有得，頓悟易象，又悟文王序卦、孔子雜卦之意；後閱數年，始悟卦變之非。」其書宗旨以伏羲圓圖爲錯，以文王序卦爲綜，立説專取繫辭中「錯綜其數」以論易象，以錯、綜二字，極易象之變，發千古之祕。其所謂錯者，陰陽對錯，如乾錯坤、坎錯離，八卦相錯是也；綜者，一上一下，如屯、蒙之類，本是一卦，在下爲屯，在上爲蒙。其論錯有四正錯，有四隅錯；綜有四正綜，有四隅綜。有以正綜隅，有以隅綜正。其論象，有卦情之象，有卦畫之象，有大象之象，有中爻之象，有錯卦之象，有綜卦之象，有爻變之象，有占中之象。其注皆先釋象義、字義及錯綜義，然後訓本卦本爻正義。凡此，皆由冥心力索而得其端倪，參互旁通，自成一説（説詳本書附録二之

四庫全書總目提要）。應該説，來氏在義理易學流行的學術環境中，以象數爲方法，以義理爲旨歸，以繫辭傳「錯綜其數」、「非其中爻不備」二語貫串上下經六十四卦，縱横推闡，其析象明理較先儒爲詳盡。其人其書，雖如四庫館臣所云，「其自序乃高自位置，至謂孔子没後而易亡，二千年有如長夜，豈非伏處村塾，不盡覩遺文秘籍之傳，不盡聞老師宿儒之論，師心自悟，偶有所得，遽夜郎自大哉？故百餘年來，信其説者頗多，攻其説者亦不少。然易道淵深，包羅衆象，隨得一隙而入，皆能宛轉闗通，有所闡發，亦不必盡以支離繁碎斥也」，然毋庸置疑，來氏周易集注在易學史上仍地位獨特，無可替代。

周易集注問世後，在明清兩代流傳甚廣，僅明末就有五次刊刻，而清代更迭經刊佈。祁承㸁澹生堂藏書目、黄虞稷千頃堂書目、錢曾述古堂藏書目録、萬斯同明史藝文志、徐乾學傳是樓書目、朱彝尊經義考、嵇璜續文獻通考、盧文弨經籍考均著録周易集注十六卷，而徐乾學傳是樓書目作「易解十五卷」。

從以上著録可以看出，來氏易注後世主要以兩個版本系統流傳。其一，題名周易集注，或易經集注，以下簡稱「集注本」，卷首一卷爲來氏易注雜説諸圖，正文十六

卷，其中第十六卷爲考定繫辭、補定説卦。其一，題名易經來注，除題名不同外，與集注本主要差别在於缺第十六卷考定繫辭、補定説卦，而在十五卷相關内容下加以説明。此本後又衍爲易經來注圖解，正文十五卷，卷首不但有來氏易注雜説諸圖，而且又多出二十三幅易圖，採自來瞿唐先生日録，卷末另附易圖百二十三幅，詳見下朝爽堂本。

十六卷本的周易集注本，始於梁山初刊本（以下簡稱梁山本）。據張惟任浙江虎林本卷首載徐博卿序云：「邑紳戴桂屏以出先生門，謙跋注後，而虚弁候卿。卿不敏，何能序先生？然不敢不撮其槩。乃若先生之道德豐裁，具卿奏記、臺司諸牘中，諸略而不具虞贅耳。」而卷末所載門人戴誥跋云：「秦中致仕歸田，欲梓是書，先生以未就辭之。天啓文明，恭遇閩中徐侯來令吾梁，首懇是書，慨然捐俸梓之。」此一前一後序跋皆作於萬曆己亥年，即二十七年，可見，來氏周易集注初刻於萬曆二十七年，是由縣令徐博卿出資，來氏門人戴誥刊刻。虎林本徐博卿序後，尚有郭子章來矣鮮先生易注序，作於萬曆辛丑七月七日，即二十九年。黄汝亨序云：「郭青螺先生深著明其説，刻之蜀中。」高奣映來注易經圖解凡例認爲來氏易注初刻於郭青螺。郭青螺

即郭子章。如前所云，郭序寫於萬曆二十九年，晚於前徐序戴跋。即使郭氏刊刻過來氏易注，也不應是初刻，而是重刻，何況前後間隔兩年，版應完好，重加刊刻，似無可能。張惟任虎林本序云：「大中丞青螺郭公已表章其旨，海内稱慕之而不盡見，其板在蜀者又多漫漶滅没。」張氏説「郭公已表章其旨」，當是指作序而言。當是徐、戴刻成後，郭子章作序，刻書者欲借重其人其言，故補刻郭序而置於書前，故後人遂有郭刻之説。北大儒藏中心博士陳培榮認爲郭實際上没有刊刻是書，當是實情。

萬曆三十八年，張惟任又刊刻於浙江虎林（以下簡稱虎林本），現北京師範大學圖書館、西北大學圖書館有藏。北師大藏本卷首有徐博卿、郭子章、來知德、張惟任、黄汝亨五篇序文，先是徐、郭二序，六行大字刻寫；繼之是來知德原序，九行小字刻寫；最後是張、黄二序，六行大字手寫上板。西北大學藏本卷首有張惟任、高舉二序。今按：此二本序跋均不全。據卷首來瞿唐先生易經集注訂校姓氏有「高舉、鄭繼芳、張惟任全訂正，黄汝亨校正」，則虎林本係此四人合作刊刻。而據崔華寶廉堂本卷首所載序跋，張、黄二序前有鄭、高二序，顯然寶廉堂本係出自虎林本，其所載序跋應是足本。張惟任虎林本序云：「予令巫山時，與先生有往還，敬其人，愛重其書。

爰歷吴越，下嵯司重訂之，而梓以流布焉。詎敢云知易知命，庶幾續韋編之遺，不晦先生苦心而已。」虎林本是現存最早的周易集注版本。臺灣「中央圖書館」館藏周易集注「梁山刊本」，經筆者與虎林本比對，發現二本行款、版式、字體均無二致，差别在於所謂的「梁山刊本」改正了虎林本的一些訛誤，如卷二第七頁下第一行第二字，虎林本作「貞」，此本作「真」；卷五噬嗑卦「屨校」之「屨」，虎林本皆訛作「履」，此本皆回改；卷九第十八頁下第四行倒第二字，虎林本衍一「于」字，而此本則予以删除。凡此，都可説明此本實是虎林本的重修本，而非梁山本（以下簡稱重修虎林本）。

虎林本之後，康熙二十七年兩淮鹽運使崔華捐俸刻此書於揚州官署寶廉堂（以下簡稱寶廉堂本），九行二十字，白口，四周單邊。此版後藏敦仁堂，故又稱敦仁堂本。寶廉堂本既承襲了虎林本卷首易傳雜説諸圖及十六卷正文的文本特點，又完整保留了虎林本除徐博卿、戴誥兩人之外的所有序跋，可以看出它實源自虎林本。不過，它依據的底本應該是重修虎林本，因爲虎林本存在的若干文字訛誤，經重修虎林本修正後，在寶廉堂本中基本體現出來。值得注意的是，寶廉堂本還是清代較早對有涉「夷狄」「夷夏」言論避諱改字的書籍。而康熙六十一年（一七二二）俞卿及乾隆

十一年(一七四六)三多齋十六卷易經集注,均據寶廉堂本刊刻。而乾隆朝纂修四庫全書,周易集注入選,係從寶廉堂本抄寫,但對原書次序略有調整,來知德上下篇義與來知德易經字義原本在易注雜説諸圖後,易學六十四卦啓蒙前,四庫本置於易注雜説諸圖前。

虎林本之外,明代尚有萬曆張之厚刻易經集注十六卷本,中國古籍善本書目經部著録,藏山東博物館,無從得見,不敢妄斷。

十五卷本的易經來注,始於崇禎五年(一六三二)史應選本(以下簡稱史本)。史本今尚存五種,現南京圖書館、天津圖書館、青海民族學院圖書館、雲南省圖書館以及臺灣「中央圖書館」皆有藏。中國古籍善本書目經部著録爲:「周易來注十五卷,卷首二卷,來知德撰,史應選輯,崇禎刻本。」不詳刻於何年。臺灣「中央圖書館」藏本,半頁十行二十二字,白口,四周單邊,卷首有明陳仁錫序、田大本序、史應選序,田序與史序皆署崇禎辛未年,陳序署崇禎壬申年,因而著録爲崇禎壬申刊本,卷首版心署「易注雜説」,正文版心署「易經來注」,與虎林本卷首題名「周易集注」、版心署「易經集注」、正文十六卷有異。

劉安劉删芟本（以下簡稱劉本），據康熙十六年朝爽堂本凡例所云，係來源於梁山初刻本。今梁山初刻本不存，劉安劉删芟本世亦不見，無從知曉其間之源流。據崇禎十六年劉之勃來知德從祀疏云：「知德遺書所録，自易注、大學古意及格物圖解而外，頗及應酬詞語，刊字亦不無差訛，臣亦不敢削正一字以失本來，除就原板刷印進覽，並送解部備察。」劉之勃即劉安劉，鳳翔人，崇禎中進士，擢御史，後巡按四川，死於張獻忠難。其刻來氏易注當在崇禎十六年之前。據高奣映所説，「劉安劉重刻，芟煩覆重複之語及考定繫辭、補定説卦，恐失作者之旨，今仍其本，不任受過」。高氏認爲來氏易注經劉氏删芟，其删芟内容除前十五卷内注文外，還删除了最後一卷，即第十六卷考定繫辭與補定説卦二文。由此可見，今高氏朝爽堂本易經來注圖解十五卷係沿劉氏之舊。但劉安劉删芟本據云源自梁山初刻本，但據其書名及卷數，劉本很可能來源於史本，而且從異文方面來看，朝爽堂本也與史本爲近，而與源自梁山初刻本的虎林本有顯著差異。這説明，史本、劉本、朝爽堂本應是一脈相承的，劉本應該是在史本的基礎上删芟的。

朝爽堂本易經來注圖解，係康熙十六年高奣映刻。高氏，字雪君，姚安人，世襲

土同知。高氏在元末爲姚安路總管，明初改同知，啓禎間，高奣映嗣。入清後，順治十六年歸附，仍任職如故。高氏嘗注易，通音韻之學，纂雞足山志、妙香國草，著述斐然。如前所述，此本可能源自劉本。據題名，在原史本「易經來注」上加「圖解」二字，强調來注以圖解易的特點。相比於十六卷集注本系統，朝爽堂本卷前卷後比虎林本多出一百四十六幅易圖，其中卷前二十三幅採自來知德著作日録，當是來氏易圖無疑，而卷後百二十三幅的來源則頗爲複雜，但顯非來氏易圖。除此之外，朝爽堂本與集注本在正文注文方面也存在很大差異，少則四五字，多則幾十字，或增或減，從而形成獨特的版本。由於朝爽堂本問世後流傳甚廣，影響較大，以至於人們習慣上仍然認爲圖解本是來知德的原作，其實它只是來氏易注的改編本，其中所收易圖也並非來氏易注原有，或採自來氏其他著作，如日録；或採自他人著作，如邵雍皇極經世、司馬光潛虚、錢一本易象鈔及章潢圖書編等書。

朝爽堂刊本在清代曾多次翻刻，如康熙二十七年寧遠堂來瞿唐先生易注十五卷、末一卷，雍正七年（一七二九）寧遠堂新刻來瞿唐先生易注十五卷、首一卷、末一卷、圖像一卷，善成堂周易來注十五卷、末一卷，乾隆二年朝爽堂新刻來瞿唐先生易

注十五卷、首一卷、末一卷，嘉慶十一年（一八〇六）重刻易經來注十五卷、首一卷、末一卷，嘉慶十四年寧波符永培寧遠堂易經來注十五卷、圖一卷、卷首末各一卷，世興堂來瞿唐先生易注十五卷、首一卷、末一卷、圖像一卷，道光元年（一八二一）大文堂易經來注圖解一卷、易學啓蒙一卷、來瞿唐先生易注十五卷、末一卷，二十六年蕭山來錫蕃刻來瞿唐先生易注十五卷、首一卷、末一卷，同治十年（一八七一）湖南周易來注十七卷、附圖一卷，都是出自朝爽堂本。而所謂十七卷本，其實是十五卷本加首、末二卷而已，丁仁八千卷樓書目著録之「周易集注十七卷，明來知德撰，光裕堂刊本、留遠堂刊本」，正説明此問題。相對而言，嚴格意義上作爲來知德原作的周易集注，在清代反而刊刻者寥寥。

此次整理，以張惟任虎林本爲底本，以崇禎五年史應選本、康熙十六年高奣映朝爽堂本、康熙二十七年崔華寶廉堂本爲校本，並參校重修虎林本及文淵閣四庫全書本。由於朝爽堂本出自所謂劉安劉删芟本，與作爲底本的虎林本不僅卷數有異，而且正文文字方面也多有增删，考慮到兩本的這種差異，故對於正文中朝爽堂本對虎林本的增删，只出異文，不作改動。而朝爽堂本多出的易圖，亦不作增補，而是將採

自來氏日録的二十三幅易圖收於附録中，卷後一百二十三幅易圖非來氏所作，故不予收録。

感謝中華書局哲學室石玉編輯，由於他的盛情相邀，使我有機會學習這樣一部重要的易學典籍。在整理過程中，由於版本原因，一度中輟，後得到清華大學圖書館劉蕾學姐和北京大學儒藏編纂與研究中心黄婧雅博士的幫助，在臺灣「中央圖書館」相關人員的慷慨支持下，複製到重修虎林本與史本，高情厚誼，銘記在心，在此向她們表示衷心感謝。

刻來瞿唐先生易經集注序

我聖祖飭新方夏，頒示朱紫陽易注，畫一人士，俾各遵習，義示大一統矣。逮至成祖文皇帝，特命諸儒臣纂修易經、性理大全，雜取成書，則豈不能效西京柏梁間，安蒲四往，羅致蔀麓？何借才異代？爲直念草昧方夷，人未輩出，然寤寐真儒，冀羽翼昔聖，成一代書，意慇慇乎！永宣而後，治教休明，以理學最名，若薛敬軒、陳白沙、王陽明之數先生者，論心淵邃，裒然著家。顧以一日先，自人間世都人士目染耳濡，謂衣鉢盡之數公，詎意復有來瞿唐先生者。先生後起西方，藐焉師授，僅得薛敬軒一録，讀之京師，即願學孔子。歸而内篇、雜著，若明德、格物、忠恕、一貫之旨，脱籬宋箋，深爲聖門闢障隔。此其較著者，業已具有大方諸先生序評，卿不敢復論。惟初就注易得丐而傳之，梓成爛然卷帙，竊案牘之間，嗣以丙夜寓目，凡兩閱月而始能檃括其旨，曰：

嗟嗟！自注易以來，先生一人而已。夫「易以道陰陽」，又云「不可爲典要」，卦之德體，爻之趨時，尚矣！先生著卦有錯有綜，以變自本卦之一爻歷爻，以象自卦情、卦畫及卦之錯綜占變。又就中爻之二四、三五分上下卦。其錯綜、象變、德體莫不稱是，蓋無一卦爻無陰陽，無一陰陽無流行對待，遂於四聖所布圖，序卦比物斷詞，若消融炊翳而揭之漢蒼。又有八卦所屬自相錯綜圖、序卦正綜雜綜圖、四正四隅相綜圖。又謂八卦之變每臨尾乾一離三之類各自爲相值，類皆玄妙天成，無絲毫設鑿之擾，他足該其槩矣。若至倚數有辨，摩盪有辨，理直空千古而上之。傳達吾謂足屈服程朱。吴會張子功謂品類康節而才則過之。此言謂爲先生鍾子期，非耶？

乃先生輒困知自命，謂易注求溪，始夫五嶽不果遊，而適志求溪，亦西伯羑里寄耳。先生淵囿自宅，何必求溪？意必渾忘，何必不求溪？蓋員圖一畫已注易于內，至有三十年之假，則先師假我數年于易將終身之説乎？論者有謂易道彌綸陰陽，與天地終始，在昔畫始渾噩，中衍于二姬聖，而成周文明之治延之八百；再衍以宣尼，而廟食千萬載。我國家迅掃胡元，何異混闢首開？二祖所著爲易書甲令，足與姬聖相發明。德教漸涵，以至今日，而始有先生者，捐漢宋以來諸儒蹊徑，而勒成一注，能

得二祖至意於表章纂集之外，實類易興中古時。益信昭代休明之治，綿乾坤以悠永，殆將過周曆萬萬焉。而論次先生者，誰不躋之四配十哲中，以所參合必之也。邑紳戴桂屏以出先生門，謙跋注後，而虛弁候卿。卿不敏，何能序先生？然不敢不撮其槩。乃若先生之道德豐裁，具卿奏記、臺司諸牘中，諸略而不具虞贅耳。

歲萬曆己亥仲冬之吉，閩南九日晚學徐博卿頓首序。

來矣鮮先生易注序

易之爲書，潔浄精微。古今稱知易者，在漢則楊子雲，在宋則邵堯夫。楊之言曰：「宓犧氏綿絡天地，經以八卦；文王附六爻，孔子錯其象而彖其辭，然後發天地之藏，定萬物之基。」邵之言曰：「太極既分，兩儀立矣；陽交於陰，陰交於陽，而生天之四象；剛交於柔，柔交於剛，而生地之四象；八卦相錯，而後萬物生焉。」夫二子之言，非意之也。天地間惟陰陽兩端，獨陽不生，獨陰不成，其氣不得不錯；天道下濟，地道上行，其氣不得不綜，自然之運也。伏犧氏仰觀象於天，俯觀法於地，而作圓圖。圓圖者，一左一右之形也，雖未名錯而錯義已備。文王繼伏犧分上經爲十八，分下經爲十八，而作序卦。序卦者，一上一下之説也，雖未名綜而綜義已備。孔子讀易，韋編三絶，鐵擿三折，窮年兀兀，至於五十，始悟伏羲圓圖爲錯，悟文王序卦爲綜，故曰「錯綜其數」，「極其數，遂定天下之象」。

嗚呼！盡矣。顧象極於錯而未知所以錯，象極於綜而未知所以綜，即孔子未明言也。王弼掃象，范寧比之桀紂；伊川專治文義，不論象數，自云「止説得七分」；朱子直云「象失其傳，理會不得」。如子雲綿絡經錯之語，堯夫陽交陰交之訓，似上契羲文，下闡孔氏，又且訾爲覆瓿，譏爲玩世。上下二千年，易象悠悠，真如長夜。

予友來矣鮮，起自梁山，生子雲之鄉，學堯夫之學。一舉孝廉，絶意軒冕，結快活庵，坐九喜榻。晚入求溪萬山中，研心圖象，積三十年，而易注始成。其言曰：「錯者，陰陽相對，陽錯其陰，陰錯其陽。如伏羲圓圖乾錯坤、坎錯離，八卦相錯是也。綜即今織布帛之綜，一上一下，如屯、蒙之類，本是一卦，在下爲屯，在上爲蒙，載之文王序卦是也。定天下之象，如乾、坤相錯，則乾馬、坤牛之象名；震、艮相綜，則震雷、艮山之象名是也。」雖然，此猶得之圓圖、序卦中也。其論八卦相錯爲乾坤、坎離、大過頤、小過中孚，有四正錯，有四隅錯。論綜有四正綜，有四隅綜，有以正綜隅，有以隅綜正。論象有卦情之象，有卦畫之象，有大象之象，有中爻之象，有錯卦之象，有綜卦之象，有爻變之象，有占中之象。論變如乾初變即爲姤，兑初變即爲困，離初變即爲旅，震初變即爲豫之類。皆抒千古未發，代四聖欲言。上而玄黄雨雲，下而龍馬龜

羊，巨而國家平陂，細而臀膚天劓，微而復道、履道，顯而鳴謙、鳴豫，一一從錯綜來，不假安排，天然脗合。其言似揚之綿絡經錯，而無太玄之艱深；其旨似邵之陰交陽交，而絶皇極之枝蔓。使王弼、程、朱諸子見之，象不必掃，理自能會。予謂矣鮮易注繼往開來，亘百代而一見者也。其自謂「孔子没而易已亡，若至今日始明」，豈虚語哉？

嗟嗟！子雲見嘲劉歆，而桓譚、侯巴謂其必傳；堯夫見嫉於秦玠、鄭夬，而司馬君實以兄事於洛中。予不佞，結交矣鮮，今且白頭，所爲求溪桓侯司馬，非予而誰？後世有來矣鮮，當謂予知言矣。

萬曆辛丑七月七日，友人泰和郭子章撰。

周易集注序

乾坤者，萬物之男女也；男女者，一物之乾坤也。故上經首乾坤，下經首男女。乾坤、男女相爲對待，氣行乎其間，有往有來，有進有退，有常有變，有吉有凶，不可爲典要。此易所由名也。盈天地間莫非男女，則盈天地間莫非易矣。伏羲象男女之形以畫卦，文王繫卦下之辭，又序六十四卦，其中有錯有綜，以明陰陽變化之理。錯者，交錯對待之名，陽左而陰右，陰左而陽右也。綜者，高低織綜之名，陽上而陰下，陰上而陽下也。雖六十四卦止乾、坤、坎、離、大過、頤、小過、中孚八卦相錯，其餘五十六卦皆相綜而爲二十八卦，並相錯八卦，共三十六卦。如屯、蒙之類，雖屯綜乎離，蒙綜乎坎，本是二卦，然一上一下皆二陽四陰之卦，乃一卦也，故孔子雜卦曰「屯見而不失其居，蒙雜而著」是也。故上經止十八卦，下經止十八卦。周公立爻辭，雖曰「兼三才而兩之，故六」，亦以陰陽之氣皆極于六，天地間窮上反下，循環無端者，不過此六而

已。此立六爻之意也。孔子見男女有象即有數，有數即有理，其中之理神妙莫測，立言不一而足，故所繫之辭多于前聖。孔子没，後儒不知文王、周公立象皆藏于序卦錯綜之中，止以序卦爲上下篇之次序，乃將説卦執圖求駿。自王弼掃象以後，注易諸儒皆以象失其傳，不言其象，止言其理，而易中取象之旨，遂塵埋于後世〔一〕。

本朝纂修易經、性理大全，雖會諸儒衆注成書，然不過以理言之而已，均不知其象，不知文王序卦，不知孔子雜卦，不知後儒卦變之非。于此四者既不知，則易不得其門而入。不得其門而入，則其注疏之所言者乃門外之粗淺，非門内之奧妙。是自孔子没而易已亡至今日矣，四聖之易如長夜者二千餘年，不其可長嘆也哉！

「夫易者，象也。象也者，像也。」此孔子之言也。曰像者，乃事理之彷佛近似可以想像者也，非真有實事也，非真有實理也。若以事論，金豈可爲車，玉豈可爲鉉？若以理論，虎尾豈可履，左腹豈可入？易與諸經不同者全在于此。如禹謨曰：「惠

〔一〕「而易中取象之旨，遂塵埋于後世」十三字，原脱，今據寶廉堂本補。

迪吉，從逆凶，惟影響。」是真有此理也〔一〕。如泰誓曰：「惟十有三年春，大會于孟津。」是真有此事也。若易則無此事，無此理，惟有此象而已。有象，則大小、遠近、精粗，千蹊萬徑之理咸寓乎其中，方可彌綸天地；無象，則所言者止一理而已，何以彌綸？故象猶鏡也，有鏡則萬物畢照。若舍其鏡，是無鏡而索照矣。不知其象，易不注可也。又如以某卦自某卦變者，此虞翻之説也，後儒信而從之。如訟卦剛來而得中，乃以爲自遯卦來，不知乃綜卦也。需、訟相綜，乃坎之陽爻來于内而得中也。孔子贊其爲天下之至變，正在于此。蓋乾所屬綜乎坤，坎所屬綜乎離，艮所屬綜乎巽，震所屬綜乎兑，乃伏羲之八卦一順一逆自然之對待也，非文王之安排也。惟需、訟相綜，故雜卦曰「需不進也，訟不親也」。若遯則綜大壯，故雜卦曰「大壯則止，遯則退也」。見于孔子雜卦傳昭昭如此，而乃曰「訟自遯來」，失之千里矣。此所以謂「四聖之易如長夜者」，此也。

德生去孔子二千餘年，且賦性愚劣，又居僻地，無人傳授，因父母病，侍養未仕，

〔一〕「真」，原作「貞」，今據寶廉堂本改。下同，不再出校。

乃取易讀于釜山草堂，六年不能窺其毫髮，遂遠客萬縣求溪深山之中，沉潛反復，忘寢忘食有年，思之思之，鬼神通之，數年而悟伏羲、文王、周公之象，又數年而悟文王序卦、孔子雜卦，又數年而悟卦變之非。始于隆慶四年庚午，終于萬曆二十六年戊戌，二十九年而後成書，正所謂「困而知之」也。既悟之後，始知易非前聖安排穿鑿，乃造化自然之妙，一陰一陽，内之外之，横之縱之，順之逆之，莫非易也。始知至精者易也，至變者易也，至神者易也。始知繫辭所謂「所居而安者，易之序也」、「錯綜其數，非中爻不備」、「二與四同功，三與五同功」數語及作説卦、序卦、雜卦于十翼之末，孔子教後之學易者亦明白親切，但人自不察，惟篤信諸儒之注，而不留心詳審孔子十翼之言，宜乎長夜至今日也。

注既成，乃僭于伏羲、文王圓圖之前新畫一圖，以見聖人作易之原。又畫八卦變六十四卦圖，又畫八卦所屬相錯圖，又畫八卦六爻變自相錯圖，又畫八卦次序自相綜圖，又畫八卦所屬自相綜文王序卦正綜圖，又畫八卦四正四隅相綜文王序卦雜綜圖，又發明八卦正位及上下經篇義並各字義，又發明六十四卦啓蒙，又考定繫辭上下傳，又補定説卦傳，以廣八卦之象。又改正集注分卷，又發明孔子十翼。其注先訓釋象

義、字義及錯綜義，後加一圈，方訓釋本卦本爻正意。象數言于前，義理言于後。其百家注易，諸儒雖不知其象，不知序卦、雜卦及卦變之非，止言其理，若于言理之中間有不悖于經者，雖一字半句亦必採而集之，名曰周易集注，庶讀易者開卷豁然，可以少窺四聖宗廟百官于萬一矣。

孔子曰：「蓋有不知而作之者，我無是也。」孟子曰：「予豈好辯哉？予不得已也。」聖賢立言不容不自任類如此。德因四聖之易千載長夜，乃將纂修性理大全去取于其間，更附以數年所悟之象數，以成明時一代之書，是以忘其愚陋，改正先儒注疏之僭妄，未暇論及云。

萬曆戊戌春三月念二日，梁山後學來知德序。

重刻來瞿唐先生易注序〔一〕

楊子雲氏，蜀之言易者也。太玄一書，劉歆訾其覆瓿，桓譚稱其必傳。袁滋之入蜀也，二程指之，而見薛翁焉忺然有會。然則楊、薛二氏之易，蜀易也，非宓羲、姬文之易也。蓋瞿唐先生之言曰：自尼父歿而易道亡矣。四聖之易，千載長夜。予驟聞之，猶河漢而無極也。關中張仲衡氏刻先生易注及日録成，授予讀之，卒業，予殆覘覘然自失也。

夫易也者，象也。象生數，數生變化，參伍以變，錯綜其數，通變成文，極數定象，尼父之言也。先生何以用錯綜不用參伍也？或曰：參兩倚數，兼三成卦。九六生爻，聖人蓋嘗用之，姑留此錯綜之一法，以待先生而非也。天維八柱，地錯九州，日出東沼，月生西陂，山島竦峙，草樹榮枯，推之萬物，莫不盡然，而況龍圖龜書，奇偶縱

〔一〕此序及下高舉序原無，今據寶廉堂本及後重刻來瞿唐先生易經集注訂校姓氏補。

橫，八卦綜緯，因乎固然。智者觀乎錯綜之象而思過半矣。先生生乎百世之下，冥契太極之先，獨居覃思于求溪山中，積三十年而成易注。其學以無欲爲宗，以克己爲門，以神明默成爲奥，斷然以聖人可學，而以天下萬世爲己任。故其所自爲太極圜圖錯綜變互，正偶同雜，情體象變，壹切圖説，皆上窮鴻濛，下闚黄泉，中賅賾隱幾深，直抽宓羲、姬、孔之緼，而爛長夜之旦于中天，非夫居深山之中，洗心藏密，以神明其德，而能若是乎？西伯羑里，厥有繇辭；姬公徂東，乃繫六爻；尼父假年，奥演十翼；瞿唐西歸，幾研象數。記曰：「潔凈精微，易之教也。」淮南子曰：「清明條達，易之義也。」漢儒束于教，宋人暢其義，而象幾微矣。先生有功於易者也。通象外之意蘊，繫表之言，義之源也，教之宗也，變化之門也。故夫先生之易非蜀易也，而宓羲、姬、孔之易也。雖然河圖一圈、宓羲一畫猶後天爾。誠問太極未判，白黑未分，象於何錯？數於何綜，謂象以盡意，而萌一意，且造一象；謂數以定象，而造一象，又豈必畫然之數？則造化實在人心，而神明默成，真有存乎其人者。先生復起，不容有言，請以質之吾仲衡氏。

都門鄭繼芳撰。

重刻來瞿唐先生易注序

夫易何爲者哉？龍馬負圖，偶奇錯綜，而易行乎其中。聖人者出，則以卦效以爻、闡以辭而各指其所之，易道備矣。孔子生于衰周之季，五十以學易，至于三絕韋、三折鏑，乃喟然歎曰：作易者，其知道乎？其知變化之所爲乎？然不錯不綜，變化何自而生？故又曰：「錯綜其數，非天下之至精至神，孰與于此？」孔子没而易統散，商瞿、梁邱子而下，教濫緒棼，箋之解之，疏之傳之，龜筴之，測贊之，譚易彌繁，去易彌遠，如舍柁泛海之舟，昧針芒而迷斗樞也。如崔盧王謝，各高標其祖禰，而竟非天潢正派也。陽九吾易者，寧必嬴炬哉？西蜀矣鮮先生發憤于千載之長夜，絕意軒紱，研精覃思，幾三十年而始悟大易宗旨盡括于錯綜一言。所云錯綜者，非以意錯之綜之之謂也。八卦六爻之情體，四正四隅之撰雜，錯者不得不錯，綜者不得不綜，左而右，右而左，低而昂，昂而低，不煩思議，無假安排，雲漢麗乎天，川嶽麗乎土，動静

順逆麗乎人事，無之非錯綜，無之非變化，可以見見，可以不見見，可以聞聞，可以不聞聞，而以之冒道成務，極深研幾，天下之至精至神盡在我矣。昔子思子以費隱言道，而證之鳶飛魚躍。鳶魚者，象也。飛躍者，象之錯綜也。其天其淵，其升其沉，變化化，活活潑潑，孰爲對待，孰爲流行，意者有機緘而不能自已耶？此天地自然之易也。故善言易者，莫如子思子，而矣鮮先生之以錯綜注易也，真得鳶飛魚躍之意，而默契變化之所爲乎！長夜晦冥，日月如故，先生有功于後學大矣。侍御張君復爲之發明，而廣遠其傳，是又有功于先生也。舉不敏，願學易以寡過未能也，則請于是編服膺焉。

萬曆辛亥仲春之吉，古淄後學高舉撰。

重刻來矣鮮先生易注序

吾夫子老而學易，至於韋編三絶，而曰「吾五十而知天命」。夫天命之所以不已者，何也？易也。易也者，何也？象也，相推焉而變生矣。變者，象之變也。彖，言象者也；爻，言變者也。有象有變而後有辭占。是故君子居則觀象而玩辭，動則觀變而玩占，居安其序而樂玩其辭亦惟是。變之所適，玅陰陽，行鬼神，顯日用，畢能事，而世儒以卜筮索吉凶，以義理解辭占，不知夫義理吉凶從何而生，象變焉已矣。象何以立？變何以通？環循轂轉，又何以生無窮？則錯綜其數之法也。錯綜其數，吾夫子已言之矣，而讀易者不解也。終日問卜筮，譚義理，而不遡所自出，猶人終日言宗祖子孫而不知其耦，終日言什百千萬而不知夫一生二，二生三，三生無窮也。彼所謂象者，駿圖耳已；變者，幻術耳已。善乎來矣鮮先生悟之求溪山中而推言之也！其言曰：

錯者，一左而一右兩相錯者也，猶男女然。伏羲圓之以爲圖，孔子所稱「天尊地卑」者是也。綜者，一上一下互相綜者也，如織布帛而綜者然。文王序之以爲卦，孔子所謂「剛柔相摩」者是也。舉一男女而億萬孫子列矣，挈一絲而億萬條緒動矣。是故以極天下之數，以定天下之象，以通天下之變。數無窮，錯綜無窮，變無窮，象無窮。總之，太極生陰陽，一陰一陽相左右上下，而正焉，雜焉，摩盪焉，無窮焉而已。故萬縷一絲也，萬孫一祖也，所謂「易逆數」者也。故曰「一陰一陽之謂道」，「生生之謂易」，「陰陽不測之謂神」，引而伸，觸類而長，皆是法也。其義理謂之序，其言謂之辭，其決謂之占，順此之謂吉，逆此之謂凶，天地所以消長，萬物所以亨屯，國家所以治亂，人心所以存亡，昆蟲草木所以榮枯生死，夫孰有能違之者乎？故曰「維天之命，於穆不已」。故説天至命莫玅乎易矣。羲之畫，文之彖，周公之爻，孔子之係辭、十翼，先天弗違，後天時行，象告情言，不離乎錯綜之一法，若衣有領，若日月有璣衡。

接羣聖，牖萬古，來先生之功於是偉矣。先生易注，其本原程朱，會通諸儒，而闡明未備者良多。其精義妙法，俱自錯綜出。大中丞青螺郭公已表章其旨，海内稱慕之而不盡見，其板在蜀者又多漫漶滅没。予令巫山時，與先生有往還，敬其人，愛重

其書。爰歷吴越，下鹺司重訂之，而梓以流布焉。詎敢云知易知命，庶幾續韋編之遺，不晦先生苦心而已。

萬曆庚戌歲陽月，關中張惟任仲衡父撰。

來矣鮮先生易注序

自漢而下，言易者無慮數十百家矣，舉一廢百而不知夫一之函百也。譚理者宗程傳、朱義而進，而王輔嗣者流且將掃畫而玄之也；譚象者九家，譚數者堯夫而進，而楊雲且搜玄而測之也。京焦氏之占溺於卜筮，遺道義，譚禍福，愈失之矣。總之，所謂舉其一者也。夫聖人立象以盡意，觀其象耳矣，「知者觀彖而思過半」矣。即意象彖爻而作爲卜筮。卜筮者，聖人同患之情，令百姓日用焉而不知者也。不知者，不知象生變，變生卦爻，卦爻生理義，理義生吉凶也。儒者讀易，將抉天人性命之符，而貿貿焉同百姓，可乎？故善讀易者，莫妙於以經解經，而不以意識學問解經。以經解經之法，莫妙於「錯綜其數」一語。蓋「八卦以象告」，錯綜則象之變，其順逆正反無窮，而辭占本義理定，吉凶亦隨變以示矣。此聖人之盡意，愚人之盡神，一也。錯綜之法揭于吾夫子，而獨悟於蜀之來矣鮮先生。其言左右相錯，上下相綜，變化無遺。

郭青螺先生深著明其説，刻之蜀中，而予同年直指張公復詮其精義於簡端，重付剞劂氏，嘉惠海内，俾世之學者繇錯綜觀變，繇變觀象，繇象觀意。彼程朱理義，諸儒講解且在三隅反中，而彼象數玄渺、卜筮禍福之譚，譬猶燭光之麗日月，不相蝕而且相投矣。雖然，理之錮易，而舉子業之錮理也今爲甚。吾且以爲程朱憂，況其上者乎？即無錮於理，而于身心無涉焉，猶錮也。以經解經，信不若以身解經。吾自觀吾身，静而作何象，動而流何形，龍象乎？馬牛乎？羲文、蹻跖乎？致虚而履實，擬言而議動，錯綜成乎神，爻象成乎身，此楊慈湖己易之旨也，敢以質之有道。

武林黄汝亨撰。

重刻來瞿唐先生易經集注訂校姓氏

淄川高舉鵬程甫

都門鄭繼芳仲孚

關中張惟任仲衡仝訂正

武林黄汝亨貞父校正

同安柯鳳翔志德

潛江吴從誠虚舟

華亭徐元暘賓夫

宜賓劉繼禮立甫仝校閲

大明萬曆三十八年重校刻於浙之虎林郡南屏山

易注雜説諸圖總目

來知德八卦所屬相綜文王序卦正綜圖

來知德八卦四正四隅相綜文王序卦雜綜圖

來知德八卦正位圖

來知德上下經篇義

來知德易經字義　象、錯、綜、變、中爻

來知德易學六十四卦啓蒙

來知德考定繫辭上下傳補定説卦傳

來知德周易集注改正分卷圖

來知德發明孔子十翼圖

梁山來知德圓圖

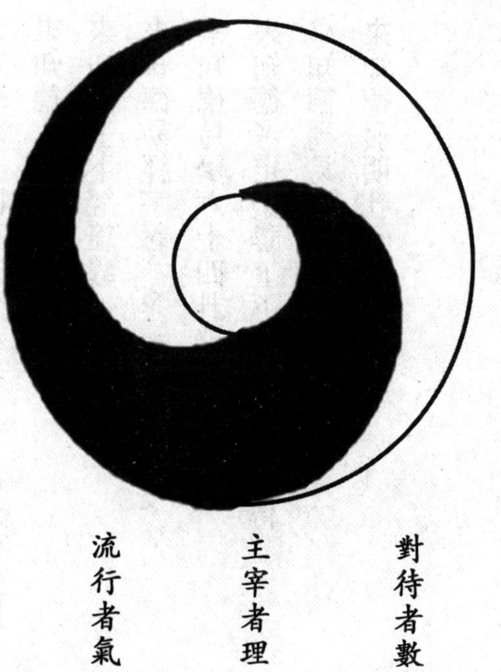

對待者數

主宰者理

流行者氣

此聖人作易之原也。理氣象數，陰陽老少，往來進退，常變吉凶，皆尚〔一〕乎其中。孔子繫易，首章至「易簡而天下之理得」及「一陰一陽之謂道」，「易有太極」、「形上」「形下」數篇，以至「幽贊于神明」一章，卒歸于義命，皆不外此圖。神而明之，一部易經不在四聖，而在我矣。或曰伏羲、文王有圖矣，而復有此圖，何耶？德曰：不然。伏羲有圖，文王之圖不同于伏羲，豈伏羲之圖差耶？蓋伏羲之圖，易之對待；文王之圖，易之流行。而德之圖不立文字，以天地間理氣象數不過如此，此則兼對待、流行、主宰之理而圖之也，故圖于伏羲、文王之前。

〔一〕「尚」，史本、朝爽堂本作「寓」。

伏羲六十四卦圓圖

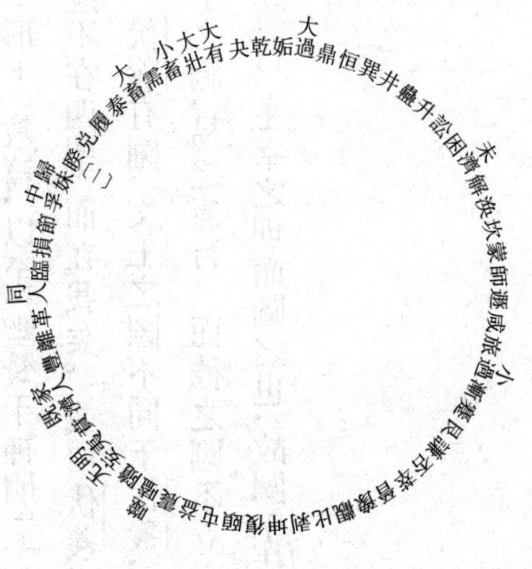

〔一〕「睽」，原作「益」，今據史本、朝爽堂本及下伏羲文王錯綜圖改。

伏羲八卦方位之圖

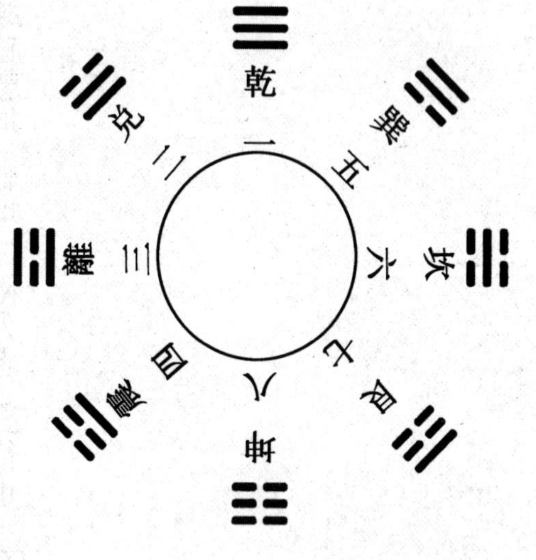

此伏羲之易也，易之數也，對待不移者也。故伏羲圓圖皆相錯，以其對待也。所以上經首乾坤，乾坤之兩列者，對待也。孔子繫辭「天尊地卑」一條蓋本諸此。

文王八卦方位之圖

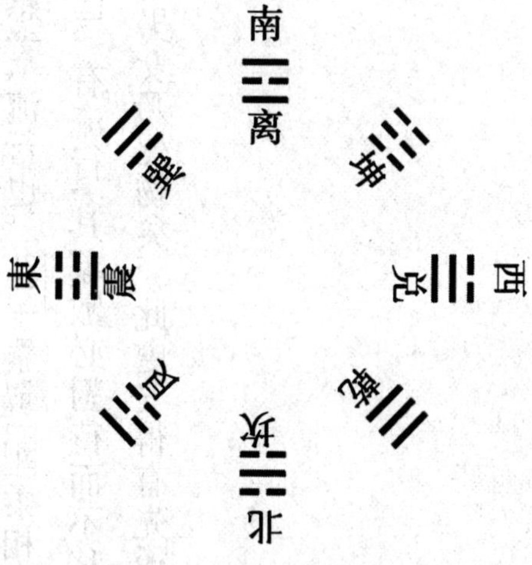

南 ☲離

☷坤　☴巽

西 ☱兑　☳震 東

☰乾　☶艮

☵坎 北

此文王之易也。易之氣也，流行不已者也。自震而離而兑而坎，春夏秋冬，一氣而已。故文王序卦一上一下相綜者，以其流行而不已也。所以下經首咸、恒。咸恒之交感者，流行也。孔子繫辭「剛柔相摩」一條蓋本諸此。蓋有對待，其氣運必流行而不已；有流行，其象數必對待而不移。故男女相對待，其氣必相摩盪。若不相摩盪，則男女乃死物矣。此處安得有先後？故不分先天、後天。

伏羲文王錯綜圖

伏羲圓圖相錯圖

圓圖一左一右相錯

左右開列于後

乾一　乾䷀　錯　坤䷁

兌二　夬䷪　錯　剥䷖

文王序卦相綜圖

序卦一上一下相綜

上下開列于後

蒙雜而著　屯䷂見而不失其居〔一〕

訟不親也　需䷄不進也

比樂　師䷆憂

履不處也　小畜䷈寡也

〔一〕「見」，原脱，今據史本、朝爽堂本補。

離三　大有䷍　錯　比䷇

震四　大壯䷡　錯　觀䷓

巽五　小畜䷈　錯　豫䷏

坎六　需䷄　錯　晉䷢

艮七　大畜䷙　錯

否反其類也　䷋　泰反其類也

大有衆也　䷌　同人親也

豫怠也　䷎　謙輕

蠱則飭也　䷐　隨无故也

觀或求　䷒　臨或與

賁无色也　䷔　噬嗑食也

復反也　䷖　剝爛也

大畜時也　䷘　无妄災也

恒久也　䷞　咸速也

伏羲文王錯綜圖

坤八　萃　泰

錯

乾一　否　履

錯

兌二　謙　兌

錯

離三　艮　睽

錯

震四　蹇　歸妹

大壯則止 / 遯則退也

明夷誅也 / 晉晝也

睽外也 / 家人內也

解緩也 / 蹇難也

益盛衰之始 / 損盛衰之始

姤遇也柔遇剛也 / 夬決也剛決柔也

升不來也 / 萃聚

井通 / 困相遇也

鼎取新也 / 革去故也

艮止也 / 震起也

錯
漸
巽五　中孚
錯
小過
坎六　節
錯
旅
艮七　損
錯
咸
坤八　臨
錯
遯

歸妹女之終也　漸女歸待男行也
旅親寡　豐多故
兌見　巽伏也
節正也　渙離也
未濟男之窮也　既濟定也

右文王序卦。六十四卦除乾、坤、坎、離、大過、頤、小過、中孚八箇卦相錯，其餘五十六卦皆相綜。雖四正之卦如否、泰、既濟、未濟四卦，四隅之卦如歸妹、漸、隨、蠱四卦，此八卦可錯可綜，然文王皆以爲綜也。故

乾一　同人
錯
師
兌二　革
錯
蒙
離三　離
錯
坎
震四　豐
錯
渙

五十六卦止有二十八卦，向上成一卦，向下成一卦，共相錯之卦三十六卦，所以上經分十八卦，下經分十八卦。其相綜自然而然之妙，亦如伏羲圓圖相錯自然而然之妙，皆不假安排穿鑿，所以孔子贊其爲「天下之至變」者以此。漢儒至宋儒止以爲上下篇之次序，不知緊要與圓圖同，諸象皆藏于二圖錯綜之中，惟其不知序卦緊要之妙，則易不得其門而入矣。因此將二圖並列之。

〔一〕「三」，原誤作「二」，據上下文改。

巽五　家人䷤　錯

解䷧

坎六　既濟䷾　錯

未濟䷿

艮七　賁䷕　錯

困䷮

坤八　明夷䷣　錯

訟䷅

乾一　无妄䷘　錯

兑二

升　隨　錯

離三

蠱　噬嗑　錯

震四

井　震　錯

巽五

巽　益　錯

坎六

恒　屯

錯

鼎䷱

艮七　頤䷚

錯

大過䷛

坤八　復䷗

錯

姤䷫

因有此相錯圖，所以不用伏羲圓圖。

孔子太極生兩儀四象八卦圖

太極生兩儀四之圖

陽儀⚊

太極

陰儀⚋

四象圖

大陽⚌　一陽上加一陽爲大陽

少陰⚍　一陽上加一陰爲少陰

少陽⚎　一陰上加一陽爲少陽

大陰⚏　一陰上加一陰爲大陰

八卦圖

乾一 ☰ 大陽上加一陽爲乾

兑二 ☱ 大陽上加一陰爲兑

離三 ☲ 少陰上加一陽爲離

震四 ☳ 少陰上加一陰爲震

巽五 ☴ 少陽上加一陽爲巽

坎六 ☵ 少陽上加一陰爲坎

艮七 ☶ 大陰上加一陽爲艮

坤八 ☷ 大陰上加一陰爲坤

來知德八卦變六十四卦圖

☰乾一變

姤䷫　初爻變

遯䷠　二爻變

否䷋　三爻變

觀䷓　四爻變

剥䷖　五爻變

晉䷢　復還四爻變

大有䷍　歸本卦

乾尾二卦言火，離尾二卦言天，皆自然之數。

☱兑二變

困䷮ 初爻變

萃䷬ 二爻變

咸䷞ 三爻變

蹇䷦ 四爻變

謙䷎ 五爻變

小過䷽ 復還四爻變

歸妹䷵ 歸本卦

兑尾二卦言雷，震尾二卦言澤，皆自然之數。

䷝離三變

旅䷷ 初爻變

鼎䷱ 二爻變

未濟䷿ 三爻變

蒙䷃ 四爻變

渙䷺　五爻變

訟䷅　復還四爻變

同人䷌　歸本卦

離尾二卦言天，乾尾二卦言火，皆自然之數。

䷲震四變

豫䷏　初爻變

解䷧　二爻變

恒䷟　三爻變

升䷭〔一〕　四爻變

井䷯　五爻變

大過䷛　復還四爻變

隨䷐　歸本卦

〔一〕「䷭」，原作「䷟」，今據史本、朝爽堂本、寶廉堂本改。

震尾二卦言澤，兑尾二卦言雷，皆自然之數。

䷸巽五變

小畜䷈　初爻變

家人䷤　二爻變

益䷩　三爻變

无妄䷘　四爻變

噬嗑䷔　五爻變

頤䷚　復還四爻變

蠱䷑　歸本卦

巽尾二卦言山，艮尾二卦言風，皆自然之數。

䷜坎六變

節䷻　初爻變

屯䷂　二爻變

既濟䷾　三爻變

革䷰　四爻變

豐䷶　五爻變

明夷䷣　復還四爻變

師䷆　歸本卦

坎尾二卦言地，坤尾二卦言水，皆自然之數。

䷳艮七變

賁䷕　初爻變

大畜䷙　二爻變

損䷨　三爻變

睽䷥　四爻變

履䷉　五爻變

中孚䷼　復還四爻變

漸䷴　歸本卦

艮尾二卦言風，巽尾二卦言山，皆自然之數。

䷁坤八變

復䷗　初爻變

臨䷒　二爻變

泰䷊　三爻變

大壯䷡　四爻變

夬䷪　五爻變

需䷄　復還四爻變

比䷇　歸本卦

坤尾二卦言水，坎尾二卦言地，皆自然之數。

右八卦。不過加太極、兩儀、四象、八卦是也。六十四卦不過變，即繫辭所謂「八

卦成列，象在其中矣；因而重之，爻在其中矣；剛柔相推，變在其中矣」。「變在其中」者，如乾爲陽剛，乾下變，一陰之巽，二陰之艮，三陰之坤，坤爲陰柔；坤下變，一陽之震，二陽之兑，三陽之乾，是「剛柔相推」也。蓋三畫卦若不重成六畫，則不能變六十四，惟六畫則即變六十四矣。所以每一卦六變即歸本卦，下爻盡變爲七變，連本卦成八卦，以八加八，即成六十四卦。古之聖人見天地陰陽變化之妙原是如此，所以以「易」名之。若依宋儒説，一分二，二分四，四分八，八分十六，十六分三十二，三十二分六十四，是一直死數，何以爲易？且通不成卦，惟以八加八，方見陰陽自然造化之妙。

來知德八卦所屬自相錯圖

乾	姤	遯	否	觀	剥	晉	大有
䷀	䷫	䷠	䷋	䷓	䷖	䷢	䷍

乾坤一與八錯，則所屬自然相錯。

䷁	䷗	䷒	䷊	䷡	䷪	䷄	䷇
坤	復	臨	泰	大壯	夬	需	比

八卦所屬自相綜圖

兑 困 萃 咸 蹇 謙 小過 歸妹

䷹ ䷮ ䷬ ䷞ ䷦ ䷎ ䷽ ䷵

兑艮二與七錯，則所屬自然相錯。

䷳ ䷕ ䷙ ䷨ ䷥ ䷉ ䷼ ䷴

艮 賁 大畜 損 睽 履 中孚 漸

八卦所屬自相錯圖

離 旅 鼎 未濟 蒙 涣 訟 同人

䷝ ䷷ ䷱ ䷿ ䷃ ䷺ ䷅ ䷌

離坎三與六錯，則所屬自然相錯。

䷜ ䷻ ䷂ ䷾ ䷰ ䷶ ䷣ ䷆

坎 節 屯 既濟 革 豐 明夷 師

八卦所屬自相錯圖

震　豫　解　恒　升　井　大過　隨

䷲　䷏　䷧　䷟　䷭　䷯　䷛　䷐

震巽四與五錯，則所屬自然相錯。

䷸　䷈　䷤　䷩　䷘　䷔　䷚　䷑

巽　小畜　家人　益　无妄　噬嗑　頤　蠱

來知德六爻變自相錯圖

乾	夬	大有	小畜	履	同人	姤
	六變	五變	四變	三變	二變	初變
䷀	䷪	䷍	䷈	䷉	䷌	䷫

因乾坤相錯，故六爻變亦相錯。

䷁	䷖	䷇	䷏	䷎	䷆	䷗
	六變	五變	四變	三變	二變	初變
坤	剥	比	豫	謙	師	復

六爻變自相錯圖

兑　履　歸妹　節　夬　隨　困

　　六變　五變　四變　三變　二變　初變

䷹　䷉　䷵　䷻　䷪〔一〕　䷐　䷮

因兑艮相錯，故六爻變亦相錯。

䷳　䷎　䷴　䷷　䷖　䷑　䷕

　　六變　五變　四變　三變　二變　初變

艮　謙　漸　旅　剝　蠱　賁

〔一〕「䷪」，原作「䷥」，今據史本、朝爽堂本、寶廉堂本改。

六爻變自相錯圖

離	豐	同人	賁	噬嗑	大有	旅
	六變	五變	四變	三變	二變	初變
䷝	䷶	䷌	䷕	䷔	䷍	䷷

因離坎相錯，故六爻變亦相錯。

坎	渙	師	困	井	比	節
䷜	䷺	䷆	䷮	䷯	䷇	䷻
	六變	五變	四變	三變	二變	初變

六爻變自相錯圖

震	噬嗑	隨	復	豐	歸妹	豫
	六變	五變	四變	三變	二變	初變
䷲	䷔	䷐	䷗	䷶	䷵	䷏

因震巽相錯，故六爻變亦相錯。

䷸	䷯	䷑	䷫	䷺	䷴	䷈
	六變	五變	四變	三變	二變	初變
巽	井	蠱	姤	渙	漸	小畜

來知德八卦次序自相綜圖

乾四正之卦

乾一　乾

兑二　天澤履　綜　風天小畜

離三　天火同人　綜　火天大有

震四　天雷无妄　綜　山天大畜

巽五　天風姤　綜　澤天夬

坎六　天水訟　綜　水天需

艮七　天山遯　綜　雷天大壯

坤八　天地否　綜　地天泰

八卦次序自相綜圖

坤四正之卦

乾一　地天泰　綜　天地否

兑二　地澤臨　綜　風地觀

離三　地火明夷　綜　火地晉

震四　地雷復　綜　山地剥

巽五　地風升　綜　澤地萃

坎六　地水師　綜　水地比

艮七　地山謙　綜　雷地豫

坤八　坤

八卦次序自相綜圖

離四正之卦

乾一	火天大有	綜	天火同人
兑二	火澤睽	綜	風火家人
離三	離		
震四	火雷噬嗑	綜	山火賁
巽五	火風鼎	綜	澤火革
坎六	火水未濟	綜	水火既濟
艮七	火山旅	綜	雷火豐
坤八	火地晉	綜	地火明夷

八卦次序自相綜圖

坎四正之卦

乾一	水天需	綜	天水訟
兑二	水澤節	綜	風水涣
離三	水火既濟	綜	火水未濟
震四	水雷屯	綜	山水蒙
巽五	水風井	綜	澤水困
坎六	坎		
艮七	水山蹇	綜	雷水解
坤八	水地比	綜	地水師

八卦次序自相綜圖

兑四隅之卦

乾一	澤天夬	綜	天風姤
兑二	兑		
離三	澤火革	綜	火風鼎
震四	澤雷隨	綜	山風蠱
巽五	澤風大過	錯	山雷頤
坎六	澤水困	綜	水風井
艮七	澤山咸	綜	雷風恒
坤八	澤地萃	綜	地風升

八卦次序自相綜圖

艮四隅之卦

乾一　山天大畜　綜　天雷无妄

兑二　山澤損　綜　風雷益

離三　山火賁　綜　火雷噬嗑

震四　山雷頤　綜　澤風大過

巽五　山風蠱　綜　澤雷隨

坎六　山水蒙　綜　水雷屯

艮七　艮

坤八　山地剥　　地雷復

八卦次序自相綜圖

震四隅之卦

乾一	雷天大壯	綜	天山遯
兑二	雷澤歸妹	綜	風山漸
離三	雷火豐	綜	火山旅
震四	震		
巽五	雷風恒	綜	澤山咸
坎六	雷水解	綜	水山蹇
艮七	雷山小過	錯	風澤中孚
坤八	雷地豫	綜	地山謙

八卦次序自相綜圖

巽四隅之卦

乾一	風天小畜	綜	天澤履
兑二	風澤中孚	錯	雷山小過
離三	風火家人	綜	火澤睽
震四	風雷益	綜	山澤損
巽五	巽		
坎六	風水渙	綜	水澤節
艮七	風山漸	綜	雷澤歸妹
坤八	風地觀	綜	地澤臨

右乾坤水火四正之卦，故天在上則天在下，如天澤履綜風天小畜是也；地在上

則地在下，如地天泰，綜天地否是也。水火亦然，其相綜皆自然也。山澤雷風，四隅之卦，一陽在上，一陽在下，則山與雷綜，如山天大畜，綜天雷无妄是也。一陰在上，一陰在下，則風與澤綜，如風天小畜，綜天澤履是也。故山在上則雷在下，風在上則澤在下，雷上山下、澤上風下亦然，其相綜皆自然也。

來知德八卦所屬自相綜圖

乾之屬自姤至剥順行，與坤所屬相綜。

文王序卦正綜

乾之屬
姤 夬
遯 大壯
否 泰
觀 臨
剥 復
坤之屬

坤之屬自復至夬逆行，與乾所屬相綜。

姤綜夬　遯綜大壯　否綜泰　觀綜臨　剥綜復

八卦所屬自相綜圖

坎之屬　節　渙

屯　蒙

既濟　未濟

革　鼎

豐　旅　離之屬

文王序卦正綜

坎之屬自節至豐順行，與離所屬相綜。

離之屬自旅至渙逆行，與坎所屬相綜。

節綜[一]渙　屯綜蒙　既濟綜未濟　革綜鼎　豐綜旅

[一]「節綜」，原倒，今據史本、朝爽堂本、寶廉堂本、四庫本乙正。

八卦所屬自相綜圖

艮之屬自賁至履順行，與巽所屬相綜。

文王序卦正綜

艮之屬　賁　大畜　損　睽　履

巽之屬　噬嗑　无妄　益　家人　小畜

巽之屬自小畜至噬嗑逆行，與艮所屬相綜。

賁綜噬嗑　大畜綜无妄　損綜益　睽綜家人　履綜小畜

八卦所屬自相綜圖

震之屬自豫至井順行，與兑所屬相綜。

文王序卦正綜

震之屬		
豫	謙	
解	蹇	
恒	咸	
升	萃	
井	困	兑之屬

兑之屬自困至謙逆行，與震所屬相綜。

豫綜謙　解綜蹇　恒綜咸　升綜萃　井綜困

來知德八卦四正綜四正臨尾二卦圖

文王序卦雜綜

乾　晉　綜坎之明夷

大有　綜離之同人　乾　四

坤　需　綜離之訟　坤　正

比　綜坎之師　綜坤　與

坎乾　四

坎　明夷　綜乾之晉　雜綜　正

師　綜坤之比　離　相

離　訟　綜坤之需　坎　綜

同人　綜乾之大有

八卦四隅綜四隅臨尾二卦圖

文王序卦雜綜

艮　中孚　錯兌之小過

漸　綜兌之歸妹　四

巽　頤　錯震之大過　巽　隅

蠱　綜震之隨　綜巽　與

震艮　四

震　大過　錯巽之頤　兌綜　隅

隨　綜巽之蠱　兌　相

兌　小过　錯艮之中孚　震　綜

婦妹　綜艮之漸

來知德八卦正位圖

乾在五，乾屬陽，五以陽居陽位，故爲正位。
兑在六，兑屬陰，六以陰居陰位，故爲正位。
離在二，離屬陰，二以陰居陰位，故爲正位。
震在初，震屬陽，初以陽居陽位，故爲正位。
巽在四，巽屬陰，四以陰居陰位，故爲正位。
坎在五，坎屬陽，五以陽居陽位，故爲正位。
艮在三，艮屬陽，三以陽居陽位，故爲正位。
坤在二，坤屬陰，二以陰居陰位，故爲正位。

正位不可移易。

乾屬陽，其位在五，惟坎可以同之，蓋坎中一畫乃乾也。若艮震之五皆陰矣，故

居三、居初。此陽卦正位不可移也。坤屬陰，其位在二，惟離可以同之，蓋離中一畫乃坤也。若巽兑之二皆陽矣，故居四、居六。此陰卦正位不可移也。然易惟時而已，不可爲典要。如觀卦下六二，乃坤之正位也，因本卦利近不利遠，故六二止于「闚觀」，知此，庶可以識玩易之法。

來知德〔一〕上下經篇義

上經首乾坤者，陰陽之定位，萬物之男女也。易之數也，對待不移者也。自乾、坤歷屯、蒙、需、訟、師、比、小畜、履十卦，陰陽各三十畫，則六十矣。陽極于六，陰極于六，至此乾、坤變矣，故坤綜乾而爲泰，乾綜坤而爲否。泰、否者，乾、坤上下相綜之卦也。乾坤既迭相否泰，則其間萬物吉凶消長、進退存亡不可悉紀。自同人以下至大畜，無非否泰之相推。無否無泰，非易矣。水火者，乾坤所有之物，皆天道也，體也。無水火，則乾、坤爲死物。故必山澤通氣，雷風相薄，而後乾、坤之水火可交。頤、大過者，山澤、雷風之卦也。頤有離象，大過有坎象，故上經首乾、坤，必乾、坤歷否、泰，至頤、大過，而後終之以坎、離。

下經首咸、恒者，陰陽之交感，一物之乾坤也。易之氣也，流行不已者也。自咸、

〔一〕「德」，原脱，今據寶廉堂本及易注雜説諸圖總目補。

恒歷遯、大壯、晉、明夷、家人、睽、蹇、解十卦，陰陽各三十畫，則六十矣。陽極于六，陰極于六，至此男女變矣。故咸之男女綜而爲損，恒之男女綜而爲益。損、益者，男女上下相綜之卦也。男女既迭相損益，則其間萬事吉凶消長、進退存亡不可悉紀。自夬以下至節，無非損益之相推。無損無益，非易矣。既濟、未濟者，男女所交之事，皆人道也，用也。無既濟、未濟，則男女爲死物，故必山澤通氣，雷風相薄，而後男女之水火可交。中孚、小過者，山澤、雷風之卦也。中孚有離象，小過有坎象，故下經首咸恒，必咸、恒歷損、益，至中孚、小過，而後終之以既濟、未濟。

要之，天道之體，雖以否、泰爲主，未必無人道。人道之用，雖以損、益爲主，而未必無天道。上下經之篇義，藴畜其妙至此。若以卦爻言之，上經陽爻八十六，陰爻九十四，陰多于陽者凡八；下經陽爻一百有六，陰爻九十有八，陽多于陰者亦八。上經陰多于陽，下經陽多于陰，皆同八焉，是卦爻之陰陽均平也。若以綜卦兩卦作一卦論之，上經十八卦成三十卦，陽爻五十二，陰爻五十六，陰多于陽者凡四；下經十八卦成三十四卦，陽爻五十六，陰爻五十二，陽多于陰者亦四。上經陰多于陽，下經陽多于陰，皆同四焉，是綜卦之陰陽均平也。上下經之篇義卦爻其精至此，孔子贊其至精、至變、至神，厥有由矣。

來知德易經字義

象

卦中立象，有不拘説卦乾馬坤牛、乾首坤腹之類者，有自卦情而立象者，如乾卦本馬而言龍，以乾道變化，龍乃變化之物，故以龍言之。朱子語録：「或問卦之象。朱子曰：便是理會不得。如乾爲馬而説龍，如此之類，皆不通。」殊不知以卦情立象也，且荀九家亦有乾爲龍。又如咸卦艮爲少男，兑爲少女，男女相感之情莫如年之少者，故周公立爻象曰拇、曰腓、曰股、曰憧憧、曰脢、曰輔頰舌，一身皆感焉。蓋艮止則感之專，兑悦則應之至。是以四體百骸，從拇而上，自舌而下，無往而非感矣。此則以男女相感之至情而立象也。又如豚魚知風、鶴知秋、雞知旦，三物皆有信，故中孚取之，亦以卦情立象也。又如漸取鴻者，以鴻至有時而羣有序，不失其時，不失其序，

于漸之義爲切；且鴻又不再偶，于文王卦辭女歸之義爲切。此亦以卦情立象也。有以卦畫之形取象者，如剥言宅、言牀、言廬者，因五陰在下，列于兩旁，一陽覆于其上，如宅、如牀、如廬，此以畫之形立象也。鼎與小過亦然。又有卦體大象之象，凡陽在上者皆象艮巽，陽在下者皆象震兑，陽在上下者皆象離，陰在上下者皆象坎。如益象離，故言龜；大過象坎，故言棟；頤亦象離，故亦言龜也。又如中孚「君子以議獄緩死」，亦取噬嗑火雷之意，以中孚大象離，而中爻則雷也。故凡陽在下者動之象，在中者陷之象，在上者止之象。凡陰在下者入之象，在中者麗之象，在上者説之象。又有以中爻取象者，如漸卦九三「婦孕不育」，以中爻二四合坎中滿也。九五「三歲不孕」，以中爻三五合離中虚也。有將錯卦立象者，如履卦言虎，以下卦兑錯艮也。有因綜卦立象者，如井與困相綜，巽爲市邑，在困爲兑，在井爲巽，則改爲邑矣。有即陰陽而取象者，如乾爲馬本象也，坎與震皆得乾之一畫，亦言馬；坤爲牛本象也，離得坤之一畫，亦言牛，皆其類也。有相因而取象者，如革卦九五言虎者，以兑錯艮，艮爲虎也；上六即以豹言之，豹次于虎，故相因而言豹也。故其象多是，無此事此理而止立其象。如金車、玉鉉之類，金豈可爲車？玉豈可爲鉉？蓋雖無此事此理，而爻内有此

象也。朱子語録云：「卦要看得親切，須是兼象看，但象失其傳了。」殊不知聖人立象，有卦情之象，有卦畫之象，有大象之象，有中爻之象，有錯卦之象，有綜卦之象，有爻變之象，有占中之象。正如釋卦名義，有以卦德釋者，有以卦象釋者，有以卦體釋者，有以卦綜釋者，即此意也。所以説「擬諸其形容，象其物宜」，但形容物宜，可擬可象即是象矣。自王弼不知文王序卦之妙，掃除其象，後儒泥滯説卦，所以説「象失其傳」，而不知未失其傳也。善乎蔡氏曰：「聖人擬諸其形容，而立象至纖至悉，無所不有。所謂『其道甚大，百物不廢』者此也。其在上古，尚此以制器；其在中古，觀此以繫辭，而後世之言易者，乃曰『得意在忘象，得象在忘言』，一切指爲魚兔筌蹄，殆非聖人作易前民用，以教天下之意矣。」此言蓋有所指而發也。

錯

錯者，陰與陽相對也。父與母錯，長男與長女錯，中男與中女錯，少男與少女錯。八卦相錯，六十四卦皆不外此錯也。天地造化之理，獨陰獨陽不能生成，故有剛必有

柔，有男必有女，所以八卦相錯。八卦既相錯，所以象即寓于錯之中。如乾錯坤，乾爲馬，坤即「利牝馬之貞」。履卦兑錯艮，艮爲虎，文王即以虎言之。革卦上體乃兑，周公九五爻亦以虎言之。又睽卦上九純用錯卦，師卦「王三錫命」，純用天火同人之錯，皆其證也。又有以中爻之錯言者，如小畜言雲，因中爻離錯坎故也；六四言血者，坎爲血也；言惕者，坎爲加憂也。又如艮卦九三中爻坎，爻辭曰「薰心」，坎水安得薰心？以錯離有火煙也。

綜子宋切。

綜字之義，即織布帛之綜，或上或下，顛之倒之者也。如乾坤坎離四正之卦，則或上或下。巽兑艮震四隅之卦，則巽即爲兑，艮即爲震，其卦名則不同。如屯蒙相綜，在屯則爲雷，在蒙則爲山是也。如履小畜相綜，在履則爲澤，在小畜則爲風是也。如損益相綜，損之六五即益之六二，特倒轉耳，故其象皆「十朋之龜」。夬姤相綜，夬之九四即姤之九三，故其象皆「臀無膚」。綜卦之妙如此，非山中研窮三十年，安能知

之？宜乎諸儒以象失其傳也。然文王序卦有正綜，有雜綜。如乾初爻變姤，坤逆行五爻變夬，與姤相綜，所以姤綜夬，遯綜大壯，否綜泰，觀綜臨，剥綜復，所謂乾坤之正綜也。八卦通是初與五綜，二與四綜，三與上〔一〕綜。雖一定之數，不容安排，然陽順行而陰逆行，與之相綜，造化之玄妙可見矣。文王之序卦，不其神哉？即陽木順行生亥死午，陰木逆行生午死亥之意。若乾、坤所屬尾二卦，晉、大有、需、比之類，乃術家所謂遊魂、歸魂，出于乾坤之外者，非乾坤五爻之正變，故謂之雜綜。然乾坤水火四正之卦，四正與四正相綜；艮巽震兑四隅之卦，四隅與四隅相綜，雖雜亦不雜也。八卦既相綜，所以象即寓于綜之中。如噬嗑「利用獄」，賁乃相綜之卦，亦以獄言之，旅、豐二卦亦以獄言者，皆以其相綜也。有以上六下初而綜者，「剛自外來而爲主于内」是也。有以二五而綜者，「柔得中而上行」是也。蓋易以道陰陽，陰陽之理流行不常，原非死物膠固一定者，故顛之倒之，可上可下者，以其流行不常耳。故讀易者，不能悟文王序卦之妙，則易不得其門而入。既不入門，而宫牆外望，則「改邑不改井」之

〔一〕「上」，原作「三」，今據寶廉堂本改。

玄辭，「其人天且劓」之險語，不知何自而來也。噫！文王不其繼伏羲而神哉！

變

變者，陽變陰、陰變陽也。如乾卦初變即爲姤，是就于本卦變之。宋儒不知文王序卦，如屯、蒙相綜之卦本是一卦，向上成一卦，向下成一卦。詳見前伏羲文王錯綜圖。如訟之「剛來而得中」，乃卦綜也，非卦變也。以爲自遯卦變來，非矣。如姤方是變，卦變玄之又玄，妙之又妙。蓋爻一動即變，如漸卦九三以三爲夫，以坎中滿爲「婦孕」，及三爻一變，則陽死成坤，離絶夫位，故有「夫征不復」之象。既成坤，則並坎中滿通不見矣，故有「婦孕不育」之象。又如歸妹九四中爻坎月離日，期之象也。四一變則純坤，而日月不見矣，故「愆期」，豈不玄妙？

中爻

中爻者，二、三、四、五所合之卦也。繫辭第九章，孔子言甚詳矣。大抵錯者，陰

陽横相對也。綜者，陰陽上下相顛倒也。變者，陽變陰、陰變陽也。中爻者，陰陽內外相連屬也。周公作爻辭，不過此錯、綜、變、中爻四者而已。如離卦居三，同人曰「三歲」，未濟曰「三年」，既濟曰「三年」，明夷曰「三日」，皆以本卦三言也。若坎之「三歲」，困之「三歲」，解之「三品」，皆離之錯也。漸之「三歲」，巽之「三品」，皆以中爻合離也。豐之「三歲」，以上六變而爲離也。即離而諸爻用四者可知矣。孔子韋編三絶，于陰陽之理悦心研慮已久，故于圓圖看出「錯」字，于序卦看出「綜」字，所以説「錯綜其數」。又恐後人將序卦一連，不知有錯、綜二體，故雜亂其卦，惟令二體之卦相連，如「乾剛坤柔」、「比樂師憂」是也。又説出中爻。宋儒不知乎此，將孔子繫辭「所居而安者，文王之序卦；所樂而玩者，周公之爻辭」，認「序」字爲卦爻所著事理當然之次第，故自孔子没而易已亡至今日矣。

來知德周易集注改正分卷圖

上經分卷

共十八卦，相綜者兩卦止作一卦，相錯者一卦自爲一卦。此即文王序卦。

一卷　乾　坤

二卷　屯、蒙　需、訟

三卷　師、比　小畜、履　泰、否

四卷　同人、大有　謙、豫　隨、蠱

五卷　臨、觀　噬嗑、賁　剥、復

六卷　无妄、大畜　頤、大過　坎、離

下經分卷

共十八卦。此即文王序卦。

七卷　咸、恒　遯、大壯　晉、明夷

八卷　家人、睽　蹇、解　損、益

九卷　夬、姤　萃、升　困、井

十卷　革、鼎　震、艮

十一卷　漸、歸妹　豐、旅　巽、兑

十二卷　涣、節　中孚、小過　既濟、未濟

右舊分卷。前儒不知文王立序卦之意，止以爲上下篇之次序，取其多寡均平，乃以屯附坤，需附蒙，小畜附比，泰附復，謙附大有，隨附豫，噬嗑附觀，剥附賁，頤附大畜，坎附大過，遯附恒，晉附井，震附鼎，深失文王立序卦之意矣。今依孔子雜卦傳改正。

十三卷　繫辭上傳

十四卷　繫辭下傳

十五卷　説卦傳、序卦傳、雜卦傳

十六卷　考定繫辭上下傳、補定説卦傳

來知德發明孔子十翼圖

彖曰大哉乾元、至哉坤元，此贊乾坤之彖，一翼也。

彖曰「屯剛柔始交而難生」，此解卦辭之彖，二翼也。

象曰天行健、地勢坤，此教人學易之大象，三翼也。

「潛龍勿用，陽在下也」，此解爻辭之小象，四翼也。

文言，五翼也。

上繫，六翼也。

下繫，七翼也。

說卦，八翼也。

序卦，九翼也。

雜卦，十翼也。

此之謂十翼。

易學六十四卦啓蒙

易自孔子没而亡至今日矣。易亡者何？以象失其傳也。故先之以象，此則六爻大象也。諸象則詳見易經字義。伏羲之卦主于錯，文王之卦主于綜，故次之以錯綜。文王、周公繫辭皆不遺中爻，至孔子始發明之，故次之以中爻。同體者，文王之序卦皆同體也。一卦有一卦之情性，一爻有一爻之情性，如乾性健、坤性順，此一定不移者也。若有一爻之變，則其情性皆移矣。如乾初爻變則爲姤，姤之情性與乾之情性相去千里，故情性之後，維〔一〕之以六爻之變。六爻既變，則即有錯綜中爻矣，故六爻變之下復注錯綜中爻。六爻變後猶有錯綜中爻，何也？蓋天地間萬物獨陰獨陽不能生成，故必有錯；而陰陽循環之理，陽上則陰下，陰上則陽下，故必有綜，則錯綜二字，不論六爻變與不變，皆不能離者也。若無錯綜，不成易矣。故六爻變後復注

〔一〕「維」，史本、朝爽堂本、寶廉堂本作「繼」，義優。

錯綜。而中爻者亦陰陽也，故繼之。若地位、人位、天位者，乃三才也，故又繼之。四聖千古不傳之秘，盡洩于此。學者能于此而熟玩之，則辭變象占犂然明白，四聖之易不在四聖而在我矣。

萬曆丁酉秋八月念五日，梁山來知德書于釜山草堂

伏羲圓圖

文王序卦亦錯

孔子繫辭

乾䷀ 六畫純陽之卦 上經始于此

象

錯 坤

綜

中爻

同體

情性 情剛性剛 情健性健

六爻變

初爻變巽錯震綜兑 成姤錯復綜夬 中爻下乾上乾 地位

二爻變離錯坎　成同人錯師綜大有　中爻下巽上乾　地位

三爻變兑錯艮綜巽　成履錯謙綜小畜　中爻下離上巽　人位

四爻變巽錯震綜兑　成小畜錯豫綜履　中爻下兑上離　人位

五爻變離錯坎　成大有錯比綜同人　中爻下乾上兑　天位

六爻變兑錯艮綜巽　成夬錯剥綜姤　中爻下乾上乾　天位

坤☷　六畫純陰之卦

象

錯　乾

綜

中爻

同體

情性　情柔性柔　情順性順

六爻變

伏羲圓圖

文王序卦

孔子繫辭

初爻變震錯巽綜艮　成復錯姤綜剥　中爻下坤上坤　地位

二爻變坎錯離　成師錯同人綜比　中爻下震上坤　地位

三爻變艮錯兑綜震　成謙錯履綜豫　中爻下坎上震　人位

四爻變震錯巽綜艮　成豫錯小畜綜謙　中爻下艮上坎　人位

五爻變坎錯離　成比錯大有綜師　中爻下坤上艮　天位

六爻變艮錯兑綜震　成剥錯夬綜復　中爻下坤上坤　天位

屯䷂　二陽四陰之卦　屬坎

象

錯　鼎　伏羲圓圖

綜　蒙正綜，詳見圖解。　文王序卦

中爻　二四合坤錯乾　三五合艮錯兑綜震　孔子繫辭

同體　觀晉○萃蹇小過○蒙○○震解升○頤○坎明夷艮○臨十四卦同體

情性　情剛性剛　情險性動

六爻變

初爻變坤錯乾　成比錯大有綜師　中爻下坤上艮　地位

二爻變兑錯艮綜巽　成節錯旅綜涣　中爻下震上艮　地位

三爻變離錯坎　成既濟錯未濟綜未濟　中爻下坎上離　人位

四爻變兑錯艮綜巽　成隨錯蠱綜蠱　中爻下艮上巽　人位

五爻變坤錯乾　成復錯姤綜剥　中爻下坤上坤　天位

六爻變巽錯震綜兑　成益錯恒綜損　中爻下坤上艮　天位

蒙䷃　二陽四陰之卦　屬離

象　伏羲圓圖

錯　革　文王序卦

綜　屯正綜　孔子繫辭

中爻　二四合震錯巽綜艮　三五合坤錯乾

同體　觀晉○萃蹇小過○○震解升○頤○坎屯明夷○艮○臨十四卦同體

情性　情剛性剛　情止性險

六爻變

初爻變兌錯艮綜巽　成損錯咸綜益　中爻下震上坤　地位

二爻變坤錯乾　成剥錯夬綜復　中爻下坤上坤　地位

三爻變巽錯震綜兑　成蠱錯隨綜隨　中爻下兑上震　人位

四爻變離錯坎　成未濟錯既濟綜既濟　中爻下離上坎　人位

五爻變巽錯震綜兑　成涣錯豐綜節　中爻下震上艮　天位

六爻變坤錯乾　成師錯同人綜比　中爻下震上坤　天位

需䷄　四陽二陰之卦　屬坤

象

錯　晉

綜　訟雜綜，詳見圖解

中爻　二四合兑錯艮綜巽　三五合離錯坎

伏羲圓圖

文王序卦

孔子繫辭

同體　遯○兑○離鼎訟○大過○巽家人无妄○革○大畜睽中孚○大壯十四卦

同體

情性　情剛性剛　情險性健

六爻變

初爻變巽錯震綜兑　成井錯噬嗑綜困　中爻下兑上離　地位

二爻變離錯坎　成既濟錯未濟綜未濟　中爻下坎上離　地位

三爻變兑錯艮綜巽　成節錯旅綜涣　中爻下震上艮　人位

四爻變兑錯艮綜巽　成夬錯剥綜姤　中爻下乾上乾　人位

五爻變坤錯乾　成泰錯否綜否　中爻下兑上震　天位

六爻變巽錯震綜兑　成小畜錯豫綜履　中爻下兑上離　天位

訟䷅　四陽二陰之卦　屬離

象

錯　明夷

伏羲圓圖

綜　需雜綜　文王序卦

中爻　二四合離錯坎　三五合巽錯震綜兑　孔子繫辭

同體　遯○兑○離鼎○大過○巽家人无妄○革○大畜睽中孚○大壯需十四卦

同體

情性　情剛性剛　情健性險

六爻變

初爻變兑錯艮綜巽　成履錯謙綜小畜　中爻下離上巽　地位

二爻變坤錯乾　成否錯泰綜泰　中爻下艮上巽　地位

三爻變巽錯震綜兑　成姤錯復綜夬　中爻下乾上乾　人位

四爻變巽錯震綜兑　成渙錯豐綜節　中爻下震上艮　人位

五爻變離錯坎　成未濟錯既濟綜既濟　中爻下離上坎　天位

六爻變兑錯艮綜巽　成困錯賁綜井　中爻下離上巽　天位

師䷆　一陽五陰之卦　屬坎

象　坎

錯　同人

綜　屯雜綜

中爻　二四合震錯巽綜艮　三五合坤錯乾

同體　剥〇謙〇〇豫〇〇〇復比五卦同體

情性　情柔性剛　情順性險

六爻變

初爻變兑錯艮綜巽　成臨錯遯綜觀　中爻下震上坤　地位

二爻變坤錯乾　成坤錯乾　中爻下坤上坤　地位

三爻變巽錯震綜兑　成升錯无妄綜萃　中爻下兑上震　人位

四爻變震錯巽綜艮　成解錯家人綜蹇　中爻下離上坎　人位

五爻變坎錯離　成坎錯離　中爻下震上艮　天位

六爻變艮錯兑綜震　成蒙錯革綜屯　中爻下震上坤　天位

比䷇　一陽五陰之卦　屬坤　　伏羲圓圖

象　坎　　文王序卦

錯　大有　　孔子繫辭

綜　師雜綜

中爻　二四合坤錯乾　三五合艮錯兑綜震

同體　剥○謙○○豫○○師○○復五卦同體

情性　情剛性柔　情險性順

六爻變

初爻變震錯巽綜艮　成屯錯鼎綜蒙　中爻下坤上艮　地位

二爻變坎錯離　成坎錯離　中爻下震上艮　地位

三爻變艮錯兑綜震　成蹇錯睽綜解　中爻下坎上離　人位

四爻變兑錯艮綜巽　成萃錯大畜綜升　中爻下艮上巽　人位

五爻變坤錯乾　成坤錯乾　中爻下坤上坤　天位

六爻變巽錯震綜兑　成觀錯大壯綜臨　中爻下坤上艮　天位

小畜䷈　五陽一陰之卦　屬巽

象　離

錯　豫

綜　履正綜

中爻　二四合兑錯艮綜巽　三五合離錯坎

同體　姤大有○○同人○○○○履○夬五卦同體

情性　情柔性剛　情入性健

六爻變

初爻變巽錯震綜兑　成巽錯震綜兑　中爻下兑上離　地位

二爻變離錯坎　成家人錯解綜睽　中爻下坎上離　地位

三爻變兑錯艮綜巽　成中孚錯小過　中爻下震上艮　人位

四爻變乾錯坤　成乾錯坤　中爻下乾上乾　人位

五爻變艮錯兑綜震　成大畜錯萃綜无妄　中爻下兑上震　天位

伏羲圓圖

文王序卦

孔子繫辭

六爻變坎錯離　成需錯晉綜訟　中爻下兑上離　天位

履䷉　五陽一陰之卦　屬艮

象　離

錯　謙　伏羲圓圖

綜　小畜正綜　文王序卦

中爻　二四合離錯坎　三五合巽錯震綜兑　孔子繫辭

同體　姤大有○○同人○○小畜○○○夬五卦同體

情性　情剛性柔　情健性悦

六爻變

初爻變坎錯離　成訟錯明夷綜需　中爻下離上巽　地位

二爻變震錯巽綜艮　成无妄錯升綜大畜　中爻下艮上巽　地位

三爻變乾錯坤　成乾錯坤　中爻下乾上乾　人位

四爻變巽錯震綜兑　成中孚錯小過　中爻下震上艮　人位

五爻變離錯坎　成睽錯蹇綜家人　中爻下離上坎　天位
六爻變兑錯艮綜巽　成兑錯艮綜巽　中爻下離上巽　天位

泰☷☰　三陽三陰之卦　屬坤　又正月卦

象　震兑

錯　否

綜　否

中爻　二四合兑錯艮綜巽　三五合震錯巽綜艮

同體　否○困咸歸妹○旅未濟涣○恒井隨○益噬嗑蠱○節既濟豐○賁損漸

伏羲圓圖

文王序卦

孔子繫辭

○○十九卦同體

情性　情柔性剛　情順性健

六爻變

初爻變巽錯震綜兑　成升錯无妄綜萃　中爻下兑上震　地位

二爻變離錯坎　成明夷錯訟綜晉　中爻下坎上震　地位

三爻變兌錯艮綜巽　成臨錯遯綜觀　中爻下震上坤　人位

四爻變震錯巽綜艮　成大壯錯觀綜遯　中爻下乾上兌　人位

五爻變坎錯離　成需錯晉綜訟　中爻下兌上離　天位

六爻變艮錯兌綜震　成大畜錯萃綜无妄　中爻下兌上震　天位

否䷋　三陽三陰之卦　屬乾　又七月卦

象　艮巽

錯　泰　伏羲圓圖

綜　泰　文王序卦

中爻　二四合艮錯兌綜震　三五合巽錯震綜兌　孔子繫辭

同體　○困咸歸妹○旅未濟涣○恒井隨○益噬嗑蠱○節既濟豐○賁損漸○泰

十九卦同體

情性　情剛性柔　情健性順

六爻變

初爻變震錯巽綜艮　成无妄錯升綜大畜　中爻下艮上巽　地位
二爻變坎錯離　成訟錯明夷綜需　中爻下離上巽　地位
三爻變艮錯兑綜震　成遯錯臨綜大壯　中爻下巽上乾　人位
四爻變巽錯震綜兑　成觀錯大壯綜臨　中爻下坤上艮　人位
五爻變離錯坎　成晉錯需綜明夷　中爻下艮上坎　天位
六爻變兑錯艮綜巽　成萃錯大畜綜升　中爻下艮上巽　天位

同人䷌　五陽一陰之卦　屬離

象　離

錯　師

綜　大有雜綜

中爻　二四合巽錯震綜兑　三五合乾錯坤

同體　姤大有〇〇〇〇小畜〇〇履〇夬五卦同體

情性　情剛性柔　情健性明

伏羲圓圖
文王序卦
孔子繫辭

六爻變

初爻變艮錯兌綜震　成遯錯臨綜大壯　中爻下巽上乾　地位

二爻變乾錯坤　成乾錯坤　中爻下乾上乾　地位

三爻變震錯巽綜艮　成无妄錯升綜大畜　中爻下艮上巽　人位

四爻變巽錯震綜兌　成家人錯解綜睽　中爻下坎上離　人位

五爻變離錯坎　成離錯坎　中爻下巽上兌　天位

六爻變兌錯艮綜巽　成革錯蒙綜鼎　中爻下巽上乾　天位

大有☲☰　五陽一陰之卦　屬乾

象　離

錯　比

綜　同人雜綜

中爻　二四合乾錯坤　三五合兌錯艮綜巽

同體　姤〇〇同人〇〇小畜〇〇履〇夬五卦同體

伏羲圓圖

文王序卦

孔子繫辭

情性　情柔性剛　情明性健

六爻變

初爻變巽錯震綜兑　成鼎錯屯綜革　中爻下乾上兑　地位

二爻變離錯坎　成離錯坎　中爻下巽上兑　地位

三爻變兑錯艮綜巽　成睽錯蹇綜家人　中爻下離上坎　人位

四爻變艮錯兑綜震　成大畜錯萃綜无妄　中爻下兑上震　人位

五爻變乾錯坤　成乾錯坤　中爻下乾上乾　天位

六爻變震錯巽　成大壯錯觀綜兑　中爻下乾上兑　天位

謙䷎　一陽五陰之卦　屬兑

伏羲圓圖

象　坎

錯　履

文王序卦

綜　豫正綜

中爻　二四合坎錯離　三五合震錯巽綜艮

孔子繫辭

同體　剥○○○豫○○師○○○復比五卦同體

情性　情柔性剛　情順性止

六爻變

初爻變離錯坎　成明夷錯訟綜晉　中爻下坎上震　地位

二爻變巽錯震綜兑　成升錯无妄綜萃　中爻下兑上履　地位

三爻變坤錯乾　成坤錯乾　中爻下坤上坤　人位

四爻變震錯巽綜艮　成小過錯中孚　中爻下巽上兑　人位

五爻變坎錯離　成蹇錯睽綜解　中爻下坎上離　天位

六爻變艮錯兑綜震　成艮錯兑綜震　中爻下坎上震　天位

豫䷏　一陽五陰之卦　屬震

象　坎

錯　小畜

綜　謙正綜

伏羲圓圖

文王序卦

中爻　二四合艮錯兑綜震　三五合坎錯離　孔子繫辭

同體　剥○謙○○○○師○○復比五卦同體

情性　情剛性柔　情動性順

六爻變

初爻變震錯巽綜艮　成震錯巽綜艮　中爻下艮上坎　地位

二爻變坎錯離　成解錯家人綜蹇　中爻下離上坎　地位

三爻變艮錯兑綜震　成小過錯中孚　中爻下巽上兑　人位

四爻變坤錯乾　成坤錯乾　中爻下坤上坤　人位

五爻變兑錯艮綜巽　成萃錯大畜綜升　中爻下艮上巽　天位

六爻變離錯坎　成晉錯需綜明夷　中爻下艮上坎　天位

隨䷐　三陽三陰之卦　屬震

象

錯　蠱　伏羲圓圖

綜　蠱雜綜　文王序卦

中爻　二四合艮錯兑綜震　三五合巽錯震綜兑　孔子繫辭

同體　否○困咸歸妹○旅未濟涣○恒井○益噬嗑蠱○節既濟豐○賁損漸○泰

十九卦同體

情性　情柔性剛　情悦性動

六爻變

初爻變坤錯乾　成萃錯大畜綜升　中爻下艮上巽　地位

二爻變兑錯艮綜巽　成兑錯艮綜巽　中爻下離上巽　地位

三爻變離錯坎　成革錯蒙綜鼎　中爻下巽上乾　人位

四爻變坎錯離　成屯錯鼎綜蒙　中爻下坤上艮　人位

五爻變震錯巽綜艮　成震錯巽綜艮　中爻下艮上坎　天位

六爻變乾錯坤　成无妄錯升綜大畜　中爻下艮上巽　天位

蠱䷑　三陽三陰之卦　屬巽

象

錯　隨　　伏羲圓圖

綜　隨雜綜　　文王序卦

中爻　二四合兑錯艮綜巽　三五合震錯巽綜艮　　孔子繫辭

同體　否○困咸歸妹○旅未濟涣○恒井隨○益噬嗑○節未濟豐○賁損漸○泰

十九卦同體

情性　情剛性柔　情止性入

六爻變

初爻變乾錯坤　成大畜錯萃綜无妄　中爻下兑上震　地位

二爻變艮錯兑綜震　成艮錯兑綜震　中爻下坎上震　地位

三爻變坎錯離　成蒙錯革綜屯　中爻下震上坤　人位

四爻變離錯坎　成鼎錯屯綜革　中爻下乾上兑　人位

五爻變巽錯震綜兑　成巽錯震綜兑　中爻下兑上離　天位

六爻變坤錯乾　成升錯无妄綜萃　中爻下兑上震　天位

臨䷒　二陽四陰之卦　屬坤　又十二月卦

象　震兌

錯　遯　　伏羲圓圖

綜　觀正綜　　文王序卦

中爻　二四合震錯巽綜艮　三五合坤錯乾　　孔子繫辭

同體　觀晉○萃蹇小過○蒙○震解升○頤○坎屯明夷○艮○○十四卦同體

情性　情柔性柔　情順性悅

六爻變

初爻變坎錯離　成師錯同人綜比　中爻下震上坤　地位

二爻變震錯巽綜艮　成復錯姤綜剥　中爻下坤上坤　地位

三爻變乾錯坤　成泰錯否綜否　中爻下兌上震　人位

四爻變震錯巽綜艮　成歸妹錯漸綜漸　中爻下離上坎　人位

五爻變坎錯離　成節錯旅綜渙　中爻下震上艮　天位

六爻變艮錯兌綜震　成損錯咸綜益　中爻下震上坤　天位

觀䷓ 二陽四陰之卦 屬乾 又八月卦 伏羲圓圖

象 巽艮 文王序卦

錯 大壯 孔子繫辭

綜 臨正綜

中爻 二四合坤錯乾 三五合艮錯兑綜震

同體 晉〇萃蹇小過〇蒙〇震解升〇頤〇坎屯明夷艮〇臨十四卦同體

情性 情柔性柔 情入性順

六爻變

初爻變震錯巽綜艮 成益錯恒綜損 中爻下坤上艮 地位

二爻變坎錯離 成渙錯豐綜節 中爻下震上艮 地位

三爻變艮錯兑綜震 成漸錯歸妹綜歸妹 中爻下坎上離 人位

四爻變乾錯坤 成否錯泰綜泰 中爻下艮上巽 人位

五爻變艮錯兑綜震 成剥錯夬綜復 中爻下坤上坤 天位

六爻變坎錯離 成比錯大有綜師 中爻下坤上艮 天位

噬嗑䷔ 三陽三陰之卦 屬巽

象 伏羲圓圖

錯 井 文王序卦

綜 賁正綜

中爻 二四合艮錯兑綜震 三五合坎錯離 孔子繫辭

同體 否○困咸歸妹○旅未濟涣○恒井隨○益蠱○節既濟豐○賁損漸○泰十

九卦同體

情性 情柔性剛 情明性動

六爻變

初爻變坤錯乾 成晉錯需綜明夷 中爻下艮上坎 地位

二爻變兑錯艮綜巽 成睽錯蹇綜家人 中爻下離上坎 地位

三爻變離錯坎 成離錯坎 中爻下巽上兑 人位

四爻變艮錯兑綜震 成頤錯大過 中爻下坤上坤 人位

五爻變乾錯坤 成无妄錯井綜大畜 中爻下艮上巽 天位

六爻變震錯巽綜艮　成震錯巽綜艮　中爻下艮上坎　天位

賁䷕　三陽三陰之卦　屬艮　伏羲圓圖

象　文王序卦

錯　困　孔子繫辭

綜　噬嗑正綜

中爻　二四合坎錯離　三五合震錯巽綜艮

同體　否○困咸歸妹○旅未濟渙○恒井隨○益噬嗑蠱○節既濟豐○損漸○泰

十九卦同體

情性　情剛性柔　情正性明

六爻變

初爻變艮錯兑綜震　成艮錯兑綜震　中爻下坎上震　地位

二爻變乾錯坤　成大畜錯萃綜无妄　中爻下兑上震　地位

三爻變震錯巽綜艮　成頤錯大過　中爻下坤上坤　人位

四爻變離錯坎　成離錯坎　中爻下巽上兑　人位

五爻變巽錯震綜兑　成家人錯解綜睽　中爻下坎上離　天位

六爻變坤錯乾　成明夷錯訟綜晉　中爻下坎上震　天位

剥☶☷　一陽五陰之卦　屬乾　又九月卦

伏羲圓圖

象　巽艮

文王序卦

錯　夬

孔子繫辭

綜　復正綜

中爻　二四合坤錯乾　三五合坤錯乾

同體　謙○○豫○師○○復比五卦同體

情性　情剛性柔　情正性順

六爻變

初爻變震錯巽綜艮　成頤錯大過　中爻下坤上坤　地位

二爻變坎錯離　成蒙錯革綜屯　中爻下震上坤　地位

三爻變艮錯兌綜震　成艮錯兌綜震　中爻下坎上震　人位

四爻變離錯坎　成晉錯需綜明夷　中爻下艮上坎　人位

五爻變巽錯震綜兌　成觀錯大壯綜臨　中爻下坤上艮　天位

六爻變坤錯乾　成坤錯乾　中爻下坤上坤　天位

復䷗　一陽五陰之卦　屬坤　又十一月卦　伏羲圓圖

象　震兌　文王序卦

錯　姤　孔子繫辭

綜　剥正綜

中爻　二四合坤錯乾　三五合坤錯乾

同體　剥〇謙〇〇豫〇〇師〇〇比五卦同體

情性　情柔性剛　情順性動

六爻變

初爻變坤錯乾　成坤錯乾　中爻下坤上坤　地位

二爻變兑錯艮綜巽　成臨錯遯綜觀　中爻下震上坤　地位

三爻變離錯坎　成明夷錯訟綜晉　中爻下坎上震　人位

四爻變震錯巽綜艮　成震錯巽綜艮　中爻下艮上坎　人位

五爻變坎錯離　成屯錯鼎綜蒙　中爻下坤上艮　天位

六爻變艮錯兑綜震　成頤錯大過　中爻下坤上坤　天位

无妄䷘　四陽二陰之卦　屬巽　伏羲圓圖

象　離　文王序卦

錯　升

綜　大畜正綜

中爻　二四合艮錯兑綜震　三五合巽錯震綜兑　孔子繫辭

同體　遯○兑○離鼎訟○大過○巽家人○革○大畜暌中孚○大壯需十四卦

同體

情性　情剛性剛　情健性動

六爻變

初爻變坤錯乾　成否錯泰綜泰　中爻下艮上巽　地位

二爻變兑錯艮綜巽　成履錯謙綜小畜　中爻下離上巽　地位

三爻變離錯坎　成同人錯師綜大有　中爻下巽上乾　人位

四爻變巽錯震綜兑　成益錯恒綜損　中爻下坤上艮　人位

五爻變離錯坎　成噬嗑錯井綜賁　中爻下艮上坎　天位

六爻變兑錯艮綜巽　成隨錯蠱綜蠱　中爻下艮上巽　天位

大畜䷙　四陽二陰之卦　屬艮

象　離

錯　萃

綜　无妄正綜

中爻　二四合兑錯艮綜巽　三五合震錯巽綜艮

同體　遯○兑○離鼎訟○大過○巽家人无妄革○睽中孚○大壯需十四卦同體

伏羲圓圖

文王序卦

孔子繫辭

情性　情剛性剛　情止性健

六爻變

初爻變巽錯震綜兑　成蠱錯隨綜隨　中爻下兑上震　地位

二爻變離錯坎　成賁錯困綜噬嗑　中爻下坎上震　地位

三爻變兑錯艮綜巽　成損錯咸綜益　中爻下震上坤　人位

四爻變離錯坎　成大有錯比綜同人　中爻下乾上兑　人位

五爻變巽錯震綜兑　成小畜錯豫綜履　中爻下兑上離　天位

六爻變坤錯乾　成泰錯否綜否　中爻下兑上震　天位

頤䷚　二陽四陰之卦　屬巽

伏羲圓圖

象　離

文王序卦

錯　大過

孔子繫辭

綜

中爻　二四合坤錯乾　三五合坤錯乾

同體　觀晉〇萃蹇小過〇蒙〇震解升〇〇坎屯明夷〇艮〇臨十四卦同體

情性　情剛性剛　情止性動

六爻變

初爻變坤錯乾　成剥錯夬綜復　中爻下坤上坤　地位

二爻變兑錯艮綜巽　成損錯咸綜益　中爻下震上坤　地位

三爻變離錯坎　成賁錯困綜噬嗑　中爻下坎上震　人位

四爻變離錯坎　成噬嗑錯井綜賁　中爻下艮上坎　人位

五爻變巽錯震綜兑　成益錯恒綜損　中爻下坤上艮　天位

六爻變坤錯乾　成復錯姤綜剥　中爻下坤上坤　天位

大過䷛　四陽二陰之卦　屬震　伏羲圓圖

象　坎　文王序卦

錯　頤

綜

中爻　二四合乾錯坤　三五合乾錯坤　孔子繫辭

同體　遯○兑○離鼎訟○○巽家人无妄○革○大畜睽中孚○大壯需十四卦同體

情性　情柔性柔　情悦性入

六爻變

初爻變乾錯坤　成夬錯剥綜姤　中爻下乾上乾　地位

二爻變艮錯兑綜震　成咸錯損綜恒　中爻下巽上乾　地位

三爻變坎錯離　成困錯賁綜井　中爻下離上巽　人位

四爻變坎錯離　成井錯噬嗑綜困　中爻下兑上離　人位

五爻變震錯巽綜艮　成恒錯益綜咸　中爻下乾上兑　天位

六爻變乾錯坤　成姤錯復綜夬　中爻下乾上乾　天位

坎䷜　二陽四陰之卦　伏羲圓圖

象

錯　離

綜　文王序卦亦錯

中爻　二四合震錯巽綜艮　三五合艮錯兑綜震　孔子繫辭

同體　觀晉○萃蹇小過○蒙○震解升○頤○屯明夷○艮○臨十四卦同體

情性　情剛性剛　情險性險

六爻變

初爻變兑錯艮綜巽　成節錯旅綜涣　中爻下震上艮　地位

二爻變坤錯乾　成比錯大有綜師　中爻下坤上艮　地位

三爻變巽錯震綜兑　成井錯噬嗑綜困　中爻下兑上離　人位

四爻變兑錯艮綜巽　成困錯賁綜井　中爻下離上巽　人位

五爻變坤錯乾　成師錯同人綜比　中爻下震上坤　天位

六爻變巽錯震綜兑　成涣錯豐綜節　中爻下震上艮　天位

離☲☲　四陽二陰之卦　上經終于此

象

錯　坎　伏羲圓圖

綜　文王序卦

中爻　二四合巽錯震綜兑　三五合兑錯艮綜巽　孔子繫辭

同體　遯○兑○鼎訟○大過○巽家人无妄○革○大畜睽中孚○大壯需十四卦

同體

情性　情柔性柔　情明性明

六爻變

初爻變艮錯兑綜震　成旅錯節綜豐　中爻下巽上兑　地位

二爻變乾錯坤　成大有錯比綜同人　中爻下乾上兑　地位

三爻變震錯巽綜艮　成噬嗑錯井綜賁　中爻下艮上坎　人位

四爻變艮錯兑綜震　成賁錯困綜噬嗑　中爻下坎上震　人位

五爻變乾錯坤　成同人錯師綜大有　中爻下巽上乾　天位

六爻變震錯巽綜艮　成豐錯涣綜旅　中爻下巽上兑　天位

咸☱☶ 三陽三陰之卦　屬兑　下經始于此　伏羲圓圖

象　坎　文王序卦

錯　損　孔子繫辭

綜　恒正綜

中爻　二四合巽錯震綜兑　三五合乾錯坤

同體　否○困歸妹○旅未濟涣○恒井隨○益噬嗑蠱節既濟豐○賁損漸○泰十

九卦同體

情性　情柔性剛　情悦性止

六爻變

初爻變離錯坎　成革錯蒙綜鼎　中爻下巽上乾　地位

二爻變巽錯震綜兑　成大過錯頤　中爻下乾上乾　地位

三爻變坤錯乾　成萃錯大畜綜升　中爻下艮上巽　人位

四爻變坎錯離　成蹇錯睽綜解　中爻下坎上離　人位

五爻變震錯巽綜艮　成小過錯中孚　中爻下巽上兑　天位

六爻變乾錯坤　成遯錯臨綜大壯　中爻下巽上乾　天位

恒䷟　三陽三陰之卦　屬震

象　坎

錯　益　伏羲圓圖

綜　咸正綜　文王序卦

中爻　二四合乾錯坤　三五合兑錯艮綜巽　孔子繫辭

同體　否○困咸歸妹○旅未濟涣○井隨○益噬嗑蠱○節既濟豐○賁損漸○泰

十九卦同體

情性　情剛性柔　情動性入

六爻變

初爻變乾錯坤　成大壯錯觀綜遯　中爻下乾上兑　地位

二爻變艮錯兑綜震　成小過錯中孚　中爻下巽上兑　地位

三爻變坎錯離　成解錯家人綜蹇　中爻下離上坎　人位

四爻變坤錯乾　成升錯无妄綜萃　中爻下兌上震　人位

五爻變兌錯艮綜巽　成大過錯頤　中爻下乾上乾　天位

六爻變離錯坎　成鼎錯屯綜革　中爻下乾上兌　天位

遯䷠　四陽二陰之卦　屬乾　又六月卦

象　巽

錯　臨　伏羲圓圖

綜　大壯正綜　文王序卦

中爻　二四合巽錯震綜兌　三五合乾錯坤　孔子繫辭

同體　○兌○離鼎訟○大過○巽家人无妄○革○大畜睽中孚○大壯需十四卦

同體

情性　情剛性剛　情健性止

六爻變

初爻變離錯坎　成同人錯師綜大有　中爻下巽上乾　地位

二爻變巽錯震綜兑　成姤錯復綜夬　中爻下乾上乾　地位
三爻變坤錯乾　成否錯泰綜泰　中爻下艮上巽　人位
四爻變巽錯震綜兑　成漸錯歸妹綜歸妹　中爻下坎上離　人位
五爻變離錯坎　成旅錯節綜豐　中爻下巽上兑　天位
六爻變兑錯艮綜巽　成咸錯巽綜恒　中爻下巽上乾　天位

大壯䷡　四陽二陰之卦　屬坤　又二月卦

象　兑

錯　觀

綜　遯正綜

中爻　二四合乾錯坤　三五合兑錯艮綜巽

同體　遯○兑○離鼎訟○大過○巽家人无妄○革○大畜睽中孚○需十四卦　伏羲圓圖　文王序卦　孔子繫辭

同體

情性　情剛性剛　情動性健

六爻變

初爻變巽錯震綜兑　成恒錯益綜咸　中爻下乾上兑　地位

二爻變離錯坎　成豐錯渙綜旅　中爻下巽上兑　地位

三爻變兑錯艮綜巽　成歸妹錯漸綜漸　中爻下離上坎　人位

四爻變坤錯乾　成泰錯否綜否　中爻下兑上震　人位

五爻變兑錯艮綜巽　成夬錯剥綜姤　中爻下乾上乾　天位

六爻變離錯坎　成大有錯比綜同人　中爻下乾上兑　天位

晉䷢　二陽四陰之卦　屬乾　伏羲圓圖

象

錯　需

綜　明夷雜綜　文王序卦

中爻　二四合艮錯兑綜震　三五合坎錯離　孔子繫辭

同體　觀〇萃蹇小過〇蒙〇震解升〇頤〇坎屯明夷〇艮〇臨十四卦同體

情性　情柔性柔　情明性順

六爻變

初爻變震錯巽綜艮　成噬嗑錯井綜賁　中爻下艮上坎　地位

二爻變坎錯離　成未濟錯既濟綜既濟　中爻下離上坎　地位

三爻變艮錯兑綜震　成旅錯節綜豐　中爻下巽上兑　人位

四爻變艮錯兑綜震　成剥錯夬綜姤　中爻下坤上坤　人位

五爻變乾錯坤　成否錯泰綜泰　中爻下艮上巽　天位

六爻變震錯巽綜艮　成豫錯小畜綜謙　中爻下艮上坎　天位

明夷䷣　二陽四陰之卦　屬坎

象

錯　訟　伏羲圓圖

綜　晉雜綜　文王序卦

中爻　二四合坎錯離　三五合震錯巽綜艮　孔子繫辭

同體　觀晉○萃蹇小過○蒙○震解升○頤○坎屯○艮○臨十四卦同體

情性　情柔性柔　情順性明

六爻變

初爻變艮錯兑綜震　成謙錯履綜豫　中爻下坎上震　地位

二爻變乾錯坤　成泰錯否綜否　中爻下兑上震　地位

三爻變震錯巽綜艮　成復錯姤綜剥　中爻下坤上坤　人位

四爻變震錯巽綜艮　成豐錯涣綜旅　中爻下巽上兑　人位

五爻變坎錯離　成既濟錯未濟綜未濟　中爻下坎上離　天位

六爻變艮錯兑綜震　成賁錯困綜噬嗑　中爻下坎上震　天位

家人䷤　四陽二陰之卦　屬巽

象

錯　解

綜　睽正綜

伏羲圓圖

文王序卦

中爻　二四合坎錯離　三五合離錯坎

同體　遯○兑○離鼎訟○大過○巽无妄○革○大畜睽中孚○大壯需十四卦　孔子繫辭

同體

情性　情柔性柔　情入性明

六爻變

初爻變艮錯兑綜震　成漸錯歸妹綜歸妹　中爻下坎上離　地位

二爻變乾錯困　成小畜錯豫綜履　中爻下兑上離　地位

三爻變震錯巽綜艮　成益錯恒綜巽　中爻下坤上艮　人位

四爻變乾錯坤　成同人錯師綜大有　中爻下巽上乾　人位

五爻變艮錯兑綜震　成賁錯困綜噬嗑　中爻下坎上震　天位

六爻變坎錯離　成既濟錯未濟綜未濟　中爻下坎上離　天位

睽☲☱　四陽二陰之卦　屬艮

象

錯　蹇　伏羲圓圖

綜　家人正綜　文王序卦

中爻　二四合離錯坎　三五合坎錯離　孔子繫辭

同體　遯○兑○離鼎訟○大過○巽家人无妄○革○大畜中孚○大壯需十四卦

同體

情性　情柔性柔　情明性悦

六爻變

初爻變坎錯離　成未濟錯既濟綜既濟　中爻下離上坎　地位

二爻變震錯兑綜艮　成噬嗑錯升綜賁　中爻下艮上坎　地位

三爻變乾錯坤　成大有錯比綜同人　中爻下乾上兑　人位

四爻變艮錯兑綜震　成損錯咸綜益　中爻下震上坤　人位

五爻變乾錯坤　成履錯謙綜小畜　中爻下離上巽　天位

六爻變震錯巽綜艮　成歸妹錯漸綜漸　中爻下離上坎　天位

蹇䷦ 二陽四陰之卦 屬兑

象

錯 睽 伏羲圓圖

綜 解正綜 文王序卦

中爻 二四合坎錯離 三五合離錯坎 孔子繫辭

同體 觀晉○萃小過○蒙○震解升○頤○坎屯明夷○艮○臨十四卦同體

情性 情剛性剛 情險性止

六爻變

初爻變離錯坎 成既濟錯未濟綜未濟 中爻下坎上離 地位

二爻變巽錯震綜兑 成井錯噬嗑綜困 中爻下兑上離 地位

三爻變坤錯乾 成比錯大有綜師 中爻下坤上艮 人位

四爻變兑錯艮綜巽 成咸錯巽綜恒 中爻下巽上乾 人位

五爻變坤錯乾 成謙錯履綜豫 中爻下坎上震 天位

六爻變巽錯震綜兑 成漸錯歸妹綜歸妹 中爻下坎上離 天位

解䷧ 二陽四陰之卦 屬震

伏羲圓圖

象

錯 家人

文王序卦

綜 蹇正綜

孔子繫辭

中爻 二四合離錯坎 三五合坎錯離

同體 觀晉○萃蹇小過○蒙○震升○頤○坎屯明夷艮○臨十四卦同體

情性 情剛性剛 情動性險

六爻變

初爻變兑錯艮綜巽 成歸妹錯漸綜漸 中爻下離上坎 地位

二爻變坤錯乾 成豫錯小畜綜謙 中爻下艮上坎 地位

三爻變巽錯震綜兑 成恒錯益綜咸 中爻下乾上兑 人位

四爻變坤錯乾 成師錯同人綜比 中爻下震上坤 人位

五爻變兑錯艮綜巽 成困錯賁綜井 中爻下離上巽 天位

六爻變離錯坎 成未濟錯既濟綜既濟 中爻下離上坎 天位

損☶☱ 三陽三陰之卦 屬艮 伏羲圓圖

象 離 文王序卦

錯 咸

綜 益正綜

中爻 二四合震錯巽綜艮 三五合坤錯乾 孔子繫辭

同體 否○困咸歸妹○旅未濟渙○恒井隨○益噬嗑蠱○節既濟豐○賁漸○泰

十九卦同體

情性 情剛性柔 情止性悅

六爻變

初爻變坎錯離 成蒙錯革綜屯 中爻下震上坤 地位

二爻變震錯巽綜艮 成頤錯大過 中爻下坤上坤 地位

三爻變乾錯坤 成大畜錯萃綜无妄 中爻下兑上震 人位

四爻變離錯坎 成睽錯蹇綜家人 中爻下離上坎 人位

五爻變巽錯震綜兑 成中孚錯小過 中爻下震上艮 天位

六爻變坤錯乾　成臨錯遯綜觀　中爻下震上坤　天位

伏羲圓圖

文王序卦

孔子繫辭

益䷩　三陽三陰之卦　屬巽

象　離

錯　恒

綜　損正綜

中爻　二四合坤錯乾　三五合艮錯兑綜震

同體　否○困咸歸妹○旅未濟涣○恒井隨○噬嗑蠱○節既濟豐○賁損漸○泰

十九卦同體

情性　情柔性剛　情入性動

六爻變

初爻變坤錯乾　成觀錯大壯綜臨　中爻下坤上艮　地位

二爻變兑錯艮綜巽　成中孚錯小過　中爻下震上艮　地位

三爻變離錯坎　成家人錯解綜睽　中爻下坎上離　人位

四爻變乾錯坤　成无妄錯升綜大畜　中爻下艮上巽　人位

五爻變艮錯兑綜震　成頤錯大過　中爻下坤上坤　天位

六爻變坎錯離　成屯錯鼎綜蒙　中爻下坤上艮　天位

夬䷪　五陽一陰之卦　屬坤　又三月卦　伏羲圓圖

象　震　文王序卦

錯　剥　孔子繫辭

綜　姤正綜

中爻　二四合乾錯坤　三五合乾錯坤

同體　姤大有○○同人○○小畜○○履五卦同體

情性　情柔性剛　情悦性健

六爻變

初爻變巽錯震綜兑　成大過錯頤　中爻下乾上乾　地位

二爻變離錯坎　成革錯蒙綜鼎　中爻下巽上乾　地位

三爻變兑錯艮綜巽　成兑錯艮綜巽　中爻下離上巽　人位

四爻變坎錯離　成需錯晉綜訟　中爻下兑上離　人位

五爻變震錯巽綜艮　成大壯錯觀綜遯　中爻下乾上兑　天位

六爻變乾錯坤　成乾錯坤　中爻下乾上乾　天位

姤䷫　五陽一陰之卦　屬乾　又五月卦　伏羲圓圖

象　艮　文王序卦

錯　復　孔子繫辭

綜　夬正綜

中爻　二四合乾錯坤　三五合乾錯坤

同體　大有〇〇同人〇〇小畜〇〇履〇夬五卦同體

情性　情剛性柔　情健性入

六爻變

初爻變乾錯坤　成乾錯坤　中爻下乾上乾　地位

二爻變艮錯兑綜震　成遯錯臨綜大壯　中爻下巽上乾　地位
三爻變坎錯離　成訟錯明夷綜需　中爻下離上巽　人位
四爻變巽錯震綜兑　成巽錯震綜兑　中爻下兑上離　人位
五爻變離錯坎　成鼎錯屯綜革　中爻下乾上兑　天位
六爻變兑錯艮綜巽　成大過錯頤　中爻下乾上乾　天位

萃䷬　二陽四陰之卦　屬兑　伏羲圓圖　文王序卦　孔子繫辭

象　坎

錯　大畜

綜　升正綜

中爻　二四合艮錯兑綜震　三五合巽錯震綜兑

同體　觀晉○蹇小過○蒙○震解升○頤○坎屯明夷○艮○臨十四卦同體

情性　情柔性柔　情悅性順

六爻變

初爻變震錯巽綜艮　成隨錯蠱綜蠱　中爻下艮上巽　地位
二爻變坎錯離　成困錯賁綜井　中爻下離上巽　地位
三爻變艮錯兑綜震　成咸錯巽綜恒　中爻下巽上乾　人位
四爻變坎錯離　成比錯大有綜師　中爻下坤上艮　人位
五爻變震錯巽綜艮　成豫錯小畜綜謙　中爻下艮上坎　天位
六爻變乾錯坤　成否錯泰綜泰　中爻下艮上巽　天位

升䷭　二陽四陰之卦　屬震

象　坎

錯　无妄

綜　萃正綜

中爻　二四合兑錯艮綜巽　三五合震錯巽綜艮

同體　觀晉○萃蹇小過○蒙○震解○頤○坎屯明夷○艮○臨十四卦同體

伏羲圓圖
文王序卦
孔子繫辭

情性　情柔性柔　情順性入

六爻變

初爻變乾錯坤　成泰錯否綜否　中爻下兑上震　地位

二爻變艮錯兑綜震　成謙錯履綜豫　中爻下坎上震　地位

三爻變坎錯離　成師錯同人綜屯　中爻下震上坤　人位

四爻變震錯巽綜震　成恒錯益綜咸　中爻下乾上兑　人位

五爻變坎錯離　成井錯噬嗑綜困　中爻下兑上離　天位

六爻變艮錯兑綜震　成蠱錯隨綜隨　中爻下兑上震　天位

困䷮　三陽三陰之卦　屬兑

象

錯　賁

綜　井正綜

中爻　二四合離錯坎　三五合巽錯震綜兑

伏羲圓圖

文王序卦

孔子繫辭

同體　否〇咸歸妹〇旅未濟涣〇恒井隨〇益噬嗑蠱〇節既濟豐〇賁損漸〇泰

十九卦同體

情性　情柔性剛　情悦性險

六爻變

初爻變兑錯艮綜巽　成兑錯艮綜巽　中爻下離上巽　地位

二爻變坤錯乾　成萃錯大畜綜升　中爻下艮上巽　地位

三爻變巽錯震綜兑　成大過錯頤　中爻下乾上乾　人位

四爻變坎錯離　成坎錯離　中爻下震上艮　人位

五爻變震錯巽綜艮　成解錯家人綜蹇　中爻下離上坎　天位

六爻變乾錯坤　成訟錯明夷綜需　中爻下離上巽　天位

井䷯　三陽三陰之卦　屬震

象

錯　噬嗑　伏羲圓圖

綜　困正綜　文王序卦

中爻　二四合兑錯艮綜巽　三五合離錯坎　孔子繫辭

同體　否○困咸歸妹○旅未濟涣○恒隨○益噬嗑蠱○節○豐○賁損漸○泰十

九卦同體

情性　情剛性柔　情險性入

六爻變

初爻變乾錯坤　成需錯晉綜訟　中爻下兑上離　地位

二爻變艮錯兑綜震　成蹇錯睽綜解　中爻下坎上離　地位

三爻變坎錯離　成坎錯離　中爻下震上艮　人位

四爻變兑錯艮綜巽　成大過錯頤　中爻下乾上乾　人位

五爻變坤錯乾　成升錯无妄綜革　中爻下兑上震　天位

六爻變巽錯震綜兑　成巽錯震綜兑　中爻下兑上離　天位

革䷰　四陽二陰之卦　屬坎

象　　伏羲圓圖

錯　蒙　　文王序卦

綜　鼎正綜　　孔子繫辭

中爻　二四合巽錯震綜兑　三五合乾錯坤〔一〕

同體　遯○兑○離鼎訟○大過○巽家人无妄○○大畜睽中孚○大壯需十四卦

同體

情性　情柔性柔　情悦性明

六爻變

初爻變艮錯兑綜震　成咸錯損綜恒　中爻下巽上乾　地位

二爻變乾錯坤　成夬錯剥綜姤　中爻下乾上乾　地位

三爻變震錯巽綜艮　成隨錯蠱綜蠱　中爻下艮上巽　人位

四爻變坎錯離　成既濟錯未濟綜未濟　中爻下坎上離　人位

〔一〕「錯坤」，原脱，今據史本、朝爽堂本、四庫本補。

五爻變震錯巽綜艮　成豐錯渙綜旅　中爻下巽上兑　天位

六爻變乾錯坤　成同人錯師綜大有　中爻下巽上乾　天位

鼎䷱　四陽二陰之卦　屬離

象

錯　屯　伏羲圓圖

綜　革正綜　文王序卦

中爻　二四合乾錯坤　三五合兑錯艮綜巽　孔子繫辭

同體　遯○兑○離訟○大過○巽家人无妄○革○大畜睽中孚○大壯需十四卦

情性　情柔性柔　情順性入

同體

六爻變

初爻變乾錯坤　成大有錯比綜同人　中爻下乾上兑　地位

二爻變艮錯兑綜震　成旅錯節綜豐　中爻下巽上兑　地位

三爻變坎錯離　成未濟錯既濟綜既濟　中爻下離上坎　人位

四爻變艮錯兑綜震　成蠱錯隨綜隨　中爻下兑上震　人位

五爻變乾錯坤　成姤錯復綜夬　中爻下乾上乾　天位

六爻變震錯巽綜艮　成恒錯益綜咸　中爻下乾上兑　天位

震䷲　一陽四陰之卦　伏羲圓圖

象　文王序卦

錯　巽　孔子繫辭

綜　艮正綜

中爻　二四合艮錯兑綜震　三五合坎錯離

同體　觀晉○萃蹇小過○蒙○解升○頤○坎屯明夷○艮○臨十四卦同體

情性　情剛性剛　情動性動

六爻變

初爻變坤錯乾　成豫錯小畜綜謙　中爻下艮上坎　地位

二爻變兌錯艮綜巽　成歸妹錯漸綜漸　中爻下離上坎　地位

三爻變離錯坎　成豐錯渙綜旅　中爻下巽上兌　人位

四爻變坤錯乾　成復錯姤綜剥　中爻下坤上坤　人位

五爻變兌錯艮綜巽　成隨錯蠱綜蠱　中爻下艮上巽　天位

六爻變離錯坎　成噬嗑錯井綜賁　中爻下艮上坎　天位

艮䷳〔一〕　二陽四陰之卦　《伏羲圓圖》

象　《文王序卦》

錯　兌　《孔子繫辭》

綜　震正綜

中爻　二四合坎錯離　三五合震錯巽綜艮

同體　觀晉○萃蹇小過○蒙○震解升○頤○坎屯明夷○○臨十四卦同體

〔一〕「䷳」，原作「[卦畫]」，今據諸本改。

情性　情剛性剛　情止性止

六爻變

初爻變離錯坎　成賁錯困綜噬嗑　中爻下坎上震　地位

二爻變巽錯震綜兑　成蠱錯隨綜隨　中爻下兑上震　地位

三爻變坤錯乾　成剥錯夬綜復　中爻下坤上坤　人位

四爻變離錯坎　成旅錯節綜豐　中爻下巽上兑　人位

五爻變巽錯震綜兑　成漸錯歸妹綜歸妹　中爻下坎上離　天位

六爻變坤錯乾　成謙錯履綜豫　中爻下坎上震　天位

漸䷴　三陽三陰之卦　屬艮　伏羲圓圖

象

錯　歸妹　文王序卦

綜　歸妹雜綜

中爻　二四合坎錯離　三五合離錯坎　孔子繫辭

同體　否○困咸歸妹○旅未濟渙○恒井隨○益噬嗑蠱○節既濟豐○賁損○泰

十九卦同體

情性　情柔性剛　情入性止

六爻變

初爻變離錯坎　成家人錯解綜睽　中爻下坎上離　地位

二爻變巽錯震綜兑　成巽錯震綜兑　中爻下兑上離　地位

三爻變坤錯乾　成觀錯大壯綜臨　中爻下坤上艮　人位

四爻變乾錯坤　成遯錯臨綜大壯　中爻下巽上乾　人位

五爻變艮錯兑綜震　成艮錯兑綜震　中爻下坎上震　天位

六爻變坎錯離　成蹇錯睽綜解　中爻下坎上離　天位

歸妹䷵　三陽三陰之卦　屬兑　伏羲圓圖

象

錯　漸

綜　漸雜綜　　文王序卦

中爻　二四合離錯坎　三五合坎錯離　　孔子繫辭

同體　否○困咸○旅未濟渙○恒井隨○益噬嗑蠱○節既濟豐○賁損漸○泰十

九卦同體

情性　情剛性柔　情動性悅

六爻變

初爻變坎錯離　成解錯家人綜蹇　中爻下離上坎　地位

二爻變震錯巽綜艮　成震錯巽綜艮　中爻下艮上坎　地位

三爻變乾錯坤　成大壯錯觀綜遯　中爻下乾上兑　人位

四爻變坤錯乾　成臨錯遯綜觀　中爻下震上坤　人位

五爻變兑錯艮綜巽　成兑錯艮綜巽　中爻下離上巽　天位

六爻變離錯坎　成睽錯蹇綜家人　中爻下離上坎　天位

豐䷶　三陽三陰之卦　屬坎

象　　伏羲圓圖

錯　渙　　文王序卦

綜　旅正綜　　孔子繫辭

中爻　二四合巽錯震綜兑　三五合兑錯艮綜巽

同體　否○困咸歸妹○旅未濟渙○恒井隨○益噬嗑蠱節既濟○賁損漸○泰十

九卦同體

情性　情剛性柔　情動性明

六爻變

初爻變艮錯兑綜震　成小過錯中孚　中爻下巽上兑　地位

二爻變乾錯坤　成大壯錯觀綜遯　中爻下乾上兑　地位

三爻變震錯巽綜艮　成震錯巽綜艮　中爻下艮上巽　人位

四爻變坤錯乾　成明夷錯訟綜晉　中爻下坎上震　人位

五爻變兑錯艮綜巽　成革錯蒙綜鼎　中爻下巽上乾　天位

六爻變離錯坎　成離錯坎　中爻下巽上兑　天位

旅䷷　三陽三陰之卦　屬離　伏羲圓圖　文王序卦　孔子繫辭

象

錯　節

綜　豐正綜

中爻　二四合巽錯震綜兑　三五合兑錯艮綜巽

同體　否○困咸歸妹○未濟渙○恒井隨○益噬嗑蠱○節既濟豐○賁損漸○泰

十九卦同體

情性　情柔性剛　情明性止

六爻變

初爻變離錯坎　成離錯坎　中爻下巽上兑　地位

二爻變巽錯震綜兑　成鼎錯屯綜革　中爻下乾上兑　地位

三爻變坤錯乾　成晉錯需綜明夷　中爻下艮上坎　人位

四爻變艮錯兑綜震　成艮錯兑綜震　中爻下坎上震　人位

五爻變乾錯坤　成遯錯臨綜大壯　中爻下巽上乾　天位

六爻變震錯巽綜艮　成小過錯中孚　中爻下巽上兑　天位

巽䷸　四陽二陰之卦

象

錯　震

綜　兑正綜

中爻　二四合兑錯艮綜巽　三五合離錯坎

同體　遯○兑○離鼎訟○大過○家人无妄○革○大畜睽中孚○大壯需十四卦　伏羲圓圖　文王序卦　孔子繫辭

情性　情柔性柔　情入性入

同體

六爻變

初爻變乾錯坤　成小畜錯豫綜履　中爻下兑上離　地位

二爻變艮錯兑綜震　成漸錯歸妹綜歸妹　中爻下坎上離　地位

三爻變坎錯離　成涣錯豐綜節　中爻下震上艮　人位

四爻變乾錯坤　成姤錯復綜夬　中爻下乾上乾　人位
五爻變艮錯兑綜震　成蠱錯隨綜隨　中爻下兑上震　天位
六爻變坎錯離　成井錯噬嗑綜困　中爻下兑上離　天位

伏羲圓圖
文王序卦
孔子繫辭

兑䷹　四陽二陰之卦

象

錯　艮

綜　巽正綜

中爻　二四合離錯坎　三五合巽錯震綜兑

同體　遯○○離鼎訟○大過○巽家人无妄○革○大畜睽中孚○大壯需十四卦同體

情性　情柔性柔　情悦性悦

六爻變

初爻變坎錯離　成困錯賁綜井　中爻下離上巽　地位
二爻變震錯巽　成隨錯蠱綜蠱　中爻下艮上巽　地位

三爻變乾錯坤　成夬錯剥綜姤　中爻下乾上乾　人位

四爻變坎錯離　成節錯旅綜涣　中爻下震上艮　人位

五爻變震錯巽綜艮　成歸妹錯漸綜漸　中爻下離上坎　天位

六爻變乾錯坤　成履錯謙綜小畜　中爻下離上巽　天位

涣䷺　三陽三陰之卦　屬離　伏羲圓圖

象　文王序卦

錯　豐　孔子繫辭

綜　節正綜

中爻　二四合震錯巽綜艮　三五合艮錯兑綜震

同體　否○困咸歸妹○旅未濟○恒井隨○益噬嗑蠱○節既濟豐○賁損漸○泰

十九卦同體

情性　情柔性剛　情入性險

六爻變

初爻變兑錯兑綜巽　成中孚錯小過　中爻下震上艮　地位
二爻變坤錯乾　成觀錯大壯綜臨　中爻下坤上艮　地位
三爻變巽錯震綜兑　成巽錯震綜兑　中爻下兑上離　人位
四爻變乾錯坤　成訟錯明夷綜需　中爻下離上巽　人位
五爻變艮錯兑綜震　成蒙錯革綜屯　中爻下震上坤　天位
六爻變坎錯離　成坎錯離　中爻下震上艮　天位

節䷻　三陽三陰之卦　屬坎

象　伏羲圓圖
錯　旅　文王序卦
綜　涣正綜
中爻　二四合震錯巽綜艮　三五合艮錯兑綜震　孔子繫辭
同體　否○困咸歸妹○旅未濟涣○恒井隨○益噬嗑蠱○既濟豐○賁損漸○泰
十九卦同體

情性　情剛性柔　情險性悦

六爻變

初爻變坎錯離　成坎錯離　中爻下震上艮　地位

二爻變震錯巽綜艮　成屯錯鼎綜蒙　中爻下坤上艮　地位

三爻變乾錯坤　成需錯晉綜訟　中爻下兑上離　人位

四爻變兑錯艮綜巽　成兑錯艮綜巽　中爻下離上巽　人位

五爻變坤錯乾　成臨錯遯綜觀　中爻下震上坤　天位

六爻變巽錯震綜兑　成中孚錯小過　中爻下震上艮　天位

中孚䷼　四陽二陰之卦　屬艮

象　離

錯　小過

綜

中爻　二四合震錯巽綜艮　三五合艮錯兑綜震

伏羲圓圖

文王序卦

孔子繫辭

同體　遯○兑○離鼎訟○大過○巽家人无妄○革○大畜睽○大壯需十四卦同體

情性　情柔性柔　情入性悦

六爻變

初爻變坎錯離　成涣錯豐綜節　中爻下震上艮　地位

二爻變震錯巽綜艮　成益錯恒綜損　中爻下坤上艮　地位

三爻變乾錯坤　成小畜錯豫綜履　中爻下兑上離　人位

四爻變乾錯坤　成履錯謙綜小畜　中爻下離上巽　人位

五爻變艮錯兑綜震　成損錯咸綜益　中爻下震上坤　天位

六爻變坎錯離　成節錯旅綜涣　中爻下震上艮　天位

小過䷽　二陽四陰之卦　屬兑

象　坎

錯　中孚　伏羲圓圖

綜　文王序卦

中爻　二四合巽錯震綜兑　三五合兑錯艮綜巽　孔子繫辭

同體　觀晉○萃蹇○蒙○震解升○頤○坎屯明夷○艮○臨十四卦同體

情性　情剛性剛　情動性止

六爻變

初爻變離錯坎　成豐錯涣綜旅　中爻下巽上兑　地位

二爻變巽錯震綜兑　成恒錯益綜咸　中爻下乾上兑　地位

三爻變坤錯乾　成豫錯旅綜謙　中爻下艮上坎　人位

四爻變坤錯乾　成謙錯履綜豫　中爻下坎上震　人位

五爻變兑錯艮綜巽　成咸錯損綜恒　中爻下巽上乾　天位

六爻變離錯坎　成旅錯節綜豐　中爻下巽上兑　天位

既濟䷾　三陽三陰之卦　屬坎　伏羲圓圖

象

錯　未濟

綜　未濟正綜　　　　　　　　　　　　　　　文王序卦

中爻　二四合坎錯離　三五合離錯坎　　　　　孔子繫辭

同體　否○困咸歸妹○旅未濟涣○恒井隨○益噬嗑蠱○節豐○賁損漸○泰十

九卦同體

情性　情剛性柔　情險性明

六爻變

初爻變艮錯兑綜震　成蹇錯睽綜解　中爻下坎上離　地位

二爻變乾錯坤　成需錯晉綜訟　中爻下兑上離　地位

三爻變震錯巽綜艮　成屯錯鼎綜蒙　中爻下坤上艮　人位

四爻變兑錯艮綜巽　成革錯蒙綜鼎　中爻下巽上乾　人位

五爻變坤錯乾　成明夷錯訟綜晉　中爻下坎上震　天位

六爻變巽錯震綜兑　成家人錯解綜睽　中爻下坎上離　天位

未濟䷿　三陽三陰之卦　屬離

象

錯　既濟　　　　　　　　　　　　　　　　伏羲圓圖

綜　既濟正綜　　　　　　　　　　　　　　文王序卦

中爻　二四合離錯坎　三五合坎錯離　　　　孔子繫辭

同體　否○困咸歸妹○旅涣○恒井隨○益噬嗑蠱○節既濟豐○賁損漸○泰十

九卦同體

情性　情柔性剛　情明性險

六爻變

初爻變兑錯艮綜巽　成睽錯蹇綜家人　中爻下離上坎　地位

二爻變坤錯乾　成晉錯需綜明夷　中爻下艮上坎　地位

三爻變巽錯震綜兑　成鼎錯屯綜革　中爻下乾上兑　人位

四爻變艮錯兑綜震　成蒙錯革綜屯　中爻下震上坤　人位

五爻變乾錯坤　成訟錯明夷綜需　中爻下離上巽　天位

六爻變震錯巽綜艮　成解錯家人綜蹇　中爻下離上坎　天位

周易集注卷之一

梁山來知德集注

周易上經

周，代名；易，書名；卦，則伏羲所畫也。伏羲仰觀俯察，見陰陽有奇耦之數，故畫一奇以象陽，畫一耦以象陰。見一陰一陽有各生之象，故自下而上，再倍而三，以成八卦。又于八卦之上，各變八卦，以成六十四卦。六十四卦皆重而爲六畫者，以陽極于六，陰極于六〔一〕。故聖人作易，六畫而成卦，六變而成爻，兼三才而兩之，皆因天地自然之數，非聖人之安排也。以易名書者，以〔二〕字之義有交易、變易之〔三〕義。

〔一〕以上九字，朝爽堂本作「以陰陽皆極於六」。
〔二〕「以」，朝爽堂本作「易」。
〔三〕「之」，朝爽堂本作「兩」。

交易以對待言，如天氣下降以交于地，地氣上騰以交于天也。變易以流行言，如陽極則變陰，陰極則變陽也。陰陽之理，非交易則變易，故以易名之，所以其書，「不可爲典要，惟變所適」也。夏易名連山，首艮；商易名歸藏，首坤。曰周者，以其辭成于文王、周公，故以周名之，而分爲上下二篇云。

☰乾下乾上〔一〕

乾：元亨利貞。

乾，卦名。元亨利貞者，文王所繫之辭，以斷一卦之吉凶，所謂彖辭也。乾者，健也。陽主于動，動而有常，其動不息，非至健不能。奇者陽之數，天者陽之體，健者陽之性，如火性熱，水性寒也〔二〕。六畫皆奇，則純陽而至健矣，故不言天而言乾也。元，大；亨，通；利，宜；貞，正而固也。元亨者，天道之本然，數也；利貞者，人事之當然，理也。易經理數不相離，因乾道陽明純粹，无纖毫陰柔之私，惟天與聖人足以當之，所以斷其必大亨也。故數當大亨，而必以貞處之，方與乾道相合。若其不貞，少有

〔一〕此下，朝爽堂本附雜卦傳文，並圈之。下六十三卦同，不再出校。
〔二〕上八字，朝爽堂本無。

人欲之私，則人事之當然者廢，又安能元亨乎〔一〕？故文王言筮得此卦者，大亨而宜于正固。此則聖人作易，開物成務，冒天下之道〔二〕，教人以反身修省之切要也。學者能于此四字潛心焉，傳心之要不外是矣。此文王占卜所繫之辭，不可即指爲四德〔三〕。至孔子文言純以義理論，方指爲四德也。蓋占卜不論天子，不論〔四〕庶人，皆利〔五〕于貞。若即以爲四德，失文王設教之意矣〔六〕。

初九，潛龍勿用。

此周公所繫之辭，以斷一爻〔七〕之吉凶，所謂爻辭也。凡畫卦者，自下而上，故謂下爻爲初。初九者，卦下陽爻之名也。陽曰九、陰曰六者，河圖、洛書五皆居中，則五者數之祖也，故聖人起數止于一二三四五。參天兩地而倚數，參天者，天之三位也，天一、天三、天五也。兩地者，地之二位也，地二、地四也。倚者，依也。天一依天三，天三依天五，而爲九，所以陽皆言九。地二依地四而爲六，所以陰皆言

〔一〕「若其」至「亨乎」，朝爽堂本作「不貞，則非理之當然，安能大亨」。
〔二〕自「故文王」至此，朝爽堂本作「此聖人」。
〔三〕自「學者能」至此，朝爽堂本無。
〔四〕「不論」，朝爽堂本無。
〔五〕「利」，朝爽堂本作「宜」，下有「以盡人事」四字。
〔六〕自「蓋占卜」至此，朝爽堂本在「至孔子文言」句上。
〔七〕「爻」，原作「卦」，今據史本、朝爽堂本、寶廉堂本、四庫本改。

六。一二三四五者，生數也。六七八九十者，成數也。然生數者，成之端倪；成數者，生之結果。故止以生數起之，過揲之數皆以此九、六之參兩，所以爻言九、六也。潛，藏也，象初。龍，陽物，變化莫測，亦猶乾道變化，故象九。且此爻變，巽錯震，亦有龍象，故六爻即以龍言之，所謂「擬諸形容，象其物宜」者，此也。勿用者，未可施用也。象爲潛龍，占爲勿用，故占得乾而遇此爻之變者，當觀此象而玩此占也。諸爻倣此。易不似別經，不可爲典要。如占得潛龍之象，在天子則當傳位，在公卿則當退休，在士子則當靜修，在賢人則當隱逸，在商賈則當待價，在戰陣則當左次，在女子則當愆期，萬事萬物莫不皆然。若不知象，一爻止一事，則三百八十四爻止作得三百八十四件事矣，何以彌綸天地？此訓象、訓字、訓錯綜之義，圈外方是正意。三百八十四爻倣此〔一〕。○初九陽氣方萌，在于卦下，蓋龍之潛藏而未出者也，故有潛龍之象。龍〔二〕未出潛，則未可施用矣，故教占者勿用，養晦以待〔三〕時可也。

九二，見龍在田，利見大人。「見龍」之「見」，賢遍反。

二謂自下而上第二爻也。九二非正，然剛健中正，本乾之德，故舊注亦以正言之。見者，初爲潛，二則

〔一〕自「易不似別經」至此，朝爽堂本作「圈外方是正意」。

〔二〕「龍」，史本、朝爽堂本作「既」。

〔三〕「待」，史本作「俟」。

離潛而出見也。田者，地之有水者也。以六畫卦言之，二于三才爲地道，地上即田也。大人者，大德之人也。陽大陰小，乾卦六爻皆陽，故爲大。以三畫卦言之，二于三才爲人道，大人之象也，故稱大人。所以應爻九五，亦曰大人。二五得稱大人者，皆以三畫卦言也。利見大人者，利見九五之君，以行其道也。如仕進則利見君，如雜占則即今占卜利見貴人之類〔一〕。此爻變離，有同人象，故利見大人。○九二以陽剛中正之德，當出潛離隱之時，而上應九五之君，故有此象，而其占則利見大人也。占者有是德，方應是占矣。

九三，君子終日乾乾，夕惕若，厲，无咎。

君子指占者。以六畫卦言之，三于三才爲人道，以乾德而居人道，君子之象也，故三不言龍。三變則中爻爲離，離日在下卦之終〔二〕，終日之象也。下乾終而上乾繼，乾乾之象，乃健而不息也。終日是晝，夕則將夜。惕，憂也。變離錯坎，憂之象也。若，助語辭。夕對日言。「終日乾乾，夕惕若」者〔三〕，言終日乾乾，雖至于夕，而兢惕之心猶夫終日也。厲者，危厲不安也。九，陽爻；三，陽位，過剛不中，

〔一〕自「如仕進」至此，朝爽堂本無。
〔二〕「終」，原作「中」，今據朝爽堂本改。
〔三〕上八字，朝爽堂本無。

多凶之地也，故言厲。无咎者，以危道處危地，操心危，慮患深，則終于不危矣。此不易之理也〔一〕，故无咎。○九三過剛不中，若有咎矣，然性體剛健，有能朝夕兢惕不已之象，占者能憂懼如是，亦无咎也。

九四，或躍在淵，无咎。

或者，欲進未定之辭，非猶豫狐疑也。或躍在淵者，欲躍猶在淵也。九爲陽，陽動故言躍。四爲陰，陰虚故象淵。此爻變巽爲進退，爲不果，又四多懼，故或躍在淵。○九四以陽居陰，陽則志于進，陰則不果于進，居上之下，當改革之際，欲進未定之時也，故有或躍在淵之象。占者能隨時進退，斯无咎矣。

九五，飛龍在天，利見大人。

五，天位，龍飛于天之象也。占法與九二同者，二、五皆中位，特分上下耳。利見大人，如堯之見舜、高宗之見傅説是也。下此如沛公之見張良，昭烈之見孔明，亦庶幾近之。六畫之卦五爲天，三畫之卦五爲人，故曰天、曰人。○九五剛健中正，以聖人之德居天子之位，而下應九二，故其象占如此。占者如無九五之德位，必不應利見之占矣。

上九，亢龍有悔。

〔一〕上六字，朝爽堂本無。

上者，最上一爻之名。亢以户唐切，人頸也；以苦浪切，高也〔一〕。吴幼清以人之喉骨剛而居高，是也〔二〕。蓋上而不能下、信而不能屈之意。陰陽之理，極處必變，陽極則生陰，陰極則生陽，消長盈虚，此一定之理數也。龍之爲物，始而潛，繼而見，中而躍，終而飛。既飛于天，至秋分又蟄而潛于淵。此知進知退、變化莫測之物也。九五飛龍在天，位之極中正者，得時之極，乃在于此。若復過于此，則極而亢矣。以時則極，以勢則窮，安得不悔？○上九陽剛之極，有亢龍之象，故占者有悔。知進知退，不與時偕極，斯無悔矣。伊尹之「復政厥辟」，周公之「罔以寵利居成功」，皆無悔者也。

用九，見羣龍无首，吉。

此因上九「亢龍有悔」而言之。用九者，猶言處此上九之位也。上九「貴而無位，高而無民，賢人在下位而無輔」，動而有悔矣，到此何以處之哉？惟見羣龍無首，則吉。羣龍者，潛、見、躍、飛之龍也。首者，頭也。乾爲首。凡卦，初爲足，上爲首，則上九即羣龍之首也。不見其首，則陽變爲陰，剛變爲柔，知進知退，知存知亡，知得知喪，不爲窮災，不與時偕極，乃見天則，而天下治矣，所以無悔而吉。此聖人開遷善之門，教占者用此道也。故陽極則教以「見羣龍無首，吉」，陰極則教以「利永貞」。蓋居九而爲九所用，我不能用九，故至于亢；居六而爲六所用，我不能用六，故至于戰。惟「見羣龍無首」、「利

〔一〕「亢以」至「高也」，朝爽堂本作「亢，人頸也，高也」。
〔二〕以上十四字，朝爽堂本無。

永貞」，此用九、用六之道也。乾主知，故言「見」。坤主能，故言「利永貞」。用易存乎人，故聖人教之以此。昔王介甫常欲繫用九于「亢龍有悔」之下，得其旨矣。

彖曰：「大哉乾元！萬物資始，乃統天。

乾元亨利貞者，文王所繫之辭，彖之經也。此則孔子贊經之辭，彖之傳也。故亦以「彖曰」起之。彖者，材也，言一卦之材也。後人解「彖者，斷也」，又解豕走悦，又解爲茅犀之名，不如只依孔子「材」之一字可也。下文「彖曰」「象」字亦然。易本占卜之書〔一〕，曰元亨利貞者，文王主于卜筮以教人也。至于孔子之傳，則專于義理矣，故以元亨利貞分爲四德。此則專以天道發明乾義也。大哉，嘆辭。乾元者，乾之元也。元者，大也，始也。始者，物之始，非以萬物之始即元也。言萬物所資以始者，乃此四德之元也。此言氣而不言形，若涉于形，便是坤之資生矣。統，包括也。乾元乃天德之大始，故萬物之生，皆資之以爲始。又爲四德之首，而貫乎天德之始終，故統天。天之爲天出乎震，而生長收藏不過此四德而已，統四德則統天矣。資始者，無物不有也。統天者，無時不然也。無物不有，無時不然，此乾元之所以爲大也。此釋元之義。

雲行雨施，品物流形。施，始智反〔二〕。

〔一〕自「彖者材也」至此五十五字，朝爽堂本無。
〔二〕「反」下，朝爽堂本有「又音是」三字。

有是氣即有是形，資始者氣也，氣發洩之盛，則雲行雨施矣。品者，物各分類。流者，物各以類而生生不已，其機不停滯也。雲行雨施者，氣之亨；品物流形者，物隨造化以亨也。雖物之亨通，而其實乾德之亨通。此釋乾之亨。施有二義：平聲者，用也，加也，設也；去聲者，布也，散也，惠也，與也。此則去聲之義。

大明終始，六位時成，時乘六龍以御天。

大明者，默契也。終謂上爻，始爲初爻，即「初辭擬之，卒成之終」〔一〕，「原始要終以爲質」也。觀下句「六位」二字可見矣〔二〕。六位者，六爻也。時者，「六爻相雜，惟其時物」之「時」也。爻有定位，故曰六位〔三〕。六龍者，潛與亢之六龍，六陽也，陽有變化，故曰六龍。乘者，憑據也。御者，「御車」之「御」〔四〕，猶運用也。上文言統者，統治綱領，「統天」之「統」，如身之統四體〔五〕。此節言御者，分治條目，「御天」之「御」，如心之御五官〔六〕。六位時成者，如位在初時，當爲潛；位在上時，當爲亢也。御天者，行

〔一〕以上九字，朝爽堂本無。
〔二〕以上十字，朝爽堂本無。
〔三〕以上八字，朝爽堂本無。
〔四〕以上四字，朝爽堂本無。
〔五〕以上十字，朝爽堂本無。
〔六〕以上十字，朝爽堂本無。

大道也。當處之時，則乘潛龍；當出之時，則乘飛龍；時當勿用，聖人則勿用；時當知悔，聖人則知悔也。乘龍御天，只是時中。乘六龍，便是御天。謂之曰乘龍御天，則是聖人一身常駕馭乎乾之六龍，而乾之六龍常在聖人運用之中矣。學者當觀其時成時乘，聖人時中變化，行无轍迹之妙可也。然言天道而配以聖人，何也？蓋天下之理得而成位乎中，則參天地者惟聖人也。故頤卦曰「聖人養賢以及萬民」，咸卦曰「聖人感人心而天下和平」，恒卦曰「聖人久于其道而天下化成」，皆此意。○言聖人默契乾道六爻終始之理，見六爻之位各有攸當，皆以時自然而成，則六陽淺深進退之時，皆在吾運用之中矣。由是時乘六龍，以行天道，則聖即天也。上一節專贊乾元，此一節則贊聖人知乾元〔一〕六爻之理，而行乾元之事，則澤及于物，足以爲萬國咸寧之基本矣，乃聖人之元亨也。

乾道變化，各正性命，保合太和，乃利貞。

變者化之漸，化者變之成。各者，各自也，即一物原來有一身，各有族類，不混淆也。正者，不偏也，言萬物受質，各得其宜，即一身還有一乾坤，不相倚附妨害也。物所受爲性，天所賦爲命。保者常存而不虧，合者翕聚而不散。太和，陰陽會合沖和之氣也。各正者，各正于萬物向實之初。保合者，保合于萬物向實之後。就各正言，則曰「性命」，性命雖以理言，而不離乎氣；就保合言，則曰「太和」，太和

〔一〕「元」字，朝爽堂本無。

雖以氣言，而不離乎理，其實非有二也。○言乾道變化不窮，固品物流形矣，至秋則物皆向實，各正其所受、所賦之性命；至冬則保全其太和生意，隨在飽足，無少缺欠。凡資始于元、流形于亨者，至此告其終，斂其迹矣。雖萬物之利貞，實乾道之利貞也，故曰「乃利貞」。

首出庶物，萬國咸寧。」

乘龍御天，乃聖人王道之始，爲天下開太平。至此，則惟端拱首出于萬民之上，如乾道變化，無所作爲，而萬國咸寧，亦如物之各正保合也。乘龍御天之化，至此成其功矣。此則聖人之利貞也。咸寧之寧，即各正保合也。其文武成康之時乎？漢文帝亦近之。如不能各正保合，則紛紜煩擾矣，豈得寧？

象曰：「天行健，君子以自彊不息。」

象者，伏羲卦之上下兩象，周公六爻所繫辭之象也，即彖[一]辭之下，即以「彖[二]曰」起之是也。天行者，天之運行一日一周也。健者，運而不息也。其不息者，以[三]陽之性至健，所以不息也。以者，用也，有所因而用之之辭，即「箕子以之」之「以」也。體易而用之，乃孔子示萬世學者用易之方也。自彊

〔一〕「彖」，朝爽堂本作「象」。
〔二〕「彖」，朝爽堂本作「象」。
〔三〕「其不息者，以」五字，朝爽堂本無。

者，一念一事莫非天德之剛也。息者，間以人欲也。天理周流，人欲退聽，故自彊不息。若少有一毫陰柔之私以間之，則息矣。彊與息反，如公與私反。自彊不息，猶云「至公無私」〔一〕。天行健者，在天之乾也。自彊不息者，在我之乾也。上句以卦言，下句以人事言。諸卦倣此。

潛龍勿用，陽在下也。

陽在下者，陽爻居于下也。陽故稱龍，在下故勿用。此以下舉周公所繫六爻之辭而釋之。乾初曰「陽在下」，坤初曰「陰始凝」，扶陽抑陰之意見矣。

見龍在田，德施普也〔二〕。

德即剛健中正之德。出潛離隱，則君德已著，周遍于物，故曰「德施普」。施字，如程傳作去聲。

終日乾乾，反復道也。

反復猶往來。言君子之所以朝夕兢惕，汲汲皇皇，往來而不已者，無非此道而已。動循天理，所以處危地而無咎。道外無德，故二爻言德。

或躍在淵，進无咎也。

〔一〕以上十五字，朝爽堂本無。

〔二〕此下，朝爽堂本有音注「施音是」。

量可而進，適其時則无咎，故孔子加一「進」字以斷之。

飛龍在天，大人造也。造，作也，言作而在上也，非「制作」之「作」〔一〕。大人，龍也。飛在天，作而在上也。「大人」釋「龍」字，「造」釋「飛」字。此止言「飛龍在天」，下「同聲相應」一節則言「利見大人」，「上治」一節方言大人之事，「乃位乎天德」一節則見其非無德而據尊位。四意自別。

亢龍有悔，盈不可久也。此陰陽盈虚一定之理。盈即亢。不可久，致悔之由。

用九，天德不可爲首也。「天德」二字，即「乾道」二字。首，頭也，即「見羣龍無首」之「首」也。言周公爻辭「用九，見羣龍无首，吉」者，何也？以天德不可爲首而見其首也。蓋陽剛之極，亢則有悔，故用其九者，剛而能柔，有羣龍無首之象，則吉矣。「天行」以下，先儒謂之大象；「潛龍」以下，先儒謂之小象。後倣此。

文言曰：「元者善之長也，亨者嘉之會也，利者義之和也，貞者事之幹也。長，丁丈反，下「長人」同。

〔一〕以上五字，朝爽堂本無。

孔子於彖象既作之後〔一〕，猶以爲未盡其藴也，故又設文言以明之。文言者，依文以言其理，亦有文之言辭也。乾道所包者廣，有在天之元亨利貞，有聖人之元亨利貞，有在人所具之元亨利貞，此則就人所具而言也。元，大也，始也，即在人之仁也。仁、義、禮、智皆善也，但仁則善端初發，義、禮、智皆所從出，故爲善之長。亨者，自理之顯著亨通而言，即在人之禮也。嘉美會聚，三千三百，左準繩，右規矩〔二〕，乃嘉美之會聚也。利有二義，以人心言之，義爲天理，利爲人欲，此以利欲而言也〔三〕。以天理言之，義者利之理，和者義之宜，以合宜而言也〔四〕。故利即吾性之義，義安處即是利也。如上下彼此，各得其當然之分，不相乖戾，此利也，乃義之和也。貞有三意，知也，正也，固也。如孟子所謂「知斯二者，弗去」是也，知者，知之意也；惟知事親從兄，正之意也；弗去，固之意也。故貞即吾性之智。幹者，莖幹也，木之身也。其義意則能事也〔五〕，如木之身而枝葉所依以立也。築牆兩旁木制板者爲榦，从木，此字則从干〔六〕。元就其理之發端而言，亨就其理之聚會而言，利就其理之各歸分願而言，

〔一〕「既作之後」，史本、朝爽堂本作「既有傳矣」。
〔二〕以上六字，朝爽堂本無。
〔三〕以上七字，朝爽堂本無。
〔四〕以上六字，朝爽堂本無。
〔五〕以上十一字，朝爽堂本無。
〔六〕以上十七字，朝爽堂本無。

貞就其理之確實而言，名雖有四，其實一理而已，皆天下之至公而無一毫人欲之私者也。此四句説天德之自然，下「體仁」四句説人事之當然。

君子體仁足以長人，嘉會足以合禮，利物足以和義，貞固足以幹事。

體者〔一〕，所存所發無不在于仁，一身皆是仁也〔二〕。能體其仁，則欲立欲達，無所往而莫非其愛，自足以長人矣。長者，「克君克長」之「長」。蓋仁者宜在高位也。既足以長人，則善之長在我矣。下三句倣此。嘉會者，嘉美其會，聚于一身也。禮之方行，升降上下，進退屈伸，辭讓授受，往來酬酢，未有單行獨坐而可以行禮者，此之謂會〔三〕。然其聚會，必至善恰好，皆天理人情自然之至，而無不嘉美焉，此之謂嘉。嘉美會聚于一身，則動容周旋無不中禮，自有以合乎天理之節文、人事之儀則矣。蓋此理在日用間隨處充足，無少欠缺。「禮儀三百，威儀三千」，無一事而非仁〔四〕。若少有一毫欠缺，非美會矣，安能合禮？不相妨害之謂利，利則必和〔五〕；無所乖戾之謂和，和則必利。蓋義公天下之利，本有自然之和也。物者義之體，義者物之用，乃處物得宜之謂也。物雖萬有不齊，然各有自然之

〔一〕「者」，朝爽堂本作「仁」。
〔二〕以上六字，朝爽堂本無。
〔三〕自「禮之方行」至此，朝爽堂本無。
〔四〕「蓋此理」至此，朝爽堂本無。
〔五〕「利則必和」，朝爽堂本在「无所乖戾之謂和」之後。

定理，故能處物得宜而不相妨害，則上下尊卑之間，自恩義洽浹，無所乖戾，而義無不和矣。固者，堅固不摇，乃貞之恒久功夫[一]也。蓋事有未正，必欲其正。事之既正，必守其正。此貞固二字之義也。貞而又固，故足以幹事。幹者事之幹也，賴之爲依據也[二]，亦猶木有幹而枝葉可依也。凡事或不能貞，或貞而不固，皆知不能及之，是以不能擇而守之。故非至靈至明，是非確然，不可移易者，決不能貞固。所以貞固爲智之事。

君子行此四德者，故曰『乾，元亨利貞』。

故曰，古語也。行此四德，即體仁、嘉會、利物、貞固也。行此四德，則與乾元合其德矣，故曰「乾，元亨利貞」，所以明君子即乾也。

初九曰『潛龍勿用』，何謂也？子曰：『龍德而隱者也，不易乎世，不成乎名，遯世无悶。不見是而无悶，樂則行之，憂則違之，確乎其不可拔，潛龍也。』

「初九曰『潛龍勿用』，何謂也」，此文章問答之祖也。後儒如屈原「漁父見而問之」，楊雄法言用「或問」，皆祖于此[三]。聖人神明不測，故曰「龍德」。隱，在下位也。易，移也。不易乎世者，邪世不能

[一]「功夫」，朝爽堂本作「正大」。
[二]此六字，朝爽堂本無。
[三]「後儒」至此，朝爽堂本無。

亂，不爲世所移，而能拔於流俗風靡之中也〔一〕。不成乎名者，務實不務名，有一才一藝之長〔二〕，不求知于世，以成就我之名也。遯世無悶者，不見用于世而不悶也。不見是而無悶者，不見信于人而不悶也。事有快樂于心者，則奮然而行之，忘食忘憂之類是也。事有拂逆于心者，則順適而背之，伐木絶糧之類是也。違者，背也，言不以拂逆爲事，皆置之度外而背之，背後不見之意〔三〕，如困于陳蔡，猶援琴而歌是也。蓋不易乎世而不爲世所用，不成乎名而不爲世所取，則必遯世而不見信于人矣，而聖人皆無悶焉。是以日用之間，莫非此道之游衍。凡一切禍福毁譽，如太虚浮雲，皆處之泰然，無意必固我之私，此所以樂則行，憂則違，憂樂皆無與于己，而安于所遇矣，非龍德何以有此。拔者，擢也，舉而用之也。不可拔，即勿用也，言堅確不可舉用也。蓋「不易乎世」六句，龍德也，「確乎不可拔」，而隱也。龍德而隱，此所以爲潛龍也。乾卦六爻，文言皆以聖人明之，有隱顯，無淺深〔四〕。

九二曰『見龍在田，利見大人』，何謂也？子曰：『龍德而正中者也。庸言之信，庸行之謹，閑邪存其誠，善世而不伐，德博而化。易曰「見龍在田，利見大人」，君德也。』

〔一〕以上十一字，朝爽堂本無。
〔二〕此七字，朝爽堂本無。
〔三〕以上九字，朝爽堂本無。
〔四〕此下，朝爽堂本有「○此只言『潛龍』，後『君子以成德』節言『勿用』」。

正中者，以下卦言。初居下，三居上，二正當其中也。庸，常也。邪自外入，故防閑之。誠自我有，故存主之。庸言必信者，無一言之不信也。庸行必謹者，無一行之不謹也。庸言庸行，亦信亦謹[一]，宜無事于閑邪矣，而猶閑邪存誠。閑邪存其誠者，無一念之不誠也。念念皆誠，則發之言行愈信謹矣。如此，則其德已盛，善蓋一世矣。然心不自滿，不自以爲善，其信謹閑邪存誠，猶夫其初也，皆純一不已之功也。德博而化者，言行爲人所取法也。言君德者，明其非君位也[二]。

九三曰『君子終日乾乾，夕惕若，厲，无咎』，何謂也？子曰：『君子進德修業，忠信所以進德也。修辭立其誠，所以居業也。知至至之，可與幾也；知終終之，可與存義也。是故居上位而不驕，在下位而不憂，故乾乾因其時而惕，雖危无咎矣。』

幾與義非二事，幾者，心之初動也，當欲忠信修辭立誠之初，心之萌動，必有其幾。幾微之際，乃義之發源處也。義者，事之得宜也，方忠信修辭立誠之後，事之成就必見乎義，允蹈之宜，乃幾之結果處也。與者，許也。可與幾者，幾有善惡，許其幾之如此，方不差也。存者，守而不失也。三爻變，則中爻爲巽，有進象；又爲兑，有言辭象；又爲離明，有知象。以三畫卦論，三居上，居上位象；以六畫卦

[一]「庸言庸行，亦信亦謹」，朝爽堂本作「庸言信，庸行謹」。

[二]此下，朝爽堂本有「〇此只言『見龍』，後『君子學以聚之』節言『利見』」。

論，三居下，在下位象。○「君子終日乾乾，夕惕若」者，非無事而徒勤也，勤于進德修業也。然以何者爲德業？德業何以用功？蓋德者，即貞實之理誠之涵于心者也。人不忠信，則此心不實，安能進德？惟忠信而内無一念之不實，則心不外馳，而有以復還其貞實之理，所進之德自日新而不窮矣。故所以進德業者，即貞實之事，誠之發于事者也。言不顧行，則事皆虚僞，安能居業？惟修省其辭以立誠，而外無一言之不實，則言行相顧，有以允蹈其貞實之事，所居之業自居安而不遷矣，故所以居業。夫德業之進修，固在于忠信修辭立誠矣。然其入門用功，當何如哉？亦知行並進而已。蓋其始也，知德業之所當至，此心必有其幾。當幾之初，下此實心而必欲其至，知至即至之，則念念不差，意可得而誠矣。幾動不差，此其所以可與幾也。其終也，知德業之所當終，此事必有其義，見義之時，行此實事，而必欲其終，知終即終之，則事事皆當，身可得而修矣；義守不失，此其所以可與存義也。如此用功，則反身而誠，德崇而業廣矣，又焉往而不宜哉？故以之居上，高而不驕；以之在下，卑而不戚，雖危无咎矣。此君子所以終日乾乾也[一]。

九四曰『或躍在淵，无咎』，何謂也？子曰：『上下無常，非爲邪也。進退无恒，非離羣也。君子進德修業，欲及時也，故无咎。』

〔一〕此下，朝爽堂本有「此只言『乾乾夕惕』，後『重剛而不中』節言『厲无咎』」。

在田者安于下，在天者安于上，有常者也。進而爲飛，退而爲見，有恒者也。恒〔一〕即常字。九四之位逼九五矣，以上進爲常，則覬覦而心邪。今或躍或處，上下無常，而非爲邪也。以下退爲常，則離羣而德孤。今去就從宜，進退無常，而非離羣也。惟及時以進修，而不干時以行險，此其所以无咎也。上「進」釋「躍」字義，下「退」釋「淵」字義，无常、无恒釋「或」字義，非爲邪、非離羣釋「无咎」義〔二〕。

九五曰『飛龍在天，利見大人』，何謂也？子曰：『同聲相應，同氣相求。水流濕，火就燥，雲從龍，風從虎，聖人作而萬物覩。本乎天者親上，本乎地者親下，則各從其類也。』

同聲相應，如鶴鳴而子和、雄鳴而雌應之類是也。同氣相求，如日，火之精而取火于日；月，水之精而取水于月之類是也。濕者下地，故水之流趨之；燥者乾物，故火之然就之。雲，水氣也，龍興則雲生，故雲從龍。風，陰氣也，虎嘯則風烈，故風從虎。然此特一物親一物也。惟聖人以聖人之德居天子之位，則三才之主而萬物之天地矣，是以天下萬民莫不瞻仰其德而快覩其光，所謂『首出庶物，萬國咸寧』，而萬物皆親矣。蓋不特一物之親而已也。所以然者，以天地陰陽之理，皆各從其類也。如天在

〔一〕「恒」上，朝爽堂本有「蓋」字。
〔二〕此下，朝爽堂本有「此其言『躍淵』，後『重剛』節言『无咎』」。

上，輕清者也，凡本乎天，日月星辰[一]，輕清成象者皆親之；地在下，重濁者也，凡本乎地，蟲獸草木，重濁成形者皆親之。蓋天屬陽，輕清者屬陽，故從其陽之類[二]。地屬陰，重濁者屬陰，故從其陰之類[三]。陽從其陽，故君子與君子同類而相親；陰從其陰，故小人與小人同類而相親。然則以九五之德位，豈不利見同類之大人？所以利見者以此[四]。

上九曰『亢龍有悔』，何謂也？子曰：『貴而无位，高而无民，賢人在下位而無輔，是以動而有悔也。』

六龍之首，故曰高貴；非君非臣，故曰無位；純陽無陰，故曰無民。五居九五之位，又有快覩之民，九四以下，龍德之賢，皆相從九五以輔相矣。是以上九非不貴也，貴宜乎有位，而無位；非不高也，高宜乎有民，而無民；非不有賢人也，賢人宜輔，而莫爲之輔。無位、無民、無輔，則離羣孤立。如是而動，其誰我與？有悔必矣。此第二節申象傳之意。

潛龍勿用，下也。

[一]「日月星辰」及下「蟲獸草木」，朝爽堂本皆作「之」字。
[二]「輕清者屬陽，故從其陽之類」，朝爽堂本作「故輕清之屬陽者從其類」。
[三]「重濁者屬陰，故從其陰之類」，朝爽堂本作「故重濁之屬陰者從其類」。
[四]此下，朝爽堂本有「此具言『飛龍在天』，後『大人者』節言『利見大人』」。

言在下位也。

見龍在田，時舍也。舍，去聲。

舍，止息也。出潛離隱，而止息于田也。

終日乾乾，行事也。

非空〔一〕憂惕，乃行所當行之事也，即進德修業也。

或躍在淵，自試也。

「試可乃已」之「試」，非「試其德」、「試其時」也。非自試，則必妄動矣。

飛龍在天，上治也。

居上以治下〔二〕。

亢龍有悔，窮之災也。

窮者亢，災者悔。

乾元用九，天下治也。

〔一〕「非空」上，朝爽堂本有「非徒空存憂惕之心，言行事而終日乾乾也。蓋心虛而事實，此體用兼養之學也。○」。

〔二〕此下，朝爽堂本有「○此得時則駕，下句則蓬累而行」。

用九「見羣龍无首，吉」，此周公教占者當如此也。孔子此則專以人君言。元者，仁也，即「體仁以長人」也。言人君體乾之元，用乾之九，至誠惻怛之愛常流行于剛果嚴肅之中，則張弛有則，寬猛得宜，不剛不柔，敷政優優，而天下治矣。此第三節再申前意〔一〕。

潛龍勿用，陽氣潛藏。

「陽在下也」，以爻言。「潛龍勿用，下也」，以位言。此則以氣言，言陽氣潛藏，正陰氣極盛之時，「天地閉，賢人隱」，所以勿用。此以下，又聖人歌詠乾道之意。觀其句皆四字，有音韻可知矣〔二〕。

見龍在田，天下文明〔三〕。

雖在下位，然天下已被其德化，而成文明之俗〔四〕矣。因此爻變離，故以文明言之。

終日乾乾，與時偕行。

天之健終日不息，九三之進修亦與之偕行而不息，故曰「與時偕行」〔五〕。

〔一〕此下，朝爽堂本有「此一節明六龍揔一龍，而因時變化，其見于世者有異也。孔子乾之德也」。

〔二〕以上十三字，朝爽堂本無。

〔三〕此下，朝爽堂本有「明叶文」三字。

〔四〕「俗」，朝爽堂本作「體」。

〔五〕此下，朝爽堂本有「行叶杭」三字。

或躍在淵，乾道乃革。

革者，離下内卦之位升上外卦之位也。

飛龍在天，乃位乎天德。

天德即天位，有是天德而居是天位，故曰「乃位乎天德」。若無德以居之者，可謂之天位，不可謂之天德之位也。惟聖人在天子之位，斯可言「乃位乎天德〔一〕」也。

亢龍有悔，與時偕極。

當亢極而我不能變通，亦與時運俱極，所以有悔。

乾元用九，乃見天則。

龍之爲物，春分而升于天，秋分而蟄于淵，曰「亢龍」者，言秋分亢舉于上而不能蟄也。以春夏秋冬配四德。元者，春也。利者，秋也。亢龍在此，秋之時矣。天之爲天，不過生殺而已。春既生矣，至秋又殺；秋既殺矣，至春又生。此天道一定自然之法則也。今爲人君者，體春生之元，而用之于秋殺〔二〕之亢，則是陰慘之後繼之以陽舒，肅殺之餘繼之以生育，一張一弛，一剛一柔，不惟天下可治，而天道

〔一〕上五字，朝爽堂本無。
〔二〕「殺」，原作「九」，今據史本、朝爽堂本、寶廉堂本、四庫本改。

之法則亦于此而見矣，故曰「乃見天則」。此四節又申前意〔一〕。

乾元者，始而亨者也。利貞者，性情也。乾始能以美利利天下。不言所利，大矣哉！

始而亨者，言物方資始之時已亨通矣。蓋出乎震，則必齊乎巽、見乎離，勢之必然也。若不亨通，則生意必息，品物不能流形矣。是始者，元也；亨之者，亦元也。性者，百物具足之理。情者，百物出入之機。春作夏長，百物皆有性情，非必利貞而後見。但此時生意未足，實理未完，百物尚共同一性情，至秋冬則百穀草木各正性命，保合太和，一物各具一性情，是收斂歸藏，乃見性情之的確。故利貞者，即乾元之性情也，則利貞之未始不爲元也。乾始者，即乾元者始而亨之始也。以美利利天下者，元能始物，能使庶物生成，無物不嘉美，亦無物不利賴也。不言所利者，自成其形，自成其性，泯機緘于不露，莫知其所以然也。大哉，贊乾元也。○孔子于文言既分元亨利貞爲四德矣，此又合而爲一也。言乾之元者，始而即亨者也。利貞者，則元之性情耳。然何以知其元始即亨，利貞即元之性情也？惟自其乾元之所能者，則可見矣。蓋百物生于春，非亨利貞之所能也。惟元爲生物之始，以美利利天下者，則乾元之能也。夫以美利利天下，其所能之德業亦盛大矣。使造化可以言焉，則曰此某之美利也，庶乎可以各歸功于四德矣。今不言所利，人不得而測之，既不可得而測，則是四德渾然一理，不可

〔一〕此下，朝爽堂本有「○孔子深味乾德而歌以詠之也。當叶韻讀。可想見聖人玩味之意」。

分而言也。元本爲四德之長，故謂亨乃元之始亨可也，謂利貞乃元之性情可也。所以謂「乾元始而亨，利貞性情者」以此。乾元之道，不其大哉！四德本一理，孔子贊易，或分而言之以盡其用，或合而言之以著其體，其實一理而已，所以可分可合也。

大哉乾乎！剛健中正，純粹精也。六爻發揮，旁通情也。時乘六龍，以御天也。雲行雨施，天下平也。

剛以體言，健以性言，中者無過不及也，正者不偏也。此四者，乾之德也。純者，純陽而不雜以陰也。粹者，不雜而良美也。精者，不雜之極至也。總言乾德剛健中正之至極，所謂純粹精者，非出于剛健中正之外也。但乾德之妙，非一言所能盡，故于剛健中正之外，復以「純粹精」贊之。情者，事物至頤至動之情也。發揮者，每一畫有一爻辭以發揮之也。旁通者，曲盡也，如初之潛以至上之亢，凡事有萬殊，物有萬類，時有萬變，皆該括曲盡其情而無遺也。前「品物流形」，乃乾之雲行雨施；此言「雲行雨施」，乃聖人乘六龍而御天之功，德澤流行敷布，所以天下平也。○言乾道剛健中正，純粹以精，乾道固大矣，惟聖人立六爻以通乎乾之情，乘六龍以行乎乾之道，雲行雨施以沛乎乾之澤，以至天下太平，則乾道之大不在乾而在聖人矣。此第五節復申首章之意〔一〕。

〔一〕此下，朝爽堂本有「叶韻讀也，如楚辭之『些』」。

君子以成德爲行，日可見之行也。潛之爲言也，隱而未見，行而未成，是以君子弗用也。

德者行[一]之本，行者德之用。蓋有有其德而不見諸行者，未有有其行而不本諸德者[二]，故曰「君子以成德爲行」。成德者，已成之德也。日可見者，猶言指日可待之意。此二句泛論其理也。潛者，周公爻辭也。未見者，「天地閉，賢人隱」，阸於潛之機會而未見也。未成者，因其阸而事業未成就也。如伊尹耕于有莘之時[三]是也。○君子以已成之德，舉而措之于行，則其事業之所就，指日可見矣。初九其德已成，則日可見之行也，而占者乃曰「勿用」，何也？蓋聖人出世，必有德有時。人之所能者德，所不能者時，今初九雖德已成，然時當乎潛也。潛之爲言也，隱而未見也。惟其隱而未見，故行而未成，時位阸之也。是以占者之君子，亦當如之而勿用也。

君子學以聚之，問以辨之，寬以居之，仁以行之。易曰『見龍在田，利見大人』，君德也。

之者，正中之理也。龍德正中，雖以爻言，然聖人之德不過此至正大中而已。蓋乾道剛健中正，民受天地之中以生，惟中庸不可能，苟非學聚問辨有此致知功夫，寬居仁行有此力行功夫，安能體此龍德之正中哉？聚者多聞多見，以我會聚此正中之理也。辨者，講學也，親師取友，辨其理之精粗本末、

[一]「行」，原作「時」，今據史本、朝爽堂本改。
[二]以上二十二字，朝爽堂本無。
[三]「時」，朝爽堂本作「野」。

得失是非，擇其正中之善者而從之，即「講學以耨之」也。寛者，優游厭飫，勿忘勿助，俾所聚所辨此理之畜於我者，融會貫通，渣滓渾化，無强探力索、淩節欲速之患也。蓋寛字以久遠言，有從容不迫之意，非專指包含〔一〕也。居者，守也，據也。仁以行之者，無適而莫非天理正中之公，而無一毫意必固我之私也。蓋辨者，辨其所聚。居者，居其所辨。行者，行其所居。故必寛以居之，而後方可仁以行之。若學聚問辨之餘，涵養未久，粗心浮氣，而驟欲見之于實踐，則居之不安，資之不深，安能左右逢原而大公以順應哉？此爲學一定之序也。有是四者，宜乎正中之德博而化矣。曰「君德」者，即前九二之「君德」也。

九三，重剛而不中，上不在天，下不在田，故乾乾因其時而惕，雖危无咎矣。

三居下卦之上，四居上卦之下，交接處以剛接剛，故曰「重剛」。非陽爻居陽位也，所以九四居陰位者，亦曰「重剛」。位非二五，故曰「不中」，即下文「上不在天，下不在田」也。九三以時言，九四以位言，故曰「乾乾因其時」。○九三重剛不中，上不在天，下不在田，宜有咎矣，而乃无咎，何哉？蓋既重剛，又不中，剛之極矣，以時論之，蓋危懼之時也。故九三因其時而兢惕不已，則德日進，業日修，所以雖處危地，亦無咎矣。

〔一〕「含」，朝爽堂本作「涵」。

九四，重剛而不中，上不在天，下不在田，中不在人，故「或」之。或之者，疑之也，故无咎。

「重剛不中」之「中」，二五之中也。「中不在人」之「中」，六爻中間之中也。○九四重剛不中，上不在天，下不在田，中不在人，宜有咎矣，而乃无咎，何哉？蓋九四之位不在天，不在田，雖與九三同而人位，則不如九三之居下卦也。所居之位獨近九五，蓋或之之位也，故或之。或之者，疑之也。惟其疑，必審時而進矣，所以无咎也。在人謂三也。四、三雖皆人位，然四則居人之上而近君矣，非三之不近君，故曰「不在人」。

夫大人者，與天地合其德，與日月合其明，與四時合其序，與鬼神合其吉凶。先天而天弗違，後天而奉天時，天且弗違，而況於人乎？況於鬼神乎？夫音扶。

「合德」以下，總言大人所具之德，皆天理之公而無一毫人欲之私。若少有一毫人欲之私，即不合矣。天地者，造化之主；日月者，造化之精；四時者，造化之功；鬼神者，造化之靈。覆載無私之謂德，照臨無私之謂明，生息無私之謂序，禍福無私之謂吉凶。合序者，如賞以春夏、罰以秋冬之類也。合吉凶者，福善禍淫也。先天不違，如禮雖先王所未有，以義起之。凡制耒耜、作書契之類〔一〕，雖天之所未爲，而吾意之所爲，默與道契，天亦不能違乎我，是天合大人也。奉天時者，奉天理也。後天奉天

〔一〕「如禮雖先王所未有，以義起之。凡制耒耜、作書契之類」，朝爽堂本作「如無制作之類」。

時，謂如「天叙有典而我惇之，天秩有理而我庸之」之類，雖天之所已爲，我知理之如是，奉而行之，而我亦不能違乎天，是大人合天也。蓋以理爲主，天即我，我即天，故無後先彼此之可言矣。天且不違于大人，而況于人乃得天地之理以生，鬼神不過天地之功用，雖欲違乎大人，自不能違乎天矣？乾之九五以剛健中正之德，與此大人相合，所以宜利見之，以其同德相應也。

亢之爲言也，知進而不知退，知存而不知亡，知得而不知喪。其唯聖人乎？知進退存亡而不失其正者。其唯聖人乎？」

進退者身，存亡者位，得喪者物。消長之理知之既明，不失其正，處之又當，故唯聖人能之。再言「其唯聖人」，始若設問，而卒自應之，見非聖人不能也。初九「隱而未見」二句釋一「潛」字，而言「君子」者再〔一〕，蓋必君子而後能安于潛也。上九「亢之爲言」三句釋一「亢」字，而言「聖人」者再，蓋唯聖人而後能不至于亢也。此第六節復申前數節未盡之意。

䷁坤下坤上

坤，元亨，利牝馬之貞。君子有攸往，先迷後得主，句。利，句。西南得朋，東北喪朋，安

〔一〕「再」，原作「然」，今據史本、朝爽堂本、寶廉堂本、四庫本改。

貞吉[一]。

偶[二]者，陰之數也。坤者，順也，陰之性也。六畫皆偶，則純陰而順之至矣，故不言地而言坤。馬象乾，牝馬取其爲乾之配。牝馬屬陰，柔順而從陽者也。馬能行，順而健者也，非順外有健也，其健亦是順之健也[三]。坤利牝馬之貞，與乾不同者，何也？蓋乾以剛固爲貞，坤以柔順爲貞，言如牝馬之順而不息，則正矣。牝馬地類，安得同乾之貞？此占辭也，與乾卦「元亨利貞」同，但坤則貞利牝馬耳。程子泥于四德，所以將「利」字作句。迷者，如迷失其道路也。坤爲迷[四]，故曰迷。言占者君子先乾而行，則失其主而迷錯；後乾而行，則得其主而利矣。蓋造化之理，陰從陽以生物，待唱而和者也。君爲臣主，夫爲妻主，後乾即得所主矣，利孰大焉？其理本如此。觀文言「後得主而有常」，此句可見矣。西南、東北，以文王圓圖卦位言，陽氣始于東北而盛于東南，陰氣始于西南而盛于西北，西南乃坤之本鄉，兑、離、巽三女同坤居之，故爲得朋；震、坎、艮三男同乾居東北，則非女之朋矣，故喪朋。陰從其陽謂之正，惟喪其三女之朋，從乎其陽，則有生育之功，是能安于正也。安于其正，故吉。

[一] 此下，朝爽堂本有音注「喪，去聲」。
[二] 「偶」，朝爽堂本作「耦」。下同，不再出校。
[三] 以上八字，朝爽堂本無。
[四] 「迷」，原作「地」，今據史本、朝爽堂本改。

彖曰：「至哉坤元！萬物資生，乃順承天。

至者，極也。天包乎地，故以「大」贊其天；而地止以「至」贊之。蓋言地之至，則與天同，而大則不及乎天也。元者，四德之元，非乾有元而坤復又有一元也。乾以施之，坤則受之，交接之間，一氣而已。始者氣之始，生者形之始。萬物之形，皆生于地，然非地之自能爲也，天所施之氣至則生矣，故曰「乃順承天」。乾健，故一而施；坤順，故兩而承。此釋卦辭之「元」。

坤厚載物，德合无疆。含弘光大，品物咸亨。

坤厚載物以德言，非以形言。德者，載物厚德，含弘光大是也。无疆者，乾也。含者，包容也。弘則是其所含者無物不有，以蘊畜而言也。光者，昭明也。大則是其所光者無遠不屆，以宣著而言也。「其靜也翕」，故曰「含弘」。「其動也闢」，故曰「光大」。言「光大」而必曰「含弘」者，不翕聚則不能發散也。咸亨者，「齊乎巽，相見乎離」之時也。此釋卦辭之「亨」。

牝馬地類，行地無疆，柔順利貞。

地屬陰，牝陰物，故曰「地類」；又行地之物也，行地無疆，則順而不息矣，此則柔順所利之貞也，故「利牝馬之貞」。此釋卦辭「牝馬之貞」。

君子攸行，先迷失道，後順得常，西南得朋，乃與類行；東北喪朋，乃終有慶。安貞之吉，應地无疆。」

君子攸行，即文王卦辭。君子有攸往，言占者君子有所往也。失道者，失其坤順之道也。坤道主成，成在後。若先乾而動，則迷而失道。得常者，得其坤順之常，惟〔一〕後乾而動，則順而得常。○夫惟坤貞利在柔順，是以君子有所往也。先則迷，後則得，西南雖得朋，不過與巽、離、兑三女同類而行耳，未足以爲慶也。若喪乎三女之朋，能從乎陽，則有生物之功矣，終必有慶也。何也？蓋柔順從陽者，乃坤道之安于其正也。能安于其正，則陽施陰受，生物無疆，應乎地之無疆矣，所以「乃終有慶」也。此釋卦辭「君子有攸往」至「安貞吉」。

象曰：「地勢坤，君子以厚德載物。」

西北高，東南低，順流而下，地之勢本坤，順者也，故曰「地勢坤」。且天地間持重載物，其勢力無有厚於地者，故下文曰「厚」。天以氣運，故曰「天行」；地以形載，故曰「地勢」。厚德載物者，以深厚之德容載庶物也。若以厚德載物體之身心，豈有他道哉？惟體吾長人之仁也。使一人得其願，推而人人各得其願，和吾利物之義也；使一事得其宜，推而事事各得其宜，則我之德厚，而物無不載矣。此則孔子未發之意也〔二〕。

初六，履霜，堅冰至。

〔一〕「惟」，朝爽堂本無。

〔二〕以上九字，朝爽堂本無。

六，詳見乾卦初九。霜，一陰之象。冰，六陰之象。方履霜而知堅冰至者，見占者防微杜漸，圖之不可不早也。易爲君子謀，乾言「勿用」，即復卦「閉關」之義，欲君子之難進也；坤言「堅冰」，即姤卦「女壯」之戒，防小人之易長也。

象曰：「履霜，堅冰，陰始凝也。馴致其道，至堅冰也。」

易舉正「履霜」之下無「堅冰」二字。陰始凝而爲霜，漸盛必至于堅冰。小人雖微，長則漸至于盛。馴者，擾也，順習也。道者，「小人道長」之「道」也，即上六「其道窮也」之「道」。馴習因循，漸致其陰道之盛，理勢之必然也。

六二，直方大，不習无不利。

直字，即「坤至柔而動也剛」之「剛」也。方字，即「至靜而德方」之「方」也。大字，即「含弘光大」之「大」也。孔子象辭、文言、小象皆本于此，前後之言皆可相証。以本爻論，六二得坤道之正，則無私曲，故直；居坤之中，則無偏黨，故方。直者，在内所存之柔順中正也。方者，在外所處之柔順中正也。惟柔順中正，在内則爲直，在外則爲方，内而直，外而方，此其所以大也。不揉而直，不矩而方，不恢而大，此其所以不習也。若以人事論，直者内而天理爲之主宰，無邪曲也；方者外而天理爲之裁制，無偏倚也；大者無一念之不直，無一事之不方也；不習無不利者，直者自直，方者自方，大者自大，不思不勉而中道也；利者，「利有攸往」之「利」，言不待學習而自然直方大也。蓋八卦正位乾在五，坤在

二，皆聖人也。故乾剛健中正，則飛龍在天；坤柔順中正，則不習無不利。占者有是德，方應是占矣。

象曰：「六二之動，直以方也。不習无不利，地道光也。」

「以」字即「而」字。言直方之德，惟動可見，故曰「坤至柔而動也剛」。此則承天而動，生物之機也。若以人事論，心之動直而無私，事之動方而當理是也。地道光者，六二之柔順中正，即地道也。地道柔順中正，光之所發者自然而然，不俟勉強，故曰「不習无不利」。光，即「含弘光大」之「光」。

六三，含章可貞。或從王事，无成有終。

坤爲吝嗇，含之象也。剛柔相雜曰文，文之成者曰章。陽位而以陰居之，又坤爲文章之象也。三居下卦之終，終之象也。或者，不敢自決之辭。從者，不敢造始之意。〇三居下卦之上，有位者也，其道當含晦其章美，有美則歸之于君，乃可常久而得正。或從上之事，不敢當其成功，惟奉職以終其事而已。爻有此象，故戒占者如此。

象曰：「含章可貞，以時發也。或從王事，知光大也。」知，平聲。

以時發者，言〔一〕非終于韜晦，含藏不出，而有所爲也。或從王事，帶下一句説，孔子小象多是如此。知光大者，正指其无成有終也。蓋含弘光大，无成而代有終者，地道也，地道與臣道相同。六三「或從

〔一〕「言」，朝爽堂本作「吉」。

王事，无成有終」者，蓋知地道之光大當如是也。

六四，括囊，无咎无譽。

坤爲囊，陰虚能受，囊之象也。括者，結囊口也。四變而奇，居下卦之上，結囊上口之象也。四近乎君，居多懼之地，不可妄咎妄譽，戒其作威福也。蓋譽則有逼上之嫌，咎則有敗事之累，惟晦藏其智，如結囊口，則不害矣。○六四柔順得正，蓋慎密不出者也，故有括囊之象，无咎之道也。然既不出，則亦無由稱贊其美矣，故其占如此。

象曰：「括囊，无咎，慎不害也。」

括囊者，慎也。无咎者，不害也。

六五，黄裳，元吉。

坤爲黄，爲裳，黄裳之象也。黄，中色，言其中也。裳，下飾，言其順也。「黄」字從「五」字來，「裳」字從「六」字來。○六五以陰居尊，中順之德充諸内而見諸外，故有是象，而其占則元吉也。剛自有剛德，柔自有柔德，本義是。

象曰：「黄裳，元吉，文在中也。」

坤爲文，文也；居五之中，在中也。文在中，言居坤之中也，所以「黄裳，元吉」。

上六，龍戰于野，其血玄黄。

六陽爲龍，坤之錯也，故陰陽皆可以言龍。且變艮綜震，亦龍之象也。變艮爲剥，陰陽相剥，戰之象也。戰于卦外，野之象也。血者，龍之血也。堅冰至者，所以防龍戰之禍于其始。龍戰〔一〕野者，所以著堅冰之至于其終。○上六，陰盛之極，其道窮矣。窮則其勢必争，至與陽戰，兩敗俱傷，故有此象，凶可知矣。

象曰：「龍戰于野，其道窮也。」

極則必窮，理勢之必然也。

用六，利永貞。

用六與用九同。此則以上六「龍戰于野」言之，陰極則變陽矣，但陰柔恐不能固守，既變之後，惟長永貞，而〔二〕不爲陰私所用，則亦如乾之無不利矣。

象曰：「用六永貞，以大終也。」

此美其善變也。陽大陰小，大者陽明之公，君子之道也；小者陰濁之私，小人之道也。今始陰濁而終陽明，始小人而終君子，何大如之？故曰「以大終也」。

〔一〕「戰」，原作「占」，今據諸本改。
〔二〕「而」，史本、朝爽堂本作「固」。

文言曰：「坤至柔而動也剛，至静而德方，後得主而有常，含萬物而化光。坤道其順乎？承天而時行。

動者，生物所動之機。德者，生物所得之質。乾剛坤柔，定體也。坤固至柔矣，然乾之施一至，坤即能翕受而敷施之，其生物之機不可止遏屈撓〔一〕，此又柔中之剛矣。乾動坤静，定體也。坤固至静矣，及其承乾之施，陶鎔萬類，各有定形，不可移易，有息者不可變爲草木，無息者不可變爲昆蟲〔二〕，此又静中之方矣。柔無爲矣，而剛則能動；静無形矣，而方則有體。柔静者，順也，體也；剛方者，健也，用也。後得主而有常者，後乎乾則得乾爲主，乃坤道之常也。含萬物而化光者，静翕之時，含萬物生意于其中，及其動闢，則化生萬物，而有光顯也。「坤道其順乎」，此句乃贊之也。坤之于乾，猶臣妾之與夫君，亦惟聽命而已，一施一受，不敢先時而起，亦不敢後時而不應，此所以贊其順也〔三〕。此以上申象傳之意。

積善之家，必有餘慶；積不善之家，必有餘殃。臣弑其君，子弑其父，非一朝一夕之故，其所由來者漸矣，由辨之不早辨也。易曰『履霜，堅冰至』，蓋言順也。

〔一〕「屈撓」，朝爽堂本無。
〔二〕以上十八字，朝爽堂本無。
〔三〕「也」下，朝爽堂本有「○」。

天下之事未有不由積而成，家之所積者善，則福慶及于子孫；所積者不善，則災殃及〔一〕于後世。其大至于弑逆之禍，皆積累而至，非朝夕所能成也。由來者漸，言臣子也；辨之不早，責君父也。辨，察也。在下者不可不察之于己，在上者不可不察之于人。察之早，勿使之漸，則禍不作矣。「順」字即「馴」字，馴者，順也，即〔二〕「馴致其道」也。言順習因循，以至于堅冰也。前言「馴致其道」，此言「蓋言順也」，皆一意也。程傳是。

直其正也，方其義也，君子敬以直内，義以方外，敬義立而德不孤。『直方大，不習无不利』，則不疑其所行也。

直者何也？言此心無邪曲之私，從繩墨而正之之謂也。方者何也？言此事無差謬之失，得裁制而宜之之謂也。此六二直方之所由名也。下則言求直方之功，人心惟有私，所以不直。如知其敬乃吾性之禮存諸心者，以此敬爲之操持，必使此心廓然大公，而無一毫人欲之私，則不期直而自直矣。人事惟有私，所以不方，如知其義乃吾性之義見諸事者，以此義爲之裁制，必使此事物來順應，而無一毫人欲之私，則不期方而自方矣。德之偏者謂之孤，孤則不大，不孤則大〔三〕矣。蓋敬之至者外必方，外

〔一〕「及」，史本、朝爽堂本作「流」。
〔二〕以上五字，朝爽堂本無。
〔三〕「不孤則大」四字，朝爽堂本無。

不方不足謂之敬，不足謂敬是德之孤也；義之至者内必直，内不直不足謂之義，不足謂義是德之孤也〔一〕。今既有敬以涵義之體，又有義以達敬之用，則内外夾持，表裏互養，日用之間，莫非天理之流行，德自充滿盛大而不孤矣，何大如之？内而念念皆天理，則内不疑；外而事事皆天理，則外不疑，内外坦然而無疑，則暢于四支，不言而喻；發于事業，無所處而不當，何利如之？此所以「不習无不利」也。乾言進修，坤言敬義，學聖人者由于進修，欲進修者先于敬義，乾坤二卦備矣。

陰雖有美，含之以從王事，弗敢成也。地道也，妻道也，臣道也，地道无成而代有終也。

陰雖有美，含之可以時發，而從王事矣。「或從王事」，不敢有其成者，非其才有所不足不能成也，乃其分之之〔二〕不敢成也。何也？法象莫大于天地，三綱莫重于夫妻、君臣。天統乎地，夫統乎妻，君統乎臣，皆尊者唱而卑者和之〔三〕。故地道也，妻道也，臣道也，皆不敢先自主也，皆如地之無成，惟代天之終耳。蓋天能始物，不能終物。地繼其後而終之，則地之所以有終者，終天之所未終也。地不敢專其成而有其終，故曰「无成而代有終也」。六三爲臣，故當如此。

〔一〕自「蓋敬之至者」至此，朝爽堂本作「蓋敬之至者外必方，義之至者内必直，不方不直不足謂之敬義，是德之孤也」。

〔二〕「之」，朝爽堂本作「所」。

〔三〕以上九字，朝爽堂本無。

天地變化，草木蕃；天地閉，賢人隱。易曰『括囊，无咎无譽』，蓋言謹也。

「天地變化」二句，乃引下文之辭。言天地變化，世道開泰，則草木之無知者且蕃茂，況于人乎？則賢人之必出而不隱可知矣。若天地閉，則賢人必斂德以避難，此其所以隱也。坤本陰卦，六四〔一〕重陰，又不中，則陰之極矣，正天地閉塞，有陰而無陽，不能變化之時也，故當謹守不出者以此。

君子黄中通理，正位居體，美在其中，而暢於四支，發於事業，美之至也。

黄者，中德也。中者，内也。黄中者，中德之在内也。通者，豁然脉絡之貫通，無一毫私欲之滯塞也。理者，井然文章之條理，無一毫私欲之混淆也。本爻既變，坎爲通，通之象也。本爻未變，坤爲文，理之象也，故六五小象曰「文在中」。德之在内者通而且理，爻之言「黄」者以此。正位，居尊位也。體者，乾坤之定體也。乾陽乃上體，坤陰乃下體，言雖在尊位而居下體，故不曰「衣」而曰「裳」，爻之所以言「裳」者以此。以人事論，有居尊位而能謙下之意。此二句盡「黄裳」之義矣。又嘆而贊之，以見元吉之故，言黄中，美在其中，豈徒美哉？美既在中，則暢于四支，爲日新之德，四體不言而喻者，此美也；發于事業，爲富有之業，天下國家無所處而不當者，此美也，不其美之至乎？爻之所以不止言「吉」而言「元吉」者以此。

〔一〕「六四」，原作「四六」，今據朝爽堂本改。

陰疑於陽必戰，爲其嫌於无陽也，故稱龍焉。猶未離其類也，故稱血焉。夫玄黄者，天地之雜也。天玄而地黄。」爲，于僞反；離，力智反；夫音扶。

疑者，似也，似其與己均敵，無大小之差也。陰本不可與陽戰，今陰盛，似敢與陽敵，故以「戰」言。陰盛已無陽矣，本不可以稱「龍」，而不知陽不可一日無也，故周公以「龍」言之，以存陽也。雖稱爲龍，猶未離〔一〕陰之類也，故稱「血」以別其爲陰。血，陰物也。曰其色玄黄，則天地之色雜矣，而不知天玄地黄者，兩間之定分也。今曰其色玄黄，疑于無分別矣，夫豈可哉？言陰陽皆傷也。以上皆申言周公爻辭〔二〕。

〔一〕「未離」，朝爽堂本無。

〔二〕此注，史本作「禮決嫌疑，嫌也，疑也，皆似之之謂也。陰盛似陽，不能從陽，必戰。方其盛也，似無陽焉。故雖陰而稱龍，然實本坤卦，猶未離其陰之類也。故稱血，血，陰屬。玄黄者，戰則兩敗俱傷，而陰陽之色雜矣。然玄自還天，黄自還地，玄黄之色，一定不移，雜者豈終雜哉？作易者扶抑之深心也。爲字、稱字皆指周公言。本卦坤爲地，黄者地之色，有黄象。錯乾爲天，玄者天之色，又上爲天位，有玄象。此爻變艮綜震，震爲玄黄，亦玄黄之象。其血玄黄，坎爲血，此乾坤以後入震之意也。此以上申象傳之意」。

周易集注卷之二

梁山來知德集注

䷂震下坎上

屯者，難也。萬物始生，鬱結未通，似有險難之意。故其字從屮，屮音徹，初生草穿地也[一]。序卦：「有天地，然後萬物生焉。盈天地之間者唯萬物。屯者，盈也，物之始生也。」天地生萬物，屯，物之始生[二]，故次乾、坤之後。

屯，元亨，利貞，勿用，有攸往，利建侯。

乾坤[三]始交而遇險陷，故名爲屯。所以氣始交未暢曰屯，物勾萌未舒曰屯，世多難未泰曰屯，造化人

〔一〕「其字從屮，屮音徹，初生草穿地也」，朝爽堂本作「其字象屮穿地，始出未申也」。

〔二〕以上十字，朝爽堂本無。

〔三〕「乾坤」上，朝爽堂本有「初九以貴下賤，大得民也。此利建之侯也。〇」。

事皆相同也〔一〕。震動在下，坎陷在上，險中能動，是有撥亂興衰之才者，故占者元亨，然猶在險中，則宜守正，而未可遽進，故「勿用，有攸往」。勿用者，以震性多動，故戒之也。然大難方殷，無君則亂，故當立君以統治。初九陽在陰下，而爲成卦之主，是能以賢下人，得民而可君者也。占者必從人心之所屬望，立之爲主，斯利矣，故利建侯。建侯者，立君也。險難在前，中爻艮止，勿用攸往之象。震一君二民，建侯之象。

彖曰：「屯，剛柔始交而難生，動乎險中，大亨貞。雷雨之動滿盈，天造草昧，宜建侯而不寧。」〔二〕

以二體釋卦名，又以卦德、卦象釋卦辭。剛柔者，乾坤也。始交者，震也。一索得震，故爲乾坤始交。難生者，坎也，言萬物始生，即〔三〕遇坎難，故名爲屯。動乎險中者，言震動之才，足以奮發有爲，時當大難，能動則其險可出，故大亨。然猶在險中，時猶未易爲，必從容以謀，其出險方可，故利貞。雷，震象。雨，坎象。天造者，天時使之然，如天所造作也。草者，如草不齊。震爲蕃，草之象也。昧者，如天未明。坎爲月，天尚未明，昧之象也。坎水内景，不明于外，亦昧之象也。雷雨交作，雜亂晦冥，充

〔一〕以上八字，朝爽堂本無。
〔二〕此下，朝爽堂本有注音「難，去聲」。
〔三〕「即」，朝爽堂本作「而」。

塞盈滿于兩間，天下大亂之象也。當此之時，以天下則未定，以名分則未明，正宜立君以統治。君既立矣[一]，未[二]可遽謂安寧之時也，必爲君者憂勤兢畏，不遑寧處，方可撥亂反正，以成靖難之功。如更始既立，日夜縱情于聲色，則非不寧者矣。此則聖人濟屯之深戒也。動而雷雨滿盈，即「勿用攸往」。「建侯而不寧」，即「利建侯」。然卦言「勿用攸往」，而彖言「雷雨之動」者，勿用攸往非終不動也，審而後動也。屯之元亨利貞，非如乾之四德，故曰「大亨貞」[三]。

象曰：「雲雷屯，君子以經綸。」

彖言「雷雨」，象言「雲雷」，彖言其動，象著其體也。上坎爲雲，故曰「雲雷屯」；下坎爲雨，故曰「雷雨解」。經、綸，皆[四]治絲之事。草昧之時，天下正如亂絲，經以引之，綸以理之，俾大綱皆正，萬目畢舉，正君子撥亂有爲之時也，故曰「君子以經綸」。

初九，磐桓，利居貞，利建侯。

［一］此四字，朝爽堂本無。
［二］「未」上，朝爽堂本有「然」字。
［三］此下，朝爽堂本有「○更始初立而驕奢，非不寧矣」。
［四］「皆」，寶廉堂本作「者」。如是，則從上讀。

磐，大石也，「鴻〔一〕漸于磐」之「磐」也。中爻艮，石之象也。桓，大柱也，檀弓所謂「桓楹」也〔二〕。震陽木，桓之象也。張橫渠以「磐桓」猶言「柱石」，是也。自馬融以盤旋釋「磐桓」，後來儒者皆如馬融之釋，其實非也〔三〕。八卦正位震在初，乃爻之極善者，國家屯難，得此剛正之才，乃倚之以爲柱石者也，故曰「磐桓」，唐之郭子儀是也。震爲大塗，柱石在于大塗之上，震本欲動而艮止不動，有柱石欲動不動之象，所以居貞，而又利建侯，非難進之貌也。故小象曰「雖磐桓，志行正也」。曰心志在于行，則欲動不動可知矣。○九當屯難之初，有此剛正大才，生于其時，故有磐桓之象。然險陷在前，本爻居其正，故占者利於居正以守己。若爲民所歸，勢不可辭，則又宜建侯，以從民望，救時之屯可也。居貞者，利在我；建侯者，利在民，故占者兩有所利。

象曰：「雖磐桓，志行正也。以貴下賤，大得民也。」

當屯難之時，大才雖磐桓不動，然拳拳有濟屯之志，行一不義，殺一不辜，而得天下不爲。既有救人之心，而又有守己之節，所以占者利居貞而守己也。蓋居而不貞則無德，行而不正則無功。周公言「居貞」，孔子言「行正」，然後濟屯之功德備矣。陽貴陰賤，以貴下賤者，一陽在二陰之下也。當屯難之

〔一〕「鴻」，原作「鳴」，今據諸本改。

〔二〕以上七字，朝爽堂本無。

〔三〕自「張橫渠」至此，朝爽堂本無。

時，得一大才，衆所歸附，更能自處卑下，大得民矣，此占者所以又利建侯而救民也。

六二，屯如，邅如，乘馬班如，匪寇婚媾。女子貞不字，十年乃字。邅，張連反。

屯、邅皆不能前進之意。班，與書「班師」，並「岳飛班師」「班」字同[一]，回還不進之意。震於馬爲馵足，爲作足，班如之象也。應爻爲坎，坎爲盜，寇之象也，指初也。婦嫁曰婚，再嫁曰媾，婚媾指五也。變兑爲少女，女子之象也。字者，許嫁也。禮，女子許嫁，笄而字[二]。此女子則指六二也。貞者，正也。不字者，不字于初也。乃字者，乃字于五也。中爻艮止，不字之象也。中爻坤土，土數成于十，十之象也。若以人事論，光武當屯難之時，竇融割據，志在光武，爲隗囂所隔，「乘馬班如」也；久之終歸于漢，「十年乃字」也。○六二柔順中正，當屯難之時，上[三]與五應，但乘初之剛，故爲所難，有屯邅班如之象，不得進與五合，使非初之寇難，即與五成其婚媾，不至十年之久矣。惟因初之難，六二守其中正，不肯與之苟合，所以不字，至于十年之久，難久必通，乃反其常而字，正應矣，故又有此象也，占者當如是則可。

象曰：「六二之難，乘剛也。十年乃字，反常也。」

[一] 以上十二字，朝爽堂本無。
[二] 以上七字，朝爽堂本無。
[三] 「上」，原作「土」，今據史本、朝爽堂本改。重修虎林本、寶廉堂本作「二」。

六二居屯之時，而又乘剛，是其患難也。乘者，居其上也，故曰「六二之難」。反常者，二五陰陽相應，理之常也，爲剛所乘，則乖其常矣。難久必通，故十年乃字，而反其常。

六三，即鹿无虞，惟入于林中，君子幾不如舍，往吝。舍音捨〔一〕。

即者，就也。鹿，當作「麓」爲是，舊注亦有作「麓」者。蓋此卦有麓之象，故當作「麓」，非無據也〔二〕。中爻艮爲山，山足曰麓，三居中爻艮之足，麓之象也。虞者，虞人也。三四爲人位，虞人之象也。入山逐獸，必有虞人發縱指示〔三〕。無虞者，無正應之象也。震錯巽，巽爲入，入之象也。上艮爲木堅多節〔四〕，下震爲竹，林中之象也。言就山足逐獸，无〔五〕虞人指示，乃陷入于林中也。坎錯離明，見幾之象也。舍者，舍而不逐也，亦艮止之象也。〇六三陰柔，不中不正，又無應與，當屯難之時，故有「即麓無虞，入于林中」之象。君子見幾，不如舍去，若往逐而不舍，必致羞吝。其象如此，戒占者當如是也。

〔一〕此下，朝爽堂本有「幾音機」。
〔二〕自「此卦」至此，朝爽堂本無。
〔三〕以上十二字，朝爽堂本無。
〔四〕「堅多節」三字，朝爽堂本無。
〔五〕「无」，原作「與」，今據史本、朝爽堂本、寶廉堂本改。

象曰：「即鹿无虞，以從禽也。君子舍之，往吝窮也。」

孔子恐後學不知「即鹿无虞」之句，故解之曰「乃從事于禽也」，則「鹿」當作「麓」也無疑矣[一]。舍則不往，往則不吝。吝窮者，羞吝窮困也。

六四，乘馬班如，求婚媾，往吉，无不利。

坎爲馬，又[二]有馬象。求者，四求之也。往者，初往之也。自内而之外曰往，如「小往大來」、「往蹇來反」是也[三]。本爻變，中爻成巽，則爲長女，震爲長男，婚媾之象也，非真[四]婚媾也。求賢以濟難，有此象也。舊説陰無求陽之理，可謂不知象旨者矣。〇六四陰柔，居近君之地，當屯難之時，欲進而復止，故有乘馬班如之象。初能得民，可以有爲，四乃陰陽正應，未有蒙大難而不求其初者，故又有求婚媾之象。初于此時，若欣然[五]即往，資其剛正之才，以濟其屯，其吉可知矣。而四近其君者，亦無不利也。故其占又如此。

[一] 以上九字，朝爽堂本無。
[二] 「又」，疑當作「故」。
[三] 以上十一字，朝爽堂本無。
[四] 「真」，原作「貞」，今據諸本改。下同，不再出校。
[五] 「然」，朝爽堂本作「爲」。

象曰：「求而往，明也。」

求者，資濟屯之才，有知人之明者也。往者，展濟屯之才，有自知之明者也。坎錯離，有明之象，故曰「明」。

九五，屯其膏，小貞吉，大貞凶。

膏者，膏澤也。以坎體有膏澤霑潤之象，故曰「膏」，詩「陰雨膏之」是其義也〔一〕。本卦名屯，故曰屯膏。陽大陰小，六居二，九居五，皆得其正，故皆稱「貞」。小貞者，臣也，指二也。大貞者，君也，指五也。故六二言「女子貞」，而此亦言「貞」，六爻惟二、五言「屯」。○九五以陽剛中正居尊，亦有德有位者，但當屯之時，陷于險中，爲陰所掩，雖有六二正應，而陰柔不足以濟事，且初九得民于下，民皆歸之，無臣無民，所以有屯其膏，不得施爲之象。故占者所居之位，如六二爲臣，小貞則吉；如九五爲君，大貞則凶也。

象曰：「屯其膏，施未光也。」

陽德所施本光大，但陷險中，爲陰所掩，故未光。

上六，乘馬班如，泣血漣如。

〔一〕以上九字，朝爽堂本無。

六爻皆言「馬」者，震、坎皆爲馬也。皆言「班如」者，當屯難之時也。坎爲加憂，爲血卦，爲水，泣血漣如之象也。才柔不足以濟屯，去初最遠，又無應與，故有此象。

象曰：「泣血漣如，何可長也。」既無其才，又無其助，喪亡可必矣，豈能長久？

䷃坎下艮上

蒙，昧也。其卦以坎遇艮，山下有險，艮山[一]在外，坎水在内，水乃必行之物，遇山而止，内既險陷不安，外又行之不去，莫知所往，昏蒙之象也。序卦：「屯者，物之始生也。物生必蒙，故受之以蒙。」所以次屯。

蒙，亨。匪我求童蒙，童蒙求我。初筮告，再三瀆，瀆則不告，利貞。告，古毒反。

蒙亨者，言蒙者亨也，不終于蒙也。「匪我求童蒙」二句，正理也。再指四，陽一陰二，二再則四矣。三指三。瀆者，煩瀆也。初筮者，初筮下卦，得剛中也。比[二]卦坎之剛中在上卦，故曰再筮。告者，二

[一]「山」，原作「止」，今據朝爽堂本改。
[二]「比」，原作「此」，今據史本、朝爽堂本改。

告乎五也。不告者，二不告乎三、四也。凡陽則明，陰則暗，所以九二發六五之蒙。利貞者，教之以正也。

彖曰：「蒙，山下有險，險而止，蒙。蒙亨，以亨行，時中也。匪我求童蒙，童蒙求我，志應也。初筮告，以剛中也。再三瀆，瀆則不告，瀆蒙也。蒙以養正，聖功也。」

以卦象、卦德釋卦名，又以卦體釋卦辭。險而止，退則困于其險，進則阻于其山，兩無所適，所以名蒙也。以者，用也。以亨者，以我之亨通也。時中者，當其可之謂。憤悱啓發，即志應也。言我先知先覺，先以亨通矣，而後以我之亨行時中之教，此蒙者所以亨也。「匪我求童蒙，童蒙求我」，乃教人之正道也。何也？「禮聞來學，不聞往〔一〕教」，童蒙求我，則彼之心志應乎我，而相乎契矣，此其所以可教也。初筮則告者，以剛中也。我有剛中之德，而五又以中應之，則心志應乎我而相乎契矣，所以當告之也。「初筮」二字只作下卦二字，指教者而言，觀比卦「再筮」可見矣。蓋三則應乎其上，四則隔乎其三，與剛中發蒙之二不相應與，又乘陽不敬，則心志不應乎我，而不相乎契矣。既不相乎契而强告之，是徒煩瀆乎蒙矣，亦何益哉？教之利于正者，幼而學之，學爲聖人而已。聖人之所以爲聖者，正而已矣。入聖之域雖在後日，作聖之功就在今日。當蒙時，養之以正，雖未即至于聖，聖域由此而漸入矣，

〔一〕「往」，原作「枉」，今據史本、朝爽堂本、寶廉堂本改。

此其所以利貞也。「發蒙」即「養蒙」。聖功，乃「功夫」之「功」，非「功效」之「功」[一]。

象曰：「山下出泉，蒙，君子以果行育德。」[二]

泉乃必行之物，始出而未通達，猶物始生而未明，蒙之象也。果行者，體坎之剛中，以果決其行，見善必遷，聞義必徙，不畏難而苟安也。育德者，體艮之静止，以養育其德，不欲速，寬以居之，優游以伺其成也。要之，果之育之者，不過蒙養之正而已。是故楊墨之行非不果也，而非吾之所謂行；佛老之德非不育也，而非吾之所謂德，所以蒙養以正爲聖功[三]。

初六，發蒙，利用刑人，用説桎梏，以往吝。說，吐活反[四]。

蒙者，下民之蒙也，非又指童蒙也。發蒙者，啓發其初之蒙也。刑人者，以人刑之也。刑罰立而後教化行，治蒙之初，故利用刑人，以正其法。桎梏者，刑之具也。坎爲桎梏，桎梏之象也。在足曰桎，在手曰梏。中爻震爲足，外卦艮爲手，用桎梏之象也。因坎有桎梏，故用刑之具，即以桎梏言

[一] 以上十七字，朝爽堂本無。
[二] 此下，朝爽堂本有注音「行，去聲」。
[三] 自「是故」以下至此，朝爽堂本無。
[四] 此下，朝爽堂本有「音脱」二字。

之，非必主于桎梏也。朴作教刑，不過夏、楚而已〔一〕。本卦坎錯離，艮綜震，有噬嗑折獄用刑之象，故豐、旅、賁〔二〕三卦有此象，皆言獄。説者，脱也。用脱桎梏，即不用刑人也。變兑爲毁折，脱之象也。往者，往發其蒙也。吝者，利之反。變兑，則和悦矣，和悦安能發蒙？故吝。○初在下，近比九二剛中之賢，故有啓發其蒙之象。然發蒙之初，利用刑人以正其法，庶小懲而大誡，蒙斯可發矣。若舍脱其刑人，惟和悦以往教之，蒙豈能發哉？吝之道也。故其象占如此，細玩小象自見。

象曰：「利用刑人，以正法也。」

教之法，不可不正，故用刑懲戒〔三〕之，使其有〔四〕嚴憚也。

九二，包蒙，吉。納婦，吉，子克家。

包者，裹也。婦人懷妊，包裹其子，即「胞」字也。凡易中言「包」者，皆外包乎内也。泰曰「包荒」，否曰「包承」、「包羞」，姤曰「包魚」，皆外包乎内。包蒙者，包容其初之蒙也〔五〕。曰包〔六〕，則有含弘之量，

〔一〕自「因坎」以下三十三字，朝爽堂本無。
〔二〕「賁」，原作「貫」，今據諸本改。
〔三〕「戒」，原作「成」，今據諸本改。
〔四〕「有」下，朝爽堂本有「所」字。
〔五〕「蒙」，原作「象」，今據史本、朝爽堂本改。下同。朝爽堂本下無「也」字。
〔六〕「曰包」二字，朝爽堂本無。

敷教在寬矣。初曰「刑」者，不中不正也。上曰「擊」者，上過剛也。此爻剛中，統治羣陰，極善之爻，故于初曰「包」，于三、四、五曰「納」，于五曰「克家」。納婦吉者，新納之婦有諧和之吉也。中爻坤順在上，一陽在下，納受坤順之陰，納婦之象也。子克家者，能任父之事也。坎爲中男，有剛中之賢，能幹五母之蠱，子克家之象也。「納婦吉」字與上「吉」字不同，上「吉」字，占者之吉也；下「吉」字，夫婦諧和之吉也。坤順故吉。○九二以陽剛爲内卦之主，統治羣陰，當發蒙之任者，其德剛而得中，故有包蒙之象。占者得此固吉矣，然所謂吉者，非止于包容其初之蒙也。凡三、四、五之爲蒙者，二皆能以剛中之德化之，如新納之婦有諧和之吉，承考之子有克家之賢，其吉其賢皆自然而然，不待勉强諄諄訓誨于其間，如此而謂之吉也。故其占中之象又如此。

象曰：「子克家，剛柔接也。」

二剛五柔，二有主〔一〕蒙之功，五之信任專，所以二得廣〔二〕布其敷教之才，亦如賢子不待訓誨，自然而克家也，所以占者有子克家之象。周公爻辭以剛中言，孔子象辭並應與言。

六三，勿用取女，見金夫，不有躬，无攸利。取，七具反。

變巽，女之象也。九二陽剛，乾爻也。乾爲金，金夫之象，故稱金夫。金夫者，以金賂己者也。六三正

〔一〕「主」，朝爽堂本作「正」。

〔二〕「廣」，史本、朝爽堂本作「展」。

應在上，然性本陰柔，坎體順流趨下，應爻艮體常止，不相應于下〔一〕。九二爲羣蒙之主，得時之盛，蓋〔二〕近而相比，在納婦之中者，故捨其正應而從之。此「見金夫，不有躬」之象也。且中爻順體震動，三居順動之中，比于其陽，亦不有躬之象也。若以蒙論，乃自暴自棄，昏迷于人欲，終不可教者。因三變長女，故即以女象之，曰「勿用取」、「无攸利」，皆其象也。○六三陰柔，不中不正，又居艮止坎陷之中，蓋蒙昧無知之極者也，故有此象。占者遇此，如有發蒙之責者，棄而不教可也。

象曰：「勿用取女，行不順也。」

婦人以順從其夫爲正，捨正應之夫而從金夫，安得爲順？

六四，困蒙，吝。

困蒙者，困于蒙昧而不能開明也。六四上下既遠隔於陽，不得賢明之人以近之，又無正應賢明者以爲之輔助，則蒙無自而發，而困于蒙矣，故有困蒙之象。占者如是，終于下愚，故可羞。

象曰：「困蒙之吝，獨遠實也。」

陽實陰虛，實謂陽也。六四上下皆陰，蒙之甚者也。欲從九二則隔三，欲從上九則隔五，遠隔于實者

〔一〕此下，朝爽堂本有「○」。
〔二〕「蓋」，朝爽堂本作「三」。

也，故曰「獨遠實」。獨者，言本卦之陰皆近乎陽，而四獨遠也。

六五，童蒙，吉。

童蒙者，純一未散，專心資于人者也。艮爲少男，故曰童。匪我求童蒙，言童之蒙昧也。此則就其純一未散，專聽于人而言。蓋中爻爲坤順，五變爲巽，有此順巽之德，所以專心資剛明之賢也。〇六五以順巽居尊，遠應乎二，近比乎上，蓋專心資剛明之賢者，故有童蒙之象。占者如是則吉也。

象曰：「童蒙之吉，順以巽也。」

中爻爲順，變爻爲巽。仰承親比上九者，順也；俯應聽從九二者，巽也。親比聽從乎陽，正遠實之反，所以吉。

上九，擊蒙，不利爲寇，利禦寇。

擊蒙者，擊殺之也。應爻坎爲盜，錯離爲戈兵，艮爲手，手持戈兵，擊殺之象也。三與上九爲正應，故擊殺之也。寇者，即坎之寇盜也。二「寇」字相同。不利爲寇者，教三爻在下，蒙昧之人也；利禦寇者，教上九在上，治蒙之人也。六三在本爻爲淫亂，在上九爲寇亂，蒙昧之極可知矣。〇上九與三之寇盜相爲正應，過剛不中，治蒙太猛，故有擊蒙之象。聖人教占者，以占得此爻者，若乃在下蒙昧之人，則不利爲寇，爲寇則有擊殺之凶矣；占得此爻者，若乃在上治蒙之人，惟利禦止其寇而已，不可即擊殺之。聖人哀矜愚蒙之人，故兩有所戒也。

象曰：「利用禦寇，上下順也。」

上九剛止于禦寇，上之順也。六三柔隨其所止，下之順也。艮有止象，變坤有順象，漸卦〔一〕「利禦寇」，小象亦曰「順相保」，可見矣。

☰☵乾下坎上

需者，須也，有所待也。理勢不得不需者，以卦象論，水在天上，未遽下于地，必待陰陽之交，薰蒸而後成，需之象也；以卦德論，乾性主于必進，乃處坎陷之下，未肯遽進，需之義也。序卦：「蒙者，物之穉也。物穉不可不養也。需者，飲食之道也。」養物以飲食，所以次蒙。

需，有孚，光亨，貞吉，利涉大川。

需雖有所待，乃我所當待也，非不當待而待也。孚者，信之在中者也。坎體誠信充實于中，孚之象也。光者，此心光明，不爲私欲所蔽也。中爻離，光明之象也。亨者，此心亨泰，不爲私欲所窒也。坎爲通，亨通之象也。貞者，事之正也。八卦正位，坎在五，陽剛中正，爲需之主，正之象也。皆指五也。坎水在前，乾健臨之，乾知險，涉大川之象也。又中爻兑綜巽，坎水在前，巽木臨之，亦涉大川之象。

〔一〕「卦」，原作「自」，重修虎林本、寶廉堂本據改。按「卦」字是，今據史本、朝爽堂本回改。

詳見頤卦上九。孚貞者，盡所需之道。光亨吉利者，得所需之效。需若無實，必無光亨之時。需若不正，豈有吉利之理？○言事若有所待，而心能孚信，則光明而亨通矣。而事又出于其正，不行險以僥倖，則吉矣，故利涉大川。

彖曰：「需，須也，險在前也。剛健而不陷其義，不困窮矣。需有孚，光亨，貞吉，位乎天位，以正中也。利涉大川，往有功也。」

以卦德釋卦名，以卦綜釋卦辭。需者，須也，理勢之所在，正欲其有所待也，故有需之義。險在前，不易于進，正當需之時也。乾臨之[一]，毅然有守，不冒險以前進，故不陷于險。既不陷于險，則終能出其險，其義不至于困窮矣，所以名需。需、訟二卦同體，文王綜爲一卦，故雜卦曰「需不進也，訟不親也」。位天位以正中者，訟下卦之坎往居需之上卦九五，又正而又中也，五爲天位，因自訟之地位往居之，故曰「位乎天位」。如在訟下卦，止可言「中」，不可言「正」矣。正則外無偏倚，中則心無夾雜，所以「有孚，光亨，貞吉[二]」。「往有功」，與漸、蹇、解三卦彖辭「往有功」同，言訟下卦往而居需之上卦九五正中，所以有利涉大川之功也。

〔一〕「乾臨之」，朝爽堂本作「以乾之剛健」。
〔二〕「吉」，朝爽堂本作「者」。

象曰：「雲上於天，需，君子以飲食宴樂。」

雲氣蒸而上升，必待陰陽和洽然後成雨，故爲需待之義。君子事之當需者，亦不容更有所爲，惟内有孚，外守正，飲食以養其氣體而已，宴樂以娱其心志而已，此外别無所作爲也。曰「飲食宴樂」者，乃居易俟命、涵養待時之象也，非真必飲食宴樂也。若伯夷、大公需待天下之清，窮困如此，豈能飲食宴樂哉〔一〕？

初九，需于郊，利用恒，无咎。

郊者，曠遠之地，未近於險之象也。乾爲郊，郊之象也，故同人、小畜皆言郊。需于郊者，不冒險以前進也。恒者，常也。安常守静以待時，不變所守之操也。利用恒，无咎者，戒之也。言若無恒，猶有咎也。○初九陽剛得正，未近於險，乃不冒險以前進者，故有需郊之象。然需于始者，或不能需于終，故必義命自安，恒于郊而不變，乃其所利也。戒占者能如此，則无咎矣。

象曰：「需于郊，不犯難行也。利用恒，无咎，未失常也。」難，乃旦反。

不犯難行者，超然遠去，不冒犯險難以前進也。未失常者，不失需之常道也。需之常道不過以義命自安，不冒險以前進而已。

〔一〕以上二十二字，朝爽堂本無。

九二，需于沙，小有言，終吉。

坎爲水，水近則有沙，沙則近于險矣。漸近于險，雖未至于患害，已小有言矣。小言者，衆人見譏之言也。避世之士，知前有坎陷之險，責之以潔身。用世之士，知九二剛中之才，責之以拯溺也。中爻爲兑口舌，小言之象也。終吉者，變爻離明，明哲保身，終不陷于險也。○二以陽剛之才而居柔守中，蓋不冒險而進者，故有需于沙之象。占者如是，雖不免小有言，終得其吉也。

象曰：「需于沙，衍在中也。雖小有言，以吉終也。」

水行朝宗曰衍，即水字也。凡江河，水在中而沙在邊。衍在中者[一]，言水在中央也。沙在水邊，則近于險矣，雖近于險而小有言，然以剛中處需，故不陷于險而以吉終也。

九三，需于泥，致寇至。

泥逼于水，將陷于險矣，寇之地也。坎爲盜在前，寇之象也。○九三居健體之上，才位俱剛，進不顧前，邇于[二]坎盜，故有需泥寇至之象。健體敬慎惕若，故占者不言凶。

象曰：「需于泥，災在外也。自我致寇，敬慎不敗也。」

[一]以上十四字，朝爽堂本無。

[二]「邇」上，史本有「密」字。「于」字原重，今據諸本删。

外謂外卦。災在外者，言災已切身而在目前也。災在外而我近〔一〕之，是致寇自我也。敬慎不敗者，三得其正，乾乾惕若，敬而且慎，所以不敗于寇也，故占者不言凶。

六四，需于血，出自穴。

坎爲血，血之象也。又爲隱伏，穴之象也。偶居左右上下皆陽，亦穴之象也。血即坎字，非見傷也。出自穴者，觀上六「入于穴」「入」字，此言「出」字，即出、入二字自明矣。言雖「需于血」，然猶出自穴外，未入于穴之深也。需卦近于坎，致寇至；及入于坎，三爻皆吉者，何也？蓋六四順于初之陽，上六陽來救援，皆應與有力；九五中正，所以皆吉也。凡看周公爻辭，要玩孔子小象。若以血爲殺傷之地，失小象順聽之旨矣。○四交于坎，已入于險，故有需于血之象。然四與初爲正應，能順聽乎初，初乃乾剛，至健而知險，惟知其險，是出自穴外，不冒險以進，雖險而不險矣，故其象占如此。

象曰：「需于血，順以聽也。」

坎爲耳，聽之象也。聽者，聽乎初也。六四柔得其正，順也。順聽乎初，故入險不險。

九五，需于酒食，貞吉。

坎水，酒象。中爻兑，食象。詳見困卦。酒食，宴樂之具。需于酒食者，安于日用飲食之常，以待之而

〔一〕「近」，史本、朝爽堂本作「逼」。

已。貞吉者，正而自吉也，非戒也。○九五陽剛中正，居于尊位，蓋優游和平，不多事以自擾，無爲而治者也。故有需于酒食之象，其貞吉可知矣。占者有是貞，亦有是吉也。

象曰：「酒食，貞吉，以正中也。」

即象「正中」〔一〕。

上六，入于穴，有不速之客三人來，敬之，終吉。

陰居險陷之極，入于穴之象也。變巽爲入，亦入之象也。下應九三，陽合乎陰，陽主上進，不召請而自來之象也。我爲主，應爲客，三陽同體，客〔二〕三人之象也。入穴窮困〔三〕，望人救援之心甚切，喜其來而敬之之象也。終吉者，以三陽至健，知險可以拯溺也。○上六居險之極，下應九三，故其象如此，占者之吉可知矣。

象曰：「不速之客來，敬之，終吉，雖不當位，未大失也。」當，去聲。

位者，爻位也。三乃人位，應乎上六，故曰人來。初與二皆地位，上六所應者乃人位，非地位，今初與二皆來，故不當位也。以一陰而三陽之來，上六敬之，似爲失身矣，而不知入于其穴，其時何時也。來

〔一〕「正中」上，朝爽堂本有「位乎天位以」五字，下有「也八卦正位坎在五」八字。

〔二〕「客」，原作「有」，今據史本、朝爽堂本改。

〔三〕「困」，原作「山」，今據諸本改。

救援于我者，猶擇其位之當否，而敬有分別，是不知權變者矣。故初與二雖不當位，上六敬之，亦未爲大失也。曰「未大失」者，言雖失而未大也。若不知權變，自經于溝瀆，其失愈大矣。易中之時正在于此。

䷅坎下乾上

訟者，争辨也。其卦坎下乾上，以二象論，天運乎上，水流乎下，其行相違，所以成訟；以卦德論，上以剛陵乎下，下以險伺乎上，以一人言内險而外健，以二人言己險而彼健，險與健相持，皆欲求勝，此必訟之道也。序卦：「飲食者，人之大欲存焉。」既有所需，必有所争，訟所由起也，所以次需。

訟，有孚，窒惕，中吉，終凶。利見大人，不利涉大川。

有孚者，心誠實而不詐僞也；窒者，窒塞而能含忍也；惕者，戒懼而畏刑罰也；中者，中和而不狠愎也。人有此四者，必不與人争訟，所以吉。若可已不已，必求其勝而終其訟，則凶。利見大人者，見九五以決其訟也。不利涉大川者，不論事之淺深，冒險入淵以興訟也。九二中實，有孚之象。一陽沉溺于二陰之間，窒之象。坎爲加憂，惕之象。陽剛來居二，中之象。上九過剛，終之象。九五中正以居

尊位，大人之象。中爻巽木下坎水，本可涉大川，值〔一〕三剛在上，陽實陰虛，遇巽風〔二〕，舟重遇風則舟危〔三〕矣，舟危豈不入淵？故象〔四〕辭曰「入淵」，不利涉之象也，與「棟撓」同。文王卦辭其精妙至絶〔五〕。

象曰：「訟，上剛下險，險而健，訟。『訟有孚，窒惕，中吉』，剛來而得中也。終凶，訟不可成也。利見大人，尚中正也。不利涉大川，入于淵也。」

以卦德、卦綜、卦體、卦象釋卦名、卦辭。險、健詳見前卦下。若〔六〕健而不險，必不生訟；險而不健，必不能訟，惟二者俱全〔七〕，所以名訟。剛來得中者，需、訟相綜，需上卦之坎來居訟之下卦，九二得中也。前儒不知序卦、雜卦，所以依虞翻以爲卦變，剛來居柔地得中，故能有孚、能窒、能惕、能中、終者，極而至于成也。訟已非美事，若訟之不已，至于其極，其凶可知矣。尚者，「好尚」之「尚」，主也，言九

〔一〕「值」，史本、朝爽堂本作「但」。

〔二〕「遇巽風」，朝爽堂本無。

〔三〕「遇風則舟危」，朝爽堂本作「遇巽風危」。

〔四〕「象」，原作「象」，今據史本、朝爽堂本、寶廉堂本及下象辭改。

〔五〕以上十三字，朝爽堂本無。「絶」，史本作「至」。

〔六〕「下若」二字，史本作「凡人」。

〔七〕「惟二者俱全」五字，原無，今據史本及原校補。

五所主，在中正也。惟中正，所以能辨人是非。入淵者，舟重遇風，其舟危矣。故入淵與冒險興訟，必陷其身者，一而已矣。

象曰：「天與水違行，訟，君子以作事謀始。」

天上蟠，水下潤；天西轉，水東注，故其行相違。謀之于始，則訟端絶矣。作事謀始，工夫不在訟之時，而在于未訟之時也。與其病後能服藥，不若病前能自調之意。天下之事莫不皆然〔一〕。故曰曹、劉共飯，地分于匕箸之間。蘇、史滅宗，忿起于談笑之頃。蘇逢吉、史弘文俱爲令，見五代史〔二〕。

初六，不永所事，小有言，終吉。

不永所事者，不能永終其訟之事也。小有言者，但小有言語之辨白而已。變兑爲口舌，言之象也。應爻乾爲言，亦言之象也。因居初，故曰小。終吉者，得辨明也。〇初六才柔位下，不能永終其訟之事，雖在我不免小有言語之辨，然温柔和平，自能釋人之忿怨，所以得以辨明，故其象如此，而占者終得吉也。

象曰：「不永所事，訟不可長也。雖小有言，其辯明也。」

訟不可長，以理言也。言雖是初六陰柔之故，然其理亦如此。長、永二字相同。雖不免小有言語之

〔一〕以上二十四字，朝爽堂本無。
〔二〕以上十三字，朝爽堂本無。

辨，然終因此言辨明。

九二，不克訟，歸而逋，其邑人三百户，无眚。

克，勝也。自下訟上，不克而還，故曰歸。逋，逃避也。坎爲隱伏，逋之象也。邑人，詳見謙卦。中爻爲離，坎錯離，離居三，三百之象也。二變，下卦爲坤，坤則闔户之象也。三百，言其邑之小也。言以下訟上，歸而逋竄，是矣。然使所逋竄之邑爲大邑，則猶有據邑之意，跡尚可疑，必如此小邑藏避，不敢與五爲敵，方可免眚。需、訟相綜，訟之九二即需之九五，曰「剛來而得中」，曰「歸而逋」，皆因自上而下，故曰「來」、曰「歸」，其字皆有所本，如此玄妙，豈粗浮者所能解。坎爲眚，變坤則無眚矣。○九二陽剛，爲險之主，本欲訟者也，然以剛居柔之中，既知其理之不當訟，而上應九五之尊，又知其勢不可訟，故自處卑小，以免災患，其象如此。占者如是，則无眚矣〔一〕。

象曰：「不克訟，歸逋竄也。自下訟上，患至掇也。」〔二〕

歸逋竄者，不與之訟也。掇者，拾取也。自下訟上，義乖勢屈，禍患猶拾而自取。此言「不克訟」之故。

六三，食舊德，貞厲，終吉。或從王事，无成。

〔一〕此下，朝爽堂本有「羑里之囚，文王豈有一毫不是之處？只是不辨不争，而曰天王聖明，所以内文明而外柔順也」。

〔二〕此下，朝爽堂本有音注「掇，都活反」。

德，與「穢德彰聞」、「閨門慙德」之「德」同〔一〕，乃惡德也。德乃行而有得〔二〕，往日之事也，故以「舊」字言之。凡人與人争訟，必舊日有懷恨不平之事。有此懷恨，其人之惡德藏畜于胸中，必欲報復，所以訟也。食者，吞聲不言之意。中爻巽綜兑，口食之象也。王事者，王家敵國忿争之事，如宋之與虜〔三〕是也。變巽不果，或之象也。中爻離日，王之象也。應爻乾君，亦王之象也。無成者，不能成功也。下民之争訟主于怯，王家之争訟主于才。以此食舊德之柔，處下民之剛强敵國〔四〕則可，若以此處王國之剛强敵國，是即宋之于虜，柔弱極矣，南朝〔五〕無人，稽首稱臣，安得有成？○六三上有剛强之應敵，陰柔自卑，故有食人舊德，不與争辯之象。然應與剛猛，常受侵陵，雖正亦不免危厲矣。但六三含忍不報，從其上九，與之相好，所以終不爲己害而吉也。如此之人，柔順有餘而剛果不足，安能成王事哉？故占者乃下民之應敵則吉，或王事之應敵則無成而凶。

象曰：「食舊德，從上吉也。」

從上者，從上九也。上九剛猛，六三食其舊日剛猛侵陵之惡德，相從乎彼，與之相好，則吉矣。

〔一〕以上十二字，朝爽堂本無。

〔二〕以上七字，朝爽堂本無。

〔三〕「虜」，寶廉堂本、四庫本作「金」。下同，不再出校。

〔四〕「敵國」，朝爽堂本作「私敵」。

〔五〕「南朝」，寶廉堂本、四庫本作「禦侮」。

九四，不克訟，復即命，渝安貞，吉。

即，就也。命者，天命之正理也。不曰理而曰命者，有此象也。中爻巽，四變亦爲巽，命之象也。渝，變也。四變，中爻爲震，變動之象也。故隨卦初爻曰「渝安貞」者，安處于正也。復即于命者，外而去其忿争之事也。變而安貞者，内而變其忿争之心也。心變則事正矣，吉者雖不能作事于謀始之先，亦能改圖于有訟之後也。九二〔一〕、九四皆不克訟，既不克矣，何以訟哉？蓋二之訟者，險之使然也，其不克者，勢也。知勢之不可敵，故歸而逋逃，曰歸者，識時勢也。四之訟者，剛之使然也，其不克者，理也。知理之不可違，故復即于命。曰復者，明理義也。九四之「復」，即九二之「歸」，皆以剛居柔，故能如此。人能明理義，識時勢，處天下之事無難矣。學者宜細玩之。○九四剛而不中，既有訟之象，以其居柔，故又有復即命渝安貞之象，占者如是則吉也。

象曰：「復即命，渝安貞，不失也。」

始而欲訟，不免有失，今既復渝，則改圖而不失矣。

九五，訟，元吉。

九五爲訟之主，陽剛中正，以居尊位，聽訟而得其平者也。凡訟占者遇之，則利見大人，訟得其理而元

〔一〕「九二」上，朝爽堂本有「○」。

吉矣。

象曰：「訟，元吉，以中正也。」

中則聽不偏，正則斷合理，所以利見大人而元吉。

上九，或錫之鞶帶，終朝三褫之。鞶音盤。褫，池[一]尔切。

或者，設或也[二]，未必然之辭。鞶帶，大帶，命服之飾；又紳也。男鞶革，女鞶絲。乾爲衣，又爲圜，帶之象也。乾君在上，變爲兑口，中爻爲巽，命令錫服之象也。故九四曰「復即命」。中爻離日，朝日之象也。離日居下卦，終之象也。又居三，三之象也。褫，奪也。坎爲盜，褫奪之象也。命服以錫有德，豈有賞訟之理？乃設言也[三]，極言訟不可終之意。㊀上九有剛猛之才，處訟之終，窮極于訟者也。故聖人言人肆其剛强，窮極于訟，取禍喪身，乃其理也。設若能勝，至于受命服之賞，是亦仇争所得，豈能長保？故終一朝而三見褫奪也。即象而占之，凶可知矣。

象曰：「以訟受服，亦不足敬也。」

縱受亦不足敬，況褫奪隨至，其不可終訟也明矣。

〔一〕「池」，原作「地」，今據史本、朝爽堂本改。

〔二〕「設或也」三字，朝爽堂本無。

〔三〕「言也」，朝爽堂本作「詞以」。

周易集注卷之三

梁山來知德集注

䷆坎下坤上

師者，衆也。其卦坎下坤上，以卦象論，地中有水，爲衆聚之象；以卦德論，内險而外順，險道以順，行師之義也；以爻論，一陽居下卦之中，上下五陰從之，將統兵之象也。二以剛居下，五柔居上而任之，人君命將出師之象也。序卦：「訟必有衆起。」師興由争，故次于訟。

師，貞，丈人吉，无咎。

貞者〔一〕，正也。丈人者，老成持重，練達時務者也。凡人君用師之道，在得正與擇將而已。不得其正，則師出無名；不擇其將，則將不知兵。故用兵之道，利于得正，又任老成之人，則以事言，有戰勝攻取之吉；以理言，無窮兵厲民之咎矣。戒占者當如是也。

〔一〕「貞者」上，朝爽堂本有「以三畫卦論，二爲人位，故稱丈人。〇」。

彖曰：「師，衆也。貞，正也。能以衆正，可以王矣。剛中而應，行險而順，以此毒天下，而民從之，吉，又何咎矣？」王，去聲。

以卦體、卦德釋卦辭。衆者，即周官自五人爲伍[一]，積而至于二千五百人爲師也。正者，即王者之兵，行一不義，殺一不辜，而得天下不爲，如此之正也。以者，謂能左右之也，一陽在中而五陰皆所左右也。左右之，使衆人皆正，樵蘇无犯之意[二]，則足以宣布人君之威德，即王者仁義之師矣。故可以王以衆正，言爲將者可以王；言命將者能正即可以王，故師貴貞也。剛中而應者，爲將不剛則怯，過剛則猛，九二剛中，乃將才之善者。有此將才，五應之，又信任之專，則可以展布其才矣。行險者，兵危事也，謂坎也。順者，順人心也，謂坤也。兵足以戡亂而順人心，則爲將有其德矣。有是才德，所以名「丈人」也。毒者，猶既濟「憊」字，時久師老之意。噬嗑中爻爲坎，故亦曰「遇毒」，乃陳久太肥腊肉味變者。五行志云：「厚味實腊毒。」師古曰：「味厚者爲毒久。」[三]陳久之事，文案繁雜，難于聽斷，故以腊毒象之，非毒害也。若毒害，則非行險而順矣[四]。言出師固未免毒于天下，然毒之者，實所以

[一]「伍」，原作「五」，今據朝爽堂本、寶廉堂本改。
[二]此六字，朝爽堂本無。
[三]「陳久太肥」至「味厚者爲毒久」，朝爽堂本無。
[四]以上十字，朝爽堂本無。

安之，乃民所深願而悦從者也。民悦而從，所以吉而无咎。「毒天下」句與「民從之」句意正相應。若毒天下而民不從，豈不凶？豈不有咎〔一〕？

象曰：「地中有水，師，君子以容民畜衆。」

水不外于地，兵不外于民，地中有水，水聚地中，爲聚衆之象，故爲師。容者，容保其民，養之教之也。畜者，積畜也。古者寓兵于農，故容保其民者，正所以畜聚其兵也。常時民即兵，變時兵即民，兵不外乎民，即水不外乎地也。

初六，師出以律，否臧凶。否，蒲鄙反。

專〔二〕以將言。律者，法也。號令嚴明，部伍整肅，坐作進退，攻殺擊刺，皆有法則是也。否者，塞也，兵敗也。臧者，善也，兵成功也。若不以律，不論成敗，成亦凶，敗亦凶，二者皆凶，故曰「否臧凶」。觀小象「失律凶」之句可見矣。○初六才柔，當出師之始，師道當守其法則，故戒占者師出以律，失律則不論否臧皆凶矣〔三〕。

象曰：「師出以律，失律凶也。」

〔一〕二「豈不」，朝爽堂本作「而」。

〔二〕此上，朝爽堂本有「初與九二相近，亦偏裨之雄者，故戒以失律。○」。

〔三〕此下，朝爽堂本有「臧，善也，以律者臧也。否，不也，失律者否臧也」。

失律〔一〕，否固凶，臧亦凶。

九二，在師中，吉无咎，王三錫命。

師中者，在師而得其中也。此爻正彖辭之「剛中而應」、六五小象之「以中行」，皆此中也。在師中者，剛中也。錫命者，正應也。蓋爲將之道，不剛則怯，過剛則猛，惟剛中則吉而无咎矣。吉无咎者，恩威並著，出師遠討，足以靖内安外也。錫命者，或錫以褒嘉之温語，或錫以其物，如宋太祖之解裘是也〔二〕，乃寵任其將，非褒其成功也。曰錫命，則六五信任之專可知矣。本卦錯同人，乾在上，王之象；離在下，三之象。中爻巽，錫命之象。全以錯卦取象，亦如睽卦上九之「見豕負塗」也。取象如此玄妙，所以後儒難得知〔三〕。○九二爲衆陰所歸，有剛中之德，上應六五，而爲之寵任，故其象如此，而占可知矣。

象曰：「在師中吉，承天寵也。王三錫命，懷萬邦也。」

天〔四〕謂王也。在師中吉者，以其承天之寵，委任之專也。王三錫命者，以其存心于天下，惟恐民之不

〔一〕「失律」上，朝爽堂本有「小象正釋『否臧』之爲失律也。失律未有能成功者，左傳云『執事順承爲臧，逆爲否』。○」。

〔二〕以上二十二字，朝爽堂本無。

〔三〕以上十三字，朝爽堂本無。

〔四〕「天」字上，朝爽堂本有「意在萬邦，故寵任將，非爲將一人也。○」。

安，故任將伐暴安民也。下二句皆推原二五之辭〔一〕。

六三，師或輿尸，凶。

或者，未必之辭。變巽，進退不果，或之象也，言設或也。輿者，多也，衆人之意，即今「輿論」之「輿」。以坤、坎二卦皆有輿象，故言輿也。尸者，主也。言爲將者不主而衆人主之也。觀六五「弟子輿尸」可見矣。程傳是。○六三陰柔，不中不正，但居大將九二之上，才柔志剛，故有出師大將不主而三或主之之象，不能成功也必矣，故其占凶。

象曰：「師或輿尸，大无功也。」

曰〔二〕大者，甚言其不可輿尸也。

六四，師左次，无咎。

師三宿爲次。右爲前，左爲後，今人言「左遷」是也。蓋乾先坤後，乾右坤左，故明夷六四陰也，曰「左腹」；豐卦九三陽也，曰「右肱」。左次，謂退舍也。○六四居陰得正，故有出師度不能勝，完師以退之象。然知難而退，兵家之常，故其占无咎。

〔一〕此下，朝爽堂本有「○將握重兵，主易猜疑，王翦請美田宅是也」。

〔二〕「曰」上，朝爽堂本有「陸遜按劍戒諸老將，穰苴誅莊賈，孫臏誅宮嬪皆然。○」。

象曰：「左次无咎，未失常也。」

知〔一〕難而退，師之常也。聖人恐人以退爲怯，故言當退而退，亦師之常，故曰「未失常」。

六五，田有禽，利執言，无咎。長子帥師，弟子輿尸，貞凶。

田乃地之有水者，應爻爲地道，居于初之上，田之象也。故乾二爻曰「在田」。禽者，上下皆陰，與小過同，禽之象也。坎爲豕，錯離爲雉，皆禽象也。禽害禾稼，寇盜之象也。坎爲盜，亦有此象。執者，興師以執獲也。坤爲衆，中爻震綜艮爲手，衆手俱動，執獲之象也。言者，聲罪以致討也。坤錯乾爲言，言之象也。无咎者，師出有名也。長子，九二也。中爻震，長子之象也。長子即丈人，自衆尊之曰丈人，自爻象之曰長子。弟子，六三也，坎爲中男，震之弟也，弟子之象也。○六五用師之主，柔順得中，不爲兵端者也。敵加于己，不得已而應之，故爲田有禽之象。應敵興兵，利于執言，占者固无咎矣。然任將又不可不專。若專于委任，使老成帥師以任事可也。苟參之以新進之小人俾爲弟子者參謀，輿尸于其間，使長子之才有所牽制而不得自主，則雖曰有禽，乃應敵之兵，其事固貞，然所任不得其人，雖貞亦凶矣。因六五陰柔，故許以无咎，而又戒之以此。

象曰：「長子帥師，以中行也。弟子輿尸，使不當也。」當，去聲。

〔一〕「知」上，朝爽堂本有「士會勸荀林父不渡河是也。曹操曰：『孫權不欺我。』遂還。○」。

言所以用長子帥師者，以其有剛中之德，使之帥師以行，使之當矣。若弟子，則使之不當也。「以中行」，推原其二之辭。「使不當」，歸咎于五之辭[一]。

上六，大君有命，開國承家，小人勿用。

坤錯乾，大君之象也。乾爲言，有命之象也。命者，命之以開國承家也。坤爲地，爲方國之象也，故曰「開國」。變艮爲門闕，家之象也，故曰「承家」。損卦艮變坤，故曰「無家」。師卦坤變艮，故曰「承家」。周公爻象，其精至此。開者，封也。承者，受也。功之大者開國，功之小者承家也。小人，開承中之小人也。陽大陰小，陰土重疊，小人之象也。勿用者，不因其功勞，而遂任用以政事也。變艮爲止，勿用之象也。如光武雲臺之將，得與公卿參議大事者，惟鄧禹、賈復數人而已，可謂得此爻之義者矣。○上六，師終功成，正論功行賞之時矣，故有大君有命，開國承家之象。然師旅之興，效勞之人其才不一，販繒屠狗之徒亦能樹其奇功，不必皆正人君子。故開國承家，惟計其一時得功之大小，不論其往日爲人之邪正，此正王者封建之公心也。至于封建之後，董治百官，或上而參預廟廊之機謀，或下而委任百司之庶政，則惟賢是用，而前日諸將功臣中之小人，惟享其封建之爵土，再不得干預乎此矣。故又戒之以「小人勿用」也。「弟子輿尸」，戒之于師始；「小人勿用」，戒之于師終，聖人之情見矣。

[一] 此下，朝爽堂本有「○龐籍薦狄青爲大將，征儂智高，曰：『願勿置監軍，必能成功』」。

象曰：「大君有命，以正功也。小人勿用，必亂邦也。」

正功者，正功之大小也。亂邦者，小人挾功倚勢，暴虐其民，必亂其邦。王三錫命，命于行師之始，惟在于懷邦，懷邦者，懷其邦之民也。大君有命，命于行師之終，惟恐其亂邦，亂邦者，亂其邦之民也。聖人行師，惟救其民而已，豈得已哉〔一〕？

䷇坤下坎上

比，親輔也。其卦坤下坎上，以卦象論，水在地上，最相親切，比之象也；以爻論，五居尊位，衆陰比而從之，有一人輔萬邦、四海仰一人之象，故爲比也。序卦：「衆必有所比，故受之以比。」所以次師。

比吉，原筮元永貞，无咎。不寧方來，後夫凶〔二〕。

原者，再也，與禮記「末有原」之「原」同〔三〕。蒙之剛中在下卦，故曰「初筮」；比之剛中在上卦，故曰「原筮」。下卦名「初筮」，上卦名「原筮」，非真以蓍草筮之也。孔子于二卦彖辭皆曰以「剛中」言。蒙

〔一〕此下，朝爽堂本有「〇命則止論功，用則必得人」。
〔二〕此下，朝爽堂本有「比，毗意反」。
〔三〕以上九字，朝爽堂本無。

剛中在下，故能發人之蒙；比剛中在上，故有三〔一〕德而人來親輔也，非舊注所謂「再筮以自審」也。元者，元善也，即仁也。永，恒也。貞，正也。言元善長永貞固也。無咎者，有此元永貞之三德也。不寧者，不遑也。四方歸附，方新來者不遑也，猶言四方歸附之不暇也。坤爲方，故曰方。後夫凶者，如萬國朝禹而防風後至，天下歸漢而田横不來也。下畫爲前，上畫爲後，凡卦畫陽在前者爲夫，如睽卦「遇元夫」是也。此夫指九五也。陽剛當五，乃位天德，元之象也。四陰在下，相率而來，不寧方來之象也。一陰高亢于上，負固不服，後夫之象也。○言筮得此卦，爲人所親輔，占者固吉矣，然何以吉哉？蓋因上卦陽剛得中，有元永貞三者之德，則在我已無咎，而四方之歸附于我者且〔二〕不遑，後來者自蹈迷復之凶矣，此所以吉也。

象曰：「比，吉也。比，輔也，下順從也。原筮元永貞，無咎，以剛中也。不寧方來，上下應也。後夫凶，其道窮也。」

釋卦名義，又以卦體釋卦辭。「比，吉也」，乃漸卦「女歸，吉也」之例，皆止添一「也」字。「比，輔」者，言陽居尊位，羣下順從，以親輔之也。蓋輔者比之義。順從者又輔之義。順者情不容已，從者分不可逃。以者，因也，因有此剛中之德也。剛中則私欲無所留，所以爲元善者此也；剛中則健而

〔一〕「三」，史本、朝爽堂本作「君」。
〔二〕「且」，朝爽堂本作「日」。

不息，所以爲永者此也；剛中則正固而不偏，所以爲貞者此也。蓋八卦正位坎在五，所以有此三德而無咎。九五居上，羣陰應于下，上下相應，所以不寧方來。道窮者，理勢窮蹙，無所歸附也。

象曰：「地上有水，比，先王以建萬國，親諸侯。」

物相親比而無間者，莫如水在地上。先王觀比之象，建公侯伯子男之國，上而巡狩，下而述職，朝聘往來，以親諸侯，諸侯承流宣化，以親其民，則視天下猶一家，視萬民猶一身，而天下比于一矣。象則人來比我，象與諸爻則我去比人。師之畜衆，井田法也。比之親侯，封建法也。秦惟不知此義，故二世即亡。善乎六代論曰：「譬如芟刈股肱，獨任胸腹，浮舟江海，捐棄楫櫂，觀者爲之寒心，而始皇自以爲帝王萬世之業，豈不悖哉〔一〕？」

初六，有孚，比之無咎。有孚盈缶，終來有他吉〔二〕。

有孚者，誠信也。比之者，比于人也。誠信比人，則無咎矣。缶，瓦器也，以土爲之而中虚。坤土，陰虚之象也。盈者，充滿也；缶，坤土之器；坎，下流之物；初變成屯，屯者，盈也，水流盈缶之象也。若以人事論，乃自一念而念念皆誠，自一事而事事皆誠，即「盈缶」也。有孚，即孟子所謂「信人」；盈缶，則「充實之謂美」矣。來者，自外而來也。他對我言，終對始言。〇初六乃比之始，相比之道，以誠信

〔一〕自「秦惟」至此，朝爽堂本無。
〔二〕此下，朝爽堂本有音注「缶音否」。

爲本，故無咎。若由今積累，自始至終，皆其誠信充實于中，若缶之盈滿，孚之至于極矣，則不但無咎，更有他吉也。

象曰：「比之初六，有他吉也。」

言比不但無咎，而即有他吉，見比貴誠實也。

六二，比之自內，貞吉。

二在內卦，故曰內。自內者，由己涵養有素，因之得君。如伊尹樂堯舜之道，而應成湯之聘也。八卦正位坤在二，故曰貞。○六二柔順中正，上應九五，皆以中正之道相比，蓋貞而吉者也。占者有是德，則應是占矣。

象曰：「比之自內，不自失也。」

中正，故不自失。

六三，比之匪人。

三〔一〕不中不正，己不能擇人而比之矣，又承、乘、應皆陰，故爲比之匪人。二〔二〕之中正而曰匪人者，

〔一〕「三」上，朝爽堂本有「唐河朔藩鎮互相朋黨，比匪也。○」。

〔二〕「二」，原作「一」，今據重修虎林本、寶廉堂本改。

止以陰論也。婦人雖賢，猶是婦人，非先儒隨時之説〔一〕。

象曰：「比之匪人，不亦傷乎。」

傷，哀傷也，即孟子「哀哉」之意。不言其凶而曰「傷乎」者，蓋惻然而痛憫也。

六四，外比之，貞吉。

九五外卦，故曰外，謂從五也。之字指五。本卦獨九五爲賢，六二以正應而比之，修乎己而貞吉也；六四以相近而比之，從乎人而貞吉也，於此見易之時。○六四柔順得正，舍正應之陰柔，而外比九五剛明中正之賢，得所比之正者矣，吉之道也，故占者貞吉。

象曰：「外比於賢，以從上也。」

五陽剛中正，故言賢；居尊位，故言上。言六四外比，豈徒以其賢哉？君臣大分，亦以安其從上之分也。

九五，顯比。王用三驅，失前禽。邑人不誡，吉。

顯者，顯然光明正大無私也。言比我者無私，而我亦非違道干〔二〕求比乎我也。下三句，顯比之象也。

〔一〕此下，朝爽堂本有「若以剛中處之，則雖匪人，安能爲我比哉」。

〔二〕「干」，原作「于」，今據寶廉堂本改。史本、朝爽堂本作「以」。

三驅者，設三面之網，即「天子不合圍」也。坎錯離爲日，王之象也；又居三，三之象也。坎馬駕坤車，驅之象也；綜師用兵，驅逐禽獸之象也。前後坤土兩開，開一面之象也。故同人初九前坤土兩開，曰「同人于門」。一陽在衆陰之中，與小過同，禽之象也，故師卦亦曰「禽」。前禽指初。下卦在前，初在應爻之外，失前禽之象也。坤爲邑，又爲衆，又三、四爲人位，居應爻二之上，五之下，邑人之象也。不誡者，禽之去者聽其自去，邑人不相警誡，以求必得也。不誡者，在下之無私；不合圍者，在上之無私，所以爲顯。○九五剛健中正，以居尊位，羣陰求比于己，顯其比而無私，其不比者亦聽其自去，來者不拒，去者不追，故有此象。占者比人無私，則吉矣。

象曰：「顯比之吉，位正中也。舍逆取順，失前禽也。邑人不誡，上使中也。」舍音捨。

位〔一〕正中，即剛健中正，居尊位也。用命不入網，而去者爲逆，不我比者也。不用其命，入網而來者爲順，比我者也。人中正，則不貪得。邑人不誡者，以王者有中德，故下化之亦中，亦不貪得，猶上有以使之也，所以失前禽，邑人不誡。

上六，比之無首，凶。

乾爲首，九五乾剛之君乃首也。九五已與四陰相爲顯比，至上六則不能與君比，是比之無首，其道窮

〔一〕「位」上，朝爽堂本有「顯比豈宜有失？惟但取順而舍逆，故有失也。獵者，以鹿罷爲上殺，用首者爲下殺。舍逆不殺，迎降也。○」。

矣，故蹈後夫之凶〔一〕。

象曰：「比之無首，無所終也。」

無所終，即後夫凶。

☰乾下巽上

小者，陰也。畜者，止〔二〕也。乾下巽上，以陰畜陽，又一陰居四，上下五陽皆其所畜，以小畜大，故爲小畜。又畜之未極，陽猶尚往，亦小畜也。序卦：「比必有畜，故受之以小畜。」所以次比。

小畜，亨，密雲不雨，自我西郊〔三〕。

中爻離錯坎，雲之象。中爻兑，西之象。下卦乾，郊之象。詳見需卦。凡雲自西而來東者水生，木洩其氣，故無雨。○小畜亨，然其所以亨者，以畜未極而施未行也，故有「密雲不雨，自我西郊」之象，故占者亨。

〔一〕此下，朝爽堂本有「○師、比相綜，本是一卦體，在師則專論剛柔，在此則專論陰陽」。

〔二〕「止」，原作「正」，今據史本、朝爽堂本、寶廉堂本、四庫本改。

〔三〕此下，朝爽堂本有音注「畜音初，大畜同」。

彖曰：「小畜，柔得位而上下應之，曰小畜。健而巽，剛中而志行，乃亨。密雲不雨，尚往也。自我西郊，施未行也。」施，始豉〔一〕反。

以卦綜、卦德釋卦名、卦辭。得位者，八卦正位巽在四〔二〕也。本卦與履相綜，故孔子雜卦曰「小畜寡也，履不處也」。履之三爻，陰居陽位，不得其位，往而爲小畜之四，則得位矣，故曰「柔得位而上下應之」。上下者，五陽也。以柔得位而上下應之，則五陽皆四所畜矣。以小畜大，故曰小畜。内健，則此心果決，而能勝其私；外巽，則見事詳審，而不至躁妄。又二五剛居中位，則陽有可爲之勢，可以伸其必爲之志矣。陽性上行，故曰「志行」。乃亨者，言陽爲陰所畜，宜不亨矣，以健而巽，剛居中而志行，則陽猶可亨也。往者陽往，施者陰施，言畜之未極，陽氣猶上往，而陰不能止也。惟陽上往，所以陰澤不能施行而成雨。

象曰：「風行天上，小畜，君子以懿文德。」

懿，美也。巽順，懿美之象。三〔三〕乾陽，德之象。中爻離，文之象。以道而見諸躬行曰道德，見諸威儀文辭曰文德。風行天上，有氣而無質，能畜而不能久，曰小畜。君子大則道德，小則文德，故體之。

〔一〕「豉」，朝爽堂本作「跂」。
〔二〕「四」，原作「内」，今據史本、朝爽堂本改。
〔三〕「三」，朝爽堂本作「下」。

以美其文德之小，曰文而必曰德者，見文乃德之輝，非粉餙也〔一〕。

初九，復自道，何其咎？吉。

自下升上曰復，歸還之意。陽本在上之物，志欲上進，而爲陰所畜止，故曰復。自者，由也。道者，以正道也。言進于上，乃陽之正道也。何其咎，見其本無咎也。復卦「不遠復」、「休復」者，乃六陰已極之時，喜陽之復生于下；此卦之「復自道」、「牽復」者，乃一陰得位之時，喜陽之復升于上。○初九乾體居下得正，雖與四陰爲正應，而能守正，不爲四所畜，故有復自道之象。占者如是，則無咎而吉矣。

象曰：「復自道，其義吉也。」

在下〔二〕而畜于上之陰者，勢也。不爲陰所畜而復于上者，理也。陽不爲陰畜，乃理之自吉者，故曰「其義吉」。

九二，牽復吉。

九二漸近于陰，若不能復矣，然九二剛中，則不過剛，而能守己相時，故亦復。與初二爻並復，有牽連而復之象，占者如是，則吉矣。三陽同體，故曰「牽」，故夬卦亦曰「牽」。程傳謂二五牽復，本義謂初，

〔一〕「非粉餙也」四字，朝爽堂本無，其下有「○當小人畜君子之時，君子但染文翰，弄柔毛，自晦其才德，以示無用，故不爲小人所忌也」。

〔二〕「在下」上，朝爽堂本有「自道所以當復，不論利害禍福，止論理也。不謀于姊，幾不得于義，辛憲知義矣。○」。

觀小象「亦」字，則本義是。

象曰：「牽復在中，亦不自失也。」

在中者，言陽剛居中也。亦者，承初爻之辭。言初九之「復自道」者，以其剛正，不爲陰所畜，不〔一〕自失也。九二剛中牽復，亦不自失也。言與初九同也。

九三，輿説輻，夫妻反目。説音悦。

輿脱去其輻，則不能行。乾錯坤，輿之象也。變兑爲毁折，脱輻之象也。脱輻非惡意，彼此相悦，不肯行也。乾爲夫，長女爲妻。反目者，反轉其目，不相對視也。中爻離爲目，巽多白眼，反目之象也。三四初時陰陽相比而悦，及變兑爲口舌，巽性進退不果，又妻乘其夫，妻居其外，夫反在内，則三反見制于四，不能正室，而反目矣。蓋〔二〕陽性終不可畜，所以小畜止能畜得九三一爻，諸爻皆不能畜，然亦三之自取也。○九三比陰，陰陽相悦，必苟合矣，爲四畜止不行，故有輿脱輻之象。然三過剛不中，鋭于前進；四性入，堅于畜止，不許前進，三反見制于四，不能正室矣，故又有反目之象。其象如此，而占者之凶可知矣。

象曰：「夫妻反目，不能正室也。」

〔一〕「不」上，朝爽堂本有「固」字。
〔二〕「蓋」，朝爽堂本作「且」。

室者，閨門也。正者，男正位乎外，女正位乎内也。三四苟合，豈能正室？所以反目。故歸妹大象曰：「君子以永終知敝。」

六四，有孚，血去惕出，无咎。去，上聲。

五陽皆實，一陰中虚，孚信虚中之象也。此爻離錯坎，坎爲血，血之象也。血去者，去其體之見傷也。又爲加憂，惕之象也。惕出者，出其心之見懼也。曰去、曰出者，以變爻言也。蓋本爻未變，錯坎有血惕之象；既變，則成純乾矣。豈有血惕？所以血去惕出也。本卦以小畜大，四爲畜之主，近乎其五，蓋畜君者也。畜止其君之欲，豈不傷害憂懼？蓋畜有二義：畜之不善者，小人而羈縻君子是也；畜之善者，此爻是也。○六四近五，當畜其五者也，五居尊位，以陰畜之，未免傷害憂懼，然〔一〕柔順得正，乃能有孚誠信，以上合乎五之志，故有血去惕出之象，占者能如是誠信，斯无咎矣。

象曰：「有孚惕出，上合志也。」

上合志者，以其有孚誠信也。

九五，有孚攣如，富以其鄰。

本卦大象中虚，而九五中正，故有孚誠信。攣者，攣綴也。綴者，緝也。緝者，續也。皆相連之意，即

〔一〕「然」，朝爽堂本作「四」。

九二之「牽」也。謂其皆陽之類，所以牽連相從也。巽爲繩，攣之象也。又爲近市利三倍，富之象也，故家人亦曰「富家大吉」。五居尊位，如富者有財，可與鄰共之也。以者，左右之也。以其鄰者，援挽同德，與之相濟也。君子爲小人所困，正人爲邪黨所厄，則在下者必攀挽于上，期于同進；在上者必援引于下，與之協力，故二牽而五攣。本卦雖以陰畜陽，初、二皆牽復吉，不爲陰所畜。象曰「剛中而志行乃亨」，剛中志行正在此爻，故亨。若舊注以三爻同力畜乾，則助小人以畜君子，陽豈得亨？非聖人作易之意矣。一陰五陽，君子多于小人，所以初、二、五皆不能畜。○九五居尊，勢有可爲，以九二同德爲輔佐，當小人畜止之時，剛中志行，故有有孚攣如，富以其鄰，小人不得畜止之象。占者有孚，亦如是也。

象曰：「有孚攣如，不獨富也。」

言有孚，則人皆牽攣而從之矣，不必有其富也。今五居尊位，既富矣，而又有孚，故曰「不獨富」。

上九，既雨既處，尚德載，婦貞厲。月幾望，君子征凶。

上九變坎爲雨，雨之象也。處者，止也。巽性既進而退，巽風吹散其雨，既雨既止之象也。雨既止，可尚往矣。尚德載者，下三陽爲德，坎爲輿，成需即需上六「不速之客三人來」也，載者積三陽而載之也，故曰「積德載」。此言陽尚往也。水火乃相錯之卦，火天大有曰「大車以載」，象曰「積中不敗」，則坎車積三陽載之，上往也明矣。巽婦畜乾之夫，以順爲正。巽本順而正者也，今變坎，失巽順而爲險陷，危厲之道也，故始貞而今厲矣。坎爲月，中爻離爲日，日月之象也。巽錯震，中爻兑，震東兑西，日月

相望之象也，言陰盛也。易中言「月幾望」者三，皆對陽而言：中孚言從乎陽，歸妹言應乎陽，此則抗乎陽也。三陽有乾德，故曰「君子」。巽性進退不果，本疑惑之人，今變坎陷，終必疑君子之進，畜止而陷之，故征凶。○畜已終矣，陰終不能畜陽，故有雨止陽往之象。畜者雖貞，亦厲之道也。然陰既盛抗陽，則君子亦不可往矣，兩有所戒〔一〕也，故其象占如此。陽終不爲陰所畜，故雜卦曰「小畜寡也」，觀「寡」字可知矣〔二〕。

象曰：「既雨既處，德積載也。君子征凶，有所疑也。」

陽德積而尚往，故貞〔三〕厲。陰終疑陽之進而畜之，故征凶。

〔一〕「戒」，原作「成」，今據史本、朝爽堂本改。

〔二〕此下，朝爽堂本有「○漢桓靈之世，豈无君子？上九『既雨既處，尚德載，婦貞厲，月幾望，君子征凶』，上九出九五之上，六四安得畜之？是雨止之時，可與三陽同德共載而往矣，但六四之陰雖不畜陽而貞，然猶危厲者，以其居君之側，如月與日相望，借日以爲光，君子征凶。其所以危厲者，以其居君之側，如月與日相望，借日以爲光，君子征凶。宋之章惇，終借哲宗以肆報復，君子豈可曰慶而輕進乎？戒君子之輕進也。象曰『既雨既處，德積載也。君子征凶，有所疑也』，陽多陰少，陽盛陰衰，所以雨止。然終疑一陰在君側，征必凶也。宋之紹聖是也。○畜陽者必待近君之位，可以困陒君子，故賴九五剛中之君乃可無患。然終是近君之陰，不可不防，疑小人難保，正以君心難保也，而況司馬君實恃元祐之女主乎？○上九，陽也，而處乎上，乃退休老臣之象。卦辭曰『不雨』，爻辭曰『既雨』，則『既雨』二字豈可徑作『雨止』？當是經雨而休息者，故曰『君子征凶』」。

〔三〕「貞」，原作「婦」，今據重修虎林本、朝爽堂本、寶廉堂本、四庫本改。

䷉兑下乾上

履者，禮也，以禮人所踐履也。其卦兑下乾上，天尊于上，澤卑于下，履之象也。内和悦而外剛健，禮嚴而和之象也。序卦：「物畜然後有禮，故受之以履。」因次小畜〔一〕。

履虎尾，不咥人，亨。咥，直結反〔二〕。

履者，足踐履也。中爻巽錯震，震爲足，有履之象，乃自上而履下也。咥者，嚙也。下卦兑錯艮，艮爲虎，虎之象也，乃兑爲虎，非乾爲虎也。先儒不知象，所以以乾爲虎。周公因文王取此象，故革卦上體兑，亦取虎象。曰尾者，因下卦錯虎，所履在下，故言尾也。故遯卦下體艮，亦曰尾。兑口乃悦體，中爻又巽順，虎口和悦，巽順不猛，故不咥人。

彖曰：「履，柔履剛也。説而應乎乾，是以『履虎尾，不咥人，亨』。剛中正，履帝位而不疚，光明也。」説音悦。

〔一〕此下，朝爽堂本有「○履虎尾者，履帝位之象也。心之憂危，若蹈虎尾，凛乎春冰是也。初與二非上也，故在其所履而無害；三則上矣，稍剛即暴矣。五中正而厲者，剛也。上九不中，不中而元吉者，以理自治也」。

〔二〕此下，朝爽堂本有「音經」。

以卦德釋卦名、卦辭，而又言卦體之善。柔履剛者，以三之柔履二之剛也。此就下體自上履下而言也，釋卦名也。悦而應乎乾者，此就二體自下應上而言也。曰應者，明其非履也。三與五同功，故曰應。此釋卦辭之所以亨也。帝指五，九五剛健中正，德與位稱，故不疚。不疚，則功業顯于四方，巍然焕〔一〕然，故光明。中爻離，光明之象。此又卦體所履〔二〕之善，非聖人不足以當之。故文王言「履虎尾」，孔子言「履帝位」。

象曰：「上天下澤，履，君子以辨上下，定民志。」

君子觀履之象，辨上下之分。上下之分既辨，則民志自定，上自安其上之分，下自安其下之分矣。

初九，素履，往无咎。

素者，白也，空也，無私欲污濁之意。素履，即中庸「素位而行」，舜飯糗茹草若將終身，顔子陋巷不改其樂是也。往者，進也。陽主于進，故曰往。○初九陽剛在下，本無陰私，當履之初，又無外物所誘，蓋素位而行者也，故有素履之象。以是而往，必能守其所願之志而不變，履之善者也。故占者无咎。

象曰：「素履之往，獨行願也。」

〔一〕「焕」，原作「涣」，今據史本、朝爽堂本、寳廉堂本改。
〔二〕「履」，原作「復」，今據史本、朝爽堂本、寳廉堂本改。

獨有人所不行，而己獨行之意。願，即中庸「不願乎外」之「願」。言初九素位而行，獨行己之所願，而不願乎其外也。中庸「素位」二句，蓋本周公「素履」之爻云〔一〕。

九二，履道坦坦，幽人貞吉。

履道坦坦，依乎中庸，不索隱行怪也。幽獨之人多是賢者過之〔二〕。能履道坦平，不過乎高而驚世駭俗，則貞吉矣。變震爲足，履之象也。又爲大塗，道坦坦之象也。幽對明言，中爻離明在上，則下爻爲幽矣。三畫卦，二爲人位，幽人之象也。故歸妹中爻離，九二亦以「幽人」言之。「履以和行」，「禮之用，和爲貴」，所以本卦陽爻處陰位，如上九則元吉者，以嚴而有和也。二與四同，二坦坦而四愬愬者，二得中而四不得中也。二與五皆得中位，二貞吉而五貞厲者，二以〔三〕剛居柔，五以剛居剛也。○九二剛中居柔，上無應與，故有履道坦坦之象。幽人如此，正而且吉之道也，故占者貞吉。

象曰：「幽人貞吉，中不自亂也。」

有此中德，心志不自雜亂，所以依中庸而貞吉。世之富貴外物，又豈得而動之？

六三，眇能視，跛能履，履虎尾，咥人，凶。武人爲于大君。

〔一〕以上十五字，朝爽堂本無。「爻」，史本作「文」。
〔二〕「過之」，朝爽堂本作「所以」，則從下讀爲是。
〔三〕「二以」，朝爽堂本倒。

中爻巽錯震足，下離爲目，皆爲兑之毁折，眇、跛之象也。六畫卦，三爲人位，正居兑口，人在虎口之中，虎咥人之象也。三變，則六畫皆乾矣，以悦體而有文明，乃變爲剛猛武勇，武之象也。三人位，武人之象也。曰武者，對前未變離之文而言也。陽大陰小，陰變爲陽，大之象也。故坤卦用六，以「大」終。變爲乾君，大君之象也。咥人，不咥人之反。爲大君，履帝位之反。○六三不中不正，柔而志剛，本無才德，而自用自專，不能明而强以爲明，不能行而强以爲行，以此履虎，必見傷害，故有是象，占者之凶可知矣。亦猶履帝位者，必德稱其位而不疚。武人乃强暴之夫，豈可爲大君哉？徒自殺其軀而已。武人爲大君，又占中之象也。

象曰：「眇能視，不足以有明也。跛能履，不足以與行也。咥人之凶，位不當也。武人爲于大君，志剛也。」

不足有明與行，以陰柔之才言。位不當者，以柔居剛也。爻以位爲志，六三陰柔才弱而志剛，亦如師卦之六三，所以武人而欲爲大君。

九四，履虎尾，愬愬，終吉。

四應初，故履虎尾。愬愬，畏懼貌。四多懼，愬愬之象也。三以柔暗之才，而其志剛猛，所以觸禍。四

以剛明之才，而其志恐懼，所以免禍。天下之理原是如此，不獨象數〔一〕然也。○九四亦以不中不正履其虎尾，然以剛居柔，故能愬愬戒懼，其初雖不得即吉，而終則吉也。

象曰：「愬愬終吉，志行也。」

初曰「獨行」，遠君也。四曰「志行」，近君也。志行者，柔順以事剛決之君，而得行其志也，始雖危而終則不危，所謂「終吉」者此也。蓋危者使〔二〕平，易之道原是如此。故三之志徒剛，而四之志則行。

九五，夬履，貞厲。

夬者，決也。慨然以天下之事爲可爲，主張太過之意。蓋夬與履，皆乾、兑上下相易之卦。曰「夬履」者，在履而當夬位也。然象辭與爻辭不同，何也？蓋象辭以履之成卦言，六爻皆未動也，見其剛中正，故善之；爻辭則專主九五一爻而言，以變爻而言也，變離則又明，燥而愈夬矣，故不同。在下位者，不患其不憂，患其不能樂，故喜其履坦。在上位者，不患其不樂，患其不能憂，故戒其夬履。二之坦，則正而吉者，喜之也。五之夬，則正而危者，戒之也。○九五以剛中而履帝位，則有可夬之資，而挾可夬之勢矣。又下應巽體，爲臣下者，皆容悦承順，故有夬履之象。然有所恃，必有所害，雖使得正，亦危道也。故其占爲貞厲，其戒深矣。

〔一〕「數」，朝爽堂本作「故」。
〔二〕「使」，原作「始」，今據史本、朝爽堂本改。

象曰：「夬履，貞厲，位正當也。」

有中正之德而又當尊位，傷于所恃，又下卦悦體，因悦方成其夬，所以兑之九五亦言「位正當」。

上九，視履，句。考祥。其旋，句。元吉。

視者，回視而詳審也。中爻離目，視之象也。祥者，善也。三凶五厲，皆非善也。考其履之善，必皆天理之節文，人事之儀則，下文「其旋」是也。旋者，周旋、折旋也。凡禮，以義合而截然不可犯者謂之方，猶人之步履折旋也；以天合而怡然不可解者謂之圓，猶人之步履周旋也。禮雖有三千三百之多，不過周旋、折旋而已。考其善于周旋、折旋之間，則周旋〔一〕中規，折旋中矩矣，豈不元吉？○上九當履之終，前無所履，可以回視其履矣，故有視履之象。能視其履，則可以考其善矣。考其善而中規中矩，履之至善者也。占者如是，不惟吉，而且大吉也。「視履」作一句，與「素履」、「夬履」同例。

象曰：「元〔二〕吉在上，大有慶也。」

大即元，慶即吉，非元吉之外别有大慶。

〔一〕此「周旋」及下「折旋」，朝爽堂本無。

〔二〕「元」，原作「无」，今據史本、朝爽堂本、寶廉堂本、四庫本改。

䷊乾下坤上

泰者，通也。天地陰陽，相交而和，萬物生成，故爲泰。小人在外，君子在內，泰之象也。序卦：「履〔一〕而泰，然後安，故受之以泰。」所以次履。此正月之卦。

泰，小往大來，吉亨。

小謂陰，大謂陽。往來以內外之卦言之，由內而之外曰往，由〔二〕外而之內曰來。否、泰二卦同體，文王相綜爲一卦，故雜卦曰「否、泰，反其類也」。小往大來者，言否內卦之陰往而居泰卦之外，外卦之陽來而居泰卦之內也。

彖曰：「『泰，小往大來，吉亨』，則是天地交而萬物通也，上下交而其志同也；內陽而外陰，內健而外順，內君子而外小人，君子道長，小人道消也。」

「則是」二字，直管至「消也」。天地以氣交，氣交而物通者，天地之泰也。上下以心交，心交而志同者，上下之泰也。陰陽以氣言，健順以德言，此二句，造化之小往大來也。君子、小人以類言，此三句，人

〔一〕「履」，原作「復」，今據史本、朝爽堂本、寶廉堂本及序卦改。
〔二〕「由」，朝爽堂本作「自」。

事之小往大來也。內外釋往來之義，陰陽、健順、君子小人釋大小之義。

象曰：「天地交，泰，后以財成天地之道，輔相天地之宜，以左右民。」

后，元后也。道就其體之自然而言，宜就其用之當然而言。財成者，因其全體而裁制使不過，如氣化流行，籠統相續〔一〕，聖人則爲之裁制，以〔二〕分春夏秋冬之節；地勢廣邈，經緯交錯，聖人則爲之裁制，以分東西南北之限。此裁成天地之道也。輔相者，隨其所宜而贊助其不及。如春生秋殺，此時運之自然；高黍下稻，亦地勢之所宜，聖人則輔相之，使當春而耕，當秋而斂，高者種黍，下者種稻〔三〕，此輔相天地之宜也。左右者，扶植之意。扶植以遂其生，俾其亦如天地之通泰也。陽左陰右，有此象，故曰「左右」。

初九，拔茅茹，以其彙，句。征吉。

變巽爲陰木，草茅之象也。茹者，根也。初在下，根之象也。彙者，類也，與「蝟」字同，似豪猪而小，滿身毛刺，同類多，故以彙爲類〔四〕。拔茅茹，以其彙者，言拔一茅，則其根茹牽連同類而起也。征者，仕

〔一〕此「籠統相續」及下「經緯交錯」，朝爽堂本無。
〔二〕「裁制以」三字，朝爽堂本無。下「裁制」亦無。
〔三〕「聖人則輔相之，使當春而耕，當秋而斂，高者種黍，下者種稻」，朝爽堂本作「聖人則使之春耕秋斂，高黍下稻」。
〔四〕以上二十一字，朝爽堂本無。

進之意。○當泰之時，三陽同體，有「拔茅茹，以其彙」之象。占者同德牽連而往，則吉矣。

象曰：「拔茅征吉，志在外也。」

志在外卦之君，故征吉。

九二，包荒，用馮河，不遐遺，朋亡，得尚于中行。馮音憑。

包字，詳見蒙卦。包荒者，包乎初也。初爲草茅，荒穢之象也。因本卦小往大來，陽來乎下，故包初。馮河者，二變則中爻成坎水矣，河之象也。河水在前，乾健，利涉大川，馮之象也。用〔一〕馮河者，用馮河之勇往也。二居柔位，故教之以勇。二變，與五隔河，若馮河而往，則能就乎五矣。二與初爲邇，隔三、四，與五爲遐，不遐遺者，不遺乎五也。朋者，初也。三陽同體，牽連而進，二居其中，朋之象也。故咸卦中爻成乾，四居乾之中，亦曰「朋從」。朋亡者，亡乎初而事五也。尚者，尚往而事五也。中行指六五，六五小象曰「中以行願」是也。卦以上下交爲泰，故以「尚中行」爲辭。曰「得尚」者，慶幸之辭也。若惟知包乎荒，則必不能馮河而就五矣，必遐遺乎五矣，必不能亡朋矣。「用馮河」以下，聖人教占者之辭。陽來居內，不向乎外，有惟知包乎內卦之初，遐遺乎外卦君上之象。故聖人于初教之以「征」，于二教之以「尚」。舊注不識象，所以失此爻之旨。○當泰之時，陽來于下，不知有上，故九二有

〔一〕「用」字，朝爽堂本無。

包初之象。然二、五君臣同德，天下太平，賢人君子，正當觀國用賓之時，故聖人教占者用馮河之勇，以奮其必爲之志，不可因遯而忘遠。若能忘其所遯之朋，得尚往于中行之君，以共濟其泰，則上下交而其志同，可以收光大之事業，而泰道成矣，故其象占如此。

象曰：「包荒，得尚于中行，以光大也。」

曰「包荒」，兼下三句而言也。孔子小象多是如此。捨相比溺愛之朋，而尚往以事中德之君，豈不光明正大？乾陽，大之象也。變離，光之象也。

九三，无平不陂，无往不復。艱貞，无咎。勿恤其孚，于食有福。陂，碑爲反。

陂，傾邪也。无平不陂，以上卦地形險夷之理言。無往不復，以下卦天氣往來之理言。艱者，勞心焦思，不敢慢易之意。貞者，謹守法度，不敢邪僻般樂之意。恤者，憂也。孚者，信也。勿恤其孚者，不憂此理之可信也。食者，吞于口而不見也。福者，福禄也。有福者，我自有之福也。食有福者，天禄永終之意。乾之三爻「乾乾惕若，厲」，艱貞无咎之象也。變兑爲口，食之象也。〇三當泰將極，而否將來之時，聖人戒占者曰：居今泰之世者，承平既久，可謂平矣，無謂平而不陂也；陰往陽來，可謂往矣，無謂往而不復也。今三陽既盛，正將陂、將復之時矣，故必艱貞而守正，庶可保泰而无咎。若或不憂此理之可信，不能艱貞以保之，是自食盡其所有之福禄矣，可畏之甚也，故戒占者以此。

象曰：「无往不復，天地際也。」

際者，交際也。外卦地，内卦天，天地否泰之交會，正在九三、六四之際也。

六四，翩翩，不富以其鄰，不戒以孚。

此爻正是陰陽交泰。翩翩，飛貌，言三陰羣飛而來也。小畜曰「富」者，乃陽爻也；此曰「不富」者，乃陰爻也。泰、否相綜，中爻巽，巽爲市利三倍，富之象也；又爲命令，戒之象也。言不待倚之以富，而其鄰從之者，甚于從富；不待戒之以令，而其類信之者，速于命令也。從者，從乎陽也；信者，信乎陽也，言陰交泰乎陽也。陽欲交泰乎陰，故初曰「征」，二曰「尚」；陰欲交泰乎陽，故四曰「不富以鄰，不戒以孚」，言乃中心願乎陽也；五曰「帝乙歸妹」，言行願乎陽也。此四爻正陰陽交泰，所以説兩箇「願」字。象辭「上下交而其志同」，正在于此。若三與上雖正應，然陰陽之極，不成交泰矣。故三陽之極則曰「无往不復」，所以防「城復于隍」于其始；六陰之極則曰「城復于隍」，所以表「无往不復」于其終，二「復」字相應。〇六四柔順得正，當泰之時，陰向乎内，已交泰乎陽矣，故有三陰翩翩，不富不戒之象。不言吉凶者，陰方向内，其勢雖微，然小人已來于内矣，固不可以言吉。然上有「以祉元吉」之君，上下交而其志同，未見世道之否，又不可以言凶也。

象曰：「翩翩、不富，皆失實也。不戒以孚，中心願也。」

皆失實者，陰虚陽實，陰往于外已久，三陰皆失其陽矣。今來與陽交泰，乃中心之至願也，故不戒而自孚。

六五，帝乙歸妹，以祉元吉。

中爻三五爲雷，二四爲澤，有歸妹之象，故曰「歸妹」。因本卦陰陽交泰，陰居尊位，而陽反在下，故象以此也。帝乙，即高宗箕子之例。祉者，福也。以祉者，以此得祉也，即泰道成也。○泰已成矣，陰陽交會，五以柔中而下應二之剛中，「上下交而其志同」，故有王姬下嫁之象，蓋享太平之福祉而元吉者。占者如是，亦祉而元吉矣。

象曰：「以祉元吉，中以行願也。」

中者，中德也。陰陽交泰，乃其所願，故二曰「尚」，五曰「歸」，一往一來之意也。二曰「中行」，五曰「中行願」，上下皆中正，所謂「上下交而其志同」也。四與陽心相孚契，故曰「中心願」。五下嫁于陽，則見諸行事矣，故曰「行願」。惟得行其願，則泰道成矣，所以元吉。

上六，城復于隍，勿用師，自邑告命，貞吝。

坤爲土，變艮亦土，但有離象，中虛外圍〔一〕，城之象也。既變爲艮，則爲徑路，爲門闕，爲果蓏。城上有徑路，如門闕，又生草木，則城傾圮，不成其城矣，復于隍之象也。程子言「掘隍土，積累以成城，如治道，積累以成泰，及泰之終，將反于否，如城土傾圮，復于隍」是也。此「復」字，正應「无往不復」「復」

〔一〕「外圍」，四庫本作「周邊」。

字。師者，興兵動衆以平服之也。坤爲衆，中爻爲震，變爻象離爲戈兵，衆動戈兵，師之象也。與復上六同。中爻兑口，告之象也。兑綜巽，命之象也。自者，自近以及遠也。邑字，詳見謙卦。○上六當泰之終，承平既久，泰極而否，故有城復于隍之象。然當人心離散之時，若復用師以平服之，則勞民傷財，民益散亂，故戒占者不可用師遠討，惟可自一邑親近之民播告之，漸及于遠，以諭其利害可也。此收拾人心之舉，雖亦正固，然不能保邦于未危之先，而罪己下詔于既危之後，亦可羞矣，故其占者如此。

象曰：「城復于隍，其命亂也。」

命，即「可以寄百里之命」「命」字，謂政令也。蓋泰極而否，雖天運之自然，亦人事之致然，惟其命亂，所以復否。聖人于泰終而歸咎于人事，其戒深矣。

☷☰坤下乾上

否者，閉塞不通也。卦象、卦德皆與泰反。序卦：「物不可以終通，故受之以否。」所以次泰。此七月之卦。

否之匪人，不利，句。君子貞，大往小來。

否之匪人，與「履虎尾」、「同人于野」、「艮其背」同例。卦辭惟此四卦與卦名相連〔一〕。否之匪人者，言

〔一〕「卦辭惟此四卦與卦名相連」，朝爽堂本作「蓋此四卦卦辭與卦名相連」。

否之者非人也，乃天也，即「大往小來」也。不利者，即彖辭「萬物不通」，「天下无邦」，「道長」、「道消」也。君子貞者，即「儉德避難，不可榮以禄」也。不言小人者，易爲君子謀也。大往小來者，否泰相綜，泰内卦之陽往而居否之外，外卦之陰來而居否之内也。文王當殷之末世，親見世道之否，所以發「匪人」之句；後來孔子居春秋之否，乃曰「道之將行也與？命也。道之將廢也與？命也」；孟子居戰國之否，乃曰「莫之爲而爲者，天也；莫之致而至者，命也」，皆宗文王「否之匪人」之句。否之匪人者，天數也。君子貞者，人事也。所以孔孟進以禮，退以義，惟守君子之貞。程朱以爲非人，道也，似無「道」字意。誠齋〔一〕以爲用非其人，似無「用」字意。不如只就「大往小來」説。○言否之者，非人也，乃天也。否由于天，所以占者不利。丁否運之君子，欲濟其否，豈容智力于間哉？惟當守其正而已。何也？大往小來，匪人也，乃天運之自然也。天運既出于自然，君子亦將爲之何哉？故惟當守其正而已〔二〕。

彖曰：「『否之匪人，不利，君子貞，大往小來』，則是天地不交而萬物不通也，上下不交而天下无邦也。内陰而外陽，内柔而外剛，内小人而外君子，小人道長，君子道

〔一〕「齋」，原作「齊」，今據朝爽堂本、寶廉堂本改。

〔二〕自「何也」以下至此，朝爽堂本無。

消也。」

釋「大往小來」四字，與泰卦同。上自爲上，下自爲下，則雖有邦〔一〕國，實與無邦國同矣，故天下无邦。

象曰：「天地不交，否，君子以儉德辟難，不可榮以禄。」辟音避。難，去聲。

儉者，儉約其德，斂其道德之光也。坤爲吝嗇，儉之象也。辟難者，避小人之禍也。三陽出居在外，避難之象也。不可榮以禄者，人不可得而榮之以禄也，非戒辭也。言若不儉德，則人因德而榮禄，小人忌之，禍即至矣。今既儉德，人不知我，則不榮以禄。故不榮以禄者，正所以避難也。

初六，拔茅茹，以其彙，貞吉，亨。

變震爲蕃，茅茹之象也。否綜泰，故初爻辭同。貞者，上有九五剛健中正之君，三陰能牽連，而志在于君，則貞矣。蓋否之時，能從乎陽，是小人而能從君子，豈不貞？○初在下，去陽甚遠，三陰同體，故有「拔茅茹，以其彙」之象。當否之時，能正而志在于休否之君，吉而且亨之道也，故教占者以此。

象曰：「拔茅貞吉，志在君也。」

貞者，以其志在于君也，故吉。泰初九曰「志在外」，此變外爲君者，泰六五之君，不如否之剛健中正得稱君也。

〔一〕「邦」字，朝爽堂本無。

六二，包承，小人吉，大人否亨。

包承者，包乎初也。二乃初之承，曰包承者，猶言將承包之也。大來乎下，故曰「包荒」。小來乎下，故曰「包承」。既包乎承，則小人與小人爲羣矣。小人與小人爲羣，大人與大人爲羣，不相干涉，不相傷害矣。否則，不榮以禄〔一〕也。○當否之時，小來乎下，故六二有包承之象。既包乎承，則小人爲羣，不上害乎大人矣。故占者在小人則有不害正之吉，在大人則身否而道亨也。

象曰：「大人否亨，不亂羣也。」

陰來乎下，陽往乎上，兩不相交，故不亂羣。

六三，包羞。

包者，包乎二也。三見二包乎其初，三即包乎二，殊不知二隔乎陽，故包同類。若三則親比乎陽矣，從陽可也，乃不從陽，非正道矣，可羞者也，故曰「包羞」。○六三不中不正，親比乎陽，當小來于下之時，止知包乎其下矣，而不知上有陽剛之大人在也，乃舍四之大人而包二之小人，羞孰甚焉？故有是象，占者之羞可知矣。

象曰：「包羞，位不當也。」

〔一〕「禄」，原作「休」，今據史本、朝爽堂本、寶廉堂本改。

位不當者，柔而志剛，不能順從乎君子，故可羞。

九四，有命，无咎，疇離祉。

變巽爲命，命之象也。有命者，受九五之命也。四近君，居多懼之地，易于獲咎。今變巽順，則能從乎五矣，故有命无咎。疇者，同類之三陽也。離者，麗也。離祉者，附麗其福祉也。○九四當否過中之時，剛居乎柔，能從乎休否之君，同濟〔一〕乎否，則因大君之命，而濟否之志行矣。故不惟在我无咎，獲一身之慶，而同類亦並受其福也，故其象占如此。

《象》曰："有命无咎，志行也。"

濟否之志行。

九五，休否，大人吉。其亡其亡，繫于苞桑。

休否者，休息其否也。其亡其亡者，念念不忘〔二〕其亡，惟恐其亡也。人依木息曰休。中爻巽木，五居木之上，休之象也。巽爲陰木，二居巽之下，陰木柔，桑之象也。巽爲繩，繫之象也。叢生曰苞。叢者，聚也。柔條細弱，羣聚而成叢者也。此爻變離合坎爲叢棘，苞之象也。桑止可取葉養蠶，不成其

〔一〕"濟"，原作"羣"，今據史本、朝爽堂本、寶廉堂本改。

〔二〕"忘"，原作"亡"，今據朝爽堂本改。

木，已〔一〕非樟楠松柏之大矣，又況叢聚而生，則至小而至柔者也。以國家之大，不繫于磐石之堅固，而繫于苞桑之柔小，危之甚也，即危如累卵之意。此二句有音韻，或古語也〔二〕。○九五陽剛中正，能休時之否，大人之事也，故大人遇之則吉。然下應乎否，惟休否而已，未傾否也，故必勿恃其否之可休，勿安其休之爲吉，兢業戒懼，念念惟恐其亡。若國家繫于苞桑之柔小，常畏其亡而不自安之象。如此，則否休而漸傾矣，故教占者必儆戒如此，繫于苞桑，又其亡其亡之象也。

象曰：「大人之吉，位正當也。」

有中正之德而又居尊位，與「夬履」同者，亦恐有所恃，故爻辭有「其亡其亡」之句。

上九，傾否，先否後喜。

上文言休息其否，則其否猶未盡也。傾者，倒也，與鼎之「顛趾」〔三〕同，言顛〔四〕倒也，本在下而今反上也。否、泰乃上下相綜之卦，泰陰上陽下，泰終則復隍，陽反在上而否矣；否陽上陰下，否終則傾倒，陰〔五〕

〔一〕「止可取葉養蠶不成其木已」十一字，朝爽堂本無。
〔二〕「二句有音韻或古語也」九字，朝爽堂本無。
〔三〕「顛趾」，朝爽堂本作「顛覆折足」。
〔四〕「言顛」二字，朝爽堂本無。
〔五〕「陰」，原作「陽」，今據朝爽堂本、寶廉堂本改。

反在上而泰矣。此「傾」字〔一〕之意也。「復隍」「復」字，應「無往不復」「復」字。「傾否」「傾」字，應「無平不陂」「陂」字，陂者，傾邪也。周公爻辭其精極矣。變兑成悦，喜之象也。○上九以陽剛之才居否之終，傾時之否，乃其優爲者，故其占爲先否後喜。

象曰：「否終則傾，何可長也？」

言無久否之理。

〔一〕「字」，原作「孚」，今據諸本改。

周易集注卷之四

梁山來知德集注

䷌離下乾上

同人者，與人同也。天在上，火性炎上，上與天同，同人之象也。二、五皆居正位，以中正相同，同人之義也。又一陰而五陽欲同之，亦同人也。序卦：「物不可以終否，故受之以同人。」所以次否。

同人于野，亨，利涉大川，利君子貞。

彖辭明。

彖曰：「同人，柔得位得中而應乎乾曰同人。同人曰『同人于野，亨，利涉大川』，乾行也。文明以健，中正而應，君子正也。唯君子爲能通天下之志。」

以卦綜釋卦名，以卦德、卦體釋卦辭。同人、大有二卦同體，文王綜爲一卦，故雜卦曰「大有，衆也；同人，親也」。柔得位得中者，八卦正位離在二，今大有上卦之離來居同人之下卦，則不惟得八卦之正位，又得其中，而應乾九五之中正也。下與上相同，故名同人。卦辭「同人于野」者，六二應乎乾，乾在

外卦，乃野外也，故曰「于野」。乾行，指「利涉大川」一句。蓋乾剛健中正，且居九五之位，有德有位，故可以濟險難。同人于野，雖六二得位得中所能同，至于濟險難，則非六二陰柔所能也，故曰「乾行」，猶言乾之能事也。本卦錯師，有震木坎水象，所以利涉大川。曰乾行者，不言象而言理也。內文明則能察于理，外剛健則能勇于義，中正則內無人欲之私，應乾則外合天德之公。文明以健以德言，中正而應以爻言。此四者，皆君子之正道也。惟君子能通天下之志者，君子即正也。同人于野者，六二也。利涉大川者，乾也。君子貞，則總六二、九五言之。○六二應乎九五之乾，固名同人矣，然同人卦辭乃曰「同人于野，亨，利涉大川」，何也？蓋六二應乾固亨矣，至于利涉大川，非六二也，乃乾也。曰「利君子貞」者何也？蓋內外卦皆君子之正，所以利君子正。天下之理，正而已矣。人同此心〔一〕，同此理，億兆之衆志雖不同，惟此正理方可通之，方可大同人心。若私邪不正，安能有于野之亨而利涉哉？此所以利君子貞也。

象曰：「天與火，同人，君子以類族辨物。」

類族者，于其族而類之，如父母之類皆三年之喪，兄弟之類皆期年之喪是也〔二〕。辨物者，于其物而辨

〔一〕「心」，朝爽堂本重。
〔二〕以上二十一字，朝爽堂本無。

之，如三年之喪其服之麻極粗，期年之喪稍粗，以下漸細是也〔一〕。如是，則同軌同倫，道德可一，風俗可同，亦如天與火不同而同也。凡大象皆有功夫，故曰「君子以」，以者，用也。若以類族爲人，士爲士族，農爲農族；以辨物爲物，蜾爲蜾物，羽爲羽物，則「君子以」三字無安頓而托空矣。

初九，同人于門，無咎。

變艮爲門，門之象也。于門者，謂于門外也。門外雖非野之可比，然亦在外，則所同者廣，而無私昵矣。○初九以剛正居下，當同人之初，而上無係應，故有同人于門之象。占者如是，則無咎也。

象曰：「出門同人，又誰咎也？」

所〔二〕同者廣而無偏黨之私，又誰有咎我者？

六二，同人于宗，吝。

凡離變乾而應乎陽者，皆謂之宗。蓋乾乃六十四卦陽爻之祖，有祖則有宗，故所應者爲宗。若原是乾卦，則本然之祖，見陽不言宗，惟新變之乾，則新成祖矣，所以見陽言「宗」也。故睽卦六五亦曰「宗」。統論一卦，則二五中正相應，所以亨。若論二之一爻，則是陰欲同乎陽矣，所以可羞。如履卦象辭「履

〔一〕以上二十三字，朝爽堂本無。

〔二〕「所」上，朝爽堂本有「誰，對二、三、四、五而言也。宗之吝也，戎之伏也，墉之乘，師之遇也，皆咎也。初同於門，即欲咎之，又誰得而咎之？○」。

帝位而不疚」，至本爻則「貞厲」，皆此意。○同人貴無私，六二中正，所應之五亦中正，然卦取同人，陰欲同乎陽，臣妾順從之道也，溺于私而非公矣，豈不羞〔一〕？故其象占如此。

象曰：「同人于宗，吝道也。」

陰欲同乎陽，所私在一人，可羞之道也。

九三，伏戎于莽，升其高陵，三歲不興。

離錯坎爲隱伏，伏之象也。中爻巽爲入，亦伏之象也。離爲戈兵，戎之象也。莽，草也；中爻巽爲陰木，草之象也。中爻巽爲股，三變爲震足，股足齊動，升之象也。巽爲高，高之象也。三變中爻艮，陵之象也。離居三，三之象也。興，發也。伏戎于莽者，俟其五之兵也；升其高陵者，窺其二之動也。對五而言，三在五之下，故曰「伏」。對二而言，三在二之上，故曰「升」。○九三剛而不中，上無應與，欲同于二，而二乃五之正應，恐九五之見攻，故伏兵于草，升高眄望，將以敵五而攘二。然以理言，二非正應，理不直；以勢言，五居尊位，勢不敵，故至三年之久而終不發，其象如此。以其未發，故占者不言凶。

象曰：「伏戎于莽，敵剛也。三歲不興，安行也。」

〔一〕「羞」下，史本有「吝」字。

所敵者既剛且正，故伏藏三歲不興者，以理與勢俱屈，安敢行哉？故不能行。蓋行者，即興動而行也；安者，安于理勢而不興也，故曰「安行」，安行即四困則之意。

九四，乘其墉，弗克攻，吉。

墉，牆也。離中虚外圍，墉之象也。解卦上六變離，亦曰墉。泰卦上六變艮，大象離曰城，皆以中空外圍也。此則九三爲六二之墉，九四在上，故曰乘。二〔一〕四皆爭奪，非同人矣，故不言同人。三惡五之親二，故有犯上之心；四惡二之比三，故有陵下之志。六二其三國之荆州乎〔二〕？○四不中正，當同人之時，無應與，亦欲同于六二，三爲二之墉，故有乘墉攻二之象。然以剛居柔，故又有自反而弗克攻之象。能如是，則能改過矣，故占者吉。

象曰：「乘其墉，義弗克也。其吉，則困而反則也。」

義者，理也。則者，理之法則也。義理不可移易，故謂之則。當同而同者，理也，亦法則也。不當同而不同者，理也，亦法則也〔三〕。困者，困窮也，即「困而知之」之「困」也。四剛强，本欲攻二，然其志柔，又思二乃五之正應，義不可攻，欲攻不可攻，二者交戰，往來于此心，故曰困。「困」之一字，非孔子不

〔一〕「二」，史本、朝爽堂本、寶廉堂本作「三」，疑是。

〔二〕以上九字，朝爽堂本無。

〔三〕以上二十四字，朝爽堂本無。

能説出，九四之心也。若生而知之，知其不可攻；學而知之〔一〕，知〔二〕其不可攻，則此心不困矣。言「乘其墉」矣，豈其力之不足哉？特以義不可同，故弗克攻耳。其吉者，則因困于心而反于義理之法則也。因困則改過矣，故吉。義弗克，正理也。困而反則，九四功夫也。

九五，同人先號咷而後笑，大師克相遇。號，平聲。

火無定體，曰「鼓缶而歌」而「嗟」，「出涕沱若」。中孚象離曰「或泣或歌」，九五又變離，故有此象。先號咷後笑者，本卦六爻未變，離錯坎爲加憂，九五隔于三四，故憂而號咷；及九五變，則中爻爲兑悦，故後笑。旅先笑後號咷者，本卦未變，中爻兑悦，故先笑；及上九變，則悦體震動，成小過災眚之凶矣，故後號咷。必用大師者，三伏莽，四乘墉，非大師豈能克？此爻變離，中爻錯震，戈兵震動，師之象也。九五陽剛之君，陽大陰小，大師之象也。且本卦錯師，亦有師象。〇九五、六二，以剛柔中正相應，本同心者也，但爲三、四强暴所隔，雖同矣，不得遽與之同，故有未同時不勝號咷，既同後不勝喜笑之象。故聖人教占者曰：君臣，大分也。以臣隔君，大逆也。當此之時，爲君者宜興大師，克乎强暴後，方遇乎正應而後可。若號咷，則失其君之威矣。故教占者占中之象又如此。

象曰：「同人之先，以中直也。大師相遇，言相克也。」

〔一〕自「困之一字」至此，朝爽堂本無。
〔二〕「知」上，朝爽堂本有「若」字。

先者，先號咷也。以者，因也。中直與困卦九五「中直」同，即中正也。言九五所以先號咷者，以中正相應，必欲同之也。相克者，九五克三、四也[一]。

上九，同人于郊，無悔。

乾爲郊，郊之象也。詳見需卦。國外曰郊，郊外曰野，皆曠遠之地。但同人于野，以卦之全體而言，言大同則能亨也，故于野取曠遠大同之象，此爻則取曠遠無所與同之象，各有所取也。○上九居同人之終，又無應與，則無人可同矣，故有同人于郊之象。既無所同，則亦無所悔，故其占如此。

象曰：「同人于郊，志未得也。」

無人可同，則不能通天下之志矣。志未得，正與「通天下之志」相反。

䷍乾下離上

大有者，所有之大也。火在天上，萬物畢照，所照皆其所有，大有之象也。一柔居尊，衆陽並從，諸爻皆六五之所有，大有之義也。序卦：「與人同者，物必歸焉，故受之以大有。」所以次同人。

大有，元亨。

[一] 此下，朝爽堂本有「○劉穆之爲葛長民所制，劉裕必殺葛長民也」。

彖辭明。

彖曰：「大有，柔得尊位，大中而上下應之，曰大有。其德剛健而文明，應乎天而時行，是以元亨。」

以卦綜釋卦名，以卦德、卦體釋卦辭。大有綜同人，柔得尊位而大中者，同人下卦之離往于大有之上卦，得五之尊位，居大有之中，而上下五陽皆從之也。上下從之，則五陽皆其所有矣。陽大陰小，所有者皆陽，故曰大有。內剛健則克勝其私，自誠而明也。外文明則灼見其理，自明而誠也。上下應之者，衆陽應乎六五也。應天時行者，六五應乎九二也。時者，當其可之謂。天即理也，天之道不外時而已。應天時行，如天命有德，則應天而時章之[一]；天討有罪，則應天而時用之是也。乾爲天，因應乾，故發此句。時行即應天之實，非時行之外，別有應天也。剛健文明者，德之體。應天時行者，德之用。有是德之體用，則能亨其大有矣，是以元亨。

象曰：「火在天上，大有，君子以遏惡揚善，順天休命。」

火在天上，無所不照，則善惡畢照矣。遏惡者，五刑、五用是也。揚善者，五服、五章是也。休，美也。

[一]以上七字，朝爽堂本無。

天命之性有善無惡，故遏惡揚善者，正所以順天之美命也[一]。

初九，無交害，匪咎，艱則無咎。

害者，害我之大有也。離爲戈兵，應爻戈兵在前，惡人傷害之象也。故睽卦離在前，亦曰「見惡人」；夬乃同體之卦，二爻變離，亦曰「莫夜有戎」。初居下位，以凡民而大有，家肥屋潤，人豈無害之理？離火剋乾金，其受害也必矣。未交害者，去離尚遠，未交離之境也。九三交離境，故曰「小人害」也。九三「害」字從此「害」字來。匪咎者，人來害我，非我之咎也。艱者，艱難以保其大有，如夬之「惕號」也。○初九居卑，當大有之初，應爻離火，必有害我之乾金者。然陽剛得正，去離尚遠，故有未[二]交害匪咎之象。然或以匪咎而以易心處之，則必受其害矣，惟艱則可保其大有而無咎也。故又教占者以此。

象曰：「大有初九，無交害也。」

時大有而當其初，所以去離遠而無交害。

九二，大車以載，有攸往，無咎。

[一] 此下，朝爽堂本有「○當大有時，宜旌别淑慝也」。

[二] 「未」，重修虎林本、寶廉堂本作「無」。

乾錯坤爲大輿，大車之象也。陽上行之物，車行之象也。以者，用也，用之以載也。變離錯坎，坎中滿，以載之象也。大車以載之重，九二能任重之象也。二變中爻成巽，巽爲股，巽錯震爲足，股足震動，有攸往之象也。〇九二當大有之時，中德蓄積，充實富有，乃應六五之交孚，故有大車以載之象。有所往而如是，則可以負荷其任，佐六五虛中之君，共濟大有之盛，而無咎矣。故其占如此。

象曰：「大車以載，積中不敗也。」

乾三連。陽多之卦皆曰積，積聚之意。小畜、夬皆五陽一陰同體之卦，故小畜曰「積德載」，此曰「以載」，而又曰「積中」者，言積陽德而居中也，則小畜之「積德載」愈明矣。夬九二小象曰「得中道也」，小畜九二小象曰「牽復在中」，皆此「中」之意。「敗」字在車上來，乾金遇離火，必受尅而敗壞，故初曰「無交害」，三曰「小人害」，則「敗」字雖從車上來，亦「害」字之意。曰中德，所以不敗壞也。曰「積中不敗」，則離火不燒金。六五「厥孚交如」，與九二共濟大有之太平矣。

九三，公用亨于天子，小人弗克〔一〕。

三居下卦之上，故曰公。五雖陰爻，然居天位，三非正應，故稱天子。亨者，陽剛居正，不以大有自私，亨之象也。卦本元亨，故曰亨。用亨于天子者，欲出而有爲，以亨六五大有之治也。九二中德〔二〕，止

〔一〕此下，朝爽堂本有音注「亨，程傳如字，本義讀享」。
〔二〕此四字，朝爽堂本無。

曰「大車以載」，不言「亨于天子」，而九三反欲亨于天子，何也？ 蓋九三才剛志剛，所以用亨天子也。同人、大有相綜之卦，同人三、四皆欲同乎二，所以大有二、三皆欲共濟五之大有也。 小人指四也。弗克者，不能也。 三欲亨于天子，四持戈兵，阻而害之，因此小人所以弗克亨于天子也。 蓋大有之四即同人之三，四持戈兵即三之伏戎也。 且〔一〕三變爲睽，輿曳牛掣，即小人之阻，不能用亨也。 舊注作「亨」者非。 用亨天子，猶言出而使天子亨，大有之亨也。 ○九三當大有之時，亦欲濟亨通之會，亨于天子，而共保大有之治者也。 但當離乾交會之間，金受火制，小人在前，不能遽達，故有弗克亨于天子之象。 占者得此，不當如九二之有攸往也可知矣。

象曰：「公用亨于天子，小人害也。」

因小人害，所以弗克亨于天子。 周公之無交害者，初之遠于四也。 孔子之小人害者，三之近于四也。

九四，匪其彭，無咎。

彭，鼓聲，又盛也，言聲勢之盛也。 四變，中爻爲震，震爲鼓，彭之象也。 變艮，止〔二〕其盛之象也。 ○九四居大有之時，已〔三〕過中矣，乃大有之極盛者也。 近君豈可極盛？ 然以剛居柔，故有不極其聲勢

〔一〕「且」，原爲墨丁，今據史本、朝爽堂本改。寶廉堂本作「二」。
〔二〕「止」，原作「土」，今據史本、朝爽堂本、寶廉堂本改。
〔三〕「已」，朝爽堂本作「時」。

之盛之象，無咎之道也，故其占如此[一]。

象曰：「匪其彭，無咎，明辨晢[二]也。」

晢，明貌，晢然其明辨也。離，明之象也。明辨者，辨其所居之地，乃别嫌多懼之地；辨其所遇之時，乃盛極將衰之時也。

六五，厥孚交如，威如，吉。

威如者，恭己無爲，平易而不防閑備具[三]，特有人君之威而已。因六五其體文明，其德中順，又有陽剛羣賢輔之，即舜之無爲而治矣，所以有此象。○六五當大有之世，文明中順，以居尊位，虚己誠信，以任九二之賢，不惟九二有孚于五，而上下之陽，亦皆以誠信歸之，是其孚信之交，無一毫之僞者也。是以爲六五者，賴羣賢以輔治，惟威如而已。此則不言而信，不怒而民威于鈇鉞，蓋亨大有太平之福者也，何吉如之？故其象占如此。

象曰：「厥孚交如，信以發志也。威如之吉，易而無備也。」

〔一〕此下，朝爽堂本有「○伊之『罔居成功』，周之『吐握』是也。梁冀則不明矣」。

〔二〕「晢」，朝爽堂本作「哲」，疑誤。下同，不再出校。

〔三〕以上八字，朝爽堂本無。

誠能動物，一人之信，足以發上下相信之志也。易而無備者，凡人君任賢圖治，若機心深刻而過于防閑預備，則易生嫌隙，決不能與所任用之賢[一]厥孚交如矣。惟平易而不防備，則任賢勿貳，去邪勿疑，方可享無爲之治矣。威如即恭己，易而無備即無爲。若依舊注作戒辭，則小象止當曰「威如則吉」，不應曰「威如之吉」也[二]。

上九，自天祐之，吉無不利。

上九以剛明之德，當大有之盛，既有崇高之富貴，而下有六五[三]柔順之君，剛明之羣賢輔之，上九蓋無所作爲，惟享自天祐助之福，吉而無不利者也。占者有是德，居是位，斯應是占矣。

象曰：「大有上吉，自天祐也。」

言皆天之祐助，人不可得而爲也。上居天位，故曰天。此爻止有天祐之意，若繫辭又別發未盡之意也。如「公用射隼」止有解悖之意，若成器而動，又未盡之意也。言各不同，皆發未盡之意。舊注泥于繫辭者非。

[一] 自「凡人君」至此，朝爽堂本無。

[二] 此下，朝爽堂本有「○易而無備，明非尊嚴也。事尊嚴，將不爲隋煬乎」。

[三] 「六五」，原倒，今據史本、朝爽堂本、寶廉堂本乙正。

䷎艮下坤上

謙，亨，君子有終。

謙者，有而不居之義。山之高，乃屈而居地之下，謙之象也。止于其内而收斂不伐，順乎其外而卑以下人，謙之義也。序卦：「有大者，不可以盈，故受之以謙。」故次大有。

君子，三也。詳見乾卦。三爻艮終萬物，故曰「有終」。彖辭明。

彖曰：「謙，亨，天道下濟而光明，地道卑而上行；天道虧盈而益謙，地道變盈而流謙，鬼神害盈而福謙，人道惡盈而好謙。謙尊而光，卑而不可踰，君子之終也。」上，時掌反。

濟者，施也。天位乎上，而氣則施于下也。光明者，生成萬物，化育昭著而不可掩也。卑者，地位乎下也。上行者，地氣上行而交乎天也。天尊而下濟，謙也，而光明則亨矣；地卑，謙也，而上行則亨矣。此言謙之必亨也。虧盈、益謙以氣言，變盈、流謙以形言，變者傾壞，流者流注卑下之地而增高也。害盈、福謙以理言，惡盈、好謙以情言。此四句統言天地鬼神人三才皆好其謙，見謙之所以亨也。踰者，

過也，言不可久[一]也。尊者有功有德，謙而不居，則功德愈光[二]，亦如天之光明也。卑者有功有德，謙而不居，愈見其不可及，亦如地之上行也。夫以尊卑之謙，皆自屈于其始，而光而[三]不可踰，皆自伸于其終，此君子之所以有終也。

象曰：「地中有山，謙，君子以裒多益寡，稱物平施[四]。」

上下五陰，地之象也。一陽居中，地中有山之象也。五陰之多，人欲也；一陽之寡，天理也。君子觀此象，裒其人欲之多，益其天理之寡，則廓然大公，物來順應，物物皆天理，自可以稱物平施，無所處而不當矣。裒者，減也。

初六，謙謙君子，用涉大川，吉。

凡易中有此象而無此事、無此理者，于此爻「涉大川」見之，蓋金車、玉鉉之類也。周公立爻辭，止因中爻震木在坎水之上，故有此句。而今就文依理，只得説能謙，險亦可濟也。○六柔，謙德也；初，卑位

[一]「久」，史本、朝爽堂本作「及」，據下文，作「及」是。

[二]「則功德愈光」，史本、朝爽堂本作「愈見其不可及」。

[三]「而」，朝爽堂本無。

[四]此下，史本、朝爽堂本有音注「裒，步尤切」。

也，以謙德而居卑位，謙而又謙也。君子有此謙德，以之濟險，亦吉矣。故占者用涉大川，亦〔一〕吉。

象曰：「謙謙君子，卑以自牧也。」

牧，養也。謙謙而成其君子，何哉？蓋九三「勞謙君子」，萬民所歸服者也。二並上與三俱鳴其謙，四則撝裂其謙，五因謙而利侵伐，初居謙之下，位已卑矣，何所作爲哉？惟自養其謙德而已。

六二，鳴謙，貞吉。

本卦與小過同有飛鳥遺音之象，故曰「鳴」。豫卦亦有小過之象，亦曰「鳴」。又中爻震爲善鳴，鳴者，陽唱而陰和也。荀九家以陰陽相應故鳴，得之矣。故中孚錯小過，九二曰「鶴鳴在陰」，又曰「翰音登于天」，皆有鳴之意。鶴鳴，小象曰「中心願也」，此曰「中心得也」。言二與三，中心相得，所以相唱和而鳴也。若舊注以謙有聞，則非鳴謙，乃謙鳴矣。若傳以德充積于中，見于聲音，則上六「鳴謙」，其志未得，與「鳴豫」之凶，皆説不去矣。○六二柔順中正，相比于三，三蓋勞謙君子也，三謙而二和之，與之相從，故有鳴謙之象，正而且吉者也。故其占如此。

象曰：「鳴謙，貞吉，中心得也。」

言六二與三，中心相得，非勉强唱和也。

〔一〕「亦」，朝爽堂本無。

九三，勞謙君子，有終，吉。

勞者，勤也，即「勞之來之」之「勞」。中爻坎爲勞卦，雖繫辭去聲讀，然同此「勞」字也。又中爻水木有井象，「君子以勞民勸相」，此「勞」字之象也。艮終萬物，三居艮之終，故以文王卦辭「君子有終」歸之。八卦正位艮在三，所以此爻極善。有終，即「萬民服」。舊注因繫辭「有功而不德」句，遂以爲功勞。殊不知勞乎民，後方有功，此爻止有勞而不伐意，故萬民服。○九三當謙之時，以一陽而居五陰之中，陽剛得正，蓋能勞乎民而謙者也。然雖不伐其勞，而終不能掩其勞，萬民歸服，豈不有終？故占者吉。

象曰：「勞謙君子，萬民服也。」

陰爲民，五陰故曰萬民。衆陰歸之，故曰服。

六四，無不利，撝謙。

撝者，裂也，兩開之意。六四當上下之際，開裂之象也。撝謙者，以撝爲謙也。凡一陽五陰之卦，其陽不論位之當否，皆尊其陽而卑其陰。如復之「元〔一〕吉」、師之「錫命」、豫之「大有得」、比之「顯比」、剥之「得輿」，皆尊其陽，不論其位也。六四才位皆陰，九三〔二〕勞謙之賢，正萬民歸服之時，故開裂退避

〔一〕「元」，原作「無」，今據諸本改。

〔二〕「三」，原作「二」，今據史本、朝爽堂本、寶廉堂本及經文改。

而去，非舊注更當發揮其謙也。○六四當謙之時，柔而得正，能謙者也，故無不利矣。但勞謙之賢在下，不敢當陽之承，乃避三而去之，故有以撝爲謙之象。占者能此，可謂不違陰陽之則者矣。

象曰：「無不利，撝謙，不違則也。」

則者，陽尊陰卑之法則也。撝而去之，不違尊卑之則矣。

六五，不富以其鄰，利用侵伐，無不利。

陽稱富。小畜五陽，故小象曰「不獨富也」。陰皆不富，故泰六四亦曰「不富」。富與鄰，皆指三。以者，用也。中爻震爲長子，三非正應，故稱鄰。言不用富厚之力，但用長子帥師，而自利用侵伐也。坤爲衆，中爻震，此爻變離爲戈兵，衆動戈兵，侵伐之象。此象亦同初六「用涉大川」，但此則以變爻言也。上六「利用行師」亦此象。○五以柔居尊，在上而能謙者也。上能謙則從之者衆矣，故有不富以鄰而自利用侵伐之象。然用侵伐者因其不服而已，若他事亦無不利也。占者有此謙德，斯應是占矣。

象曰：「利用侵伐，征不服也。」

侵伐非黷武，以其不服，不得已而征之也。

上六，鳴謙，利用行師，征邑國。

凡易中言「邑國」者，皆坤土也。升卦坤在外，故曰「升虛邑」；晉卦坤在内，故曰「維用伐邑」；泰之上

六曰「自邑告命」，師上六曰「開國承家」，復之上六曰「以其國君，凶」，訟九〔一〕二變坤曰「邑人三百户」，益之中爻坤曰「爲依遷國」，夬下體錯坤曰「告自邑」，涣九五變坤曰「涣王居」，此曰「征邑國」，皆因坤土也。○上六當謙之終，與三〔二〕爲正應，見三之勞謙，亦相從而和之，故亦有鳴謙之象。然六二中正，既與三中心相得，結親比之好，則三之心志不在上六，而不相得矣，故止可爲將行師，征邑國而已，豈能與勞謙君子之賢相爲唱和其謙哉？

象曰：「鳴謙，志未得也。可用行師，征邑國也。」

志未得者，上六與九三心志不相得也。六二與上六皆鳴謙，然六二「中心得」，上六「志未得」，所以六二「貞吉」，而上六止「利用行師」也。

䷏坤下震上

豫者，和樂也。陽始潛閉于地中，及其動而出地，奮發其聲，通暢和豫，豫之象也。内順外動，豫之由也。序卦：「有大而能謙必豫，故受之以豫。」所以次謙。

〔一〕「九」，原作「六」，據朝爽堂本改。
〔二〕「三」，原作「二」，據朝爽堂本改。

豫，利建侯行師。

震，長子，主器。震驚百里，建侯之象。中爻坎陷，一陽統衆陰，行師之象。屯有震無坤，則言「建侯」。謙有坤無震，則言「行師」。此震、坤合，故兼言也。

《彖》曰：「豫剛應而志行，順以動，豫。豫順以動，故天地如之，而況建侯行師乎？天地以順動，故日月不過，而四時不忒。聖人以順動，則刑罰清而民服。豫之時義大矣哉！」

以卦體、卦德釋卦名、卦辭而極言之。剛，九四也。剛應者，一陽而衆陰從之也。志行者，陽之志得行也。剛應志行，豫也；内順外動，所以成其豫也，故名豫。凡事合乎天理則順，背乎天理則逆。順以動，則一念一事皆天理矣。天地如之者，言天地亦不過如我之順動也。天地且不之違，而況于人之建侯行師乎？此其所以利也。建侯行師雖大事，較之天地則小矣。天地以順動者，順其自然之氣；聖人以順動者，順其當然之理。不過者，不差過也，如夏至晝六十刻夜四十刻、冬至晝四十刻夜六十刻之類是也[一]。不忒者，不愆忒也，如夏則暑、冬則寒之類是也[二]。刑罰不合乎理，惟乘一己[三]喜

〔一〕以上二十五字，朝爽堂本無。
〔二〕以上十一字，朝爽堂本無。
〔三〕「己」，朝爽堂本作「人」。

怒之私，故民不服。若順動則〔一〕合乎天理之公，縱施〔二〕刑罰，亦天刑也，故民服。時義者，豫中事理之時宜也，即順動也。此極言而贊之也。六十四卦，時而已矣，事若淺而有深意。曰「時義大矣哉」，欲人思之也；非美事，有時或用之，曰「時用大矣哉」，欲人則之也；大事大變曰「時大矣哉」，欲人謹之也。

象曰：「雷出地奮，豫，先王以作樂崇德，殷薦之上帝，以配祖考。」

奮者，奮發而成聲也。作，乃「制禮作樂」之「作」。作樂以崇德，故聞樂知德。殷，盛也。作樂乃朝廷邦國之常，然〔三〕各有所主，其樂不同。惟萬物本乎天，故有郊；人本乎祖，故有廟，是其用樂之最大者，故曰「殷薦」。故冬至祀上帝于圜丘，而配之以祖，必以是樂薦之；季秋祀上帝于明堂，而配之以考，必以是樂薦之也。中爻坎爲樂律，樂之象。五陰而崇一陽德，崇德之象。帝出于震，上帝之象。中爻艮爲門闕，坎爲隱伏，宗廟、祖宗之象。

初六，鳴豫，凶。

鳴，詳見「鳴謙」。謙、豫二卦同體，文王綜爲一卦，故雜卦曰「謙輕而豫怠也」。謙之上六，即豫之初

〔一〕「則」，朝爽堂本無。
〔二〕「施」，史本、寶廉堂本作「有」。
〔三〕「然」，朝爽堂本作「典」，當從上讀。

六，故二爻皆言「鳴」。震性動，又決躁，所以「浚恒凶」、「飛鳥凶」。○初六與九四爲正應，九四「由豫」，初據其應與之常，欲相從乎四而和之，故有鳴豫之象。然初位卑，四近君，乃權臣也，正其志大行之時，上下既懸絶，且初又不中正，應與之情乖矣，豈能與四彼此唱和其豫？不能唱和，初之志窮矣，凶之道也，故占者凶。

象曰：「初六鳴豫，志窮凶也。」

惟志窮所以凶。中孚鶴鳴子和，曰「中心願也」；六二「鳴謙」，曰「中心得也」，此心志相孚者也。上六「鳴謙」，曰「志未得也」；初六「鳴豫」，曰「志窮凶也」，此心志不相孚者也。相孚者皆曰心，不相孚者皆曰志，此所以爲聖人之言。

六二，介于石，不終日，貞吉。

凡物分爲兩間者曰介。二變剛，分坤爲兩間，介之象也。介于石者，言操守之堅，如石不可移易。中爻艮，石之象也。不終日者，不溺于豫，見幾而作，不待其日之晚也。二變中爻離日〔一〕，居下卦之上，不終日之象也。八卦正位坤在二，故貞吉。○豫易以溺人，諸爻皆溺于豫，獨六二中正自守，安静堅確，故有此象，正而且吉之道也，故其占如此。

〔一〕「日」，原作「且」，今據史本、朝爽堂本改。

象曰：「不終日，貞吉，以中正也。」

惟中正，故不終日，貞吉。

六三，盱豫，悔，遲有悔。

盱者，張目也。中爻錯離，目之象也。盱目〔一〕以爲豫者，九四當權，三與親比，幸其權勢之足憑，而自縱其所欲也。「盱」與「介」相反，「遲」與「不終日」相反，二中正，三不中正故也。○四爲豫之主，六三陰柔，不中不正而近于四，上視于四而溺于豫，宜有悔者也，故有此象，而其占爲事當速悔。若悔之遲，則過而不改，是謂過矣。此聖人爲占者開遷善之門，而勉之以速改也。

象曰：「盱豫有悔，位不當也。」

六三不中正，故位不當。

九四，由豫，大有得，勿疑朋盍簪。

由豫者，言人心之和豫，由四而致也。本卦一陽爲動之主，動而衆陰悦從，故曰「由豫」。大有得者，言得大行其志，以致天下之豫也。四多疑懼，故曰疑。又中爻坎，亦爲狐疑。勿疑者，中爻艮止，止而不疑之象也。因九四才剛明，故教之以勿疑也。盍者，合也。簪者，首笄也，婦人冠上之飾，所以總聚其

〔一〕「目」，原作「人」，今據朝爽堂本、寶廉堂本改。

髪者也。下坤，婦人之象也。一陽横于三陰之首，簪之象也。勿疑朋盍簪者，勿疑朋合于我者，皆簪冠之婦人也。○九四一陽居五陰之中，衆〔一〕所由以爲豫，故有由豫之象。占者遇此，故爲大有得。然人既樂從，正當得志之時，必展其大行之志，俾人人皆享其和平豫大之福，勿疑由豫于我者，無同德之陽明，而所以朋合于上下内外者，皆陰柔之羣小可也。故又教占者，必不可疑如此。

象曰：「由豫，大有得，志大行也。」

剛應而無他爻以分其權，故曰「志大行」。

六五，貞疾，恒不死。

中爻爲坎，坎爲心病，疾之象也。曰「貞疾」者，言非假疾，疾之在外而可以藥石者也。九四「由豫」，人心通歸于四，危之極矣。下卦坤爲腹，九四居卦之中爲心，即咸卦「憧憧往來」之爻也，此正腹中心疾，故謂之「貞疾」。恒者，常也，言貞疾而常不死也。周室衰微，此爻近之。○六五當豫之時，柔不能立，而又乘九四之剛，權之所主，衆之所歸，皆在于四，衰弱極矣，故有貞疾之象。然以其得中，故又有恒不死之象，即象而占可知矣。

象曰：「六五貞疾，乘剛也。恒不死，中未亡也。」

〔一〕「衆」，史本、朝爽堂本作「人」。

雖乘四，爲剛所逼，然柔而得中，猶存虛位不死。

上六，冥豫，成有渝，無咎。

冥者，幽也，暗也。上六以陰柔居豫極，爲昏冥于豫之象。成者，五陰同豫，至上六已成矣。然以動體變剛成離，則前之冥冥者，今反昭昭矣，故又爲其事雖成，然樂極哀生，不免有悔心之萌，而能改變之象。占者如是，則能補過矣，故無咎。

象曰：「冥豫在上，何可長也。」

豫已極矣，宜當速改，何可長溺于豫而不反也？

䷐震下兑上

隨者，從也。少女隨長男，隨之象也。隨〔一〕綜蠱，以艮下而爲震，以巽上而爲兑，隨之義也。此動彼悦，亦隨之義也。序卦：「豫必有隨，故受之以隨。」所以次豫。

隨，元亨，利貞，無咎。

隨，元亨，然動而悦，易至于詭隨，故必利于貞，方得無咎。若所隨不貞，則雖大亨，亦有咎矣，不可依

〔一〕「隨」上，朝爽堂本有「曰」字。

穆姜作四德。

彖曰：「剛來而下柔，動而説，隨。大亨貞，無咎，而天下隨時。隨時之義大矣哉！」

以卦綜、卦德釋卦名，又釋卦辭而贊之。剛來而下柔者，隨、蠱二卦同體，文王綜爲一卦，故雜卦曰「隨無故也，蠱則飭也」。言蠱下卦原是柔，今艮剛來居于下而爲震，是剛來而下于柔也。動而悦者，下動而上悦也。時者，正而當其可也。言大亨貞而無咎者，以其時也。時者，隨其理之所在，理在于上之隨下，則隨其下；理在于下之隨上，則隨其上；泰則隨其時之泰，否則隨其時之否，禹、稷、顔回是也。譬之夏可以衣葛則葛，冬可以衣裘則裘，隨其時之寒暑而已〔一〕。惟其時，則通變宜民，邦家無怨，近悦遠來，故天下隨時，故即贊之曰「隨時之義大矣哉」。此與艮卦「時」字同，不可依王肅本「時」字作「之」字。觀尾句不曰「隨之時義」而曰「隨時之義」，文意自見。

象曰：「澤中有雷，隨，君子以嚮晦入宴息。」

「嚮」與「向」同。晦者日没而昏也。宴息者，宴安休息，即日入而息也。雷二月出地，八月入地。造化之理，有晝必有夜，有明必有晦，故人生天地，有出必有入，有作必有息。其在人心，有感必有寂，有動必有静。此造化之自然，亦人事之當然也。故雷在地上，則作樂薦帝；雷在地中，則閉關不省方；雷在澤

〔一〕自「禹、稷、顔回」至此三十字，朝爽堂本無。

下，則向晦宴息，無非所以法天也。震，東方卦也，日出暘谷。兑，西方卦也，日入昧谷。八月正兑之時，雷藏于澤，此向晦之象也。澤亦是地，不可執泥「澤」字。中爻巽爲入，艮爲止，入而止息之象也。

初九，官有渝，貞吉，出門交有功。

隨卦初隨二，二隨三，三隨四，四隨五，五隨六，不論應與。官者，主也。震，長子主器，官之象也。渝者，變而隨乎二也。初爲震主，性變動，渝之象也。故訟卦四變，中爻爲震，亦曰「渝」。中爻艮，門之象也。二與四同功，二多譽，功之象也。故九四小象亦曰「功」。〇初九，陽剛得正，當隨之時，變而隨乎其二，二居中得正，不失其所隨矣，從正而吉者也，故占者貞吉。然其所以貞吉者，何哉？蓋方出門，隨人之始，即交有功之人，何貞吉如之？故又言所以貞吉之故。

象曰：「官有渝，從正吉也。出門交有功，不失也。」

二中正，所以從正吉。交有功，則不失其所隨矣。舊注不知八卦正位震在初，乃極美之爻，所以通作戒辭看。

六二，係小子，失丈夫。

中爻巽爲繩，係之象也。陰爻稱小子，陽爻稱丈夫，陽大陰小之意。小子者，三也。丈夫者，初也。〇六二中正，當隨之時，義當隨乎其三，然三不正，初得正，故有係小子、失丈夫之象。不言凶咎者，二中正，所隨之時，不能兼與也。

象曰："係小子"，弗兼與也。

既隨乎三，不能兼乎其初。

六三，係丈夫，失小子，隨有求，得，利居貞。

丈夫者，九四也。小子者，六二也。得者，四近君爲大臣，求乎其貴，可以得其貴也。中爻巽，近市利三倍，求乎其富，可以得其富也。○六三當隨之時，義當隨乎其四，然四不中正，六二中正，故有係丈夫、失小子之象。若有所求，必有所得，但利乎其正耳。三不中正，故又戒占者以此。

象曰："係丈夫"，志舍下也。舍音捨。

時當從四，故心志捨乎下之二也。

九四，隨有獲，貞凶。有孚在道，以明何咎？

有獲者，得天下之心隨于己也。四近君爲大臣，大臣之道當使恩威一出于上，衆心皆隨于君。若人心隨己，危疑之道也，故凶。孚以心言，内有孚信之心也。道以事言，凡事合乎道理也。明者，誠保身之幾也。"有"字、"在"字、"以"字，雖字義稍異，然皆有功夫。若以象論，變坎，有孚之象也；震爲大塗，道之象也；變坎錯離，明之象也；又中爻艮有光輝，亦明之象也。○四當隨之時，義當隨乎其五，然四爲大臣，雖隨有獲，而勢陵于五，故有有獲貞凶之象，所以占者凶。然當居此地之時，何以處此哉？惟誠以結之，道以事之，明哲以保其身，則上安而下隨，即無咎而不凶矣，故又教占者以此。

象曰：「隨有獲，其義凶也。有孚在道，明功也。」

義凶者，有凶之理也。有孚在道明功者，言有孚在道，皆明哲之功也。蓋明哲則知心不可欺而内竭其誠，知事不可苟而外合于道，所以無咎也。周公爻辭三者並言，孔子象辭推原而歸功于明。何以驗人臣？明哲爲先。昔漢之蕭何、韓信，皆高帝功臣。信既求封齊，復求王楚，可謂有獲矣，然無明哲，不知有獲貞凶之義，卒及大禍。何則不然。帝在軍中，遣使勞何，何悉遣子弟從軍，帝大悦；及擊陳豨，遣使拜何相國，封五千户，何讓不受，悉以家財佐軍用，帝又悦；卒爲漢第一功臣。身榮名顯若何者，可謂知明功臣者矣。孔子「明功」之言，不其驗哉？

九五，孚于嘉，吉。

八卦正位兑在六，乃爻之嘉美者。且上六歸山，乃嘉遯矣，故曰「孚于嘉」。〇九五陽剛中正，當隨之時，義當隨乎其六，故有孚嘉之象，蓋隨之美者也。占者得此，吉可知矣。

象曰：「孚于嘉，吉，位正中也。」

惟中正，故孚于嘉。

上六，拘係之，乃從維之，王用亨于西山。

係即六二、六三之係，維亦係也。係之又維之，言係而又係也，詩「縶之維之，于焉嘉客」是也。言五孚于六，如此係維，其相隨之心固結而不可解也。如七十子之隨孔子，五百人之隨田横，此爻足以當之。

變乾，王之象也，指五也。兑居西，西之象也。兑錯艮，山之象也。六不能隨于世人，見九五維係之極，則必歸之山矣。隨、蠱相綜，故蠱卦上九「不事王侯」，亦有歸山之象。亨者，通也。王用亨于西山者，用通于西山以求之也。亨西山，與謙卦「用涉大川」同，皆因有此象，正所謂「無此事、此理而有此象」也。○上六居隨之終，無所隨從，見九五相隨之極，則遯而歸山矣，故有此象，蓋隨之至者也。占者得此，吉可知矣。

象曰：「拘係之，上窮也。」

上者，六也。窮者，居卦之終，無所隨也，非凶也。

䷑巽下艮上

蠱者，物久敗壞而蠱生也。以卦德論，在上者止息而不動作，在下者巽順而無違忤，彼此委靡因循，此其所以蠱也。序卦：「以喜隨人者，必有事，故受之以蠱。」所以次隨。

蠱，元亨，利涉大川。先甲三日，後甲三日。

利涉大川者，中爻震木在兑澤之上也。先甲、後甲者，本卦艮上巽下，文王圓圖艮巽夾震木于東之中，

故曰先甲、後甲，言巽先于甲，艮後于甲也。巽卦言先庚、後庚者，伏羲圓圖艮巽夾坎水〔一〕于西之中，故曰先庚、後庚，言巽先于庚，艮後于庚也。分甲于蠱者，本卦未變，上體中爻震木，下體巽木也。分庚于巽者，本卦未變，上體錯〔二〕兑金，下體綜兑金也。十干獨言甲、庚者，乾、坤乃六十四卦之祖，甲居于寅，坤在上、乾在下爲泰；庚居于申，乾在上、坤在下爲否。大往小來，小往大來，天地之道不過如此。物不可以終通，物不可以終否，易之爲道亦不過如此，所以獨言甲、庚也。曰先三、後三者，六爻也，先三者，下三爻也，巽也；後三者，上三爻也，艮也。不曰爻而曰日者，本卦綜隨，日出震東，日没兑西，原有此象，故少不言一日、二日，多不言九日、十日，而獨言先三、後三者，則知其爲下三爻、上三爻也，明矣。以先甲用辛取自新，後甲用丁取丁寧，此説始乎鄭玄，不成其説〔三〕矣。○當蠱之時，亂極必治，占者固元亨矣，然豈静以俟其治哉？必歷涉艱難險阻，以撥亂反正。知其先之三爻，乃巽之柔懦，所以成其蠱也，則因其柔懦，而矯之以剛果；知其後之三爻，乃艮之止息，所以成其蠱也，則因其止息，而矯之以奮發，斯可以元亨而天下治矣。

〔一〕「坎水」，原作「兑方」，今據朝爽堂本及下伏羲圓圖改。
〔二〕「錯」，原作「綜」，今據朝爽堂本及易學六十四卦啓蒙圖改。
〔三〕「不成其説」，朝爽堂本作「謬」。

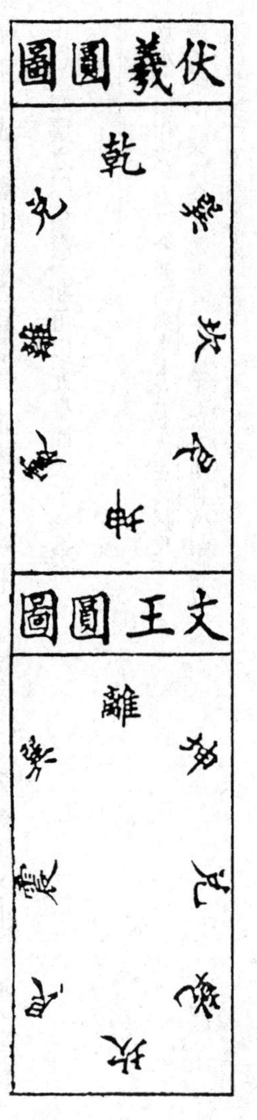

《彖》曰："蠱，剛上而柔下，巽而止，蠱。蠱，元亨而天下治也。利涉大川，往有事也。先甲三日，後甲三日，終則有始，天行也。"

以卦綜、卦德釋卦名、卦辭。剛上而柔下者，蠱綜隨，隨初震之剛上而爲艮，上六兑之柔下而爲巽也。剛上則太尊而情不下達，柔下則太卑而情難上通。巽則諂，止則惰，皆致蠱之由，所以名蠱。既蠱矣而又元亨，何也？蓋造化之與人事，窮則變矣，治必因亂，亂則將治，故蠱而亂之終，乃治之始也，如五胡之後生唐太宗、五季之末生宋太祖是也。治蠱者當斯時，則天下治矣。故占者元亨。往有事，猶言往有爲。方天下壞亂，當勇往以濟難。若復巽懦止息，則終于蠱矣，豈能元亨？終始即先後。成言乎艮者，終也。齊乎巽者，始也。終則有始者，如晝之終矣，而又有夜之始；夜之終矣，而又有晝之始。故亂不終亂，亂之終乃其治之始。治亂相仍，乃天運之自然也。故治蠱者必原其始，必推其終，知其蠱之爲始爲先者乃巽也，則矯之以剛果；知其蠱之爲終爲後者乃艮也，則矯之以奮發，則蠱治而

元亨矣。恒卦上體震綜艮，下體巽，故亦曰「終則有始」。

象曰：「山下有風，蠱，君子以振民育德。」

山下有風，則物壞而有事更新矣。振民者，皷舞作興以振起之，使之日趨于善，非巽之柔弱也。此新民之事也。育德者，操存省察以涵育之，非艮之止息也。此明德之事也。當蠱之時，風俗頹敗，由于民德之不新。民德不新，由于己德之不明。故救時之急在于振民，振民又在于育德。蓋相因之辭也。

初六，幹父之蠱，有子，考無咎，厲，終吉。

艮止于上，猶父道之無爲而尊于上也；巽順于下，猶子道之服勞而順于下也，故蠱多言幹父之事。幹者，木之莖幹也。中爻震木，下體巽木，幹之象也。木有幹，方能附其繁茂之枝葉；人有才能，方能振作其既墜之家聲，故曰「幹蠱」。有子者，即禮記之「幸哉有子」也。○初六當蠱之時，才柔志剛，故有能幹父蠱之象。占者如是，則能克蓋前愆，喜其今日之維新，忘其前日之廢墜。因子而考亦可以無咎矣。但謂之蠱，未免危厲，知其危厲，不以易心處之，則終得吉矣。因六柔，故又戒之以此。

象曰：「幹父之蠱，意承考也。」

意承考者，心之志意在于承當父事，克蓋前愆，所以考無咎。

九二，幹母之蠱，不可貞。

艮性止，止而又柔，止則惰，柔則暗，又當家事敗壞之時，子欲幹其蠱。若以我陽剛中直之性直遂幹

之，則不惟不堪，亦且難入，即傷恩矣，其害不小。惟當屈己下意，巽順將承，使之身正事治，則亦已矣，故曰「不可貞」，「事父母幾諫」是也。若以君臣論，周公之事成王，成王有過則撻伯禽，皆此意也。易之時正在于此。○九二當蠱之時，上應六五，六五陰柔，故有幹母蠱之象。然九二剛中，以剛承柔，恐〔一〕其過于直遂也，故戒占者不可貞，委曲巽順以幹之可也。

象曰：「幹母之蠱，得中道也。」

得中道而不太過，即不可貞也。

九三，幹父之蠱，小有悔，無大咎。

悔以心言，悔者，因九三過剛，則幹蠱之事更張措置之間，未免先後緩急失其次序，所以悔也。咎以理言，然巽體得正，能制其剛，則其幹蠱，必非私意妄行矣，所以無大咎。○九三以陽剛之才，能幹父之蠱者，故有幹蠱之象。然過剛自用，其心不免小有悔，但爲父幹蠱，其咎亦不大矣，故其占如此。

象曰：「幹父之蠱，終無咎也。」

有陽剛之才，方能幹蠱。故周公僅許之，而孔子深許之也。

六四，裕父之蠱，往見吝。

〔一〕「恐」，朝爽堂本作「惡」。

裕，寬裕也。强以立事爲幹，怠而委事爲裕，正幹之反也。往者，以此而往治其蠱也。見吝者，立見其羞吝也。治蠱如拯溺救焚，猶恐緩不及事，豈可裕？○六四以陰居陰，又當艮止〔一〕，柔而且怠，不能有爲，故有裕蠱之象。如是則蠱將日深，故往則見吝，戒占者不可如是也。

象曰：「裕父之蠱，往未得也。」

未得者，未得治其蠱也。九三之剛，失之過，故悔。六四之柔，失之不及，故吝。吝者漸趨于凶，故往未得。悔者漸趨于吉，故終無咎。寧爲悔，不可爲吝。

六五，幹父之蠱，用譽。

用者〔二〕，用人也。用譽者，因用人而得譽也。二多譽，譽之象也。周公曰「用譽」，孔子「二多譽」之言，蓋本于此。九二以五爲母，六五又取子道，可見「易不可典要」。宋仁宗仁柔之主，得韓、范、富、歐，卒爲宋令主，此爻近之。○六五以柔居尊，下應九二，二以剛中之才而居巽體，則所以承順乎五者，莫非剛健大中之德矣。以此治蠱可得聞譽，然非自能譽也，用人而得其譽也，故其象占如此。

象曰：「幹父用譽，承以德也。」

〔一〕「止」，原作「正」，今據諸本改。
〔二〕「用者」上，朝爽堂本有「卓吾云：上九不事事，而六五猶譽以悦之，使其歡然順從，蠱斯可幹。○」。

承者，承順也。因巽體又居下，故曰承。言九二承順以剛中之德也。

上九，不事王侯，高尚其事。

上「事」字，事王侯以治蠱也。下「事」字，以高尚爲事也，「耕于有莘之野，而樂堯舜之道」是也。上與五、二爻以家事言，則上爲父，五爲母，衆爻爲子，觀諸爻以幹父母言可知矣。以國事言，則五爲君，下四爻爲用事之臣，上一爻爲不事之臣，觀上一爻以王侯言可知矣。此易所以不可爲典要也〔一〕。蓋當蠱之世，任其事而幹蠱者，則操巽命之權而行其所當行；不任其事而高尚者，則體艮止之義而止其所當止。如鄧禹諸臣，皆相光武以幹漢室之蠱，獨子陵釣〔二〕于富春是也。艮止，不事之象。變坤錯乾，王侯之象。巽爲高，高尚之象。○初至五皆幹蠱。上有用譽之君，下有剛中之臣，家國天下之事已畢矣。上九居蠱之終，無係應于下，在事之外，以剛明之才無應援，而處無事之地，蓋賢人君子不偶于時，而高潔自守者也，故有此象。占者有是德，斯應是占矣。

象曰：「不事王侯，志可則也。」

高尚之志，足以起頑立懦，故可則〔三〕。

〔一〕以上十字，朝爽堂本無。
〔二〕「釣」，原作「鉤」，今據史本、重修虎林本、寶廉堂本改。
〔三〕此下，朝爽堂本有「○李卓吾上九論其意義盡於『不可貞』內，看來『用譽』亦是，『順承』也好」。

周易集注卷之五

梁山來知德集注

䷒兑下坤上

臨者，進而臨逼于陰[一]也。二陽浸長，以逼于陰，故爲臨。十二月之卦也。天下之物密近相臨者，莫如地與水，故地上有地[二]則爲比，澤上有水則爲臨。序卦：「有事而後可大。臨者，大也。蠱者，事也。」韓康伯云：「可大之業，由事而生。」二陽方長而盛大，所以次蠱。

臨，元亨利貞，至于八月有凶。

臨綜觀，二卦同體，文王綜爲一卦，故雜卦曰：「臨觀之義，或與或求。」言至建酉，則二陽又在上，陰又逼迫陽矣。至于八月，非臨數[三]至觀八箇月也，言至建酉之月爲觀，見陰之消不久也，專以綜

[一]「陰」，原作「陽」，今據朝爽堂本改。
[二]「地」，原作水，今據朝爽堂本及下象傳改。
[三]「數」，朝爽堂本無。

卦言。

彖曰：「臨剛浸而長，説而順，剛中而應，大亨以正，天之道也。至于八月有凶，消不久也。」

以卦體、卦德釋卦名、卦辭。浸者，漸也，言自復一陽生，至臨則陽漸長矣。此釋卦名。説而順者，内説而外順也。説則陽之進也不逼，順則陰之從也不逆。剛中而應者，九二剛中，應乎六五之柔中也。言雖剛浸長，逼迫乎陰，然非倚剛之强暴而逼迫也，乃彼此和順相應也。此言臨有此善也。剛浸長而悦順者，大亨也。剛中而應柔中者，以正也。天之道者，天道之自然也。言天道陽長陰消原是如此，大亨以正也。一誠通復，豈不大亨以正？故文王卦辭曰「元亨利貞」者此也。然陰之消，豈長消哉？至酉曰觀，陰復長而凶矣。

象曰：「澤上有地，臨，君子以教思无窮，容保民无疆。」

教者，勞來匡直之謂也。思者，教之至誠惻怛，出于心思也。无窮者，教之心思不至厭斁而窮盡也。容者，民皆在統馭之中也。保者，民皆得其所也。無疆者，無疆域之限也。無窮與兑澤同其淵深，無疆與坤土同其博大，二者皆臨民之事，故君子觀臨民之象以之。

初九，咸臨，貞吉。

咸，皆也，同也。以大臨小者，初九、九二臨乎四陰也。以上臨下者，上三爻臨乎其下也。彼臨乎此，

此臨乎彼，皆同乎臨，故曰「咸臨」。卦惟二陽，故此二爻，皆稱咸臨。九剛而得正，故占者貞吉〔一〕。

象曰：「咸臨貞吉，志行正也。」

初正，應四亦正，故曰正。中爻震足，故初行，五亦行。

九二，咸臨，吉，无不利。

咸臨與初同而占不同者，九二有剛中之德，而又有上進之勢，所以吉無不利。

象曰：「咸臨，吉無不利，未順命也。」

未順命者，未順五之命也。五君位，故曰命。且兑綜巽，亦有命字之象。本卦彖辭「悦而順」，孔子恐人疑此爻之「吉無不利」者乃悦而順五之命也，故于小象曰「二之吉利者，乃有剛中之德」。陽勢上進，所以吉利也，未順五之命也〔二〕。

六三，甘臨，无攸利。既憂之，无咎。

甘臨者，以甘悦人而无實德也。坤土其味甘，兑爲口，甘之象也，故節卦九五變臨亦曰「甘」。節无攸利者，不誠不能動物也。變乾，乾三爻「惕若」，憂之象也。○三居下之上，臨人者也。陰柔悦體，又不

〔一〕此下，朝爽堂本本有「○以上臨下，似未是。如云非陽能臨，乃二陽咸臨似妥」。

〔二〕此下，朝爽堂本有「○未順命者，四陰方盛，未順陽之命也，所以必二陽咸臨。周公之吉利，堅二陽上進之心也。孔子未順命者，堅二陽合德之心也。圍成弗克，三家豈皆順命乎？孔子尚不能以一陽服羣陰，而況其它」。

中〔一〕正，故有以甘悦臨人之象。此占者所以无攸利也。能憂而改之，斯无咎矣。

象曰：「甘臨，位不當也。既憂之，咎不長也。」

位不當者，陰柔不中正也。咎不長者，改過也。

六四，至臨，无咎。

六四當坤、兑之交，地澤相比，蓋臨親切之至者，所以占者无咎〔二〕。

象曰：「至臨无咎，位當也。」

以陰居陰，故位當〔三〕。

六五，知臨，大君之宜，吉。知音智。

變坎，坎爲通，智之象也。知臨者，明四目，達四聰，不自用而任人也。應乾陽，故曰大君。知臨之知，原生于九二，故即曰大君。知者，覺也。智即知〔四〕也。六五非九二不能至此。宜者，得人君之統體

〔一〕「中」，原作「由」，今據史本、朝爽堂本、寶廉堂本改。

〔二〕此下，朝爽堂本有「〇以陰臨陽，宜有咎，然陰陽相應之至，故无咎」。

〔三〕此下，朝爽堂本有「〇位當者，居坤順之位，下臨乎初，陽而相應也。其得无咎者，以其位，非以其陰也。位當，陰亦當矣」。

〔四〕「即知」二字，朝爽堂本無。

也。○六五柔中居尊，下任九二剛中之賢，兼衆智以臨天下，蓋得大君之宜者也，吉可知矣。占者有是德，亦如是占也。

象曰：「大君之宜，行中之謂也。」

與初行正同。六五中，九二亦中，故曰「行中」。行中即用中。中爻震足，行之象也。

上六，敦臨，吉，无咎。

敦，厚也。爻本坤土，又變艮土，敦厚之象。初與二雖非正應，然志在二陽，尊而應卑，高而從下，蓋敦厚之至者。○上六居臨之終，坤土敦厚，有敦臨之象，吉而无咎之道也，故其象占如此。

象曰：「敦臨之吉，志在内也。」

志在内卦。二陽曰志者，非正應也。

䷓坤下巽上

觀者，有象以示人，而爲人所觀仰也。風行地上，遍觸萬類，周觀之象也。二陽尊上，爲下四陰所觀仰，觀之義也。序卦：「臨者，大也。物大然後可觀，故受之以觀。」所以次臨。

觀，盥而不薦，有孚顒若。觀，官唤反〔一〕。

盥者，將祭而潔手也。薦者，奉酒食以薦也。有孚者，信也。顒者，大頭也，仰也。爾雅：「顒顒，君之德也。」大頭在上之意，仰觀君德之意。言祭祀者，方潔手而未薦，人皆信而仰之矣，觀者必當如是也。自上示下曰觀，去聲。自下觀上曰觀，平聲。

彖曰：「大觀在上，順而巽，中正以觀天下。『觀，盥而不薦，有孚顒若』，下觀而化也。觀天之神道而四時不忒，聖人以神道設教而天下服矣。」觀皆去聲，惟「下觀而化」平聲。

以卦體、卦德釋卦名，又釋卦辭而極言之。順者，心于理無所乖。巽者，事于理無所拂。中正即九五。陽大陰小，故曰「大觀在上」。中正，則所觀之道也。言人君欲爲觀于天下者，必所居者九五大觀之位，所具者順〔二〕巽之德，而後以我所居之中觀天下之不中，所居之正觀天下之不正，斯可以爲觀矣，所以名觀。下觀而化，故人信而仰之，所以有孚顒若者此也。盥而不薦者，神感也。有孚顒若者，神應也。此觀之所以神也。故以天道、聖人之神道，極言而贊之。神者，妙不可測，莫知其然之謂。天之神道，非有聲色，而四時代謝，無少差忒。聖人神道設教，亦非有聲色，而民自服從。觀之神，一而

〔一〕「唤」，朝爽堂本作「奂」。此下，朝爽堂本有「盥音管」。

〔二〕「順」，朝爽堂本作「慎」。

已矣。

象曰：「風行地上，觀，先王以省方觀民設教。」上觀去聲，下觀平聲。

省方者，巡狩省視四方也。觀民者，觀民俗也，即陳詩以觀民風，納價以觀好惡也。設教者，因俗以設教也，如齊之末業，教以農桑；衛之淫風，教以有别是也。風行地上，周及庶物，有歷覽周遍之象，故以省方體之。坤爲方，方之象。巽以申命，設教之象。

初六，童觀，小人无咎，君子吝。觀，平聲。

童者，童稚也。觀者，觀乎五也。中爻艮爲少男，童之象也。初居陽，亦童之象。故二居陰，取女之象。小人者，下民也。本卦陰取下民，陽取君子。无咎者，百姓日用而不知，所以无咎也。「君子吝」一句，乃足上句之意，故小象不言君子。〇初六當大觀在上之時，陰柔在下，去五最遠，不能觀五中正之德輝，猶童子之識見不能及遠，故有童觀之象。然其占在小人則无咎，若君子豈无咎哉？亦可羞吝矣。見在小人，則當无咎也〔一〕。

象曰：「初六童觀，小人道也。」

不能觀國之光，小人之道自是如此。

〔一〕上九字，史本、朝爽堂本無。

六二，闚觀，利女貞。觀，平聲。

闚與窺同，門内窺視也，不出户庭，僅窺一隙之狹者也。曰利女貞，則丈夫非所利矣。中爻艮，門之象也。變坎爲隱伏，坎錯離爲目，目在門内隱伏處，窺視之象也。二本與五相應，但二之前即門，所以窺觀。〇六二陰柔，當觀之時，居内而觀外，不出户庭，而欲觀中正之道，不可得矣，故有窺觀之象。惟女子則得其正也，故其占如此。

象曰：「闚觀，女貞，亦可醜也。」

婦無公事，所知者蠶織；女無是非，所議者酒食。則窺觀乃女子之正道也。丈夫志在四方，宇宙内事乃吾分内事，以丈夫而爲女子之觀，亦可醜矣。

六三，觀我生進退。觀，平聲。

下〔一〕爻皆觀乎五，三隔四，四已觀國之光，三惟觀我生而已。我生者，我陰陽相生之正應也，即上九也。爲進退，爲不果者，巽也。巽有進退之象，故曰「觀我生進退」。〇六三當觀之時，隔四不能觀國，故有觀我生進退之人之象。不言占之凶咎者，陰陽正應，未爲失道，所當觀者也。

象曰：「觀我生進退，未失道也。」

〔一〕「下」上，朝爽堂本有「子路對丈人之辭。明君在上，可出而仕矣。〇」。

道者，陰陽相應之正道也。

六四，觀國之光，利用賓于王。觀，平聲。

光者，九五陽明在上，被四表，光四方者也。下坤土，國之象。中爻艮，輝光之象。四承五，賓主之象。九五，王之象。觀國光者，親炙其盛，快覩其休也。賓者，已仕者朝覲于君，君則賓禮之；未仕者仕進于君，君則賓興之也。觀卦利近不利遠，六二中正，又乃正應，乃曰「闚觀」，則不利于遠可知矣。○六四柔順得正，最近于五，有觀光之象，故占者利用賓于王。

象曰：「觀國之光，尚賓也。」

尚謂心志之所尚。言其志意，願賓于王朝。

九五，觀我生，句。君子无咎。觀，去聲。

九五、上九「生」字，亦如六三「生」字，皆我相生之陰陽也。「觀我生」作句，上九相同，觀孔子小象可見矣。觀我生者，觀示乎我所生之四陰也，即「中正以觀天下」也。君子无咎，對初爻「小人无咎」言。下四陰爻皆小人，上二陽爻皆君子，小人當仰觀乎上，故无咎；君子當觀示乎下，故无咎。○九五爲觀之主，陽剛中正，以居尊位，下之四陰，皆其所觀示者也，故有觀我生之象。大觀在上，君子无咎之道也，故其象占如此。

象曰：「觀我生，觀民也。」二「觀」字皆去聲。

民即下四陰，陰爲民，民之象也。故姤九四曰「遠民」，以初六陰爻也。内卦三陰遠于五，草莽之民也。六四之陰近于五，仕進之民也。九五雖與六二正應，然初、三、四與九五皆陰陽相生，故曰「觀我生，觀民也」，即中正以觀天下之民也〔一〕。

上九，觀其生，句。君子无咎。觀，去聲。

上九雖在觀示之上，然本卦九五有天下國家之責，所以九五觀示乎諸爻，諸爻仰觀乎九五。曰我生者，即大有六五五陽皆其所有之意。言下四陰惟我可以觀示，他爻不可得而觀示之也。若上九不在其位，不任其事，則無觀示之責。止因在上位，陰陽相生，義當觀其生，是空有觀生之位而已，故不曰「觀我生」而曰「觀其生」者，避五也。是「我」字甚重，而「其」字甚輕也。君子无咎者，九五與上九皆陽剛在上，故並君子之无咎也。〇上九以陽剛居觀之極，故有觀其生之象，亦君子之无咎者，故其象占如此。

象曰：「觀其生，志未平也。」

志者，上九之心志也。平者，均平也，與九五平分，相同一般之意。言周公爻辭九五「觀我生」，而上九則以「其」字易「我」字者，何哉？以上九之心志，不敢與九五同觀其民也，故曰「志未平也」。蓋觀示

〔一〕此下，朝爽堂本有「〇生曰我生，則關於我者切矣，孔子釋以民字，不曰生而曰民，則非獨同焉，皆生已也。人君俯臨萬民，不有以觀之，不惟負我，並負民矣」。

乎民，乃人君之事。若上九亦觀示乎民，則人臣之權，與人君之權相爲均平而無二矣，豈其理哉？故上九陽剛雖與五同，不過有觀生之位而已，不敢以四陰爲我之民，與九五平觀示之也。

䷔震下離上

噬，齧也。嗑，合也。頤中有物間之，齧而後合也。上下兩陽而中虚，頤之象也。四一陽間于其中，頤中有物之象也。頤中有物，必齧而後合，噬嗑之象也。序卦：「嗑者，合也，可觀而後有所合。」所以次觀。

噬嗑，亨，利用獄。

噬嗑亨，卦自有亨義也。天下之事所以不得亨者，以其有間也。噬而嗑，則物不〔一〕得而間之，自亨通矣。此槩舉天下之事而言也。利用獄者，噬嗑中之一事也。

彖曰：「頤中有物曰噬嗑。噬嗑而亨，剛柔分，動而明，雷電合而章，柔得中而上行，雖不當位，利用獄也。」

以卦體、卦德、二象、卦綜釋卦名、卦辭。頤中有物，則其物作梗。以人事論，如寇盜姦宄，治化之梗；

〔一〕「不」，原作「本」，今據史本、朝爽堂本、寶廉堂本改。

蠻夷猾夏，疆埸之梗。以至君臣父子、親戚朋友，離貳讒謗，間于其中者，皆頤中之梗也。易卦命名立象，各有所取。鼎也、井也、大過之棟也，小過之飛鳥也，遠取諸物者也。艮之背也，頤之頤也，噬嗑頤中之物也，近取諸身者也。剛柔分者，震剛離柔，分居内外，内剛者齒也，外柔者輔也。動而明者，震動離明也。雷電合者，卦二象也。蓋動不如雷則不能斷，明不如電則不能察，惟雷電合，則雷震電耀，威明相濟。所謂動而明者，愈昭彰矣。此已前言「噬嗑，亨」。柔得中而上行者，本卦綜賁，二卦同體，文王綜爲一卦，故雜卦曰「噬嗑，食也；賁，无色也」，言以賁下卦離之柔得中上行，而居于噬嗑之上卦也。蓋不柔則失之暴，柔不中則失之縱，柔得中則寬猛得宜，有哀矜之念而又不流于姑息，此其所以利用獄也。若依舊注，自益卦來，則非柔得中而上行，乃上行而柔得中矣。不當位者，以陰居陽也。○頤中有物名噬嗑矣，而曰亨者，何也？蓋凡噬物，噬則頤分，嗑則頤合。今未噬之先，内剛外柔；將噬之際，動而明；正噬之時，合而章，先分後合，又何物得以間之？此所以噬嗑而亨也。然以噬嗑之亨，何事不利，而獨利用獄者，蓋六五以柔在上，本不當位，不足以致諸事之利，獨以柔得中，所以利用獄也。

象曰：「雷電噬嗑，先王以明罰勑法。」

罰者，一時所用之法。法者，平日所定之罰。明者，辨也，辨其輕重，效電之明。勑者，正也，正其國

法，效雷之威。明辨其墨、劓、剕、宫、大辟，以至流宥、鞭朴、金贖之數者[一]，正所以振勑法度，使人知所畏避也。「勑」字本音賚，相承作「勑」字[二]。

初九，屨[三]校滅趾，无咎。校音教。

校，足械也。屨者，以械加于足，如納屨于足也。中爻坎，坎爲桎梏，校之象也。故上九亦言「校」。趾者，足趾也。震爲足，趾之象也。滅者，没也，遮没其趾也。變坤不見其震之足，滅其趾之象也。无咎者，因其刑而懲創以爲善也。屨校不懲，必至荷校；滅趾不懲，必至滅耳。不因其刑而懲創，必至上九之惡積罪大矣，安得无咎？初九、上九，受刑之人；中四爻，則用刑者。○九居初無位，下民之象也。以陽剛而不柔順，未有不犯刑者，故有屨校滅趾之象。趾乃人之所用以行者，懲之于初，使不得行其惡，小人之福也，故占者无咎。

象曰：「屨校滅趾，不行也。」

震性動，滅其趾，則不得動而行，以爲惡矣。

六二，噬膚滅鼻，无咎。

[一]「其墨、劓、剕、宫、大辟，以至流宥、鞭朴、金贖之數者」，朝爽堂本作「勑正」。
[二]以上十字，朝爽堂本無。
[三]「屨」，原作「履」，今據史本、朝爽堂本改。本卦下同，不再出校。

膚者，肉外皮也。凡卦中次序相近者言膚。剥卦言膚者，艮七坤八也；睽卦言膚者，兑二離三也。此卦言膚者，離三震四也。六爻二言〔一〕膚者，皮也；三言肉者，皮中之肉也；四言胏者，肉中連骨也，以陽剛也；五陰柔，又言肉矣。爻位以次漸深，噬肉以次漸難。祭有膚鼎，蓋柔脆而無骨，噬而易嗑者也。中四爻有上下齒噬齧之象，故四爻皆言噬。此爻變兑，兑爲口，噬之象也。二乃治獄之人，居其中，初在下，外爲膚，噬其膚之象也。故雜卦曰：「噬嗑，食也。」正言此四爻之噬也。中爻艮，艮爲鼻，鼻之象也。二變，則中爻爲離，不見其艮之鼻，滅其鼻之象也。「滅」字，與「滅趾」、「滅耳」同例，即朱子語録所謂「噬膚而没其鼻于器中」是也，言噬易嗑而深噬之也。○六二柔順中正，聽斷以理，故其治獄有噬膚滅鼻之易之象，无咎之道也，故其占如此。

象曰：「噬膚滅鼻，乘剛也。」

剛者，初之剛也。人剛則性直，獄内委曲皆不隱藏，已易于聽斷矣；六二又以中正乘其剛以聽斷，必得其情，故有噬膚滅鼻之易。

六三，噬腊肉，遇毒，小吝，无咎。腊音昔。

腊肉者，即六五之乾肉也，今人以鹽火乾之肉也〔二〕。離火在前，三變又成離，上火下火，乾其肉之象

〔一〕「六爻二言」，朝爽堂本作「六二之言」。

〔二〕以上九字，朝爽堂本無。

也。九四、六五，離有乾象，故二爻皆言乾，而此言腊也。遇者，逢也。凡易中言遇者，皆雷與火也。睽九二變震，曰「遇主于巷」、「遇元夫」者，亦變震也。豐「遇配主」、「遇夷主」，小過大象坎錯離，「遇其妣」、「遇其臣」，此雷火，故言「遇毒」。毒者，腊肉之陳久太肥者也。説文云：「毒者，厚也。」五行志云：「厚味實腊毒。」師古云：「腊，久也〔一〕。味厚者爲毒久。」文選張景陽七命云「甘腊毒之味」是也〔二〕。噬腊遇毒者，言噬乾肉而遇陳久太肥厚味之肉也。中爻坎，所以曰「毒」，故師卦有此「毒」字。○六三陰柔，不中不正，治獄而遇多年陳久煩瑣之事，一時難于斷理，故有噬腊遇毒之象，亦小有吝矣。然時當噬嗑，于義亦无咎，故其占又如此。

象曰：「遇毒，位不當也。」

以陰居陽〔三〕。

九四，噬乾胏，得金矢，利艱貞，吉。乾音干，胏音滓。

胏，乾肉之有骨者。離爲乾，乾之象也。六五亦同此象。三四居卦之中，乃獄情之難服者，故皆以堅

〔一〕以上十五字，朝爽堂本無。

〔二〕以上十五字，朝爽堂本無。

〔三〕此下，朝爽堂本有「○陰居陽位，故見爲遇毒。若陽居陽位，則遇事立斷，何毒之有？蓋此爻若變則爲離，是動而明也，故惜其位不當」。

物象之。金者，剛也，此爻正頤中之物。陽金居二陰之間，金之象也。變坤錯乾，亦金之象也。矢者，直也。中爻坎，矢之象也。蓋九四正居坎之中，坎得乾之中爻爲中男，故此爻有金象，有矢象。若六五變爲乾，止有金象，無矢象矣，故止曰「得黄金」。且九四剛而不正，故戒之以剛直；六五柔中，故戒之以剛中。二爻皆曰「得」者，教人必如此也。艱者，凛凛然惟恐一毫之少忽，以心言也；貞者，兢兢然惟恐一毫之不正，以事言也。周公此象蓋極精者，非周禮鈞金束矢之説也。○四居卦中，獄情甚難，故有噬乾胏堅物之象。四以剛明之才治之，宜即吉矣，但四溺于二陰之間，恐其狥于私而未甚光明〔一〕，故必如金之剛、矢之直，而又艱難正固，則吉矣。因九四不中正，故教占者占中之象又如此。

象曰：「利艱貞，吉，未光也。」

未光，即屯九五、夬九五之類。

六五，噬乾肉，得黄金，貞厲，无咎。

噬乾肉，難于膚而易于乾胏者也，乃所治之獄匪難匪易之象。黄者，中也。金者，剛也。變乾，金之象也。乾錯坤，黄之象也。離得坤之中爻爲中女，則離之中乃坤土也，故曰黄金。貞者，純乎天理之公而無私也。厲者，存乎危懼之心而無忽也。无咎者，刑罰當而民不冤也。○六五居尊，用刑于人，人

〔一〕自「周公此象」至此，朝爽堂本作「獄情難明」。

無不服，故有噬乾肉易嗑之象。然恐其柔順而不斷也，故必如黄之中、金之剛，而又貞厲，乃得无咎。因六五柔中，故戒占者占中之象又如此。

象曰：「貞厲无咎，得當也。」當，去聲。

言必如此治獄，方得當也。

上九，何校滅耳，凶。何音荷。

何者，負也，謂在頸也。中爻坎爲桎梏，初則曰屨〔一〕，上則曰負，以人身分上下而言也。滅者，遮滅其耳也。坎爲耳痛，滅耳之象也。又離爲戈兵，中爻艮爲手，手持戈兵加于耳之上，亦滅耳之象也。○上九居卦之上，當獄之終，蓋惡極罪大，怙終不悛者也，故有何校滅耳之象。占者如此，凶可知矣。

象曰：「何校滅耳，聰不明也。」

聰者，聞也，聽也。上九未變，離明在上，坎耳在下，故聽之明。今上九既變，則不成離明矣，所以聽之不明也。困卦坎「有言不信」，夬四變坎「聞言不信」，今既聽之不明，則不信人言矣。坎既心險，又不信好言，所以犯大罪。

〔一〕「屨」，原作「履」，今據諸本及本卦初九爻辭改。

䷕離下艮上

賁，飾也。爲卦山下有火。山者，百物草木之所聚。下有火，則照見其上，品彙皆被光彩，賁之象也。序卦：「嗑者，合也。物不可以苟合也，故受之以賁。」所以次噬嗑。

賁，亨，小利，有攸往。賁，彼爲反。

小利攸往，亦爲亨，但亨之不大耳。

彖曰：「賁亨，柔來而文剛，故亨。分剛上而文柔，故小利有攸往，天文也。文明以止，人文也。觀乎天文，以察時變；觀乎人文，以化成天下。」

以卦綜、卦德釋卦辭而極言之。本卦綜噬嗑，柔來文剛者，噬嗑上卦之柔來文賁之剛也。柔指離之陰卦，剛則艮之陽卦也。柔來文剛，以成離明，内而離明，則足以照物，動罔不臧，所以亨。分者，又分下卦也。分剛上而文柔者，分噬嗑下卦之剛上而爲艮以文柔也。剛指震之陽卦，柔則離之陰卦也。剛上而文柔，以成艮止，外而艮止，則内而能知之，外而不能行之，僅可小利有攸往而已，不能建大功業也。故以其卦綜觀之，柔來文剛，剛上文柔，是即天之文也。何也？蓋在天成象，日月五星之運行不過此一剛一柔、一往一來而已。今本卦剛柔交錯，是賁之文即天之文也。以其卦德觀之，是即人之文也。何也？蓋人之所謂文者，不過文之明也，而燦然有禮以相接；文之止也，而截然有分以相守。

今本卦内而離明，外而艮止，是賁之文即人之文也。觀天文以察時變，觀人文以化成天下，賁之文不其大哉？變者，四時寒暑代謝之變也。化者，變而爲新。成者，久而成俗。

象曰：「山下有火，賁，君子以明庶政，无敢折獄。」

明，離象。无敢，艮象。庶者，衆也，繁庶小事，如錢穀出納之類。折獄，則一輕重出入之間，民命之死生所係，乃大事也。曰无敢者，非不折獄也，不敢輕折獄也，再三詳審而後發之意。此即小利有攸往之理。因内明外止，其取象如此。賁與噬嗑相綜，噬嗑「利用獄」者，明因雷而動也；賁不敢折獄者，明因艮而止也。

初九，賁其趾，舍車而徒。舍音捨。

賁其趾者，道義以文飾其足趾也。舍者，棄也。徒者，徒行也。舍車而徒，即賁其趾也。言舍車之榮而徒行，是不以徒行爲辱，而自以道義爲榮也。中爻震與坎，震，趾之象也；坎，車之象也；變艮，止而又止，舍之象也。初比二而應四，比二則從乎坎車矣，應四則從乎震趾矣。然升乎車者必在上方可乘。易中言「乘」者皆在上也，言「承」者皆在下也。初在下，無乘之理，故有舍坎車而從震趾之象，觀小象「乘」字可見。○初九剛德明體，蓋内重外輕，自賁于下而隱者也，故有舍非義之車而安于徒步之象。占者得此，當以此自處也。

象曰：「舍車而徒，義弗乘也。」

初在下，無可乘之理。

六二，賁其須。

在頤曰須，在口曰髭，在頰曰髯。須不能以自動，隨頤而動，則須雖美，乃附于頤以爲文者也。本卦綜噬嗑，原有頤象，今變陽，則中爻爲兑口矣，口旁之文莫如須，故以須象之。○六二以陰柔居中正，三以陽剛得正，皆無應與，故二附三而動，猶須附頤而動也，故有賁其須之象。占者附其君子，斯無愧于賁矣。

象曰：「賁其須，與上興也。」

與者，相從也。興者，興起也。二〔一〕陰柔，從三陽興起者也。

九三，賁如濡如，永貞吉。

如，助語辭。濡，沾濡也。離文自飾，賁如之象也。中爻坎水自潤，濡水之象也。永貞者，長永其貞也。九三本貞，教之以永其貞也。吉者，陰終不能陵也。○九三以一陽居二陰之間，當賁之時，陰來比己，爲之左右先後，蓋得其賁而潤澤者也，故有賁如濡如之象，然不可溺于所安也。占者能守永貞之戒，斯吉矣。

〔一〕「二」上，朝爽堂本有「則言」二字。

象曰：「永貞之吉，終莫之陵也。」

陵者，侮也。能永其貞，則不陷溺于陰柔之中，有所嚴憚，終莫之陵侮也。

六四，賁如皤如，白馬翰如，匪寇婚媾。皤，白波反。

皤，白也。四變中爻爲巽，白之象也。賁如皤如者，言未成其賁而成其皤也，非賁如而又皤如也。中爻震爲馵足，爲的顙，馵白足，顙白顛，白馬之象也。舊注不知象，故言人白則馬亦白，無是理矣。翰如者，馬如翰之飛也。中爻坎，坎爲亟心之馬，翰如之象也。寇指三，婚媾指初。〇六四與初爲正應，蓋相爲賁者也，乃爲九三所隔而不得遂，故未成其賁而成其皤。然四往求于初之心，如飛翰之疾，不以三之隔而遂已也。使非三之寇，則與初成婚媾而相爲賁矣。是以始雖相隔，而終則相親也。即象而占可知矣，與屯六二同。

象曰：「六四當位，疑也。匪寇婚媾，終无尤也。」

以陰居陰，故當位。疑者，疑懼其三之親比也。六四守正，三不能求，故終无過尤。

六五，賁于丘園，束帛戔戔，吝，終吉。戔音殘[一]。

〔一〕「殘」，朝爽堂本作「㦰」。

艮爲山，丘之象也。故頤卦指上九爲丘，涣卦中爻艮，故六四「涣其丘」。艮爲果蓏，又〔一〕居中爻震木之上，果蓏林木，園之象也。此丘園指上九。上九賁白，貧賤肆志，乃山林高蹈之賢。蠱乃同體之卦，上九「不事王侯」，隨卦上六錯艮亦曰「西山」，則上九乃山林之賢無疑矣。兩疋爲束，陰爻兩坼，束之象也。坤爲帛，此坤土〔二〕，帛之象也。戔與殘同，傷也。艮錯兑爲毁折，戔之象也。束帛傷戔，即今人之禮緞也。本卦上體、下體皆外陽，中虚，有禮緞之象。上戔下戔，故曰戔戔。陰吝嗇，故曰吝。○六五文明以止之主，當賁之時，下無應與，乃上比上九高蹈之賢，故有光賁丘園、束帛以聘之象。然賁道將終，文反于質，故又有戔戔之象。以此爲禮，有似于吝。然禮薄意勤，禮賢下士，乃人君可喜之事。占者得此，吉可知矣。

象曰：「六五之吉，有喜也。」

艮錯兑爲悦，故曰有喜。得上九高賢而文之，豈不喜？

上九，白賁，无咎。

賁，文也；白，質也，故曰「白受采」。上九居賁之極，物極則反，有色復于無色，所以有白賁之象。文勝而反于質，无咎之道也，故其象占如此。

〔一〕「又」，朝爽堂本作「入」。

〔二〕「土」，史本作「上」，朝爽堂本作「主」，則當從下讀。

象曰：「白賁无咎，上得志也。」

文勝而反于質，退居山林之地，六五之君以束〔一〕帛聘之，豈不得志？此以人事言者也。若以卦綜論之，此文原是噬嗑初爻剛上文柔，以下居上，所以得志。

䷖坤下艮上

剥者，落也。九月之卦也。五陰在下，一陽在上，陰盛陽孤，勢將剥落而盡，剥之義也。至高之山，附著于地，有傾頹之勢，剥之象也。序卦：「賁者，飾也。致飾，然後亨則盡矣，故受之以剥。」所以次賁。

剥，不利有攸往。

不利有攸往，言不可有所往，當儉德避難，所以爲君子謀也。

象曰：「剥，剥也，柔變剛也。不利有攸往，小人長也。順而止之，觀象也。君子尚消息盈虛，天行也。」〔二〕

〔一〕「束」，原作「來」，今據諸本改。

〔二〕此下，朝爽堂本有音注「長，丁丈反」。

以卦體、卦德釋卦名、卦辭。剥者，陽剥也。所以剥之者，陰也，五之陰上進而欲變乎上之一陽也。以卦體言之，小人長也，陰邪之聲勢方張也。以卦象言之，内順外止，有順時而止之象，人當觀此象也。觀小人之時，時不可往；觀一卦之象，象自不往，所以不利有攸往。消息者，盈虚之方始；盈虚者，消息之已成。「消息盈虚」四字皆以陽言。復者陽之息，姤者陽之消，乾者陽之盈，坤者陽之虚，此正陽消而將虚之時也。天行者，天道自然之運也，天運之使然。君子亦惟以是爲尚，與天時行而已。既不可往，又豈可往哉？「君子」二句，又推〔一〕原「不利有攸往」之故。

《象》曰：「山附於地，剥，上以厚下安宅。」

上謂居民之上，一陽在上之象也。厚下者，厚民之生，省刑罰、薄税斂之類也。宅者上所居之位，非宅舍也。因艮體一陽覆幬于上，有宅舍之象，故以宅言之。所以上九亦以廬言者，以有廬之象也。厚下安宅者，言厚下而不剥下者，正所以自安其宅也。民惟邦本，本固邦寧之意。卦以下剥上取義，乃小人剥君子，成剥之義。象以上厚下取義，乃人君厚生民，則治剥之道也。

初六，剥牀以足，蔑貞，凶。

剥牀以足者，剥落其牀之足也。變震，足之象也。剥自下起，故以足言之。一陽在上，五陰列下，有宅

〔一〕「推」，原作「惟」，今據諸本改。

象、廬象、牀象。蔑者，滅也。蔑貞者，蔑其正道也，指上九也。方剥足，而即言「蔑貞」，如履霜而知堅冰至也。○初六陰剥在下，有剥牀以足之象。剥牀以足，猶未見其凶，然其剥足之勢，不至蔑貞而不已，故戒占者如此。此聖人爲君子危，而欲其自防于始也。

象曰：「剥牀以足，以滅下也。」

以滅下，則漸而上矣。見其端甚微，知其必有蔑貞之禍。

六二，剥牀以辨，蔑貞，凶。

辨者，牀之幹也。不曰幹而曰辨者，謂牀之下，足之上，分辨處也。「蔑貞」同初。

象曰：「剥牀以辨，未有與也。」

與者，陽也。凡爻中陽以應陰，陰以應陽，方謂之應與，相比亦然。二本陰爻，有陽爻之應，或有陽爻之比，則有與矣。今比乎二者初也，初，陰也；應乎二者五也，五亦陰也，前後左右皆無應與之陽，則上九乃孤陽矣，豈不蔑貞？故初知其蔑貞，而二亦知其必有此凶也。

六三，剥之，无咎。

三雖與上九爲正應，不可言剥。然在剥卦之中，猶不能離乎剥之名。之，語助辭。衆陰方剥陽，而三獨與之爲應，是小人中之君子也。去其黨而從正，雖得罪于私黨，而見取于公論，其義無咎矣。占者如此，故无咎。剥以近陽者爲善，應陽者次之。近陽者，六五是也，故无不利。應陽者，此爻是也，故

無咎〔一〕。

象曰：「剥之，无咎，失上下也。」

上下謂四陰。三居四陰之中，不與之同黨，而獨與一陽爲應與，是所失者上下之陰，而所得者上九之陽也。惟其失四小人，所以得一君子。

六四，剥牀以膚，凶。

初足，二辨，三牀之上，四乃上體，居牀之上，乃牀上人之膚也。剥牀而及其肌膚，禍切身矣，故不言「蔑貞」而直曰「凶」。

象曰：「剥牀以膚，切近災也。」

言禍已及身，而不可免也。

六五，貫魚，以宫人寵，无不利。

此〔二〕正象辭所謂「順而止之」也。魚貫者，魚之貫串而相次以序，五陰列兩旁之象也。本卦大象巽，此爻變巽，巽有魚象，詳見中孚。巽爲繩，貫之象也。以者，后妃以之也。五君位，爲衆陰之長，故可

〔一〕此下，朝爽堂本有「〇吕氏家賤，惡莫大焉」。
〔二〕「此」，朝爽堂本作「五」。

以以之。魚陰物，宫人衆妾，乃陰之美，而受制于陽者。艮錯兑爲少女，宫人之象也。以宫人寵者，統領宫人，以次上行，進御而獲其寵也。一陽在上，五率其衆陰，本卦原有此象；且内順外止，本卦原有此德。陰順則能從乎陽，艮止則必不剥陽矣。无不利者，陰聽命于陽，乃小人聽命于君子也，故无不利。非程傳別設義之説。〇六四以剥其膚而凶，至六五陰長陽消之極矣，然本卦順而且止，故陰不剥陽，有貫魚以宫人寵，反聽命于陽之象。此小人之福而君子之幸也，故占者无不利。

象曰：「以宫人寵，終无尤也。」

五以陰剥陽，今率其類，以聽命于陽，有何過尤？

上九，碩果不食，君子得輿，小人剥廬。

碩果者，碩大之果。陽大陰小，碩之象也。艮爲果，果之象也。不食者，在枝間未食也。諸陽皆消，一陽在上，碩果獨在枝上之象也。此爻未變，艮錯兑爲口，猶有可食之象。此爻一變，則爲坤而無口矣，不食之象也。果碩大不食，必剥落朽爛矣。故孔子曰：「剥者，爛也。」果剥落朽爛于外，其中之核又復生仁，猶陽無可盡之理，窮上反下，又復生于下也。輿者，物賴之以載，猶地之能載物也。變坤，坤爲大輿，輿之象也。一陽復生于地之下，則萬物皆賴之以生，此得輿之象也。廬者，人賴之以覆，猶天之能覆物也。五陰爲廬，一陽蓋上，爲廬之椽瓦。今一陽既剥于上，則國破家亡，人無所覆庇以安其身，此剥廬之象也。上一畫變，此窮上也，故曰剥。剥則陰矣，故曰小人；下一畫新生，此反下也，故

曰得，得則陽矣，故曰君子。蓋陽剥于上，則必生于下；生之既終，則必剥于上。未剥之先，陽一畫在上，故其象似廬。既剥之後，陽生于下，則上一畫又在下矣，故其象似輿。○諸陽消剥已盡，獨上九一爻，故有碩果不食之象。今上九一爻既變，則純陰矣，然陽無可盡之理，既剥于上，必生于下。故生于下〔一〕者，有君子得輿而爲民所載之象。剥于上者，有小人剥廬，終無所用之象。占者得此，君子、小人當自審矣。

象曰：「君子得輿，民所載也。小人剥廬，終不可用也。」

民所載者，民賴之以承載也。廬，所賴以安身者也，今既剥矣，終何用哉？必不能安其身矣。國破家亡，小人無獨存之理。「載」字從「輿」字上來，「不可用」從「剥」字上來。

䷗震下坤上

復者，來復也。自五月一陰生後，陽一向在外，至十月變坤。今冬至復來，反還于内，所以名復也。序卦：「物不可以終盡，剥窮上反下，故受之以復。」所以次剥。

復，亨。出入无疾，朋來无咎，反復其道，七日來復，利有攸往。

〔一〕「故生於下」，朝爽堂本無。

先言出而後言入者，程子言「語順」是也。出者，剛長也。入者，剛反也。疾者，遽迫也。言出而剛長之時，自一陽至五陽，以漸而長，是出之時，未常遽迫也。入而剛反之時，五月一陰生，九月之剥猶有一陽，至十月陽變，十一月陽反，以漸而反，是入之時，未常遽迫也。朋者，陰牽連于前，朋之象也。故豫卦、損卦、益卦、泰卦、咸卦皆因中爻三陽三陰牽連，皆得稱朋也。自外而之内曰來，言陰自六爻之二爻雖成朋黨而來，然當陽復之時，陽氣上行，以漸而長，亦無咎病也，復之得亨者以此。道猶言路，言剛反而復之道路也。七日來復者，自姤而遯、否、觀、剥、坤、復，凡七也，即七日得之意。蓋陽極于六，陰極于六，極則反矣，故七日來復也。无疾咎者，復之亨也。七日來復，復之期也。利有攸往，復之占也。大抵姤、復之理，五月一陰生爲姤，一陰生于内，則陽氣浮而在外矣。至于十月坤，陰氣雖盛，而陽氣未常息也，但在外耳。譬之妻雖爲主，而夫未常亡。故十一月一陽生曰剛反，反者，言反而歸之于内也。十一月一陽生而復，一陽生于内，則陰氣浮而在外矣。至于四月乾，陽氣雖盛，而陰氣未常息也，但在外耳。譬之夫雖爲主，而妻未常亡，故五月一陰復生，天地雖分陰陽，止是一氣，不過一内一外而已。一内一外即一升一沉、一盛一衰、一代一謝也。消息盈虚，循環無端，所以言剥、言復。

彖曰：「復亨，剛反動而以順行，是以『出入无疾，朋來无咎』。『反復其道，七日來復』，天行也。利有攸往，剛長也。復，其見天地之心乎？」

以卦德、卦體釋卦辭而贊之。剛反，對剛長。反者，言剥之剛窮上反下而爲復也。長者，言復之剛自下進上，歷臨、泰而至于乾也。以其既去而來反也，故亨。以其既反而長也，故利有攸往。剛反，言方復之初。剛長，言已復之後。行亦動也，言下體雖震動，然上體乃坤順，以順而動，所以出入往來，无疾无咎。天行者，陰陽消息，天運之自然也，故反復其道，七日來復。陽剛用事，君子道長，所以利有攸往。見天地之心者，天地無心，生之不息者，乃其心也。剥落之時，天地之心，幾于滅息矣。今一陽來復，可見天地生物之心，無一息之間斷也。一陽之復，在人心則惻隱、羞惡、辭讓、是非，性善之端也，故六爻以復善爲義。此孔子贊辭。言天地間，無物可見天地之心，惟此一陽初復，萬物未生，見天地之心。若是三陽發生，萬物之後，則天地之心盡散在萬物，不能見矣。天地之心動後方見，聖人之心應事接物方見[一]。

象曰：「雷在地中，復，先王以至日閉關，商旅不行，后不省方。」

先王者，古之先王。后者，今之時王[二]。一陽初復，萬物將發生之時，當上下安静，以養微陽。商旅不行者，下之安静也。后不省方者，上之安静也。人身亦然，月令齋戒掩身是也。以卦體論，陰爻貫魚，商旅之象。陽爻横亘于下，閉關之象。陽君不居五而居初，潛居深宫，不省方之象。以卦象論，震

〔一〕「一陽之復在人心」至此，朝爽堂本無。
〔二〕以上十三字，朝爽堂本無。

爲大塗，中開大路，旅之象。坤爲衆，商旅之象。震綜艮，艮止不行之象。闔户爲坤，閉關之象。坤爲方，方之象。

初九，不遠復，无祇悔，元吉。

不遠者，失之不遠也。祇者，適所以之辭。適者，往也，至也。人有過失，必至徵色發聲而後悔悟，此則困心衡慮者也。惟自此心而失之，又自此心而知之；自此心而知之，又自此心而改之。此則不遠即復，不至于悔者也。○初九一陽初生于下，復之主也，居于事初，其失不遠，故有不遠能復于善，無至于悔之象。大[一]善而吉之道也，故其占如此。

象曰：「不遠之復，以修身也。」

爲學之道無他，惟知不善，則速改以從善而已。復則人欲去而天理還，修身之要何以加此？

六二，休復，吉。

休者，休而有容也。人之有善，若己有之者也。以其才位皆柔，又變悦體，所以能下其初之賢而復。○六二柔順中正，近于初九，見九[二]之復而能下之，故有休復之象，吉之道也，故其占如此。

[一]「大」，原作「本」，今據史本、朝爽堂本、寶廉堂本改。
[二]「九」上，朝爽堂本有「初」字。

象曰：「休復之吉，以下仁也。」

復初爻本碩果不食，窮上反下，其核又生仁，所以取此「仁」字。復禮爲仁，初陽復，即復于仁也，故曰「以下仁」。

六三，頻復，厲，无咎。

頻者，數也。三居兩卦之間，一復既盡，一復又來，有頻之象，與「頻巽」同。頻復者，頻失而頻復也。厲者，人心之危也。无咎者，能改過也。不遠之復者，顔子也。頻復，則日月一至，諸子也。○六三以陰居陽，不中不正，又處動極，復之不固，故有頻失頻復之象。然當復之時既失，而能知其復，較之迷復者遠矣。故當頻失之時，雖不免危厲，而至于復，則无咎也，故其占如此。

象曰：「頻復之厲，義无咎也。」

頻〔一〕復而又頻失，雖不免于厲，然能改過，是能補過矣，揆之于義，故无咎。

六四，中行獨復。

中行者，在中行也。五陰而四居其中，中之象也。凡卦三、四皆可言中，益卦三、四皆言「中行」是也。此爻變震，應爻亦震，震爲足，行之象也。獨復者，不從其類而從陽也，故孔子以「從道」象之。○六四

〔一〕「頻」上，朝爽堂本有「此言」二字。

柔而得正，在羣陰之中，而獨能下應于陽剛，故有中行獨復之象。曰「獨復」，則與休者等矣，蓋二比而四應也。

象曰：「中行獨復，以從道也。」

初之象曰「以修身也」，二曰「仁」，四曰「道」，修身以道，修道以仁，仁與道皆修身之事。二比而近，故曰「仁」；四應而遠，故曰「道」。小象之精極矣。

六五，敦復，无悔。

敦者，厚也。有一毫人欲之雜，非復。有一毫人欲之間，非復。敦復者，信道之[一]篤，執德之堅，不以久暫而或變者也。不遠復者，善心之萌。敦復者，善行之固。无悔者，反身而誠也。敦臨、敦復，皆因坤土。○六五以中德居尊位，當復之時，故有敦厚其復之象。如是則心與理一，無可悔之事矣，故占者无悔。

象曰：「敦復，无悔，中以自考也。」

考者，成也。言有中德，自我而成其敦復也，不由于人之意。初乃復之主，二以下仁而成休復，四以從道而成獨復，皆有資于初，以成其復。惟五以中德而自成，不資于初，故曰自。无祇悔者，入德之事；

〔一〕此及下兩「之」字，朝爽堂本無。

无悔者，成德之事，故曰考。

上六，迷復，凶，有災眚〔一〕。用行師，終有大敗，以其國君凶，至于十年不克征。

坤爲迷，迷之象也。迷復者，迷其復而不知復也。坤本先迷，今居其極，則迷之甚矣。以者，與也，並及之意。因師敗而並及其君，有傾危之憂也。坤爲衆，師之象也。變艮，大象離，離爲戈兵，衆人以戈兵而震動，行師之象也。國者，坤之象也。詳見謙卦。十者，土數成于十也〔二〕。不克征者，不能雪其耻也。災眚者，凶也。用師以下，則災眚之甚，又凶之大者也。復卦何以言行師？以其敵陽也。剥復相綜，陽初復，陰極盛，正龍戰于野之時。曰終有大敗者，陽上進，知其終之時，必至于夬之「无號」也。○上六陰柔，居復之終，故有迷復之象。占者得此，凶可知矣。是以天災人眚，雜然並至，天下之事無一可爲者，若行師則喪師辱君，至于十年之久，猶不能雪其耻，其凶如此。

象曰：「迷復之凶，反君道也。」

反君道者，反其五之君道也。六五有中德，敦復，无悔。六居坤土之極，又無中順之德，所以反君道而凶。

〔一〕「眚」，原作「青」，今據諸本改。

〔二〕「土數成于十也」，朝爽堂本作「十者，土之成數也」。

周易集注卷之六

梁山來知德集注

䷘震下乾上

无妄者，至誠無虚妄也。史記作「無所期望」。蓋惟本无妄，所以凡事盡其在我，而于吉凶禍福皆委之自然，未嘗有所期望，所以无妄也。以天道言，實理之自然也；以聖人言，實心之自然也，故有正不正之分。蓋震者，動也，動以天爲无妄，動以人則妄矣。序卦：「復則不妄，故受之以无妄。」所以次復。

无妄，元亨，利貞，其匪正有眚，不利有攸往。

惟其无妄，所以不期望。若處心未免于妄而匪正，則無道以致福，而妄欲徼福，非所謂无妄之福。有過以召災而妄欲免〔一〕災，非所謂无妄之災。此皆未免容心于禍福之間，非所謂无妄也，豈不有眚？

〔一〕「免」，原作「見」，今據史本、朝爽堂本改。

若真〔一〕實无妄之人，則純乎正理，禍福一付之天，而無苟得幸免之心也。

彖曰：「无妄剛自外來而爲主於内，動而健，剛中而應，大亨以正，天之命也。其匪正有眚，不利有攸往，无妄之往，何之矣？天命不祐，行矣哉！」

本卦〔二〕綜大畜，二卦同體，文王綜爲一卦，故雜卦曰：「大畜，時也；无妄，災也。」剛自外來者，大畜上卦之艮來居无妄之下卦而爲震也。剛自外來，作主于内，又性震動，又自外來，則動以人，不動以天，非至誠无虚妄矣，所以有人之眚而不利有攸往也。内動而外健，故大亨。剛中而應，故正。天命者至誠，乃天命之實理，反身而誠者也。若自外來，豈得爲天命？○以卦綜、卦德、卦體釋卦辭。言文王卦辭「元亨利貞」之外，而又言「其匪正有眚，不利有攸往」者，以剛自外來而爲主于内也。若本卦動而健，以剛中而應，柔中則大亨以正矣。大亨以正，實天之命也。天命實理，無一毫人欲之私，此文王卦辭所以言「元亨」也。若以外來者爲主，則有人欲之私，非反身而誠，天命之實理，即匪正矣，欲往也，將何之哉？是以天命不祐，有眚而不利也。此所以文王卦辭言「元亨」而又「利貞」也。若舊注以剛自外來爲自訟來，則非自外來，乃自内來矣。

〔一〕「真」，原作「貞」，今據諸本改。

〔二〕「本卦」上，朝爽堂本有「注以剛自外來爲匪正，以動健中應爲正，大是纏擾，于白文不順。若以自外來爲主都是正，反是即爲匪正，豈不明白？○」。

象曰：「天下雷行，物與无妄，先王以茂對時育萬物。」

茂者，盛也。物物皆對，時而育之，所育者極其盛大，非止一物也，即如雷地豫之殷也。對時者，因雷發生，萬物對其所育之時也，如孟春犧牲毋用牝之類是也。天下雷行，震動發生，一物各具一太極，是物物而與之无妄者，天道之自然也。茂對時育物，撙節愛養，輔相裁成，使物物各遂其无妄之性者，聖人之當然也。

初九，无妄，往，吉。

爻與彖辭不同者，爻以一爻之定體而言，彖以全體相綜大畜而言。○九以陽剛之德，居无妄之初，有所動，所謂動以天也。且應爻亦剛，無係戀之私，是一感一應，純乎其誠矣，何吉如之？故占者往則吉。

象曰：「无妄之往，得志也。」

誠能動物，何往而不遂其心志？

六二，不耕穫，不菑畬，則利有攸往。

耕者，春耕也。穫者，秋斂也。菑者，田之一歲墾而方成者。畬者，田之三歲墾而已熟者。農家始而耕，終而穫；始而菑，終而畬。不耕穫者，不方耕而即望其穫也。不菑畬者，不方菑而即望成其畬也。耕也、菑也，即明其道也。穫也、畬也，即功也。曰「不耕穫、不菑畬」，即「明其道不計其功」也。觀小

象「未富」可見矣。若程傳「不首造其事」，本義「无所爲於前，無所冀於後」，將道理通講空了，乃禪學也。吾儒聖人之學，進德修業，盡其理之當然，窮通得喪；聽其天之自然，修身俟命，此正所謂「无妄」也。豈一點道理不進〔一〕，空空寂寂，謂之无妄哉？初爲地位，二爲田，故九二曰「見龍在田」。震居東，二、三皆陰土，水臨土上，春耕之象也。震爲禾稼，中爻艮爲手，禾在手，穫之象也。中爻巽，下卦震，上入下動，菑畬之象也。故禾耨取諸益。○六二柔順中正，當无妄之時，無私意期望之心，故有不耕穫、不菑畬之象。言雖爲于前，無所望于後。占者必如此，則利有攸往矣。

象曰：「不耕穫，未富也。」

言未有富之心也。此「富」字雖曰未有此心，然亦本于象。蓋巽爲市利，小畜上體乃巽，小象曰「不獨富也」；此卦中爻巽，曰「未富」者，未入巽之位也。

六三，无妄之災，或繫之牛，行人之得，邑人之災。

本卦大象離，此爻又變離，離爲牛，牛之象也。中爻巽爲繩，又艮爲鼻，繩繫牛鼻之象也。震爲足，行之象也。三爲人位，人在震之大塗，行人之象也。三居坤土，得稱邑，又居人位，邑人之象也。此爻居震動之極，牛失之象也。又變離錯坎，坎爲盜，亦牛失之象也。或者，設或也，即「假如」二字〔二〕。假

〔一〕「進」，朝爽堂本作「盡」。
〔二〕以上八字，朝爽堂本作「假如之意」。

牛以明无妄之災乃六三也，即邑人也。○六三陰柔不正，故有此象。言或繫牛于此，乃邑人之牛也。牛有所繫，本不期望其走失〔一〕，偶脱所繫而爲行人所得，邑人有失牛之災，亦適然不幸耳，非自己有以致之，故爲无妄之災，即象而占可知矣。

象曰：「行人得牛，邑人災也。」

行人得牛而去，邑人不期望其失牛而失牛，故爲无妄之災〔二〕。

九四，可貞，无咎。

可者，當也。九陽剛健體，其才亦可以有爲者，但下無應與，無所係戀，而無妄者也。占者得此，但可守此无妄之正道，即無咎矣。若妄動，又不免有咎〔三〕也。

象曰：「可貞无咎，固有之也。」

固有者，本有也。無應與，則無係戀而无妄，則无妄乃九四之本有也。

九五，无妄之疾，勿藥有喜。

〔一〕「望」、「走」二字，朝爽堂本無。

〔二〕此下，朝爽堂本有「○得牛，无妄之福也。邑人災，无妄之禍也。爻詞單言无妄之災，小象言邑人之災，言行人得牛來，彼得此失，禍福本相因也。也字可味」。

〔三〕「咎」，原作「動」，今據史本、朝爽堂本、寶廉堂本改。

五變則中爻成坎，坎爲心病，疾之象也。中爻巽木艮石，藥之象也。中爻巽綜兑悦，喜之象也。意外之變，雖聖人亦不能無，但聖人廓然大公，物來順應，來則照而去不留，無意必固我之私，是以意外之來，猶无妄之疾耳。如舜之有苗，周公之流言，皆无妄之疾也。「誕敷文教而有苗格」，「公孫碩膚，德音不瑕」，大舜、周公之疾，不藥而自愈矣〔一〕。○九五陽剛中正，以居尊位，而下應亦中正，无妄之至也。如是而猶有疾，乃无妄之疾，不當得而得者，故勿藥自愈，其象占如此。

象曰：「无妄之藥，不可試也。」

試者，少嘗之也。无妄之疾勿藥者，以无妄之藥不可嘗也。若嘗而攻治，則反爲妄而生疾矣，故不可輕試其藥，止可聽其自愈〔二〕。

上九，无妄，行有眚，无攸利。

下應震足，行之象也。九非有妄，但時位窮極，不可行耳，故其象占如此。

象曰：「无妄之行，窮之災也。」

〔一〕自「如舜」至此，朝爽堂本無。

〔二〕此下，朝爽堂本有「○九五剛中，中剛則外物不得而傷之，禹征有苗，猶爲多事」。

无妄未有不可行者，以時位耳，與「亢龍」同，故二〔一〕小象亦同〔二〕。

☶☰乾下艮上

大者，陽也。其卦乾下艮上，以陽畜陽，所畜之力大，非如巽以陰畜陽，所畜之力〔三〕小，故曰大畜。又有藴畜之義，又有畜止之義〔四〕。序卦：「有无妄，然後可畜，故受之以大畜。」所以次无妄。

大畜，利貞，不家食，吉，利涉大川。

中爻兑口在外，四近于五之君，當食禄于朝，不家食之象也。何以言食？本卦大象離，故彖辭曰「輝光日新」者，因大象離也。離錯坎，又象頤，有飲食自養之象。因錯坎水，中爻震木，所以有涉大川之象。又本卦錯萃，萃大象坎。若以卦體論，四五中空，有舟象。乾健，應四五上進，有舟行而前之象。應乎天者，以卦德論其理也。彖辭、爻辭皆各取義不同。貞者，正也，利于正道，如「多識前言往行，以畜其德」是也。吉者，吾道之大行也，言所藴畜者皆正，則畜極而通，當食禄于朝，大有作爲，以濟天下

〔一〕「二」，朝爽堂本作「其」。
〔二〕此下，朝爽堂本有「○窮指上言」。
〔三〕「所蓄之力」，朝爽堂本作「之」。
〔四〕「又有藴畜之義，又有畜止之義」，朝爽堂本作「又有藴畜、畜止二義」。

之險也。

彖曰：「大畜剛健篤實，輝光日新，其德剛上而尚賢，能止健，大正也。不家食，吉，養賢也。利涉大川，應乎天也。」

以卦德、卦綜、卦體釋卦名、卦辭。剛健者，内而存主也。篤實者，外而踐履也。剛健無一毫人欲之陰私，篤實無一毫人欲之虚假，則闇然日章，光輝宣著，其德自日新又新，所以積小高〔一〕大，以成其畜也。名大畜者以此。剛健，乾象；篤實，艮象；二體相合離象，故又言「輝光日新」。剛上者，大畜綜无妄，无妄下卦之震上而爲大畜之艮也。上而爲艮，則陽剛之賢在上矣，是尚其賢也。止健者，止居上而健居下，禁民之强暴也。此二者，皆大正之事，所以利貞。若以止健爲止陽剛君子，則又非大正矣。養賢者，食禄以養賢也。應天者，下應乎乾也。天者，時而已矣。既負藴畜之才，又有乾健之力，所以當乘時而出，以濟天下之險難也。惟剛上則賢人在上，故能尚賢，故能成艮而止健，故能兑口在外卦而食禄于外，故能六五得中而應乎乾。此四者，皆卦綜剛上之功也。

象曰：「天在山中，大畜，君子以多識前言往行，以畜其德。」

天者，一氣而已，氣貫乎地中，天依乎地，地附乎天，雲雷皆自地出，故凡地下空處深處皆是天，故曰

〔一〕「高」，朝爽堂本作「而」。

「天在山中」。多識，即大畜之意，乃知之功夫也。古聖賢之嘉言善行，皆理之所在，皆古人之德也。君子多識之，考跡以觀其用，察言以求其心，則萬理會通于我，而我之德大矣。此君子體大畜之功也。中爻震足，行之象；兑口，言之象。

初九，有厲，利已。已，夷止反。

乾三陽爲艮所畜，故内外之卦各具其義。内卦受畜，以自止爲義，以陰陽論，若君子之受畜于小人也。外卦能畜，以止人爲義，以上下論，若在位之禁止强暴也。易主于變易，所以取義不窮〔一〕。已者，止也。厲者，不相援而反相擠排，危厲之道也。○初九陽剛乾體，志于必進，然當大畜之時，爲六四所畜止，而不得自伸，故往則有危，惟止則不取禍矣，故教占者必利于止也。

象曰：「有厲，利已，不犯災也。」

災即厲也。止而不行，則不犯災矣。

九二，輿説輹。説音脱，輹音服。

乾錯坤爲輿，輿之象也。中爻兑爲毀折，脱輹之象也。輿賴輹以行，脱則止而不行矣。○九二亦爲六

〔一〕「窮」，朝爽堂本作「同」。

五所畜，以有中德，能自〔一〕止而不進，故有輿説輹之象。占者凡事不冒進，斯無尤矣。

象曰：「輿説輹，中无尤也。」

惟有中德，故無妄進之尤。

九三，良馬逐，利艱貞。曰閑輿衛，利有攸往。

此爻取藴畜之義。乾爲良馬，良馬〔二〕之象也。中爻震爲作足之馬，乾馬在後追逐，震馬之象也。兩馬因震動而追逐，遇艮止不得馳上，利艱貞之象也。中爻兑口，乾爲言，曰之象也。乾錯坤，輿之象也。陰爻兩列在前，衛之象也。考工記車有六等，戈也、人也、殳也、戟也、矛也、軫也，皆衛名。良馬逐者，用功如良馬追逐之速也，即九三「終日乾乾，夕惕若」之意。艱者，艱難其思慮，恐其失于太易也。貞者，貞固其作爲，恐其失于助長也。曰者，自嘆之辭。閑者，習也，習其車輿與其防衛也。閑習有優游自得之意。曰閑輿衛〔三〕者，自嘆其當閑輿衛也，言當此大畜之時，爲人所畜止摧抑，果何所事哉？亦惟自閑輿衛，以求往乎天衢耳。輿者，任重之物。衛者，應變之物。以人事論，君子不當家食，以一身而任天下之重者，輿也；當涉大川，以一身而應天下之變者，衛也，必多識前言往行之理，

〔一〕「自」，原作「有」，今據諸本改。
〔二〕「良馬」，朝爽堂本不重。
〔三〕「閑輿衛」三字，朝爽堂本無。

畜其剛健篤實之德，以德爲車，以樂爲御，忠信以爲甲胄，仁義以爲干櫓，涵養于未用之時，以待時而動，此閑輿衛之意也。閑輿衛，又利艱貞之象也。舊注以不相畜而俱進，殊不知卦名大畜，下體非自止則藴畜也，無進之意。蓋觀「童牛之牿[一]」，則知當「有厲，利已」矣；觀「豶豕之牙」，則知當「輿説輹」矣；觀「何天之衢」，則知用功，當「良馬逐」矣。所以小象言「上合志」，所以當取藴畜之義，惟藴畜方能畜極而通何天之衢。○九三以陽居健極，當大畜之時，正多識前言往行、用功不已之時也，故有良馬追逐之象。然猶恐其過剛鋭進，惟當艱貞，從容以待時，故又有曰[二]閑輿衛之象。如是，自然畜極而通，利有攸往矣，故教戒占者必當如此。

象曰：「利有攸往，上合志也。」

上合志者，謂上九之志與之相合也。三與上九情雖不相孚，然皆居二體之上，其志皆欲畜極而通，應與之志[三]相合，所以利有攸往。

六四，童牛之牿，元吉。

〔一〕「牿」，原作「牯」，今據諸本及周易經文改。
〔二〕「曰」，原作「田」，今據諸本改。
〔三〕「之志」二字，朝爽堂本無。

童者，未角之稱。梏者，施横木于牛角以防其觸，即詩所謂「楅[一]衡」者也[二]。此爻變離，離爲牛，牛之象也。艮本少，又應初，童牛之象也。變離錯坎，梏之象也。艮手，中爻震木，手持木而施之角，亦梏之象也。○六四艮體居上，當畜乾之時，與初相應，畜初者也。初以陽剛居卦之下，其勢甚微，于此止之，爲力甚易，故有梏童牛之象。占者如此，則止惡于未形，用力少而成功多，大善而吉之道也，故元吉。

象曰：「六四元吉，有喜也。」

上[三]不勞于禁制，下不傷于刑誅，故可喜。四正當兑口之悦，喜之象也。

六五，豶豕之牙，吉。豶音焚。

本卦大象離，離錯坎，豕之象也。五變，中爻又成離矣。豶者，犗也，騰也，乃走豕也，與「童牛之梏」一句同例。「童」字與「豶」字同，「梏」字與「牙」字同。中爻震足性動，豶之象也。牙者，埤雅云「以杙繫豕也」，乃杙牙，非齒牙也。杜詩「鳧雛入漿牙」，坡詩「置酒看君中戟牙」，荆公「槎牙死樹鳴老烏」，阿

〔一〕「楅」，原作「福」，今據史本、寶廉堂本及毛詩魯頌閟宫改。
〔二〕以上八字，朝爽堂本無。
〔三〕「上」，原作「土」，今據諸本改。

房賦「簷牙高啄」。又將軍之旗曰牙，立于帳前謂之牙帳，考工記輪人「牙也者，所以爲固抱也」〔一〕，所以蜀人呼棹牙、欖牙、床牙，則牙字乃古今通用，非齒牙也。詩「椓之丁丁」，丁丁，杙聲也。以木入土，所以有聲也。今船家繫纜樁謂之橜，亦曰杙牙者，樁上〔二〕杈牙也。蓋以絲繫矢曰弋，故從弋，所以繩繫木曰杙。變巽爲繩，繫之象也。巽木，杙之象也。言以繩繫走豕于杙牙也。舊注因宫刑，或曰犗刑，遂以爲去其勢，但天下無噬人之豕，所以此豶字止有騰字意，無犗字意。牛、馬、豕，皆人之所畜者，故大畜並言之。〇六五以柔中居尊位，當畜乾之時，畜乎其二者也，故有豶豕之牙之象。占者如此，則强暴梗化者自屈服矣，故吉。

象曰：「六五之吉，有慶也。」

慶即喜，但五君位所畜者大，故曰慶，即「一人有慶」也。

上九，何天之衢，亨。

此畜極而通之義。何，胡可切，音荷，儋也，負也。儋即擔字，楊子「擔石」是也。詩「何蓑何笠」，皆音荷。靈光賦「荷天衢以元亨」、莊子「背負青天」皆此意。鄭康成亦言「肩荷」，是也。上陽一畫，象擔；二陰垂彈于兩邊，有擔挑之象；言一擔挑起天衢也，即陳白沙所謂「明月清風作兩頭，一挑挑到魯尼

〔一〕以上十四字，朝爽堂本無。
〔二〕「上」，朝爽堂本作「之」。

丘」也。因卦體取此象，無此實事，金車、玉鉉之類是也〔一〕。上爲天位，天之象也。四達謂之衢。艮綜震爲大塗，衢之象也。以人事論，天衢乃朝廷政事之大道也，觀小象曰「道大行」可知矣。○畜之既久，其道大行，正不家食，擔負〔二〕廟廊之重任；涉大川，擔當國家之險阻，此其時矣，故有何天衢之象。占者得此，亨可知矣。

象曰：「何天之衢，道大行也。」

道大行者，不家食，涉大川，無往而莫非亨也。「道」字即「衢」字。

䷚震下艮上

頤，口旁也。口食物以自養，故取養義。爲卦上下二陽，內含〔三〕四陰，外實內虛，上止下動，故名爲頤。序卦：「物畜，然後可養，故受之以頤。」所以次大畜。

頤，貞吉，觀頤，自求口實。

〔一〕以上十二字，朝爽堂本無。
〔二〕「負」，朝爽堂本作「任」。
〔三〕「含」，朝爽堂本作「合」，疑誤。

本卦大象離目，觀之象也。陽實陰虚，實者養人，虚者求人之養。自求口實者，自求養于陽之實也。震不求艮，艮不求震，惟自求同體之陽，故曰「自求」，爻辭見之。

彖曰：「頤貞吉，養正則吉也。觀頤，觀其所養也。自求口實，觀其自養也。天地養萬物，聖人養賢以及萬民。頤之時大矣哉！」

釋卦辭，極言養道而贊之。觀其所養者，觀其所以養人之道正不正也，指上下二陽也。觀其自養者，觀其求口實以自養之正不正也，指中間四陰也。本卦頤原從口，無養德之意，惟頤養得正，則養德即在其中矣。不但養人自養，以至天地、聖人養萬物、養萬民，無非養之所在，故曰「頤之時大矣哉」，與大過、解、革同。

象曰：「山下有雷，頤，君子以慎言語，節飲食。」

帝出乎震，萬物得養而生。成言乎艮，萬物得養而成。君子慎言語以養其德，節飲食以養其體。言語、飲食，動之象；慎也、節也，止之象。此處方説出養德。

初九，舍爾靈龜，觀我朵頤，凶。舍音捨〔一〕。

大象離，龜之象也。應爻艮止，中空，靈龜止而不食，服氣空腹之象也。朵者，垂朵也。震反生，朵之

〔一〕此音注，朝爽堂本無。

象也。垂下其頤以垂涎，乃欲食之貌也。爾者，四也。我者，初也。靈龜以静止爲養，朵頤以震動爲養，故爾四而我初。大象離目，又觀之象也。○初九陽剛，乃養人者也，但其位卑下，不能養人及民，又乃動體，當頤養之初，正上止下動之時，惟知有口體之欲，舍六四而不養，故有「舍爾靈龜，觀我朵頤」之象。飲食人賤，凶之道也，故其占如此。

象曰：「觀我朵頤，亦不足貴也。」

飲食之人則人賤之，故不足貴。

六二，顛頤，拂經于丘頤，征凶。

顛者，頂也，指外卦也。拂者，除也，去也，違悖之意。諸爻皆求養于同體之陽，不從應與，故有顛拂之象。顛頤者，求養于上也。拂經者，違悖養于同體之常經也。山阜曰丘。土之高者，艮之象也。于〔一〕丘頤者，求養于外，即顛頤也。凶者，求食于權門，必見拒而取羞也。○六二陰柔，不能自養，必待養于陽剛，然震性妄動，不求養于初，而求養于外，則違養道之常理，而行失其類矣。故教占者當求養于初，若于丘頤，不惟不得其養而往則凶也，故其象占如此。

象曰：「六二征凶，行失類也。」

〔一〕「于」，朝爽堂本作「而」。

養道〔一〕各從其類，二三養于初，四五養于上，今二顛頤，往失其類矣，故曰「失類」。曰「行」者，震足之象也。

六三，拂頤，貞凶，十年勿用，无攸利。

拂頤者，違拂所養之道，不求養于初，而求養于上之正應也。貞者，正也。上乃正應，亦非不正也。十年者，中爻坤土之成數也。勿用者，不得用其養也。口容止，所以下三爻養于動者皆凶，上三爻養于止者皆吉。〇六三陰柔不中正，本乃動體，至三則動極而妄動矣，故有拂頤之象。占者得此，雖正亦凶，至于十年之久，理極數窮，亦不可往，其凶至此。

象曰：「十年勿用，道大悖也。」

震爲大塗，道之象也。大悖即拂頤。

六四，顛頤，吉。虎視眈眈，其欲逐逐，无咎。眈，都含切。

顛者，頂也，與六二同。顛頤者，求養于上也。吉者，得養道之常經也。艮爲虎，虎之象也。天下之物自養于内者莫如龜，求養于外者莫如虎。龜自養于内，内卦初舍之，故凶。虎求養于外，外卦上施之，故吉。爻辭之精至此。眈者，視近而志遠也。變離目，視之象也。應爻初爲地位，虎行垂首，下視于

〔一〕「養道」上，朝爽堂本有「不重失類，行重凡行，而求食者，止爲口腹計，自然不慎失類矣。〇」。

地，視近也；而心志乃求養于天位之上，志遠也，故以「眈」字言之。視，下卦「眈」也；志，上卦「眈」也，故曰「眈眈」。陰者，人欲之象也。下卦二陰，欲也；上卦二陰，欲也，人欲重疊，追逐而來，故曰「逐逐」。眈者，四求養于上也。逐者，上施養于四也。○六四當頤養之時，求養于上，故有顛頤之象，吉之道也，故占者吉。然四求養于上，上施養于四，四得所養矣，故又有視眈〔一〕欲逐之象，以求養而得逐逐之欲，似有過咎矣，然養得其正，故占者不惟吉，而又无咎也。

象曰：「顛頤之吉，上施光也。」施，去聲。

施者，及也，布散惠與之義。詳見乾卦「雲行雨施」，言上養及于四也。光者，艮「篤實光輝，其道光明也」。變離日，亦光之象也。

六五，拂經，居貞吉，不可涉大川。

拂經者，五與内卦爲正應，亦如二之求養于上，違悖養于同體之常道也，故二、五皆言「拂經」。居者，静以守之也。貞者，求養于同體之陽，乃任賢養民之正道也。吉者，恩不自出而又〔二〕能養人也。不可涉大川者，言不可自用以濟人也。涉川必乾剛，五柔故不可涉。○六五居尊，能自養人者也，但陰柔不正，無養人之才，又與内卦爲正應，故亦有拂經之象。然養賢及民，君道之正，故教占者順以從

〔一〕「視眈」，朝爽堂本倒。
〔二〕「又」，原作「能」，今據寶廉堂本改。朝爽堂本作「亦」。

上，守此正道則吉，不可不量己之力而當濟人之任也〔一〕。

象曰：「居貞之吉，順以從上也。」

中爻坤順，故曰順，言順從上而養人也。

上九，由頤，厲，吉，利涉大川。

由者，從也。九以陽剛居上位，是天下之養皆從上九以養之也。厲者，上而知君賴我以養也，則恐專權僭逼，而此心無一事之或忽；下而知民由我以養也，則常握髮吐哺，而此心無一時之或寧，此上九之所謂「厲」也，故戒之以厲，而後許之以吉也。凡易言涉大川取乾者，以卦德也，以乾天下至健，德行恒易以知險也，需、同人、大畜是也。取水木者，以卦體也，渙、蠱、未濟、謙，或取中爻，或取卦變是也。取中虛者，以卦象也，益、中孚、頤是也。五不可涉大川，上九利涉大川，方見五賴上九以養人。〇上九以陽剛之德居尊位，六五賴其賢以養人，故有由頤之象。然位高任重，必厲而後吉。即天下有險阻，亦可以濟之而不失其養也，其占又如此。

象曰：「由頤，厲，吉，大有慶也。」

〔一〕此下，朝爽堂本有「〇五，君也。上，臣也。六柔而九剛，必待養于同體之陽，以君而待養于臣，故曰拂經，如唐德宗待韓滉之粟以養之也」。

得所養，下之慶，亦君上之慶，故大。

䷛巽下兑上

大過，大者陽也，陽過于陰也。乾坤也、坎離也、山雷也、澤風也，此八卦也。乾與坤錯，坎與離錯，澤風與山雷相錯，風澤與雷山相錯，六十四卦惟此八卦相錯，其餘皆相綜。澤本潤木之物，今乃滅没其木，是大過矣。又四陽居中過盛，此所以名大過也。不然，四陽之卦亦多，何以不名過？因其居中，相聚而盛，所以得名也。序卦：「頤者，養也，不養則不可動，故受之以大過。」所以次頤。

大過，棟橈，利有攸往，亨。橈，乃教反。

梁上屋脊之木曰棟，所以乘椽瓦者也。木曲曰橈。本末弱而棟不正，有如木之曲也。椽垂𤖹，以漸而下曰宇。此卦大象坎，坎爲棟，坎主險陷，橈之象也。又爲矯輮，亦橈曲之象也。若以理論，本弱則無所承，末弱則無所寄附。此卦上缺下短，亦有橈之象。既棟橈矣，而又利有攸往，何也？蓋橈以成卦之象言，利有攸往亨則以卦體、卦德之占言。

彖曰：「大過，大者過也。棟橈，本末弱也。剛過而中，巽而説行，利有攸往，乃亨，大

過之時大矣哉！」説音悦。

以卦體、卦德釋卦名、卦辭而嘆其大。陽大陰小，本卦大者過，故名大過。本謂初，末謂上。弱者，陰柔也。古人作字，本末皆從木來，木下加一畫陽，取根株回煖，故爲本；木上加一畫陽，取枝葉向榮，故爲末。剛過者，四陽也；而中者，二五也。雖三、四亦可言中，故復卦四曰「中行」，益卦三、四皆曰「中行」也。巽而悦行者，内巽而外行之以悦也。若以人事論，體質本是剛毅，足以奮發有爲，而又用之以中，不過于剛；德性本是巽順，足以深入乎義理，而又行之以和，不拂乎人情，所以利有攸往乃亨。大過之時者，言人于大過之時，行大過之事，適其時，當其事也。如堯、舜禪受，湯、武放伐，雖過其事而不過乎理是也。蓋無其時不可過，有其時無其才亦不可過，故嘆其大與頤、解〔一〕、革同〔二〕。

象曰：「澤滅木，大過，君子以獨立不懼，遯世无悶。」

上一句大過之象，下二句大過之行，非達則不懼，窮則无悶也。窮亦有獨立不懼之時。不懼者不求同俗而求同理，天下非之而不顧也。无悶者不求人知而求天知，舉世不見知而不悔也。此必有大過人學問，義理見得明；有大過人操守，脚根立得定，方幹得此事。

〔一〕「解」，原作「改」，今據朝爽堂本、寶廉堂本改。
〔二〕此下，朝爽堂本有「〇孔子于辭上特加一『乃』字，此處應着想」。

初六，藉用白茅，无咎。

藉者，薦也，承薦其物也。因上承四剛，故曰藉。茅者，草也。巽陰木，爲茅，故泰卦變巽曰茅，否卦大象巽亦曰茅。巽爲白，白茅之象也。无咎者，敬慎不敗也。○初六[一]當大過之時，陰柔已能慎矣，又居巽體之下，則慎而又慎者也，亦如物不錯諸地而有所藉，可謂慎矣，而又藉之以茅，茅又用夫白，白則至潔之物矣，是慎之大過者也，故有此象。然慎雖大過，以其居大過之初，雖大過而不過，故占[二]者无咎。

象曰：「藉用白茅，柔在下也。」

陰柔居巽之下。

九二，枯楊生稊，老夫得其女妻，无不利。

巽爲楊，楊之象也。木生于澤下者楊獨多，故取此象。楊乃木之弱者，四陽之剛皆同爲木，但二五近本末之弱，故以「楊」言。曰「枯」者，取大過乎時之義，故二、五皆言「枯」也。至三、四則成乾之堅剛，故言「棟」。稊，木稚也。二得陰在下，故言「生稊」，稊者，下之根生也。五得陰在上，故言「生華」，生華者，上之枝生也。根生則生生不息，枝生則無生意矣。下卦巽錯震，長男也，老夫之象，故稱老夫[三]。

[一]「六」，原爲空格，重修虎林本、史本、寶廉堂本作「九」，誤，今據朝爽堂本補。
[二]「占」，原作「古」，今據史本、朝爽堂本、寶廉堂本改。
[三]以上四字，朝爽堂本無。

老夫者，再娶女[一]之夫也。應爻兑，兑乃[二]少女也，女妻之象，故稱女妻[三]。女妻者，未嫁而幼者也。九五兑錯艮，少男也，士夫之象，故稱士夫[四]。士夫乃未娶者。應爻巽爲長女，老婦之象也，故稱老婦[五]。老婦者，已嫁而老者也。周公爻辭其精至此。舊注不知象[六]，以二、五皆比于陰[七]，殊不知九二下卦反稱老夫，九五上卦反稱士夫，近初者言老，近上者言少[八]，説不通矣。○九二陽剛得中，當大過之時，而應于少女，故取諸物有枯楊生稊、取諸身有老夫得其女妻之象，可以成生育之功矣，故占者無不利。

象曰：「老夫女妻，過以相與也。」

此慶幸之辭，言陽方大過之始，得少陰以之相與，則剛柔相濟，過而不過，可以成生育之功矣，故[九]占

[一]「女」，朝爽堂本無。
[二]「乃」，朝爽堂本無。
[三]以上四字，朝爽堂本無。
[四]以上四字，朝爽堂本無。
[五]以上四字，朝爽堂本無。
[六]「不知象」，朝爽堂本作「但」。
[七]「陰」下，朝爽堂本有「爲言」二字。
[八]自「殊不知」至此，朝爽堂本作「則九二近初者言老，九五近上反稱少」。
[九]「故」上，朝爽堂本有「是」字。

者无不利。

九三，棟橈，凶。

變坎爲棟，又木堅多心，棟之象也。因坎三、四皆以棟言，因巽二、五皆以楊言，文王棟橈，本末皆弱；周公棟橈，因初之弱。○九三居内卦，下陰虚弱，下虚弱則上不正，故有棟橈之象，占者之凶可知矣。

象曰：「棟橈之凶，不可以有輔也。」

同體之初，虚弱無輔助也。

九四，棟隆，吉，有它吝。

變坎，亦有棟象。隆者，隆然而高起也。它者，初也。三、四皆棟，四居外卦，陰虚在上，非如三之陰虚在下也。上虚下實，則有所承載，故有棟隆之象，占者固吉矣。然下應乎初，若以柔濟之，則過于柔矣，其棟決不能隆，吝之道也，故又戒占者以此。

象曰：「棟隆之吉，不橈乎下也。」

因外卦虚在上，實在下，所以不橈，故曰「不橈乎下也」。不可以有輔者，下虚故也。不橈乎下者，下實故也。

九五，枯楊生華，老婦得其士夫，无咎无譽。

兑綜巽，又楊之象也。生華者，楊開花則散漫，終無益于枯也。老婦、士夫，詳見九二爻下。○九五以

陽剛應乎過極之長女，乃時之大過而不能生育者也，故有枯楊生華，老婦得其士夫之象。占者得此，揆之于理，雖無罪咎〔一〕，而老婦反得士夫，亦非配合之美矣，安得又有譽哉？故其象占如此。

象曰：「枯楊生華，何可久也？老婦士夫，亦可醜也。」

何可久，言終散漫。亦可醜，言非配合。言且〔二〕不惟不能成生育之功，而配合非宜，亦可醜也。

上六，過涉滅頂，凶，无咎。

頂者，首也。變乾爲首，頂之象也。當過之時，遇兑澤之水，過涉之象也。澤水在首，滅没其頂之象也。以二陰爻論之，初「藉用白茅」，大過于慎者也，以其居卦之初，故不凶而无咎。上「過涉滅頂」，大過于濟者也，以其居卦之終，故有凶而无咎。〇上六處大過已極之時，勇于必濟，有冒險過涉之象，然才弱不能以濟，故又有滅頂之象，過涉滅頂，必殺身矣，故占者必凶。然不避艱險，慷慨赴死，殺身成仁之事也。故其義无咎。

象曰：「過涉之凶，不可咎也。」

无咎者，上六本无咎也。不可咎者，人不得而咎之也。以人事論，過涉之凶，雖不量其淺深以取禍，然

〔一〕「咎」，朝爽堂本作「名」。
〔二〕「言且」二字，史本作「言其」，朝爽堂本無。

有死難之節，而無苟免之羞。論其心不論其功，論是非不論利害，人惡得而咎之？

䷜坎下坎上

習，重習也。坎，坎陷也。其卦一陽陷于二陰之中，此坎陷之義也。坎爲水者，四陰，土坎也；二陽，坎中之水也。天一生水，所以象水也。上坎下坎，故曰重險。序卦：「物不可以終過，故受之以坎。」所以次大過。

習坎，有孚，維心亨，行有尚。

維者，繫也。尚者，有功可嘉尚也。身在坎中，所可自主者，獨此心耳。人之處險，占得此者，能誠信以維係于其心，安于義命而不僥倖苟免，則此心有主，利害禍福不能摇動，是以脱然無累而心亨矣。由是洞察時勢，惟取必于理而行之，故可出險有功，所以行有尚。九二、九五中實，有孚之象。陷于坎中而剛中之德自若，維心亨之象。

彖曰：「習坎，重險也。水流而不盈，行險而不失其信，維心亨，乃以剛中也。行有尚，往有功也。天險不可升也。地險，山川丘陵也。王公設險以守其國，險之時用大矣哉！」

以卦象、卦德、卦體釋卦名、卦辭而極言之。上險下險，故曰習坎。水流不盈者，足此通彼，未常泛濫而盈滿也。行險即水流，以其專赴于壑，故曰行險。行此險陷，未常失其不盈之信，是天下之有孚者莫過于水矣，故教占者有孚。剛中者，二、五陽剛在内，則以理爲主，光明正大，而無一毫行險僥倖之私，所以亨也。故蒙卦、比卦皆坎，皆曰「以剛中」。心亨則洞見乎事機之變，自可以拯溺亨屯，出險而有功也。蓋存主于内者，理不足以勝私；則推行于外者，誠必不能動物，故剛中則心亨，心亨則往有功而出險矣。此内外功效之自然也。天險者，無形之險也。地險者，有形之險也。設者，置也。設險者，置險也，無形而欲其有形也，大而京師都會，則披山帶河，據其形勝以爲險也；小而一郡一邑，則築城鑿池，據其高深以爲險也。此則在人之險，因無形而成有形，欲其與天地同其險者也。坎，月之象。錯離，日之象。中爻震，雷之象。錯巽，風之象。日月風雷，故曰天險。不然，天蒼然而已，何處有險？因卦中有天象，所以言天險也。四坤土，地之象也。中爻艮土山，丘陵之象也。本卦坎，川之象也。九五居尊，王公之象也。中爻艮止，守之象也。坤土中空，國之象也。故益卦三陽三陰而曰「爲依遷國」。時用者，時有用也。險之爲用，上極于天，下極于地，中極于人，故以「大矣哉」贊之，與睽、蹇同。

象曰：「水洊至，習坎，君子以常德行習教事。」行，下孟反。

洊，再至也。下坎，内水之方至也。上坎，外水之洊至也。水洊習，則恒久而不已，是天下之有恒者莫

如水也，君子體之。常德行者，以此進德也；習教事者，以此教民也。德行常則德可久，教事習則教不倦。

初六，習坎，入于坎窞，凶〔一〕。

窞者，坎中小坎，傍入者也。水性本下，而又居卦之下，坎體本陷而又入于窞，則陷中之陷矣。○初六陰柔，居重險〔二〕之下，其陷益深，故有在習坎而又入坎窞之象。占者如是，則終于淪没而無出險之期，凶可知矣。

《象》曰：「習坎入坎，失道凶也。」

剛中維心孚，出險之道也。今陰居重險之下，則與剛中維心孚相反，失出險之道矣，所以凶。

九二，坎有險，求小得。

曰有險，則止于有險而已，非初與三入坎窞之甚矣，中爻震錯巽，巽爲近市利，求得之象也，故隨卦中爻巽亦曰「隨有求，得」。變坤，陽大陰小，求小得之象也。○九二處于險中，欲出險而未能，故爲坎，有險之象。然剛雖得中，雖亦有孚維心，但在險中，僅可求小得而已。若出險之大事，則未能矣，故其

〔一〕此下，朝爽堂本有音注「窞，徒覽切，淡，上聲，音胆」。

〔二〕「險」，朝爽堂本作「陷」。

象占如此。

象曰：「求小得，未出中也。」

未出險中。

六三，來之坎坎，險且枕，入于坎窞，勿用。

之者，往也。來之者，來往也。内外皆坎，來往之象也。下坎終而上坎繼，坎坎之象也。故乾九三曰「乾乾」。中爻震木横于内，而艮止不動，枕之象也。險且枕者，言面臨乎險而頭枕乎險也。初與三皆入坎窞而二止言有險者，二中而〔一〕初與三不中正也。勿用者，言終無出險之功，無所用也。○六三陰柔，又不中正，而履重險之間，故其來也亦坎，往也亦坎，蓋往則上坎在前，是前遇乎險矣；來則下坎在後，是後又枕乎〔二〕險矣。前後皆險，將入于坎之窞而不能復出，故有此象。占者得此，勿用可知矣。

象曰：「來之坎坎，終无功也。」

處險者，以出險爲功，故曰「終无功」，與「往有功」相反。

〔一〕「而」，朝爽堂本作「正」。
〔二〕「乎」，原作「下」，今據史本、朝爽堂本、寶廉堂本改。

六四，樽酒，句。簋貳，句。用缶，句。納約自牖，終无咎。

四變，中爻離巽，巽木離中虚，樽之象也。坎水，酒之象也。中爻震竹，簋乃竹器，簋之象也。缶，瓦器，所以盛酒漿者。比卦坤土中虚，初變震，有離象，故曰「缶」。離卦「鼓缶」，此變離故曰「缶」。漢書「擊缶而歌烏烏」。貳者，副也，言樽酒而簋即副之也。言一樽之酒，貳簋之食，樂用瓦缶，皆菲薄至約之物也。納約自牖者，自進于牖下，陳列此至約之物，而納進之也。在牆曰牖，在屋曰囱。牖乃受明之處，變離，牖之象也。此與「遇主于巷」同意，皆其坎陷艱難之時，故不由正道也。蓋「樽酒，簋貳，用缶」，見無繁文之設。納約曰自，見無儐介之儀。世故多艱，非但君擇臣，臣亦擇君，所以進麥飯者不以爲簡，而雪夜幸其家以嫂呼臣妻者不以爲瀆也。修邊幅之公孫述，宜乎爲井底蛙矣。○六四柔順得正，當國家險難之時，近九五剛中之君，剛柔相濟，其勢易合，故有簡約相見之象。占者如此，庶能共謀出險之計，始雖險陷，終得无咎矣。

象曰：「樽酒、簋貳，剛柔際也。」

剛五柔四。際者，相接際也。五思出險而下求，四思出險而上交，此其情易合，而禮薄亦可以自通也。

九五，坎不盈，祇既平，无咎。祇作坻。

祇，水中小渚也，詩「宛在水中坻」是也。坎不盈者，坎水猶不盈滿，尚有坎也。平者，水盈而平也。坻

既平，則將盈而出險矣。坎不盈者，見在之辭。祗既平者，逆料之辭。言一時雖未平，將來必平也。无咎者，出險而太平也。○九五猶在險中，以地位言，故有坎不盈之象。然陽剛中正，其上止有一陰，計其時亦將出險矣，故又有祗既平之象。若未平，未免有咎，既平則无咎矣，故占者无咎也。

象曰：「坎不盈，中未大也。」

中者，中德也。未大者，時也。中德雖具而值時之艱，未大其顯施而出險也。

上六，係用徽纆，寘于叢棘，三歲不得，凶。纆音墨。

係，縛也。徽、纆皆索名，三股曰徽，二股曰纆。此爻變巽，其〔一〕爲繩，又爲長，徽纆之象也。寘者，置也，囚禁之意。坎爲叢棘，叢棘之象也。今之法門〔二〕囚罪人之處，以棘刺圍牆是也。言縛之以徽纆，而又囚之于叢棘之中也。三歲不得者，言時之久而不得脱離也。坎錯離，三之象也。○上六以陰柔居險之極，所陷益深，終無出險之期，故有此象。占者如此，死亡之禍不能免矣，故凶。

象曰：「上六失道，凶三歲也。」

道者，濟險之道，即「有孚維心，以剛中也」。今陰柔失此道，所以有三歲不得之凶。

〔一〕「其」，史本、朝爽堂本作「巽」。
〔二〕「之法門」三字，朝爽堂本無。

䷝離下離上

離者，麗也，明也。一陰附麗于上下之陽，麗之義也。中虚〔一〕，明之義也。離爲火，火無常形，附物而明，邵子所謂「火用以薪傳」是也〔二〕。序卦：「坎者，陷也。陷必有所麗，故受之以離。」火中虚而暗，以其陰也；水中實而明，以其陽也。有明必有暗，有晝必有夜，理之常也，所以次坎。

離，利貞，亨。畜牝牛，吉。

六二居下離之中則正，六五居上離之中則不正，故利于正而後亨。牛順物，牝牛則順之至也。畜牝牛者，養〔三〕順德也。養順德于中者，正所以消其炎上之燥性也，故吉。

象曰：「離，麗也。日月麗乎天，百穀草木麗乎土，重明以麗乎正，乃化成天下。柔麗乎中正，故亨，是以畜牝牛吉也。」

釋卦名義並卦辭。五爲天位，故上離有日月麗天之象，此以氣麗氣者也。二爲地位，故下離有百穀草

〔一〕「麗之義也。中虚」，朝爽堂本作「離之象也。離者」。
〔二〕「邵子所謂『火用以薪傳』是也」，朝爽堂本作「所謂以薪傳火也」。
〔三〕「養」上，朝爽堂本有「則」字。

木麗土之象，此以形麗形者也。離附物，故有氣有形。重明者，上離明，下離明也。上下君臣皆麗乎正，則可以化成天下而成文明之俗矣。柔麗乎中正者，分言之，六五麗乎中，六二麗乎中正也；總言之，柔皆麗乎中正也。惟其中正，所以利貞而後亨。惟柔中正而後亨，所以當畜牝牛，養其柔順中正之德，而後吉也。

象曰：「明兩作，離，大人以繼明照于四方。」

作者，起也。兩作者，一明而兩作也。言今日明，明日又明也。繼明，如云聖繼聖也。以人事論，乃日新又新，緝熙不已也。照于四方者，光被四表也。大人，以德言則聖人，以位言則王者。其所謂明者，内而一心，外而應事接物，皆明也。是以達事理，辨民情，天下之邪正得失皆得而見之，不必以察爲明，而明照于四方矣。重明者，上下明也。繼明者，前後明也。象言二、五君臣，故以重明言之。象言「明兩作」，皆君也，故以「繼明」言之。

初九，履錯然，敬之，无咎。

履者，行也，進也。錯者，雜也，交錯也。詩傳云：「東西爲交，邪行爲錯。」本爻陽剛，陽性上進；本卦離火，火性炎上，皆有行之之象，故曰履。又變艮，綜震足，亦履之象也。艮爲徑路，交錯之象也。然者，助語辭。錯然者，剛則躁，明則察，二者交錯于胸中，未免東馳西走，惟敬以直内，則安静而不躁妄，主一而不過察，則敬者醫錯之藥也，故无咎。无咎者，剛非躁，明非察也。〇初九以剛居下而處明

體，剛明交錯，故有履錯然之象，惟敬則无此咎矣，故教占者以此。

象曰：「履錯之敬，以辟咎也。」辟音避。

避者，迴也。敬則履錯之咎皆迴避矣。

六二，黄離，元吉。

黄，中色。坤爲黄。離中爻乃坤土，黄之象也。離者，附麗也。黄離者，言麗乎中也，即柔麗乎中正也。以人事論，乃順以存心而不邪側，順以處事而不偏倚是也。吉者，無所處而不當也。八卦正位離在二，故元吉。○六二柔麗乎中而得其正，故有黄離之象。占者得此，大吉之道也，故元吉。

象曰：「黄離，元吉，得中道也。」

得中道，以成中德，所以凡事無過不及而元吉。

九三，日昃之離，不鼓缶而歌，則大耋之嗟，凶。

變震爲鼓，鼓之象也。離爲大腹，又中虚，缶之象也。中爻兑口，歌與嗟之象也。缶乃常用之物，鼓缶者，樂其常也。凡人歌樂必用鐘鼓，琴瑟則非樂其常矣。若王羲之所謂「年在桑榆，賴絲竹陶寫」，即非樂其常矣。蓋絲竹乃富貴所用之物，貧賤無絲竹者，將何陶寫哉？故鼓缶而歌者，即席前所見之

物以鼓之，乃安其常也〔一〕。人壽八十曰耋。喜則歌，憂則嗟，嗟者歌之反。○重離〔二〕之間，前明將盡，後明當繼之時也，故有日昃之象。然盛衰倚伏，天運之常，人生至此，樂天知命，鼓缶而歌，以安其日用之常分可也。此則達者之事也。若不能安常以自樂，徒戚戚于大耋之嗟，則非爲無益，適自速其死矣，何凶如之？故又戒占者不當如此。

象曰：「日昃之離，何可久也。」

日既傾昃，明豈能久？

九四，突如其來如，焚如，死如，棄如。

突者，竈突也。離中虛，竈突之象也。突如其來如者，下體之火如竈突而炎上也。火性炎上，三之舊火既上于四，而不能回于其三，四之新火又發，五得中居尊，四之火又不敢犯乎其五，上下兩無所容，則火止于四而已，故必至于焚如死如成灰棄如而後已也。如者，助語辭。此爻暴秦似之。秦法如火，始皇舊火也，二世新火也，故至死棄而後已〔三〕。坎性下，三在下卦之上，故曰來，此來而下者也。火性上，四在上卦之下，故曰來，此來而上者也。來而下，必至坎窞而後已。來而上，必至死棄而後已。

〔一〕自「凡人歌樂」至此，朝爽堂本無。
〔二〕「離」，朝爽堂本作「明」。
〔三〕自「此爻暴秦」至此，朝爽堂本無。

〇四不中正，當兩火相接之時，不能容于其中，故有此象，占者之凶可知矣。

象曰：「突如其來如，无所容也。」

三炎上而不能反，三不能容也。五中尊而不敢犯，五不能容也。

六五，出涕沱若，戚嗟若，吉。

涕沱〔一〕貌。離錯坎，涕若之象也。又加憂，戚之象也。中爻兑口，嗟之象也。出涕沱若者，憂懼之徵于色也。戚嗟若者，憂懼之發于聲也。二、五皆以柔麗乎剛，二之辭安，五之辭危者，二中正，五不正故也。〇六五以柔居尊而守中，有文明之德，然附麗于剛强之間，若〔二〕不恃其文明與其中德，能憂懼如此，然後能吉，戒占者當如此。

象曰：「六五之吉，離王公也。」離音麗。

王指五，公指上九。離王公者，言附麗于王之公也。王與公相麗，陰陽相資，故吉。不言四者，四無所容，而上九能正邦也。

上九，王用出征有嘉，句。折首，句。獲匪其醜，无咎。

〔一〕「涕沱」，朝爽堂本倒，疑是。

〔二〕「若」，朝爽堂本作「必」。

王指五。離爲日，王之象也。用者，用上九也。五附麗于上九，用之之象也。有嘉者，嘉上九也，即「王三錫命」也。「折首，獲匪其醜」，即可嘉之事也。離爲戈兵，變爲震動，戈兵震動，出征之象也。王用上九專征，可謂寵之至矣。爲上九者，若不分其首從而俱戮之，是「火炎崑崗」，安得可嘉哉？又安得无咎哉？折首者，折取其魁首，即「殲〔一〕厥渠魁」也。獲匪其醜者，執獲不及其小醜，即「脅從罔治」也。乾爲首，首象陽，醜象陰。明夷外卦錯乾，故曰「大首」。本爻乾陽，且離爲上稿，折其首之象也。本卦陽多陰少，陰乃二五君臣，無羣小之醜，獲匪其醜之象也。无咎者，勇足以折首而仁及于小醜也。「王用出征有嘉」一句，「折首」一句，「獲匪其醜」一句。○上九以陽剛之才，故有王用出征有嘉之象。又當至明之極，首從畢照，故又有出征惟折其首，不及于醜之象，乃无咎之道也，故其象占如此。

象曰：「王用出征，以正邦也。」

征之爲言正也，寇賊亂邦，故正之〔二〕。

〔一〕「殲」，原作「截」，今據朝爽堂本、寶廉堂本改。

〔二〕此下，朝爽堂本有「○六五明于用人，上九明于人之罪惡，若非上九之明，則玉石俱焚矣；若非六五之明，則上九有故縱反者之咎矣，故正邦也，言五之用九，非窮兵黷武，但取正邦，多殺何爲」。